普通高等教育经济与管理类规划教材

中央银行学

阮　加　韦桂丽　张晓明　编著

清华大学出版社
北京交通大学出版社
·北京·

内 容 简 介

中央银行，在现代经济与金融体系中处于核心地位。中央银行学，是以中央银行为主体，从经济总量的角度研究市场经济和金融运行规律的一门学科。本书围绕中央银行在制定和执行货币政策、金融监管、组织清算等方面的基本职责，从中央银行的产生、发展、职能定位、业务运作、制定实施货币政策、对金融业实施监管和国际金融等方面进行了阐述。本课程的教学目的是使学习者理解中央银行的基本理论和中央银行的各项业务活动。通过学习，能够从宏观角度观察和分析经济、金融运行状况，提高对经济、金融发展规律的认识能力。

本书可作为金融学专业的本科生教材，也可作为经济学、管理学等专业的本科生、研究生及实际工作者的参考书。

图书在版编目（CIP）数据

中央银行学/阮加，韦桂丽，张晓明编著. —北京：清华大学出版社；北京交通大学出版社，2010.6（2017.1 重印）

（普通高等教育经济与管理类规划教材）

ISBN 978-7-5121-0143-2

Ⅰ. ① 中…　Ⅱ. ① 阮…　② 韦…　③ 张…　Ⅲ. ① 中央银行-经济理论-高等学校-教材　Ⅳ. ① F830.31

中国版本图书馆 CIP 数据核字（2010）第 110678 号

责任编辑：黎　丹　　特邀编辑：衣紫燕
出版发行：清华大学出版社　　　邮编：100084　　电话：010-62776969
　　　　　北京交通大学出版社　　邮编：100044　　电话：010-51686414
印刷者：北京泽宇印刷有限公司
经　销：全国新华书店
开　本：185×230　印张：20.25　　字数：454 千字
版　次：2010 年 6 月第 1 版　　2017 年 1 月第 6 次印刷
书　号：ISBN 978-7-5121-0143-2/F·660
印　数：13 001～15 000 册　　定价：29.00 元

本书如有质量问题，请向北京交通大学出版社质监组反映。对您的意见和批评，我们表示欢迎和感谢。
投诉电话：010-51686043，51686008；传真：010-62225406；E-mail：press@bjtu.edu.cn。

前　言

  中央银行,是商业银行和货币信用制度发展到一定程度的产物,是制定实施货币政策、调节控制信用总量、监督管理金融机构的特殊金融机构。在经济发展和金融稳定方面,中央银行有着举足轻重的作用。以中央银行为研究对象,从经济总量的角度研究、探讨经济与金融问题的中央银行学,是现代经济学、金融学的重要组成部分。

  本书是高等学校金融学专业主干课程系列教材之一。全书以中央银行在现代经济与金融体系中所处的核心地位为出发点,以货币对金融、经济产生的实际影响为主干,从宏观总量角度研究经济与金融运行的基本规律。

  为了达到理论与实际相结合的目的,本书辅以大量的案例分析,深入浅出,使读者能够多视角地掌握中央银行学的基本原理。本书每章都配有本章小结、关键词和复习思考题,既可作为金融学专业本科学生的教材,也可作为金融专业研究生及金融机构从业人员的参考书。

  本书的架构设计和章节安排由阮加负责设计。全书由阮加(第1、2、3、8、9、10、11、15、16章)、韦桂丽(第4、5、6、7章)、张晓明(第12、13、14章,中国人民大学财政金融学院白雪原博士也参与了这3章的编写和资料整理)负责编写,最后由阮加负责统稿。

  本书配有教学课件和相关的教学资源,有需要的读者可以从网站 http: // press. bjtu. edu. cn 下载或与 cbsld@jg. bjtu. edu. cn 联系。

  在本书的编写过程中,我们参考了大量专家学者的有关资料文献和研究成果,在此向他们致以诚挚的谢意!

  同时诚挚感谢北京交通大学出版社黎丹女士出色的编辑工作。由于水平有限,同时受限于资料和时间,不足和错误之处敬请读者指正。

作　者

2010 年 6 月

目 录

第 1 章　中央银行制度的产生与职能

第 2 章　中央银行的制度与结构

第 3 章　中央银行的地位与作用

第8章　中央银行宏观经济分析

第9章　中央银行货币政策及其目标

第10章　中央银行的货币政策工具

第 14 章　金融市场监管

第 15 章　中央银行的其他业务

第 16 章　外汇管理与国际货币关系

第1章

中央银行制度的产生与职能

中央银行制度是在经济和金融发展过程中逐步形成的。中央银行是国家为了实现总体的经济目标、保证国家货币政策正确制定与执行、防范与化解金融风险、维护金融稳定而设定的特殊金融管理机构。中央银行制度在近几百年的经济与社会发展中一直发挥着重要的作用。在第二次世界大战以后，中央银行制度得到了普遍推广，在宏观经济中发挥着巨大的作用，当今世界绝大多数国家都实行中央银行制度。目前，中央银行制度已成为各国最基本的经济制度之一。

中央银行的职能是由中央银行的性质决定的，同时也是中央银行性质的具体体现。目前，世界各国几乎都已设立了中央银行这一特殊的金融机构。尽管中央银行在具体行使其职能时表现出一定的差异和侧重，但就实质内容而言，各国中央银行的一般性质和基本职能仍大体相同。

1.1 中央银行制度的产生

1. 中央银行产生的背景

中央银行的历史起源大致可以追溯到 17 世纪中后期。要深刻理解中央银行产生的历史必然性，有必要从中央银行产生前后的社会经济、银行体系、货币与信用等方面的具体情况谈起。

（1）商品经济的快速发展

在社会发展史上，东方和西方都经历了一个很长的封建社会，但东方的封建社会持续的时间比西方更长。13—14 世纪的西欧，商品经济已经得到初步发展；15—16 世纪，欧洲资本主义制度开始形成，社会生产加速转向商品化，纺织、酿酒、食品和农具制造业得到快速发展。到 17 世纪，西欧的商品经济已经比较发达，新式工商业和新式农业占据社会生产的主导地位，商品经济获得迅速发展。商品经济的发展带动了科学发明和技术革新，为资本主义制度的最终确定奠定了坚实的基础，并为 18—19 世纪的西方工业革命开辟了道路，于是经济和社会的发展以前所未有的速度进入了迈向现代化社会的快车道。这便是中央银行产生的社会经济背景之一。

（2）商业银行的普遍设立

伴随着商品经济的快速发展，银行业也逐步兴盛起来。银行业的产生主要有两条途径：一是由早期的货币兑换商和银钱业转变而来；二是直接设立新的银行。商品经济的迅速发展和资本主义生产方式的兴起在推动欧洲大陆的货币兑换商转变成商业银行的同时也加速了新银行的涌现。银行业的最初形成是在 13—14 世纪，最先出现在经济贸易比较发达的欧洲。在欧洲封建社会解体的过程中，商品经济的快速发展给银钱业向银行业的转变创造了条件。到 14 世纪末期，一些以"银行"命名的信用机构开始出现。例如，1397 年成立的麦迪西银行（Medici Bank）便是较早用"银行"命名的信用机构之一，而成立于 1407 年的热那亚的圣乔治银行（Bank of St. George）被称为第一个国家存款银行。15—16 世纪人类社会终于迎来了银行设立和发展的第一次高潮。1587 年成立的威尼斯银行（Bank of Venice）、1593 年成立的米兰银行（Bank of Milan）等已初步具有近代银行的某些特征。同期在纽伦堡、里昂、法兰克福、布鲁日、安特卫普等交易中心也先后成立了类似的银行。

17—18 世纪是欧洲资本主义制度确立的时期，也是生产力飞速发展的时期。在此时期，阿姆斯特丹银行（Bank of Amsterdam，1609 年）、米德尔堡银行（Bank of Middelburg，1616 年）、汉堡银行（Hamburg Girobank，1619 年）、德尔夫特银行（Bank of Delft，1621 年）、纽伦堡银行（Bank of Nuremberg，1621 年）、鹿特丹银行（Bank of Rotterdam，1635 年）等新式银行纷纷建立。在这段时期设立的银行中，有两家银行特别值得关注，即 1656 年设立的瑞典银行（Bank of Sweden）和 1694 年设立的英格兰银行（Bank of England）。此时期的银行业务已经完全脱离了货币兑换、金银保管和高利贷的传统银行业务，发行银行券、为企业办理转账和为新兴行业提供融资等服务已日益成为银行的重要业务。

（3）货币信用与经济关系普遍化

商品经济的快速发展和银行的普遍设立，促进了货币、信用与经济的融合。银行的业务创新使货币和信用活动与贸易和新兴工商业的发展紧密结合起来。银行不仅可以以吸收存款和金融创新手段来增加资金的来源作为其经营的资本，还可以通过直接向企业提供资金和为商业票据办理承兑、贴现和抵押贷款等，将商业信用转化为银行信用，拓展其信用范围和规模，从而为社会化大生产和商品经济的蓬勃发展提供了条件。

（4）经济发展中新的矛盾频繁出现

在 17 世纪末和 18 世纪初，信用制度和银行体系已成为当时商品经济运行体系的重要支撑。但这时的信用制度特别是银行信用体系还比较脆弱，银行的大量设立和业务活动的创新及信用规模的扩大缺少有效的、稳定的制度保证。银行业的快速发展在促进商品经济不断走向繁荣的同时，各自独立、缺少统一协调的银行体系也遇到严重挑战，新的矛盾不断产生和积累。由于银行券的分散发行不利于商品流通和商品经济的发展，规模有限的商业银行难以应付票据交换和清算业务的日益增长需要，银行的破产倒闭易造成信用体系和经济运行受到冲击，缺少统一规则的竞争使整个市场的金融秩序经常出现混乱的局面等，因此建立一种稳定的信用制度和银行体系就成为当时金融和经济发展最为迫切的问题之一。

2. 中央银行制度的初步形成

商品经济和金融业自身的发展为中央银行的产生提出了客观的内在要求，而国家对经济、金融管理的加强又为中央银行的产生提供了外在动力，正是由于这两种力量的共同作用便产生了中央银行。当国家通过法律或特殊规定对某家银行赋予某些特权并要求其他所有银行和金融机构及整个经济、社会体系接受该银行的这些特权时，中央银行制度就产生了。

从世界经济范围看，中央银行的产生和中央银行制度的形成与发展迄今已经历了 300 多年的历史。总的来看，从 17 世纪中后期中央银行萌芽到 1913 年美国《联邦储备法》通过，1914 年美国正式建立联邦储备体系为止的两个多世纪里，中央银行和中央银行制度基本上处于初步形成时期。

下面介绍初步形成时期几个典型国家的中央银行。

（1）第一家中央银行——瑞典银行

瑞典银行最初是一家私人商业银行，1661 年开始发行银行券，是当时欧洲第一家发行银行券的银行。1668 年，政府出面将其改组为国家银行。在政府将瑞典银行收归国有的同时瑞典银行也开始具有了中央银行的某些特征。1897 年，瑞典政府通过法案，将货币发行权集中于瑞典银行，该行发行的货币为唯一的法偿货币，取消了当时 28 家银行所拥有的银行发行权，并责令逐步收回，使瑞典银行独占了货币发行权，完成了向中央银行转变的关键一步。

（2）现在中央银行的鼻祖——英格兰银行

英格兰银行成立于 1694 年，比瑞典银行的成立晚 38 年，比瑞典银行改组为国家银行晚 26 年。但从法律赋予中央银行货币发行特权的角度来看，英格兰银行比瑞典银行早 64 年，并且其真正全面履行中央银行职能的时间也比瑞典银行早得多，因此多数学者把英格兰银行看成是现在中央银行的鼻祖。

英格兰银行成立之初也是私人股份银行，但一开始就与政府有着密切的联系，它是根据国王特准法，唯一一个由英国议会批准设立的银行，因此为政府筹资、接受政府存款和向政府提供贷款是该行成立之初最主要的业务之一。从 1694 年成立到 1746 年止的 52 年间，英格兰银行给政府的借款就达 1 168.68 万英镑。同时，政府也给英格兰银行一些特权。1826 年，英国议会通过了《银行券法》，规定英格兰银行是唯一可以在伦敦周围 65 公里内发行银行券的股份银行。1933 年，英国议会又通过一项法案，使得英格兰银行取得钞票无限法偿的资格。这是英格兰银行成为中央银行迈出的决定性的一步。

1844 年，由英国当时的首相皮尔主持拟定，英国议会通过了《英格兰银行条例》，亦称《皮尔条例》。该条例给英格兰银行更大的特权，增加了没有金银准备作保证的银行券发行限额，同时限制或减少其他银行的银行券发行量。《皮尔条例》的主要规定有：将英格兰银行划分为发行部和银行部两个独立的部门；英格兰银行获准可以在 1 400 万英镑以内小量信用发行货币，但必须全部以政府公债作抵押，超过此限额的发行必须有充足的货币金属做准备；将银行券发行权集中于英格兰银行，规定 1844 年 5 月 6 日止已取得发行权的银行，其银行券发行定额不得超过 1844 年 4 月 27 日前 12 年间的平均数，如有自愿放弃发行权或破产倒闭的，都不得再发行银行券，由英格兰银行按这些银行发行定额的 2/3 增加没有准备金作保证的银行券发行额；本法颁布后不得再产生新的发行银行，原享有发行权的银行也不再增加其发行额。

在第一次世界大战期间，英国财政部曾发行过面额为 1 英镑和 10 先令的政府纸币，但后来逐步收缩余额移交英格兰银行。到 1928 年英格兰银行成为英国唯一的发行银行。与此同时，英格兰银行凭其日益提高的地位承担商业银行间债权债务关系的划拨冲销、票据交换、最后清偿等业务，在经济繁荣时接受商业银行的票据再贴现，在经济危机中充当商业银行的"最后贷款人"，最终确立了"银行的银行"的地位。从此，英格兰银行将国家的银行、发行的银行、银行的银行这三大职能集于一身，开创了中央银行制度的先河。

（3）法国的中央银行——法兰西银行

法兰西银行成立于 1800 年，1803 年享有了在巴黎境内的货币发行权，1808 年法律授予该行在全国开设分支机构和发行钞票的权力。1835 年后，法国曾先后有 9 个省银行成立，亦有货币发行权，1848 年政府决定将各省银行并入法兰西银行，法兰西银行统一和垄断了货币发行权，并于 19 世纪 70 年代完成了向中央银行的过渡。而在其形成中最显著的特点是与政府的关系过于密切，突出了其政府的银行的职能，使其日后的独立性相比其他发达国家的中央银行较为逊色。1994 年 8 月颁布的《法兰西银行法》使其大为改观，赋予法兰西银行独立制定和执行货币政策的权力，并且依法成立了法兰西银行的货币政策委员会，作为其制定货币政策的决策机构。

（4）美国的中央银行——美国联邦储备体系

相对于欧洲较早的中央银行萌芽，美国则比较晚，而且经历了漫长的摸索和探求过程。与英国不同，美国的中央银行并不是由商业银行演变而来的，而是出于国家利益及金融管理的需要，由政府最后以法律的形式确定下来的。

美国早期具有中央银行职能的银行是美国第一银行（1791—1811 年）和美国第二银行（1816—1836 年），这两家银行均在成立之初规定的 20 年营业期满后终止。真正全面具有中央银行职能的美国联邦储备体系于 1913 年建立，这也是这一阶段最后形成的中央银行制度，同时也标志着中央银行初步形成阶段的基本结束。

在中央银行制度的初步形成阶段，世界上约有 29 家中央银行相继成立。除了上面谈到的中央银行外，还有欧洲的芬兰银行（1811 年）、荷兰国家银行（1814 年）、挪威银行

（1816 年）、奥地利国家银行（1817 年）、丹麦国家银行（1818 年）、希腊国家银行（1840 年）、比利时银行（1850 年）、意大利银行（1859 年）、塞尔维亚银行（1883 年）、瑞士国家银行（1905 年），亚洲的大清户部银行（1905 年）、朝鲜银行（1909 年），非洲的埃及国家银行（1898 年）。可以看出，在中央银行制度形成的初步阶段绝大部分中央银行产生在欧洲国家，这是因为欧洲的经济、金融发展比其他地区要早得多，也发达得多。另外，从中央银行产生的形式看，除个别外，基本上是由普通银行通过国家法律赋予集中货币发行权和对其他银行提供清算服务及资金支持而逐步演进成为中央银行的。

3. 中央银行制度的普及与发展

从第一次世界大战爆发到第二次世界大战结束，即从 1914 年至 1944 年是中央银行制度普及发展时期。在 1914 年至 1944 年的短短 31 年时间里，世界主要国家先后经历了两次世界大战和经济大危机的洗礼，巨大的政治和经济冲击给此时期的中央银行制度打上了深深的时代烙印。

第一次世界大战结束后，许多国家经济和金融发生了剧烈波动，面对世界性金融危机和当时严重的通货膨胀，1920 年，世界主要国家在比利时首都布鲁塞尔召开国际金融会议，提出各国应努力使财政收支平衡，消除通胀的根源，中央银行为稳定币值应对政府保持独立性，减少政府控制，执行稳定的金融政策，同时提出在世界各国普遍建立中央银行制度的必要性，重申了在现代经济中建立中央银行制度的重要性。

1922 年在瑞士日内瓦召开的国际经济会议上，除了再次呼吁尚未建立中央银行的国家要尽快建立中央银行，重申和强调布鲁塞尔会议形成的决议外，还建议各国采取新平价，以共同维持国际金融体系和经济的稳定，由此推动了中央银行制度在世界范围内的普及推广。

从第一次世界大战开始到第二次世界大战结束的 30 多年间，世界各国的政治结构和国家间的版图划分有很大变化，一些新的国家走向独立，也有一些新的国家连为一体，因此中央银行的建立与重组亦变动较大。由于这几十年战争不断，许多国家的经济发展也出现了停滞局面，经济金融秩序出现混乱。第二次世界大战后，为了恢复经济发展，稳定经济金融秩序，各国对重要用户加强了控制，与此同时，中央银行的权力和责任也大大加强了。

中央银行制度的普及与发展主要表现在两方面：一是从数量上看，在这一时期里，全世界改组或设立的中央银行有 43 家，其中欧洲 16 家，美洲 15 家，亚洲 8 家，非洲 2 家，大洋洲 2 家，在短短的 20 多年时间里，建立的中央银行数量比初创时期近 260 年时间里建立的中央银行总数还要多得多；二是亚洲、非洲等新独立的国家普遍设立中央银行。由于欧洲国家经济和金融发展比世界其他地区要早，因此中央银行的设立和发展比其他国家也早得多。美洲国家的经济和金融发展比欧洲晚，但比亚洲和非洲的大部分国家早，这在中央银行设立和发展方面也同样体现出来。中央银行制度的普及与发展还表现在中央银行职能的扩展与完善上。此时期，中央银行职能已开始从简单的服务型职能向管理职能和宏观调控职能扩展。

在中央银行制度的普及与发展时期，新成立的中央银行绝大部分是由政府直接组建的，并借鉴了欧美中央银行发展的经验，使中央银行直接具备了比较全面的现代中央银行的特征。经济和金融发展较晚的亚洲和非洲国家中央银行的普遍设立，完成了中央银行的制度在全世界范围内的扩展。目前，除极少数的殖民地、附属国外，几乎所有国家都设立了自己的中央银行，中央银行制度普遍成为世界各国的一项基本的经济制度。

4. 中国中央银行制度简史

中国的货币起源于 4 000 多年前，在 7 世纪到 10 世纪初期的唐朝，已经出现了办理金融业务的独立机构，但经营范围比较单一。明朝中叶出现的钱庄和清朝产生的票号，实际上都具有银行的性质。这类采取封建式组织管理形式的金融机构，与股份制银行在业务经营和管理方式等方面有着很大差别。鸦片战争以后，外资银行开始进入中国，落户沿海城市。中国的第一家民族资本银行是 1897 年成立的中国通商银行，最早的国家银行则是 1905 年成立的户部银行。

1）中央银行的萌芽

中央银行在我国的萌芽较晚。20 世纪初，货币秩序十分混乱，为了整顿币制，1904 年（光绪三十年）户部奏请清政府成立户部银行，资本金 400 万两白银，由国内各界认股。可由于认股不踊跃，结果由政府拨款 20 万两，于 1905 年 8 月在北京正式成立。户部银行是模仿西方国家中央银行而建立的我国最早的中央银行，其实质是官商合办的股份制银行，但实际的管理大权却操纵在政府手中。户部银行主要是发行纸币、经营工商信用的业务，同时代理国库，身兼中央银行和商业银行的双重职能。

1906 年 9 月，户部改为度支部。1908 年 7 月，户部银行改为大清银行，按《大清银行则例 24 条》的规定：大清银行增股 600 万两，总计资本金 1 000 万两，化为 10 万股，依旧官商各半；大清银行为国家发行货币、代理国库的特权银行；大清银行的八大业务为各种期票的贴现和买卖、生金银的买卖、汇总划拨公司款项及贷款无押汇、代收取公司银行所发的票据、收存各种款项及保管紧要贵重物件、放出款项、发行各种票据。大清银行名为官商合办，实际上由官僚把持，主要负责经营管理的人员又多无现代银行的知识，所以 1911 年年底，该行款项亏空额已高达 2 000 余万两，竟超过总资本的两倍！

1908 年 3 月 4 日，交通银行开业，负责发行货币和经办铁路、轮船、电报、邮政等部门的一切收支，与大清银行共同分担部分中央银行的职能。1909 年 6 月，清政府颁布《通用银钱票暂行章程》，将纸币的发行大权集中于大清银行。

2）民国时期的中央银行

（1）北洋政府的中央银行

民国初立，大清银行被迫停业。旋即，袁世凯组建北京政府，在对大清银行进行清理的基础上于北京另组中央银行，并于 1912 年 8 月 1 日开张营业。受政府委托，中国银行代国家发行国币，协助政府整理币制，推广纸币发行，同时经理国库和公债。但是政府无限制的财政借款，极大地阻碍了中国银行自身的发展。

1908 年成立的交通银行在民国初期被改组，交通银行取得分理金库的特权，1914 年制定的《交通银行则例》明确规定了其国家银行的特权。1915 年 10 月，袁世凯申令"中国、交通两银行具有国家银行性质"，"该两银行应共同负责，协力图功，以符合国家维护金融、更新财政之至意"。这样，中国、交通两银行（中行占绝对优势地位）便成为北洋政府时期的中央银行。

（2）广州国民政府的中央银行

1924 年，孙中山改组国民党，进行了第一次国共合作。1924 年 8 月 16 日，南方革命政府初设中央银行于广州，该银行于 1929 年 2 月改组为广东中央银行，1932 年又改组为广东省银行。1926 年北伐军攻占武汉，同年 12 月在武汉设立中央银行。在广州和武汉设立的这两家中央银行存在的时间都比较短，其主要目的仅是为了筹集军费而发行钞票，虽然都采用了中央银行的名称，但都没有真正行使中央银行的职能。

（3）南京国民政府的中央银行

1924 年，蒋介石破坏国共合作之后在南京成立了新的国民政府，1927 年 10 月颁布了《中央银行条例》，之后在 1928 年 10 月又颁布了《中央银行章程》，同年 11 月 1 日正式成立了中央银行，总部设在上海。作为国家银行，中央银行的宗旨是统一币制、统一金库及调剂金融，享有经理国库、发行兑换券、铸造和发行国币等特权。

1935 年 5 月 23 日，国民政府立法院通过了《中央银行法》，进一步明确了中央银行是国家银行，隶属于总统府，总行由上海移至南京，之后在 1935 年 11 月 4 日进行了币制改革，放弃了银本位制，规定中央银行、中国银行和交通银行发行的货币为法币。至此，国民政府的中央银行具备了中央银行的基本特征，只是此时尚未垄断货币发行权。1937 年 7 月，"四行联合办事处"在上海成立，协调中央银行、中国银行、交通银行和中国农民银行四行的业务。1939 年 9 月又对四联总处进行改组，将其从四行之间的联系机构改变为中国金融的最高决策机构。

1939 年颁布了《国库法》，中央银行依法取得了代理国库的权力。1942 年 6 月，中央银行开始集中各银行的存款准备金，以各银行吸收存款的 20% 作为准备金交由中央银行收存。此外，中央银行还统一外汇管理，建立全国的国库网，实行公库制度。1942 年 7 月 1 日起，中央银行成为全国唯一的货币发行的银行，所有法币发行业务由中央银行办理。到抗日战争结束时，中央银行已具备了应有的职能，中央银行制度基本上建立起来了。1945 年 3 月，财政部授权给中央银行检查监督全国的金融机构。抗战胜利之后，中央银行迁回上海。

（4）苏维埃政府的中央银行

早在北伐战争时期，中国共产党就于 1926 年 10 月成立了湖南省衡山县柴山洲特区第一农民银行，发行白布印制的票币，发放贷款，促进生产，这是中国共产党最早设立的人民银行。

1931 年 11 月 7 日，中华苏维埃政府早在江西瑞金成立了中华苏维埃共和国国家银行，并于 1932 年 2 月 1 日在江西瑞金正式营业，它隶属于中央政府财政人民委员会，其主要职能是发行钞票、代理国库，同时还承办存贷、结算等普通银行业务。1934 年 10 月，苏维埃共和国国家银行随红军长征转移。

1935 年 11 月，红军长征到达陕北之后，中华苏维埃共和国国家银行与原在陕北的陕甘晋行合并为中华苏维埃共和国国家银行西北分行。1937 年，国家银行西北分行改组为陕甘宁边区银行，总行设在延安，主要职能是：首先发行纸币，为财政筹措经费，支持战争开支需要；其次代理国库，收缴战争资财，补充财政支出；再次开展一般银行业务，为此后的金融业打下基础。

（5）新中国的中央银行

作为新中国的中央银行，中国人民银行是在革命根据地银行的基础上，由当时解放区内的华北银行（华北各解放区）、北海银河（山东解放区）、西北农业银行（陕甘宁边区）于1948 年合并组成的。

半个多世纪的改革强化了中国人民银行作为我国的中央银行在实施金融宏观调控、保持币制稳定、促进经济可持续增长和防范化解系统性金融风险中的重要地位与作用，使其日益呈现出以下特征：中央银行体制走向成熟；基本确立了以间接调控为主的宏观调控体系；中央银行管理体制基本形成；货币政策操作日益科学化、现代化。

1.2　中央银行的性质与职能

中央银行的性质是指中央银行自身所具有的特有属性，是由其在国民经济中的地位决定的，并随着经济、政治的发展而发生变化。中央银行的性质决定着中央银行的职能，明晰中央银行的职能有利于正确规定其职能，明确其经营原理，充分发挥其作用。

1.2.1　中央银行的法定性质

中央银行的性质是由其业务活动的特点和所能发挥的作用决定的。从中央银行业务活动的特点来看，中央银行是一特殊的金融机构。中央银行的主要业务活动同样具有银行固有的办理"存、贷、汇"业务，但是它的业务活动又与一般的金融机构不同。中央银行的业务对象不是一般的工商客户和居民个人，而是商业银行等金融机构。另外，国家还赋予中央银行一些特有的权力和业务，如垄断货币发行、集中存款准备金、代理国库、管理黄金和外汇储备、维护支付清算系统的正常运行等。

从中央银行发挥作用来看，中央银行是制定和实施货币政策、监督管理金融业的宏观管理部门。由于中央银行处于整个社会资金运动的中心环节，是国民经济运行的枢纽，是货币供给的提供者和信用活动的调节者，因此中央银行对金融业的监督管理和对货币、信用的调控对宏观经济运行具有直接的重要影响。中央银行还是各国金融体系的核心，承担制定和执行货币政策、防范和化解金融风险、保障金融稳健运行的重要职责。

中央银行具有国家的性质，但与一般的行政机关又有很大不同。

① 中央银行履行其职责主要是通过特定金融业务进行的，对金融和经济的管理调控基本上是采用经济手段，如调整利润和准备金率、在公开市场上买卖有价证券等，这些手段的运用更多地具有银行业务操作的特征，这与主要依靠行政手段进行管理的国家机关有明显不同。

② 中央银行对宏观经济的调控是分层次实现的，即通过货币政策工具操作调节金融机构的行为和金融市场运行，然后再通过金融机构和金融市场影响到各经济部门，其作用比较平缓，市场的回旋空间较大，这与一般国家机关的行政决定直接作用于各微观主体而缺乏弹性有较大不同。

③ 中央银行在政策制定上有一定的独立性。

综上所述，中央银行的性质可简单概括为：中央银行是为商业银行等普通金融机构和政府提供金融服务的特殊金融机构，是代表国家制定和实施货币政策、监督管理金融业、规范与维护金融秩序、调控金融和经济运行的宏观管理部门。

1.2.2 中央银行的职能

中央银行的职能是中央银行性质的具体体现或细化，反过来，中央银行职能的高度概括便成为中央银行性质的集中体现。中央银行是发行的银行、银行的银行和政府的银行，是对早期中央银行的职能的典型概括。尽管随着中央银行制度的发展，现代中央银行的职能有了更加丰富的内容，但这种概括由来已久，已被社会普遍接受，因此"发行的银行、银行的银行和政府的银行"仍被看做是中央银行的三大基本职能。此外，现代发达市场经济及国内外经济金融形势的发展，要求中央银行不断调整自己的职能，以适应新形势的需要。于是，人们把中央银行的职能概括为服务职能、调节职能和管理职能，并被称为中央银行的综合职能。这样看来，中央银行的综合职能更能概括现代中央银行的一般职能。

1. 中央银行的基本职能

1）中央银行是"发行的银行"

中央银行是发行的银行，是指国家赋予中央银行集中与垄断货币发行的特权，是国家唯一的货币发行机构（在有些国家，硬辅币的制造与发行由财政部门负责）。中央银行集中与垄断货币发行权是其自身之所以成为中央银行最基本、最重要的标志，也是中央银行发挥其全部职能的基础。垄断货币发行权是国家赋予中央银行的最重要特权之一，是所有授权中首要的也是最基本的特权。考察中央银行产生和发展的历史，不难看出，一部中央银行史是一部货币发行权由分散逐步走向集中、垄断和独占的历史。

中央银行垄断货币发行权是统一货币发行与流通和稳定货币币值的基本保证。在金本位制下，货币发行权主要指银行券的发行权。在信用货币制度下，货币发行权主要指中央银行根据国家授权，以国家信用为基础，按照经济发展的客观需要和货币流通及其管理的需要发行货币的权力。目前，世界上几乎所有国家的现钞都是由中央银行发行的，硬辅币的铸造、发行，有些国家由中央银行经营，有些国家则是由财政部门负责，发行收入归财政，然后由中央银行投入流通。垄断货币发行权是中央银行发挥其作用的基础。中央银行垄断货币发行权有利于通货形式的统一及其币值的稳定；有利于政府监督管理，推行国家的货币政策；有利于随时根据经济发展的客观需要，调节货币供应量；有利于掌握资金来源，控制商业银行的信贷活动。

中央银行作为一国发行货币和创造信用货币的机构，在发行现钞、供给货币的同时，必须履行保持货币币值稳定的重要职责，这是社会经济正常运行与发展的一个基本条件。中央银行要根据一定时期内经济发展的需要及物价水平等诸多因素，制定与实施货币政策，运用多种手段有效控制货币供给量，保持货币供给量与客观实际需要量的相对平衡，实现货币币值的基本稳定。

货币发行是中央银行的重要资金来源，也为中央银行调节金融活动和全社会货币、信用总量，促进经济增长提供了资金力量。因此，具有"发行的银行"这一基本职能是中央银行实施金融宏观调控的必要条件。

2）中央银行是"银行的银行"

中央银行是银行的银行，是指中央银行是以政府、商业银行和其他金融机构作为业务对象的金融机构；中央银行的业务活动仍具有银行固有的办理"存、贷、汇"业务的特征；中央银行是商业银行和其他金融机构的管理者。银行的银行这一职能，是与中央银行的产生和发展紧密相连的，是中央银行自身之所以成为中央银行的另一个重要标志，它最能体现中央银行作为特殊金融机构的性质。作为银行的银行，中央银行的职能作用主要体现在以下三方面。

（1）集中存款准备金

中央银行集中保管存款准备金的最初动机在于加强商业银行等存款类金融机构的支付和清偿能力。各商业银行由于经营获利的动机，准备金不可能留得过多，一般都保持在尽可能低的水平上。一旦出现放款不能按时收回等情况，银行的支付便会出现困难，甚至被迫破产倒闭。为了保证商业银行和其他存款机构的支付和清偿能力，从而保证存款人的资金安全及合法权益，也为了保证商业银行等金融机构自身运营的安全，各国一般都通过法律规定，商业银行及其他存款金融机构必须按存款的一定比例向中央银行交存存款准备金，中央银行充当法定存款准备金的唯一保管者。在商业银行和有关金融机构出现支付和清偿困难，并在中央银行认定的必要条件下，许可商业银行及有关金融机构动用其在中央银行的存款准备金。从而保障存款人的资金安全，防止存款类金融机构发生挤兑倒闭。

中央银行集中存款准备金的另一个目的是为了调节信用规模和控制货币供给量。中央银行可以根据宏观调控的需要，变更、调整法定存款准备金的比率，影响货币乘数，改变商业银行及其他存款机构的信用创造能力，调控货币供给量。此外，中央银行集中保管商业银行及其他存款机构的存款准备金，也增加了中央银行的资金实力，是中央银行的主要资金来源之一，它既扩大了中央银行通过再贴现或特殊放款支持商业银行和其他金融机构的能力，也使这部分资金对金融体系整体的支付保证能力增强。因此，中央银行集中存款准备金是现代中央银行制度一项极其重要的内容。

（2）最后贷款人

"最后贷款人"一词是巴奈霍特于 1837 年在其《伦巴街》一书中首次提出的，是指在商业银行发生资金困难而无法从其他银行或金融市场筹措时，向中央银行融资是最后的办法，中央银行对其提供资金支持则是承担最后贷款人的角色，否则便是发生困难银行的破产倒闭。作为最后贷款人，中央银行向金融机构融资的方式主要有两种：一是再贴现，即商业银行把用贴现方式收进来的票据向中央银行贴现，取得贷款以补充资金；二是再抵押，即商业银行把手中的票据或有价证券作为抵押品向中央银行进行贷款。当然，在特别需要时，商业银行也可采取直接提供贷款的方式向中央银行贷款。无论采用哪种方式，最后贷款人职能的宗旨都是确保有偿付能力的银行和金融机构能够继续经营，促使整个金融体系更加稳定。

最后贷款人可以发挥以下作用：当商业银行或其他金融机构发生资金周转困难、出现支付危机时，中央银行为其提供全力支持，以防止挤兑的扩大导致支付链条中断以至引起金融恐慌或整个银行业的崩溃；为商业银行办理资金融通，使其在同业拆借方式之外，增加银行资金头寸调剂的渠道，提供最终保障；中央银行通过对商业银行等金融机构提供多种资金支持方式，调节银行信用和货币供应量，传递和实施金融调控的意图。

"最后贷款人"的角色确立了中央银行在金融体系中的核心和主导地位，确定了中央银行对金融机构实施金融监督管理的必然性与必要性。尽管随着金融体系与制度的发展，有些国家对金融机构的监督管理不是由中央银行一家承担而是与另外专设的金融监管机构共同分工负责，但中央银行作为最后贷款人及由此决定的中央银行对金融机构实施监督管理的基本属性并未改变，而且还不断增强。

（3）组织全国的清算

大约在 19 世纪中期，英格兰银行就开始发挥资金清算中心的功能。1854 年，英格兰银行采取了对各银行之间每日清算差额进行结算的做法，大大简化了各银行之间资金往来的清算程序。这一做法被其他国家相继效仿。目前，随着经济、金融全球化的发展，中央银行的清算职能甚至超越了国界，各国中央银行可通过国际性的资金清算中心，并借助现代信息网络技术，使其清算支付服务遍及全球。

中央银行的清算服务主要包括：组织票据交换、办理异地跨行清算、为私营清算系统提供差额清算服务、提供证券和金融衍生产品清算服务、跨国支付服务、提供透支便利服务等。各金融机构之间的清算通过其在中央银行的存款账户进行转账、轧差，直接增减其存款金额便可完成。中央银行办理金融机构同城票据交换和同城、异地的资金清算，具有安全、快捷、可靠的特点。这一方面加速了资金的周转，减少了资金在结算中的占用时间和清算费用，提高了清算效率，解决了非集中清算带来的困难；另一方面中央银行通过组织、参与和管理清算，对金融机构体系的业务经营能够进行全面及时的了解和把握，为中央银行加强金融监管和分析金融流量提供了条件。目前，大多数国家的中央银行都已成为全国资金清算中心。

中央银行作为银行的银行，通过国家授权开展的特定的金融业务活动为中央银行履行调控金融、经济和管理金融业的基本职责提供了稳定、有效的途径。

3）中央银行是"政府的银行"

中央银行是政府的银行，是指中央银行根据法律授权制定和实施货币政策，对金融业实施监督管理，负有保持货币币值稳定和保障金融业稳健运行的职责；中央银行代表国家政府参加国际金融组织，签订国际金融协定，参与国际金融事务与活动；中央银行为政府代理国库，办理政府所需要的银行业务，提供各种金融服务。中央银行具有政府的银行的职能，主要通过以下几个方面得到具体体现。

（1）代理国库

国家财政收支一般不另设机构而是通过财政部在中央银行系统内开立的各种账户进行，主要包括：按国家预算要求代收国库库款；按财政支付命令拨付财政支出；向财政部门反映财政收支执行情况；经办其他有关国库事务等。

（2）代理政府债券的发行

一国政府通常以发行债券筹集资金，来调剂政府收支或弥补政府收入，扩大公共支出，刺激经济增长。中央银行代理政府债券发行具体包括：发行规模的预测、规定价格的幅度、制定竞投标的的规则及办理债券到期时的还本付息等。

（3）为政府融通资金

在政府财政收支出现失衡、收不抵支时，中央银行一般都负有向政府融通资金、提供信贷支持的义务。其方式主要有两种：一种是在法律许可范围内，直接向政府提供短期融资或透支。中央银行向政府融通的资金主要是弥补财政收支的临时差额，一般不会承担向政府提供长期或无限额贷款的责任。政府长期性的资金需要大多通过发行长期政府债券或其他途径解决，这主要是为防止财政赤字的过度扩大和长期出现，避免通货膨胀，保持货币稳定。目前，许多国家都明确规定，中央银行应竭力避免用发行货币的方式弥补财政赤字。因此，中央银行向政府提供贷款或透支都有严格的规定。另一种是购买政府债券。购买政府债券一般分为两种情况：一是中央银行在一级市场购买，这实际上等同于直接向政府融资，因而有的国家禁止此类购买；二是间接在二级市场上购买，这是对政府的一种间接融资。

（4）持有和经营管理国际储备

世界各国的国际储备一般都是由中央银行持有并进行经营管理。中央银行对国际储备的管理包括：对储备资金总量进行调控，使之与国内货币发行和国际贸易等所需的支付需要相适应；对储备资产结构特别是外汇资产结构进行调节；对储备资产进行经营和管理，负责储备资产的保值及经营收益；保持国际收支平衡和汇率基本稳定。

（5）代表政府参加国际金融组织和活动

随着经济一体化和金融国际化步伐的加快，国际性的金融协调显得越来越重要。中央银行除了代理政府保存和管理国际黄金外汇储备或办理买卖黄金外汇业务外，还代表政府参加国际金融组织和活动，与他国的中央银行就金融贸易进行谈判和协商，并管理政府之间金融往来的债权债务关系。

(6) 制定和实施货币政策

货币政策是政府对经济实行宏观调控的基本政策之一。对于货币政策的制定和实施，世界各国一般都是通过法律赋予中央银行承担此项职责。货币政策必须要与国家经济社会发展的根本利益和长远利益保持一致，并通过货币政策的具体实施，达到稳定币值和物价、促进经济增长的目的。

(7) 监督管理金融业

政府对金融业的监督管理，一般都是由中央银行或中央银行及其他金融管理机构进行的。监管内容主要有：制定并监督执行有关金融法规、基本制度、业务活动准则，使金融机构的活动有法可依；监督管理金融机构的业务活动；管理、规范金融市场。

(8) 为政府提供经济金融情报和决策建议，发布经济金融信息

中央银行是社会资金的清算中心，是全国货币、信用的调剂中心，还是金融业的重要管理机构。因此，中央银行能够掌握全国经济金融活动的基本资料信息，能够比较及时地反映整个经济金融运行状况。在政府的经济决策中中央银行一般都扮演重要角色，发挥重要的甚至是主导的作用。

总之，发行的银行、银行的银行和政府的银行，体现了中央银行的基本职能。值得注意的是，这些职能并非在中央银行产生时就得到完全充分的体现，而是随着经济和中央银行制度本身的发展而逐步完善起来的。而且，中央银行职能的发挥还受到一国经济发展水平和社会经济金融环境的制约。

2. 中央银行的综合职能

(1) 服务职能

服务职能是指中央银行向政府、金融机构及社会公众等提供发行货币、划拨清算、融通资金、代理业务等方面的金融业务。服务职能是中央银行最早具备的职能，又是中央银行最基本的职能。中央银行的服务职能大体包括：中央银行为政府服务；中央银行为银行和其他非银行金融机构服务；中央银行为社会公众服务。

(2) 管理职能

中央银行的管理职能是指中央银行作为全国最高金融行政管理机关，为了维护全国金融体系的健全与稳定，防止金融秩序混乱给国民经济发展造成不良影响，而代表国家对金融机构的金融活动和金融市场进行监督管理和控制的职能。中央银行管理职能的主要内容是：制定有关的金融政策、法令及规章制度，使其作为一国金融活动的准则和中央银行进行金融监管的依据；监管金融机构；监管金融市场。

(3) 调控职能

中央银行的调控职能是指中央银行通过制定和执行货币金融政策，运用各种货币政策工

具，对货币信用进行调节和控制，进而影响和干预整个国民经济，以实现稳定货币、促进经济增长等货币政策最终目标的职能。中央银行主要通过对货币供应量的控制与调节来实现调控职能。

中央银行的服务职能、调控职能和管理职能之间存在着相互依存、相互补充的关系，其中服务职能是基础，它贯穿于管理与调控过程的始终；反过来，管理职能和调控职能的实施，又能为服务职能提供更广阔的空间。只有发挥好管理职能和调控职能，才能促进服务职能。

本 章 小 结

中央银行制度是在经济和金融发展过程中逐步形成的，随着金融成为现代经济的核心和经济全球化趋势的增强，中央银行制度的作用变得越来越突出。

中央银行的历史起源大致可以追溯至 17 世纪中后期。中央银行的产生具有一定的历史必然性，商品经济的快速发展、商业银行的普遍设立、货币关系与信用关系在经济和社会体系中的广泛存在，以及新的生产方式和经济体系确立过程中产生新的矛盾是促使中央银行产生的历史背景。

中央银行在我国产生较晚。1905 年清政府成立的户部银行是中国最早的国家银行。新中国成立后，中央银行制度获得了长足发展。1984 年以来，我国建立了以中国人民银行为核心、各家商业银行为主体、多种经营机构并存的现代金融体系。1995年出台的《中华人民共和国中国人民银行法》首次以国家立法形式确立了中国人民银行作为中央银行的地位，标志着中央银行的体制走向了法制化、规范化的轨道，是中央银行制度建设的重要里程碑。

中央银行具有自己的属性。从中央银行业务活动的特点和发挥的作用看，中央银行既是特殊金融机构，又是制定和实施货币政策、监督管理金融业和规范金融秩序、防范金融风险和维护金融稳定、调控金融和经济运行的宏观管理部门。中央银行的职能是中央银行性质的具体体现。发行的银行、银行的银行和政府的银行是中央银行的基本职能。

关 键 词

中央银行　中央银行制度　银行券　存款准备金　最后贷款人　再贴现　发行的银行

银行的银行　政府的银行

复习思考题

1. 为什么说中央银行的产生具有一定的历史必然性？
2. 中央银行制度在初步形成时期和普及发展时期各有何特点？
3. 市场经济国家为什么需要一个健全的中央银行制度？
4. 试述中国人民银行的发展历程。
5. 1995 年以来，中国人民银行作为中央银行在哪些方面得到了强化完善？
6. 如何认识中央银行的性质？
7. 中央银行职能的主要内容有哪些？
8. 中央银行的服务职能、调节职能和管理职能的具体职能内容是什么？三者有何关系？

第2章

中央银行的制度与结构

中央银行的组织形式是中央银行履行职能、发挥作用、实现目标的保证。由于各国的社会制度、历史文化传统、经济发展水平、金融发展状况都不相同，使得各国的中央银行制度和组织结构也存在着较大的差异。本章重点介绍中央银行制度的几种类型和组织结构，并探讨中国人民银行的制度和结构。

2.1 中央银行的制度

虽然目前世界上各个国家和地区基本上都实行中央银行制度，但并不存在一个统一的模式。归纳起来，大致有单一制中央银行制度、多元制中央银行制度、混合制中央银行制度和跨国制中央银行制度4种类型。

（1）单一制中央银行制度

单一制的中央银行制度，是指在一个国家内单独设立中央银行，由中央银行作为发行的银行、政府的银行、银行的银行和执行金融政策的银行，全权发挥作用。一般地，中央银行的总行常常设在首都，也有少数国家设在该国经济金融中心城市。单一制中央银行制度的最大特点是中央银行的权力高度集中，职能完善，部门体系完整统一。

一元型中央银行制度是指一国只设立一家统一的中央银行行使中央银行的权力和履行中央银行的全部职责，中央银行机构的自身上下是统一的，机构设置一般采取总分行制，逐步垂直隶属。这种形式下的中央银行是完整标准意义上的中央银行，目前世界上绝大多数国家的中央银行都实行这种体制。例如，英格兰银行总行设立在英国首都伦敦，在伯明翰、布里斯托、利物浦等经济中心城市设立分行。日本银行总行设立在日本首都东京，在全国的47

个都、道、府设有33家分行和12个办事处，并在伦敦、纽约、法兰克福、巴黎、香港等地设有办事处。法兰西银行总行设立在法国首都巴黎，并在国内设置了200多家分行和若干个办事处。也有少数国家的中央银行总行不设在首都，而是设在该国的经济金融中心城市，如印度的中央银行印度储备银行总行设在孟买。一元型中央银行的特点是权力集中统一、职能完善、有较多的分支机构。我国自1984年以后也实行这种制度，只不过在1998年之前按照行政区划在全国设立分支机构，1998年开始按照经济区划设立分支机构。

（2）多元制中央银行制度

二元型中央银行制度属于多元制中央银行制度。二元型中央银行制度是指中央银行体系由中央和地方两级相对独立的中央银行机构共同组成，按法律规定分别行使中央银行职能的中央银行制度。中央级中央银行和地方级中央银行在货币政策方面是统一的，中央级中央银行是金融决策机构，地方级中央银行要接受中央级中央银行的监督和指导。但两者之间并非总分行关系，在货币政策的具体实施、金融监管和中央银行有关业务的具体操作方面，地方级中央银行在其辖区内有一定的独立性。二元型中央银行制度的特点是权力和职能相对分散，分支机构较少。

二元型中央银行制度一般与联邦制的国家体制相适应，如美国和德国。美国的中央银行称为联邦储备体系，其联邦级中央银行由联邦储备理事会、联邦公开市场委员会和联邦顾问委员会组成，地方级中央银行则由12家联邦储备银行和联邦储备体系所属的分支机构组成。德国中央银行在中央一级设立中央银行理事会和为其服务的若干业务职能机构，在巴伐利亚、柏林和勃兰登堡、不莱梅、汉堡等9个地区设立州中央银行，独立负责辖区内业务并承担管理职责。

（3）混合制中央银行制度

混合制中央银行制度是指国家不单独设立专司中央银行职能的中央银行机构，而是由一家集中央银行与商业银行职能于一身的国家大银行兼行中央银行职能的中央银行制度。苏维埃俄国在十月革命胜利之后，最早建立了大一统的混合制中央银行制度。受其影响，社会主义阵营的其他国家在其经济体制改革之前也都不同程度地采用这种中央银行制度。混合制中央银行制度是与当时国家实行高度集中的计划经济体制相适应的。严格意义上讲，该制度下的国家银行并不是真正意义上的中央银行，充其量也仅仅是充当实施计划的工具而已。

（4）跨国制中央银行制度

跨国制中央银行制度是指若干主权独立的国家共同组成一个中央银行，由这一共同的中央银行在成员国中行使中央银行的部分或全部职能的中央银行制度。这种中央银行制度一般与区域性多国经济的相对一致性和货币联盟体制相对应。第二次世界大战后，一些地域相邻的欠发达国家建立了货币联盟，并在联盟内成立了由参加国共同拥有的中央银行。跨国制中央银行的最大特点是跨国行使中央银行职能，其主要职能包括发行货币、为成员国政府服务、执行共同的货币政策及其有关成员国政府一致决定的事项等。实行跨国制中央银行制度的国家只有在非洲和东加勒比海地区。目前，西非货币联盟、中非货币联盟、东加勒比海货币区属于跨国制中央银行组织的形式。

西非货币联盟（West African Monetary Union）最初建立于 1962 年 5 月 12 日，当时由非洲西部的塞内加尔、尼日尔、科特迪瓦、布基纳法索、贝宁、马里、毛里塔尼亚 7 个成员国组成。1962 年 7 月马里退出该联盟，建立了自己的中央银行。1963 年 11 月多哥加入了该联盟。1973 年 6 月毛里塔尼亚又退出该联盟。1962 年 11 月 1 日，西非货币联盟建立了"西非国家中央银行"，作为成员国共同的中央银行，总行设在塞内加尔首都达喀尔，在各成员国设有代理机构，总行负责制定货币政策，管理外汇储备，发行共同的货币——"非洲金融共同体法郎"，统一规定各国商业银行的再贴现总量和统一的准备金率，规定对政府贷款的数量。西非国家中央银行在制定货币政策方面对其成员国政府保持很大的独立性。1984 年马里又重新回到西非货币联盟，重新使用非洲金融共同体法郎，但仍然拥有自己的中央银行。

中非货币联盟（Central African Monetary Area）由喀麦隆、乍得、刚果、加蓬和中非共和国 5 个成员国组成，这些成员国原来亦是法国殖民地，也是法郎区的一部分，与西非货币联盟成员国一样，独立前后使用的货币也是法属非洲法郎。1973 年 4 月 1 日，中非货币联盟成立了共同的中央银行，称为"中非国家银行"，总行设在喀麦隆首都雅温得，发行共同的货币——"中非金融合作法郎"。西非和中非两个货币联盟虽然各自发行不同名称的货币，但都采取盯住法国法郎的货币发行机制，两种货币是等值的。中非国家银行的组织结构基本上类似于西非货币联盟，但中非国家银行在制定货币政策等方面更多地听取各成员国的意见，成员国有较大的自主权，且银行立法也因国而异，由各国自己执行。

东加勒比货币区也属于跨国的货币联盟，该货币区由安提瓜、多米尼加、格林纳达、圣卢西亚、圣文森特、蒙特塞拉特等国组成。1965 年，东加勒比货币区各国成立了共同的货币管理局，废止了原来的货币——"英属西印度元"，开始发行"东加勒比元"，实行与英镑挂钩的联系汇率。1976 年 7 月 7 日东加勒比元与英镑脱钩，改为盯住美元。该货币管理局统一发行区内各国共同使用的货币——"东加勒比元"，但不负责对各国银行的监督，不规定上缴存款准备金，也不承担"最后贷款人"的义务。1983 年 10 月 1 日，东加勒比货币区成立了东加勒比中央银行（Eastern Caribbean Central Bank），取代了原来的货币管理局。

随着欧洲联盟成员国经济金融一体化进程的加快，一种具有新的性质和特点的区域性货币联盟随之产生。欧洲中央银行的起源可以追溯至欧洲经济合作组织于 1950 年 7 月 1 日建立的"欧洲支付同盟"及 1958 年取代了该同盟的"欧洲货币协定"。"欧洲支付同盟"和"欧洲货币协定"启动了欧洲货币联合的进程，但并未对欧洲货币一体化提出具体设想。真正把欧洲货币统一提上日程的是在欧共体建立之后。1957 年，德国、法国、比利时、荷兰、卢森堡、意大利六国签署《罗马条约》，欧洲经济共同体宪章出台。1969 年 12 月，欧共体正式提出建立欧洲经济和货币联盟（European Economic and Monetary Union）。1979 年 3 月欧共体正式开始实施欧洲货币体系（European Monetary System，EMS）建设规划。1991 年 12 月欧共体 12 个成员国在荷兰马斯特里赫特（Maastricht）签署了《政治联盟条约》和

《经济与货币联盟条约》。《马斯特里赫特条约》于 1993 年 11 月 1 日正式生效，与此同时，欧共体改名为欧盟。1994 年欧盟成立了欧洲货币局，1995 年 12 月正式决定欧洲统一的货币为欧元（Euro）。1998 年 7 月 1 日欧洲中央银行体系（ESCB）和欧洲中央银行（ECB）正式成立，1999 年 1 月 1 日欧元正式启动。经过三年过渡期，2002 年 1 月 1 日欧元的钞票和硬币开始流通，2002 年 7 月 1 日，欧元正式成为欧元区各成员国同意的法定货币。欧洲中央的成立和欧元的正式启动，标志着现代中央银行制度进入了一个新的发展阶段。

通过对各种类型的中央银行制度及其分析可以看出，一个国家所实行的中央银行制度要受一些客观因素的影响。第一是受一国的商品经济发展水平和货币信用发达程度的影响。一般来说，商品经济发展水平较高和货币信用较发达的国家，多数实行单一制中央银行制度。第二是受国家政体的影响。实行联邦制的国家往往实行二元型中央银行制度；那些政治、经济、立法统一和国家权力集中的国家，大多实行一元型中央银行制度。第三是受经济运行体制的影响。市场经济体制国家大多实行单一制中央银行制度，而前苏联及东欧等实行计划经济体制的国家，采取的是混合制中央银行制度。因此在评价一个国家中央银行制度时，不仅要从制度本身出发，而且应该结合该国的国情和实际情况，在充分考虑其适应性和灵活性的基础上评价一个国家中央银行制度的优或劣。

2.2　中央银行的结构

1. 资本结构

由中央银行的资产负债表反映出来的营业资本大体上由流通中的货币、各种存款和准备金三部分组成。流通中的货币是指在市场上流通的钞票和铸币。各种存款包括：各商业银行、专业银行及其他金融机构在中央银行的存款，非金融机构的存款，国外负债，政府存款等。资本金包括中央银行实收资本、在经济活动过程中将所得利润进行分配和上缴财政税金后剩余的公积金。有些国有化的中央银行还包括财政增拨信贷基金。

作为中央银行制度的一个重要内容，中央银行的资本结构是指作为中央银行营业基础的资本金的构成情况，即中央银行资本金的所有制形式。中央银行的资本结构可归纳为以下几种情况。

（1）全部资本金为国家所有的中央银行

全部资本金属于国家所有的，称为国有化的中央银行，即中央银行直接由国家拨款建立，或由商业银行经国家收买了私人股份改组成立。随着中央银行地位的上升和作用的增强，各国为了使中央银行更好地行使各项职能，从 20 世纪 30 年代后期开始掀起了一场中央银行国有化运动。目前中央银行资本为国家所有的国家有英国、法国、德国、加拿大、荷兰、西班牙、瑞典、印度、挪威、埃及、尼日利亚、中国等。从历史来看，中央银行国有化的方式主要有两种：一种是国家通过购买中央银行资本中原来属于私人的股份而对中央银行拥有了全部股权；另一种是中央银行成立时，国家就拨付了全部资本金。一般来说，历史比较久远的中央银行大多由私营银行或股份银行演变而来，国家通过购买方式实行了中央银行国有化，如加拿大银行于 1938 年、法兰西银行于 1945 年、英格兰银行于 1946 年、荷兰银行于 1948 年、挪威银行于 1949 年、印度储备银行于 1949 年、德国联邦银行于 1958 年、西班牙银行于 1962 年分别被本国政府将其全部股本收归国有。"二战"后，一大批新独立的发展中国家在筹建自己的中央银行时便直接由政府拨款建立。

（2）资本由国家和私人混合所有的中央银行

公私两种股份混合所有的，也可以称为半国家性质的中央银行。这种中央银行的资本一部分属于国家，另一部分属于私人（指政府以外的法人，而非个人），但国家资本大多在 50％以上。如日本银行，政府拥有 55％的股份，民间持有 45％的股份；墨西哥的中央银行，国家资本占 51％，民间资本占 49％；巴基斯坦中央银行的股份，政府持有 51％，民间资本占 49％。厄瓜多尔、委内瑞拉、卡塔尔等国中央银行的资本，政府和私人的股份各占一半。在国家不拥有全部股份的中央银行中，法律一般都对非国家股份持有者的权利作了限定，如只有分取红利的权利而无经营决策权，其股权转让也必须经中央银行同意后方可进行等。由于私股持有者不能参与经营决策，所以对中央银行的政策基本上没有影响。

（3）全部资金为私人所有的中央银行

这类中央银行的资本全部由私人股东投入，经政府授权，执行中央银行的职能。例如，意大利的中央银行就是由股份公司转变为公法管理机构的，其资本金分成 30 万股，每股面值 1 000 意大利里拉，只能由储蓄银行、全国性银行、公营信贷机构等认购。美国联邦储备银行的股本全部由参加联邦储备体系的会员银行所拥有，会员银行按自己实收资本和公积金的 8％认购所参加的联邦储备银行的股份，先缴付所认购股份的一半，另一半待通知随时缴付。会员银行按实缴股本享受年息 6％的股息。瑞士国家银行 1905 年创建时为联合股份银行，资本额为 5 000 万瑞士法郎，实收资本为 2 500 万瑞士法郎，其中多数股份由州政府银行持有，少数股份由私人持有，但必须是本国公民、本国企业或在瑞士建立总代表处的法人。瑞士政府不持有该银行的股份，但掌握其人事权。

（4）无资本金的中央银行

无资本金的中央银行是指中央银行没有自有资本，而由国家直接授权执行中央银行职能的中央银行。中央银行有无资本金实际上并不重要，如韩国中央银行是目前唯一一个没有资本金的中央银行。1950 年韩国银行成立时，注册资本为 15 亿韩元，全部由政府出资。1962 年《韩国银行法》的修改使韩国银行成为"无资本的特殊法人"，该行每年的净利润按规定留存准备后，全部汇入政府的"总收入账户"。如果发生亏损，首先用提存的准备金弥补，不足部分由政府的支出账户划拨。

（5）资本为多国共有的中央银行

货币联盟中成员国共同组建中央银行的资本金是由各成员国按商定比例认缴的，各国以认缴比例拥有对中央银行的所有权。

中央银行的资本结构虽然有上述 5 种类型，但无论是哪种类型的中央银行，其职能都是由国家通过法律（或条约）直接赋予的，资本所有权的归属已不对中央银行的性质、职能、地位、作用等发生实质性影响。

2. 组织结构

中央银行的组织结构是中央银行制度的重要内容之一，主要包括中央银行的权利结构、内部职能机构及分支结构设置的方面。各国中央银行的组织结构大都由专门的法律或专项规定来确定，法律或规定是根据本国的经济制度、经济发展水平和金融业总体状况及历史传统等多方面的因素综合考虑而制定的。因此，中央银行的组织结构一般是比较稳定的，这有利于中央银行更好地行使其职能。

1）中央银行的权力结构

中央银行的权力结构主要是指最高权力分配状况，它一般通过最高权力机构的设置和职责分工来体现。各个国家的中央银行最高权力机构的权力行使和职责分工会有差异，但也具有共同特点，包括：最高权力机构地位超然，权力很大，其成员任期很长，成员一般由国会、皇室或总统任免；中央银行最高权力机构的成员一般具有极广泛的代表性；中央银行总裁在中央银行制定及执行金融政策中起着举足轻重的作用。

中央银行的最高权力大致可归并为决策权、执行权和监督权三个方面。其中，决策权是权力的核心，是中央银行权威的象征；执行权是权力的集中体现，在执行中又包含着许多次级决策权；监督权是对决策权和执行权的约束，是对中央银行有效行使职能的保证。决策权、执行权和监督权在有些国家的中央银行中是合一的，而有些国家的中央银行则分别设立不同的机构分别行使其权利。根据决策权、执行权和监督权的机构配置情况，一般将各国中央银行的权力结构分为以下两种模式。

（1）三权合一模式

采取三权合一模式的中央银行是指设立一个机构行使中央银行的最高权力，其权力机构一般是中央银行的理事会，理事会既是各项政策和方针的制定者，又负责这些政策、方针的贯彻实施和监督。英国、美国、菲律宾、马来西亚等国的中央银行都属于这种模式。三权合一模式的特点是决策层次少，权力比较集中，决策和操作便捷迅速，有利于政策间的衔接和一致。不足是缺乏制衡，容易带来集权和独裁。

英格兰银行最高权力机构是英格兰银行理事会，负责货币政策的制度和实施。理事会由正副总裁各 1 人和 16 名理事组成，均由政府推荐，英王任免。正副总裁任期 5 年，可以连任，理事任期 4 年，轮流离任，每年更换 4 人。理事会成员包括商业银行行长、企业家和工会领袖等，议员、政府成员、公职人员不能担任理事。1997 年成立了货币政策委员会，主要负责再贴现率的调整，组成成员由英格兰银行正副总裁和内部委员 2 名及外部委员 4 名组成。

美国联邦储备体系的最高决策机构是联邦储备银行理事会，也称理事会。美国联邦储备理事会由 7 名成员组成，这 7 名成员由总统任命并须经参议院确认。理事会成员的任期为 14 年，各成员任期的起始时间不同，每 2 年离任一人，相互交错。理事会主席、副主席由总统在理事会成员中挑选，也须得到参议院的同意，这一职位的任期为 4 年，可以连任，但最长不得超过作为理事会成员的 14 年任期；若 4 年之后不被任命继续担任主席或副主席，但其理事会成员的 14 年任期未满时仍留任理事，直到期满。理事会的主要职责有：向国会就美国经济状况和美联储对货币和信用增长等进行年度和年终汇报，理事会主席经常与总统和财政部长会面，理事会董事会则要经常在国会陈述作证，设定存款准备金率及批准由各联储银行董事会提出的贴现率；检查联储银行的服务、监管及会计程序，批准各联储银行的预算等。在联邦储备体系中，设有联邦公开市场委员会，负责决定联储在公开市场上进行何种操作，包括买卖政府证券、吞吐存款机构的储备及规定和指导外汇市场上美元对外国货币的操作等。公开市场委员会由 12 名成员组成，法律准许委员会自己决定其下属机构的设置。传统上，公开市场委员会推举联储理事会主席为其主席，纽约联邦储备银行行长为其副主席。公开市场委员会一般预先决定其年度会议的次数，会议在华盛顿联储理事会办公室召开，最近几年每年召开 8 次会议研讨公开市场政策。此外联邦储备体系还设有联邦顾问委员会、消费者顾问委员会和存款机构委员会，作为理事会的顾问咨询机构。

（2）三权分立模式

三权分立模式是指中央银行设立几家不同的权力机构，分别行使决策权、执行权和监督权。日本银行、瑞典银行、欧洲中央银行实行这一模式。三权分立模式的特点是专业化的管理和权力制衡，不足是容易带来较高的协调成本，造成效率低下的问题。

日本银行的最高决策机构是日本银行政策委员会。根据 1997 年 4 月 17 日通过的《日本银行法》修正案，日本政策委员会是制定货币政策的最高决策机关，政策范围包括变更官定利率和存款准备金率，制定调整金融市场的运作和管理规定等。日本银行的政策委员会由 6 名审议委员和日本银行总裁、2 名副总裁共计 9 人组成。9 名成员全部由内阁任命，议会批准，任期为 5 年。日本银行政策委员会主要负责：改变再贴现率和存款准备金率；协调金融市场运行及日本银行主要职能机构的变更等重要事务。日本银行的最高执行权力机构是日本银行理事会，负责执行政策委员会的决定和研究处理日常经营中的重大事项。理事会由日本银行正副总裁和 17 名理事组成，正副总裁任期 5 年，其他理事任期 4 年，由财政大臣任命。此外，日本银行还设有监事会，由 5 名成员组成，任期 4 年，内阁任命，负责监督检查日本银行的业务和政策执行情况。

瑞士国家银行最高决策权力机构是理事会，由 40 名理事组成，其中 25 名理事包括主席、副主席由联邦政府任命，15 名理事由股东大会从股东中选出。理事会的主要职责是制定和实施货币政策、确定业务制度、审核年度决算、向联邦政府提出执行理事会成员和分行行长人选等。瑞士国家银行的最高权力执行机构是执行委员会，由理事会从理事中提名、联邦政府任命的 3 名成员组成，任期 6 年，主要负责处理中央银行日常重要事务，定期向银行委员会提供口头和书面报告。瑞士国家银行的监督机构是银行委员会，由 10 人组成，从理事会中选出，负责监督国家银行的业务活动和理事会决策的执行情况。

欧洲中央银行的权力结构采用的也是三权分立模式。行长理事会是欧洲中央的最高决策机构，由执行董事会全体成员和欧元区所有成员国中央银行行长组成。行长理事会的职责是制定必要的指导方针和作出必要的决定，以保证完成《欧洲联盟条约》和《欧洲中央银行体系章程》赋予欧洲中央银行体系的任务；制定欧元区统一的货币政策，并为落实政策采取必要的措施。欧洲中央银行日常业务管理的机构是执行董事会，执行董事会的成员由主席、副主席和 4 名其他成员组成，任期为 8 年，不得连任。执行董事会的主要职责是根据行长理事会所通过的指导方针和相关决定来实施货币政策。此外，执行董事会还负责以下任务：负责行长理事会会议的准备工作；根据行长理事会确定的原则编制欧洲中央银行的年度账目；为了分析和操作的目的，编制一份欧洲中央银行体系的综合预算表。

欧洲中央银行还有两个权力机构：一个是普通理事会，由欧洲中央银行行长、副行长和欧盟 15 国中央银行行长组成。这是一个补充性质的决策机构。普通理事会的成员包括了参加欧元区和未参加欧元区的所有成员国中央银行的行长。一般情况下，普通理事会会议由欧洲中央银行行长筹备并主持，欧盟理事会主席、欧盟管理委员会的 1 名成员及执行董事会的其他 4 名成员可以参加普通理事会会议，但没有投票权。另一个是各成员国的中央银行。各成员国中央银行根据欧洲中央银行的指导方针和指示采取必要行动。各成员国可行使其他职责，但不得行使行长委员会认为有损于欧洲中央银行体系目标和任务的职责，并应自担风险和责任。

2）中央银行的内部机构设置

中央银行内部机构的设置，是指中央银行总行或总部机关的职能划分和分工。为确保中央银行行使其职能，必须设置具体的职能部门进行业务操作。尽管各国中央银行的内部机构设置不等、名称也有差别，但总体来看，大都包括以下几种部门。

（1）行政管理部门

行政管理部门是中央银行运作的综合性非业务部门，主要负责日常的行政管理、秘书、人事、后勤等方面的工作，如英格兰银行的工商服务部，日本银行的秘书室，美国联盟储备系统的服务部、理事会办公室等。

（2）业务操作部门

业务操作部门是中央银行执行货币政策及进行有关业务活动而设的部门，主要职责是负责办理货币发行、公开市场操作业务、收受存款准备金、再贴现、发行债券等业务操作，如法兰西银行设有发行总局、信贷总局等。

（3）金融监管部门

金融监管部门是中央银行的一个重要部门。作为中央银行贯彻执行金融政策、监督金融政策实施及对全国金融业进行有效监督管理的职能部门，金融监管部门的主要职责是对金融机构的事前管理和事后调查及其业务活动进行相应的指导。例如，日本银行设有管理局和监察局，美国联邦储备委员会设有银行监督管理部。

（4）调研分析部门

调研分析部门是中央银行的情报、参谋顾问部门，主要负责关于经济金融资料和情报的收集、整理、统计、分析，对国民经济和社会发展进行研究，进而向决策部门提出有关金融政策方面的建议，如美国联邦储备委员会的研究统计部和数据分理部。

中央银行内部职能机构的设置并不是固定不变的，随着中央银行职能和业务量的变化，职能机构也会随之调整，各部门之间的业务分工也会就工作的方便而有所改变。但一般来说，在一定时期内，中央银行的内部职能机构是比较稳定的。

3）中央银行的分支机构设置

中央银行的分支机构是中央银行体系中的重要组成部分，是中央银行全面行使职能和履行规定职责所必需的组织保证。各国中央银行基本上都设立了自己的分支机构。中央银行分支机构的设置大致有以下3种类型。

（1）按经济区域设置

这种设置方法是中央银行根据各地地域关系、历史传统、经济进入发展状况和中央银行业务量的大小，根据实际需要而按经济区域设立分支机构。分支机构一般都设立在该区域内的经济和金融中心，机构规模的大小根据实际需要而定。按经济区域设置分支机构有利于中央银行减少地方政府的干预，保证各项政策方针的贯彻执行和货币政策的集中统一。同时按经济区域设置中央银行的分支机构能更好地体现市场经济的原则，也符合商品经济发展的客观规律。此外，这种设置方式的主动权完全在中央银行，中央银行可根据实际需要确定分支机构的设置数量，这就使中央银行的分支机构能够尽可能地集中，降低了成本，提高了效率。

目前，世界上大多数国家，特别是市场经济国家的中央银行基本上都是按照经济区域来设置分支机构的。美国12家联邦储备银行虽然不是联邦储备理事会的下属分支机构，但作为美国联邦储备体系的重要组成部分，它们是按照经济区域设立的。美国将全国的50个州和哥伦比亚特区按照经济区域划分为12个联邦储备区，在每一个联邦储备区的中心城市设立一家联邦储备银行。主要职责有：向联储理事会提出有关贴现率的建议；持有存款机构的准备金；通过贴现窗口贷款给存款机构；印制、保管货币；为存款机构收集和清算支票，转换资金；处理政府的债务和现金事宜；对辖区内的金融机构实施监管等。美国12家联邦储备银行分别是：纽约联邦储备银行、波士顿联邦储备银行、费城联邦储备银行、克利夫兰联邦储备银行、里奇蒙联邦储备银行、亚特兰大联邦储备银行、芝加哥联邦储备银行、圣路易斯联邦储备银行、明尼伯利联邦储备银行、堪萨斯联邦储备银行、达拉斯联邦储备银行和旧金山联邦储备银行。目前这12家联邦储备银行共在25个城市设立了25家分行，还在9个城市设立了9个特别办事处。英格兰银行的分支机构也是这种设置方式，目前，在5个中心城市设立区域分行，在3个城市设立了代理处。

（2）按行政区划设置

按行政区划设置方式要求中央银行分支机构的设置与国家的行政区划相一致，逐级设置分支行，分支行的行政级别和规模与相应的行政区划级别相关，与业务量关系不大。各分支机构之间也按照行政级别发生垂直的隶属关系。这种方式一般与计划经济体制相适应。

前苏联及其他实行计划经济体制的国家基本上都是采取按行政区划设置分支机构的方式。在 1998 年以前中国人民银行就是采取这种设置方式：总行设在首都北京，各省、自治区、直辖市及经济特区和国家确定计划单列的重点城市，设立一级分行；在省辖地区和市设立二级分行；在全国的县一级设立支行，总、分、支机构实行垂直领导和管理。这种设置方式存在较多弊端：容易带来政府干预，造成人为的地方条块分割，不利于中央银行独立性的保持和货币政策的实施，也不利于商品经济的发展。随着各国经济金融体制改革的推进，按行政区划设置分支机构的做法正逐渐被取代。

（3）以经济区域为主、兼顾行政区划设置

这种设置方式一般是按经济区域设置分行，而分行之下的机构设置则考虑行政区划并尽量与行政区划相一致。采取这种模式的国家主要有日本、德国、意大利、匈牙利、前南斯拉夫和 1998 年后的中国等。以日本为例，日本银行把全国 47 个都、道、府、县划分为 33 个业务区，每区设立一个分行，分行所在的中心城市也是商业银行等金融机构比较集中的地区，同时还设有 12 个办事处。分行以下机构的设立则更多地考虑行政区划。

目前世界各国的中央银行，除美国联邦储备体系之外，其分支机构都可以看做中央银行总行或总部的派出机构。总行或总部对分支机构一般都实行集中统一领导和管理，在分支机构层次较多的情况下，大都按逐级管理的方式进行运作。由于各国的情况不同，中央银行对其分支机构的授权也有较大差异，有些国家中央银行的分支机构权力较大，有些则相对较小，但其基本任务或职责却是一致的，如贯彻总行或总部的方针政策，执行总行或总部的指令，提供区域性支付清算服务和管理，办理本辖区内中央银行业务等。

3. 中国人民银行的制度与结构

1）中国人民银行的制度

1984 年以前，中国人民银行不仅执行中央银行职能，而且经办一般金融业务，实行的是典型的混合型中央银行制度。1983 年 9 月 17 日国务院正式决定，从 1984 年 1 月 1 日开始中国人民银行成为我国的中央银行，专门行使中央银行职能。从此，中国人民银行进入了单一制中央银行制度建设时期。

2）中国人民银行的结构

（1）中国人民银行的权力结构

从 1948 年 12 月 1 日成立一直到 1983 年年底，中国人民银行实际上只有执行权没有决策权：在社会主义改造时期，中国人民银行主要是作为国家机器的一部分，承担接管官僚资本银行、整顿私营金融业、支持经济恢复和国家重建等任务；在计划经济时期中国人民银行实为中央政府的出纳，组织和调节货币流通，按照经济计划指标确定信贷规模，其最主要的任务是对居民实行存贷业务。

从 1984 年 1 月 1 日开始一直到 1995 年《中国人民银行法》颁布前，中国人民银行拥有的自主决策权越来越多,为了加强决策的科学性和民主性,中国人民银行建立了中国人民银行理事会,并把它作为最高权力决策机构。理事会成员包括中国人民银行行长、副行长、少数顾问和专家、1位财政部副部长、1位国家计委副主任、各专业银行行长、中国人民保险公司总经理等。理事会的主要职责是:审议金融方针、政策问题;确定专业银行和其他金融机构的设置、撤并、业务分工的原则;审议年度国家信贷计划、现金计划和外汇计划的有关重大问题;研究设计金融全局的其他重要事项。

1995年,《中华人民共和国中国人民银行法》颁布,取消了中国人民银行理事会,规定"中国人民银行实行行长负责制。行长领导中国人民银行的工作,副行长协助行长工作"。这表明从1995年开始至今,中国人民银行的最高决策权高度集中在行长一人手中,属于决策权、执行权和监管权合一的中央银行。

为了有助于货币政策的正确制定,中国人民银行根据《中华人民共和国中国人民银行法》(修正)的要求设立了货币政策委员会。作为中国人民银行制度货币政策的咨询议事机构,货币政策委员会的主要职责是在综合分析宏观经济形势的基础上,依据国家的宏观经济调控目标,讨论下列货币政策事项,并提出建议:货币政策的制定、调整;货币政策工具的运用;一定时期内的货币政策控制目标;有关货币政策的重要措施;货币政策与其他宏观经济政策的协调。

(2)中国人民银行的内部机构设置

2003年,货币政策职能与银行业监管职能分离后,中国人民银行的内部机构设置也相应发生了变化。根据第十一届全国人民代表大会第一次会议批准的国务院机构改革方案和《国务院关于机构设置的通知》,经国务院批准,国务院办公厅印发了《中国人民银行主要职责内设机构和人员编制规定》,对中国人民银行的内设机构又进行了调整。目前中国人民银行设有19个内设机构,其具体名称与职能如下。

①办公厅(党委办公室)。负责文电、会晤、机要、档案等机关日常运转工作及信息综合、应急管理、安全保密、政务公开、来信来访、新闻发布等工作;承办人民银行党委办公室的日常工作。

②条法司。起草有关法律、行政法规草案;负责中国人民银行金融法律事务、咨询服务法制宣传工作;拟订或组织拟订、审核与履行职责有关的金融规章;承担机关有关规范性文件合法性审核工作;办理行政复议和行政应诉工作。

③货币政策司。拟订货币政策中介目标并组织执行;拟订并组织实施存款准备金率及差别准备金率的调整;拟订本外币利率政策、管理办法、调整方案并组织实施;拟订本币公开市场操作方案并组织实施;提出货币政策工具选择建议并组织实施;承办中国人民银行货币政策委员会及宏观调控部门协调机制的有关工作。

④汇率司。拟订人民币汇率政策并组织实施;研究、制定并实施外汇市场的调控方案,调控境内外汇市场供求;根据人民币国际化的进程发展人民币离岸市场;协助有关方面提出资本项目兑换政策建议;跟踪监测全球金融市场汇率变化;研究、监测国际资本流动,并提

出政策建议。

⑤ 金融市场司。拟订金融市场发展规划，协调金融市场发展，推动金融产品创新；拟订宏观信贷指导政策，承办国务院决定的信贷结构调节管理工作；监督管理用户间同业拆借市场、银行间债权市场、银行间票据市场和黄金市场及上述市场的有关衍生产品交易；分析金融市场发展对货币政策和金融稳定的影响并提出政策建议。

⑥ 金融稳定局。综合分析和评估系统性金融风险，提出防范和化解系统性金融风险的政策建议；评估重大金融并购活动对国家金融安全的影响并提出政策建议；负责金融控股公司和交叉性金融工具的检测；承担研究拟订金融控股公司的监管规定和交叉性金融业务标准、规范的工作；承办设计运用中央银行最终支付手段的金融企业重组方案的论证和审查工作；管理中国人民银行与金融风险处置或重组有关的资产。

⑦ 调查统计司。负责金融业的统计、调查、分析和预测；拟订金融业综合统计制度，编制金融业统计报表；负责有关货币政策和金融稳定的数据采集并按规定对外公布统计结果；按照规定提供金融信息咨询。

⑧ 会计财务司。协助有关部门完善中央银行和商业银行会计准则、制度和会计科目；编制并监督检查中国人民银行系统财务预决算；编制中国人民银行资产负债表和损益表等会计财务报表；组织实施中国人民银行财务制度；承办中国人民银行系统会计、财务、基建、固定资产和政府采购项目管理工作。

⑨ 支付结算司。拟订全国支付体系发展规划；拟订银行卡结算业务及其他电子支付业务管理制度；研究拟订支付结算政策和规则，制定支付清算、票据交换和银行账户管理的规章制度并组织实施；组织建设和管理中国现代支付系统；维护支付清算系统的正常运行；推进支付工具的创新；组织中国人民银行会计核算。

⑩ 科技司。拟订金融业信息化发展规划，承担金融标准化的组织管理协调工作；拟订银行卡业务技术标准，协调银行卡联网通用工作；指导、协调金融业信息安全和信息化工作；承担中国人民银行信息化及应用系统的规划、建设、安全、标准化及运行维护等工作；筹备中国人民银行系统的科技管理工作。

⑪ 货币金银局。拟订有关货币发行和黄金管理办法并组织实施；制定现钞、辅币和贵金属纪念币成产计划，负责对人民币现钞、贵金属纪念币的挑拨、发行库管理及流通中现金的更新和销毁；管理现金投放、回笼工作和库款安全；管理国家黄金储备；承担人民币管理和反假货币工作；承办国务院反假货币联系工作会议的具体工作。

⑫ 国库局。拟订国库资金银行支付清算制度并组织实施，参与拟订国库管理制度、国库集中收复制度；对国库资金收支进行统计分析；为财政部门开设国库单一账户，办理预算资金的收纳、划分、留解和支拨业务；定期向同级财政部门提供国库单一账户的收支和现金情况，核对库存余额；按规定履行监督管理职责，维护国库资金的安全与完整；按规定承担国库现金管理有关工作；代理国务院财政部门向金融机构发行、兑付国债和其他政府债券。

⑬ 国际司（港澳台办公室）。承办金融业务开放的相关工作；承办中国人民银行与国际

金融组织和各金融当局的交流与合作；承办对港澳台的金融交流与合作；承办中国人民银行外事管理工作；指导中国人民银行驻外机构的业务工作；协调国际金融合作；开展国际金融调研工作。

⑭ 内审司。拟订中国人民银行内审工作章程、制度和办法；监督检查中国人民银行各级机构及其工作人员执行金融政策、法规，依法履行公务和执行财务纪律的情况；承办主要负责人的离任审计工作，对违法违规人员的处理提出建议；指导、监督、检查中国人民银行系统内审工作。

⑮ 人事司（党委组织部）。拟订中国人民银行人事、教育、劳动工资管理制度、办法并组织实施；拟订人员培训规划，组织人员考试测评工作；承办中国人民银行系统机构、编制和干部管理工作；承办中国人民银行系统社会保险管理工作；负责中国人民银行系统统战工作。

⑯ 研究局。综合研究金融改革、发展及跨国行业的重大问题，协调拟订金融业改革发展战略规划，研究促进金融业对外开放的政策措施；围绕中央银行职责，研究分析宏观经济、金融运行状况，以及货币信贷、金融市场、金融法律、法规等重大政策或制度执行情况，并提出政策建议。

⑰ 征信管理局。拟订征信业发展规划、规章制度及行业标准；拟订征信机构、业务管理办法及有关信用风险评估准则；建设金融征信统一平台，推进社会信用体系建设。

⑱ 反洗钱局（保卫局）。承担反洗钱工作的组织协调和监督管理职责；拟订反洗钱政策和规章；监督、检查金融机构及非金融机构高风险行业履行反洗钱义务情况；收集、分析和监测相关部门提供的大额和可疑交易信息；对可疑交易开展反洗钱调查，协助公安司法机关调查涉嫌洗钱犯罪案件；负责中国人民银行系统安全保卫工作承办反洗钱国际合作工作。

⑲ 党委宣传部（党委群工部）。负责中国人民银行系统党的思想建设和宣传工作；负责思想政治工作和精神文明建设；负责指导、协调本系统群众工作。

（3）中国人民银行的分支机构设置

自 1984 年我国确立中央银行制度至 1998 年 10 月中国人民银行的分支机构一直是按行政区划设置的。1995 年《中华人民共和国中国人民银行法》规定：中国人民银行的分支机构是综合派出机构，中国人民银行对分支机构实行统一领导和管理。中国人民银行的分支机构负责本辖区的监督管理，承办有关业务。中国人民银行分支行的基本职能是：金融监督管理、调查统计分析、横向头寸调剂、经理国库、现金挑拨、联行清算和外汇管理。

在实践中，由于分支机构是按行政区划设置的，往往存在许多问题。为了解决问题，1998 年和 2005 年中国人民银行在管理体制上进行了两次重大改革。

① 大区行体制改革。1998 年 11 月，中国人民银行管理体制实行改革，撤销省级分行，跨行政区设立分行。具体的改革内容为：撤销中国人民银行各省、自治区、直辖市分行，在全国设立 9 个跨行政区分行，作为中国人民银行的派出机构；在不设中国人民银行分行的省、自治区人民政府所在地城市设 20 个金融监管办事处，作为中国人民银行的派出机构；

在不设中国人民银行分行的省、自治区人民政府所在地城市设立 20 个中心支行，作为中国人民银行的派出机构；深圳市、大连市、宁波市、厦门市、青岛市及原地级市（州、盟、区）分行更名为中心支行，其职责不变；县（县级市、旗）支行保持现状，职责不变。

大区行体制改革的再改革已在所难免。根据中国当前的现实情况，大区行体制再改革的方向应是：大区行体制应继续调整和完善；重新定位中国人民银行分支机构的功能和组织；简化中国人民银行分支行的内部机构设置，提高经济金融研究能力和水平；提高中国人民银行分支机构的透明度。

② 成立中国人民银行上海总部。为进一步完善中央银行决策和操作体系，发挥金融市场一线的优势，提高中央银行宏观调控的水平和效率，经中央有关部门批准，设立中国人民银行上海总部。上海总部于 2005 年 8 月 10 日正式挂牌成立。

上海总部是人民银行总行的有机组成部分，在总行的领导和授权下开展工作，其职能定位是综合的货币政策操作平台、金融市场监测管理平台、对外交往重要窗口，主要承担公开市场操作、金融市场监测、金融信息分析研究、金融产品研发和交易、区域金融合作等职责。上海总部根据总行授权，还承担对中国外汇交易中心等总行直属在沪单位的管理工作，以及上海黄金交易所、中国银联等有关机构的协调和管理工作。中国人民银行上海总部的设立，有利于扩大上海金融市场对国内金融业乃至亚太地区金融的整体影响力，从而加速上海国际金融中心的建设。

本 章 小 结

虽然世界各国基本上都实现了中央银行制度，但由于各国经济、历史、政治、文化习俗等发展状况不同，中央银行的制度类型也存在着很大差异。归纳起来大致可分为单一制中央银行制度、多元制中央银行制度、混合制中央银行制度和跨国制中央银行制度四种形式。

中央银行的资本结构是指作为中央银行营业基础的资本金的构成情况，即中央银行资本金的所有形式。归纳起来，各国中央银行的资本金构成主要有 5 种类型：国家所有、公私混有、私有、无资本及多国共有。

各国中央银行为了确保其各项职能的发挥，根据自身制度的要求及国情、政治经济制度，对其中央银行机构进行合理设置。中央银行的组织结构是中央银行制度的重要内容之一，一般包括权力分配结构、内部职能机构和分支机构的设置等方面。中央银行的权力分配结构主要是指最高权力分配状况，有些国家中央银行的决策权、执行权和监督权是高度集中的，而有些国家中央银行则由不同的权力机构分别行使这些权力；中央银行内部职能机构的设置各国大致相同，一般包括与行使中央银行职能直接相关的部门、为中央银行行使职能提供咨询、调研、统计、分析的部门，以及提供保障和行政管理服务的部门等；在中央银行分支机构的设置上，有的是按经济区域设置，有的是按行政区划设置，还有的是以经济区域为主，兼顾行政区划设置。无论按照何种原则设置，分支机构的主要职责和业务基本上是相同的。

关　键　词

单一制中央银行制度　一元型中央银行制度　二元型中央银行制度　混合制中央银行制度　跨国制中央银行制度　中央银行权力结构　中央银行内部机构　中央银行的分支机构　中国人民银行上海总部

复习思考题

1. 中央银行制度有哪些基本类型？各有何特点？
2. 比较分析一元型中央银行制度和二元型中央银行制度的优缺点。
3. 中央银行的组织结构一般包括哪些主要内容？
4. 比较美国联邦储备体系和欧洲中央银行体系的组织结构的异同。
5. 简要说明中国人民银行目前的组织结构状况。
6. 评述1998年我国的大区行体制改革。

第3章

中央银行的地位与作用

在现代经济生活中，中央银行是一国金融体系的核心，它不仅是社会信用制度的枢纽，而且还担负着宏观经济调控、管理其他金融机构的经营活动等多种职能。中央银行已成为各个国家最重要的公共权力机构之一。随着经济、金融和科技的迅速发展，中央银行在现代经济体系中的地位与作用已极为突出，它不但是整个金融运行的中心和全社会货币、信用的调节者，而且成为经济与社会稳定、健康发展的主要组织者和保证者。本章将从中央银行在市场经济中的地位、中央银行的独立性及中央银行业务活动的法律与原则三个方面进行介绍和分析。

3.1 中央银行在市场经济体系中的地位

从促进中央银行产生和发展的基本经济因素和中央银行自身所具有的职能及承担的社会责任的分析中不难得出，中央银行在社会经济体系中处于一个非常重要的特殊地位。由于商品经济的迅速发展、经济货币化程度的加深、金融在经济中作用的加强和国际经济联系的推进，中央银行在现代经济体系中的地位较之早期的中央银行就更加突出了。

下面从三个角度来分析中央银行在市场经济体系中的地位。

首先，从经济体系运转看，中央银行为经济发展创造货币和信用条件，为经济稳定运行提供保障。随着商品经济的发展和生产、流通的扩大，经济体系对货币的需求也在不断增长。在中央银行垄断货币发行特别是在不兑现信用货币流通的条件下，经济体系对货币的需求就必须通过中央银行来实现，中央银行成为唯一的货币供应者。中央银行根据经济发展的客观需要，不断地向经济体系提供相应的货币供应，也就是不断地为经济发展提供必要的条件。另外，在现代经济发展的要素投入中，货币已成为一个先决条件。在货币、信用关系基本上已覆盖全社会经济运行的情况下，资本和劳动的投入均需借助于货币来实现，通过货币才能把各种要素结合为现实生产力。因此，在现代经济中，中央银行的货币供应在为经济体系提供必要条件的同时还提供了新的货币推动力，从而使中央银行成为推动经济发展的重要力量。

中央银行为经济体系提供有效的保障主要反映在两个方面：一方面，中央银行为经济运行提供稳定的货币环境，通过稳定货币实现经济的稳定增长。完全的信用货币制度为中央银行最大限度地推动经济增长创造了条件，但同时也使货币供给的过度增长成为可能。中央银行通过垄断货币发行和制定并执行正确的货币政策，保持货币的稳定，就为经济的正常运行和稳定增长提供了保障。另一方面，中央银行为经济体系的信用活动提供支付保障。中央银行作为商业银行等金融机构的"最后贷款人"，对全社会的支付体系承担着最终的保证责任，并且中央银行还是全国的资金清算中心。因此，中央银行通过保持货币的稳定和信用及支付体系的顺畅，为经济体系的正常运转提供有效的保障。

其次，从对外经济金融关系看，中央银行是国家对外联系的重要纽带。现在的世界是各国相互依存、相互交流的开放世界，而国际贸易、经济技术合作、国际资本流动、跨国公司等把开放的世界连为一个整体。由于中央银行与促进世界融合的诸多因素有着极强的相关性，因此在日益紧密的国际联系中，中央银行发挥着纽带的作用：①在国际交往中，货币是不可缺少的必要手段，中央银行作为一国货币的供给者和管理者及国际之间货币支付体系的参与者和维护者，起着极为关键的作用；②在金融国际化过程中，中央银行作为一国金融业的领导者和管理者，在国与国之间的金融关系中发挥着协调和决策的作用；③在国际经济合作、融合和一体化过程中，金融起着先导的作用，而中央银行一般是代表国家参与国际间金融洽谈、磋商和签约的主管机关，对国际间的联合起着重要的推动作用；④在各国经济相互依存、共同发展的大格局下，世界经济发展的宏观管理越来越重要。中央银行是国际金融组织的参与者，承担着维护国际经济、金融秩序的责任。

最后，从国家对经济的宏观管理看，中央银行是最重要的宏观调控部门之一。在现代经济中，金融成为经济的核心，所有的经济活动均伴随着货币的流通和资金的运动，中央银行处于货币流通的起点和信用活动的中心。由于金融在现代经济中的地位的增强，中央银行作为金融活动的调节者和管理者，其地位也日益突出。在现代市场经济体系中，国家调控宏观经济主要依靠货币政策和财政政策，中央银行作为货币政策的制定者和执行者，因而成为国家最重要的宏观调控部门之一。同时，国家对宏观调控的调节越来越依靠经济手段，中央银行通过货币政策对宏观经济的调节基本上是属于经济手段。中央银行通过国家授权的特定业务操作，改变货币供应和信用量，实现宏观调控的目标。中央银行通过货币政策工具的运用还可以改变金融资产的价格和结构，通过金融市场机制影响经济的结构。

总之，中央银行虽然从开始产生就在经济体系中扮演着重要的角色，但在现代经济体系中中央银行已成为经济体系中最为重要的组成部分，成为经济运行的轴心。

3.2　中央银行的独立性

中央银行制度从 17 世纪到现在已有 300 多年的历史了。在这一过程中，随着中央银行性质、职能、作用和组织结构的不断发展和完善，中央银行对一国经济运行的影响力日趋加深，而它与政府之间的关系也逐渐变得微妙起来。在有关中央银行的独立性问题上，人们产生了许多不同的见解。本节将从中央银行独立性的意义、不同模式及中央银行与政府的关系和中国人民银行的独立性问题等几个方面来介绍中央银行的独立性。

3.2.1　中央银行独立性的意义

中央银行的独立性的问题，在中央银行制度发展过程中曾经是一个争议较大的话题，争论的焦点无非是中央银行对政府应该保持多大的独立性，这一争论及其结果对各国中央银行的法律地位产生了直接的影响。

中央银行的独立性是指中央银行履行自身职责时法律或实际拥有的权力、决策和行动的自主程度，其实质是中央银行与政府之间的关系。但是，从实践来看，现代中央银行的独立性是指中央银行在国家权力机构或政府的干预和指导下，根据本国总体的社会经济发展目标，独立制定和执行货币金融政策。因此，中央银行的独立性是指相对独立性，它有两层含义：一是中央银行应与政府保持一定的独立性，能够独立地制定和执行货币政策，避免受到政府的干预和控制；二是中央银行不能完全脱离政府，其活动不能背离国家总体经济发展目标。

中央银行不论是从何种渠道产生，从一开始就都与政府有着密切的联系。中央银行作为政府的银行，在为政府提供服务的同时还要接受政府一定程度的控制，包括在金融管理中承担一定的责任。在第一次世界大战之前，由于金本位体制下金融秩序比较稳定，政府对中央银行的控制和干预并不强，中央银行与政府之间的关系更加体现在业务中。第一次世界大战期间，由于财务问题，各国政府都开始加强对中央银行的控制，为政府筹集战争经费成为中央银行的主要任务。由于战争和战后的经济恢复，这期间中央银行在政府的干预下，货币发行增加很快，导致许多国家产生严重的通货膨胀，货币制度和金融制度受到严重的冲击，同时也加深了经济与金融的困难。第一次世界大战后，1920 年在布鲁塞尔和 1922 年在日内瓦召开的两次国际经济会议上，很多国家的中央银行提出了减少政府干预、实行中央银行独立于政府的主张。例如，英格兰银行总裁诺曼、德国国家银行总裁薛德、美国联邦储备委员会主席斯托朗等都持有这一观点。这是中央银行发展史上第一次比较集中地提出中央银行独立性问题。

　　第二次世界大战后，各国经济开始恢复，政府普遍承担保障充分就业、提高社会福利和促进经济增长的义务，并实行国家干预，企图通过宏观经济政策实现这一目标。货币政策是宏观经济政策的重要组成部分，中央银行作为货币政策的制定者和执行者，有责任合理运用货币政策，与财政政策相配合，实现宏观经济目标。

　　中央银行独立性的意义如下。

　　① 中央银行是负有社会性责任的机构，它的货币政策对社会经济的发展有重大影响，应具有稳定性和连贯性，不受党派和政治的干扰。

　　② 中央银行应独立于政府，保持超然地位，以稳定币值为首要任务，可以对政府的通货膨胀政策起制约作用。

　　③ 在某些特定时期，总统可能侧重关心就业问题，经济政策重点是通过推动赤字财政政策，刺激有效需求，增加就业，其结果是造成通货膨胀。财政部长却关心为政府筹措廉价资金，以维持政府机构的正常运转，所以要求市场利率维持低水平并且稳定。中央银行为稳定币值，需要采取紧缩银根的措施，提高市场利率，以制止通货膨胀。

　　④ 中央银行不是一个纯政府的服务机构，而是一个社会化服务机构，因此中央银行应具有独立性。

3.2.2　中央银行与政府之间的关系

　　中央银行与政府的关系问题可以从以下方面进行分析：资本所有权，总裁与理事的任命、任期及职权，法律赋予中央银行的任务、职责，中央银行与政府的隶属关系、与财政部资金的关系等。

　　从中央银行的资本所有权来看，第二次世界大战以来，中央银行资本有逐渐走向完全归政府所有的趋势，即使是那些资本属私股的中央银行，股东也无任何权力干涉中央银行的货币政策和业务经营。中央银行的管理监督权属于国家，因此资本所有权已成为无关紧要的问题。

　　从法律赋予中央银行的职责看，大多数国家赋予中央银行以法定职责，在制定和执行货币政策上，中央银行享有相对独立性，要承担稳定货币金融、实现政府经济目标的社会责任，同时中央银行作为政府在金融领域的代理人，要接受政府的控制与督导。

　　从中央银行的总裁与理事的任命、任期及职权来看，总裁是中央银行行政的最高领导人，常兼任理事会或决策机构的主席。总裁的任命方式大都是由政府部门或议会提名，由国家元首任命，任期与政府任期接近。理事任期稍长于总裁，大多数国家许可连任，和政府的任期错开。这样的规定，有利于避免政府通过理事施加影响而抑制银行的独立性。

　　中央银行与政府的隶属关系、与财政部的资金关系是中央银行独立性的主要方面。不管各国法律对中央银行与政府的隶属关系如何规定，当双方发生矛盾时是通过磋商的方法解决的。中央银行在一定的限度内有支付财政的义务：一是为财政直接提供贷款融通资金；二是为财政筹集资金创造有利条件。但为防止中央银行对政府过度融资造成通货膨胀，许多国家对融资的方式、额度与期限都从法律上加以严格限制，禁止财政部向中央银行透支。

中央银行的独立性问题，实质上是中央银行与政府（国家行政当局）之间的关系问题。经过多年的争论和探讨，目前学术界对中央银行与政府之间的关系或中央银行的独立性问题已逐步达成共识，结论是：中央银行应对政府保持一定的独立性，但这种独立性只是相对的。

（1）中央银行应对政府保持一定的独立性

中央银行应具有一定的独立性，表现如下。

① 中央银行是特殊的金融机构。中央银行履行其职责必须通过具体的业务活动来实现，而中央银行的业务活动必须符合金融运行的客观规律和自身业务的特点，这是由经济与金融的关系和金融业务的特殊性质决定的。

② 中央银行制定和执行货币政策，对其内容也实行监督管理，调控宏观经济运行和保持金融稳定，具有较强的专业性和技术性。中央银行调控的对象是货币、信用、金融机构与金融市场，调控手段是技术性很强的经济手段，需要中央银行机构与人员具有熟练的业务、技术与经验、一定程度的独立性和稳定性。

③ 中央银行与政府两者所处地位、行为目标、利益需求及制约因素有所不同。在经济生活中，政府的重点经常予以调整，基础设施建设问题、地区平衡发展问题、行业调整与产业结构调整问题、扶贫救灾问题、就业问题、社会保障问题等都是政府关注的重点。为了保证经济、社会长期的稳定协调发展，中央银行工作的重点是围绕稳定货币币值这一基本原则或目标进行的。中央银行通过稳定货币，为政府各项目标的实现提供条件、环境和保障。因此，中央银行具有一定的独立性，对于经济、社会的长期持续稳定发展是有益的。

④ 中央银行保持一定的独立性可能使中央银行与政府其他部门之间的政策形成一个互补和制约关系，增加政策的综合效力和稳定性。

⑤ 中央银行保持一定的独立性还可以使中央银行和分支机构全面、准确、及时地贯彻总行的方针政策，而少受地方政府的干预，保证货币政策决策与实施的统一，增加中央银行宏观调控的时效性和提高中央银行运作的效率。

总之，从中央银行在现代经济体系中所处的重要地位和所担负的重要职责看，中央银行必须保持一定的独立性。

（2）中央银行对政府的独立性是相对的

在现代经济体系中，中央银行作为国家的金融管理当局，是政府实施宏观调控的重要部门。中央银行要接受政府的管理和监督，在国家总体经济社会发展目标和政策指导下履行自己的职责。因此，中央银行对政府的独立性职能是相对的。

① 中央银行作为金融系统的核心和金融管理者，它应该服从经济社会大系统的运转，服从国家的根本利益、正确的货币政策、稳定的货币币值、安全有序的金融运行都是为了服从于经济与社会发展的最终目的和国家的根本利益。

②从中央银行承担的宏观调控职能看，中央银行是整个宏观调控体系中的一个组成部门。中央银行的货币政策目标和宏观调控目标要与国家经济社会发展的总体目标相一致，目标的实现也需要其他政策特别是财政政策的协调和配合。

③中央银行的业务活动和监管都是在国家的授权下进行的，具有一定的行政管理部门的性质。中央银行在履行自己的职责时，需要政府其他部门的协调和配合，而与其他部门之间的关系则需要政府来协调。

④在特殊情况下，如遇到战争、特大灾害等，中央银行必须完全服从政府的指导和指挥。

因此，中央银行作为国家授权的宏观经济调控部门及其在现代经济体系中所处的极为关键的特殊地位，决定了它在履行自身职责时不可能完全独立于政府，政府对其的管理、干预是自然的、必要的，由此中央银行的独立性也只能是相对的。

3.2.3　中央银行独立性的不同模式

从中央银行发展的历史来看，各国的中央银行最终都在追求自身的独立性，特别是20世纪70年代资本主义国家都陷入了滞涨的困境之后，人们重新认识到物价稳定的重要，于是设计出了各种制度来保证中央银行的独立性，以解决滞涨问题。中央银行的独立性可划分为3种模式：独立性较强的模式、独立性稍次的模式和独立性较弱的模式。

1. 独立性较强的模式

独立性较强模式的特点是，中央银行直接对国会负责，可以独立地制定和实施货币政策，政府不得直接对其发布命令和指示，不得干涉货币政策。当中央银行的政策目标与政府的经济目标出现矛盾时，中央银行可以按自己的目标行事。美国联邦储备体系、德意志联邦银行和欧洲中央银行是这种模式的典型代表。

1）美国联邦储备体系的独立性

美国联邦储备体系是世界上公认的独立性最强的中央银行之一。美国联邦储备体系的独立性主要体现在以下几个方面。

（1）人事独立性

美联储的核心机构是联邦储备体系理事会。理事会主席和副主席由总统从7名理事中指定2人担任，任期4年，可以连任。联邦储备体系理事会的7名理事须经参议院同意，由总统任命，任期14年，不得连任，每2年更换1人，并与总统任期错开，使总统在其任期内不能更换联邦储备体系理事会的大部分成员，从而制约了总统完全控制联邦储备体系理事会的可能性。

（2）经济独立性

美联储在财务上是完全独立于财政的，所有的经费都靠自己解决，其资金来源于对银行的贴现收入和持有政府债券所获得的收入，而不是依靠国会的拨款，这样就保证了美联储在议会开支上不会受到财政部的制约。作为中央银行，代理国库和国债的发行是其职责，并且有义务支持财政，但美联储并没有支持财政融资的责任。美联储只有在特殊的情况下，才能向财政部提供数量有限的短期借款，而且还要用特别债券作抵押。由此可以看出，美联储在经济上是完全独立的。

（3）政策独立性

拥有货币政策决策的自主权是衡量中央银行独立性的重要标准，联邦储备体系理事会经国会授权，无须总统批准，有权独立地制定货币政策，自行决定采取措施和运用政策工具。美联储在法律上与总统和其他政府机构不存在任何隶属关系。总统未经国会授权不得向美联储发布任何指令。美联储在制定和实施货币政策时具有高度公开性和透明性，这样就使总统并不能随意向美联储发布命令。另外，美联储主席在每年两次的国会听证会上，就国家的经济金融发展状况和货币政策的情况及决策目标阐述联储的立场和处理的方法。美联储的高度独立性是影响美国经济稳定发展的重要因素。由此可以看出，美联储确实可以说是世界上独立性最高的中央银行之一。

总之，美联储不是一个纯粹的政府行政机构，不受政府的直接管辖，除了要向国会提供报告之外，实际上不受到国会的任何控制，因而具有高度独立性。另外，美联储的独立性并不是完全没有限制的，总统还是能对美联储产生很大影响的。因为美联储在很多情况下也需要得到总统的支持，所以具有与总统保持良好关系的动机。

2）德意志联邦银行的独立性

德意志联邦银行被认为是西方工业国中具有独立性和权威性的中央银行，其地位被直接写入宪法。德意志联邦银行的独立性较高充分体现在以下几个方面。

（1）人事独立性

德意志联邦银行具有国家级别，组织上不受总理的领导，直接向议会负责。德意志联邦银行的最高决策机构是中央银行理事会，执行理事会是其执行机构。联邦银行的行长由总统任命，任期 8 年，一般不得中途罢免。联邦政府的成员虽有权参加联邦银行理事会的会议并可提出动议，但没有表决权。

（2）经济独立性

在德国，法律禁止政府向联邦银行透支，政府机构虽然可以向联邦银行借款，但必须保证归还，并且在数量上也有限制。

（3）政策独立性

1957 年通过、1992 年修改的德国联邦银行法明确规定其基本职责是保持货币稳定，在行使授予的权利时不受政府指令的干预；联邦银行虽然也有义务在保证其完成自身任务的前提下支持政府总的经济政策，但当两者出现矛盾时，联邦银行则以完成自己的职责为主。联邦政府与联邦银行不存在行政上的隶属关系，联邦政府在任何时候都无权向联邦银行发布命令，对联邦银行理事会的决定，政府只能要求联邦银行最多推迟两周作出决议，但不得要求联邦银行改变政策，实际上政府一般也很少使用这种权力。

3）欧洲中央银行的独立性

欧洲中央银行是以德国中央银行为范本，根据严格的经济、金融法案设立的。欧洲中央的独立性体现在以下几个方面。

（1）组织独立性

欧洲中央体系在组织上具有很高的独立性。欧洲中央银行是独立于成员国的自主机构，各成员国只能服从欧洲中央银行的指令，不受成员国政府的监督，而且欧洲中央银行在各成员国领土内还享有履行其职责所必需的特权和豁免权。从而可以看出，欧洲中央银行体系在结构上几乎完全独立的地位，它不受任何单位的直接领导，独立自主地制定和实施货币政策以实现其政策目标。

（2）人事独立性

欧洲中央银行体系在人事安排方面的特殊的制度设计主要如下。第一，欧洲中央银行的官员必须由成员国政府根据欧盟理事会的推荐，并在欧洲议会及欧洲中央银行决策理事会商议后，以一致意见选择在货币或银行事务方面有声望和专业经验的人担任，而不能由某个欧盟机构或成员国政府单独决定。第二，欧盟规定欧洲中央银行的执行董事会成员任期为 8 年，不得中途更换也不得连任，成员国央行行长任期不得少于 5 年，欧盟委员会委员任期为 5 年。第三，当央行的执行董事会成员不再具备履行职务所要求的条件或有严重的过错时，须经决策理事会或执行理事会申请后，由欧洲法院将其强行辞退。总之，通过以上的人事安排可以看出，无论是在任免程序、任期的设计还是罢免程序等各个方面都在一定程度上维护了欧洲央行的独立性。

（3）经济独立性

欧洲中央银行体系在经济上的独立是其拥有充分独立性的必要条件。欧洲中央银行创办时的股本由成员国中央银行按照所属国人口和国民生产总值在共同体内所占比重分别认购，而且成员国央行所持有的股份不得转让、抵押或扣押。此外，欧洲中央银行可以自由地支配自己的收入，拥有独立预算权和独立决算权。这些规定使得欧洲中央银行在经济上拥有充分的独立性，保证其能够独立的追求自身的政策目标。

（4）政策独立性

《马斯特里赫特条约》指出："欧洲中央银行的首要目标是保持物价稳定。"为了这一目标的实现，首先要保证货币政策的决策体系具有很高的独立性。欧洲中央银行的决策理事会选择合适的货币政策后，交给执行董事会具体实施。执行董事会可以独立运用公开市场操作、存贷款利率和最高存款准备金利率等政策工具。从以上可以看出，欧洲中央银行拥有广泛的授权，它不仅具有货币政策目标的独立性，而且还可以自主地运用各种货币政策工具。

2. 独立性稍弱的模式

独立性稍弱模式下的中央银行虽然名义上隶属政府但实际上保持较大的独立性，特别是可以独立地制定和执行货币政策。英格兰银行和日本银行采用的就是这一模式。

1）英格兰银行的独立性

英格兰银行隶属于政府的财政部，名义上独立性较差，但实际所享有的独立性要远远高于法律所赋予的独立性。英格兰银行的独立性可以从以下几个方面加以分析。

（1）人事独立性

英格兰银行的最高决策机构是董事会，其 16 名成员没有政府代表，均由政府推荐，国王任命。正副总裁任期 5 年，理事任期 4 年。

（2）经济独立性

英格兰银行一般不给政府垫款，只提供少量的隔夜资金融通。当政府需要融通资金时英格兰银行通过每周对国库券招标或每天在证券市场上卖出国库券来解决。

（3）政策独立性

在 1946 年《英格兰银行法》的制度下，英格兰银行仅仅是以财政部为代表的英国政府制度货币政策的咨询机构和具体执行机构。按照法律规定，财政部在认为必要时，可在与英格兰银行总裁磋商后直接向英格兰银行发布命令，但实际上财政部从未使用过这个权力，政府一贯尊重英格兰银行有关货币政策的意见，一般不过问货币政策的制定也不参与理事会的评议。在货币政策的工具的运用方面，英格兰银行也有直接决定的权力，如调整利率等。因此，英格兰的实际独立性并不弱。

2）日本银行的独立性

1997 年 6 月新《日本银行法》的颁布是日本银行具有充分独立性的标志，主要表现如下。

（1）政治独立性

新《日本银行法》从法律的角度明确了日本银行的独立地位，新法给了日本银行在金融调控时拥有独立自主性的法律保障。此外，新法禁止了日本银行认购政府的长期债券和向政府提供长期贷款，日本银行只能向政府提供少量的贷款。

（2）人事独立性

新《日本银行法》在组织上进一步确立了货币政策委员会作为日本银行最高决策机构的地位，货币政策委员会的委员有 9 名，审议委员有 6 名。日本银行的总裁、副总裁经议会同意后由内阁任命。并且废除了由大藏大臣任命委员会委员的条款，委员会不再有政府代表，在不触犯法律的情况下，政府不能罢免货币政策委员会委员的职务，同时委员会有日本银行内部干部审批权，从而保证了日本银行的独立性。

（3）经济独立性

日本银行在财务方面仍受大藏省的控制，由大藏省审批日本银行的货币制造费、工资等对调节货币及金融没有影响的经费。日本银行在与政府的资金关系方面，日本银行原则上不承担向政府提供长期贷款和认购长期政府债券的义务，但政府发行的短期债券则大部分由日本银行认购。日本银行的利润，扣除规定的比例后，全部上缴财政，如果发生亏空，由国库款弥补。

（4）政策独立性

货币政策委员会是所有金融政策的最高决策机构，也是日本银行内部事务的最高权力机构。在货币政策的制定与执行方面，日本银行具有独立性授权。1997 年 4 月修订的《日本银行法》规定日本银行的根本职责是通过调节货币及金融，追求物价稳定以利国民经济的健全发展，并赋予日本银行独立地制定货币政策及自行决定采取措施。运用政策工具去实现货币政策目标的权力。

3. 独立性较弱的模式

独立性较弱模式的中央银行的特点是，中央银行隶属于政府，不论在名义上还是在实际上中央银行在制定和执行政策、履行其职责时，都比较多地服从政府或财政部的指令。意大利银行和法兰西银行是这种模式的典型代表。

意大利银行，作为西方发达国家中独立性较弱的中央银行，其独立性受到了政府的很多限制，主要表现如下。

① 人事上，意大利银行的最高权力机构是理事会，意大利银行总裁由理事会提名，总统任命，任期不限。意大利银行受财政部管辖，财政部代表可以出席理事会会议，财政部代表在认为会议作出的决议与国家法令不一致时，有权暂时停止决议的执行。

② 经济上，意大利银行可以向财政部提供不超过财政预算支出 14％的短期贷款，同时还大量认购政府的长期债券。

③ 政策上，意大利银行有关货币政策措施必须经过信用与储蓄部际协调委员会批准后方可执行。

3.2.4　中国人民银行的独立性问题

从 1984 年 1 月 1 日开始中国人民银行开始行使中央银行的职能，同时中国人民银行的独立性问题也开始逐渐受到关注。1995 年 3 月 8 日，全国人民代表大会通过《中华人民共和国中国人民银行法》，首次以国家立法的形式确定了中国人民银行作为中央银行的地位，标志着中央银行体制走向了法制化、规范化的轨道，成为中国人民银行独立性建设的重要里程碑。

1. 中国人民银行的组织独立性

从法律上确定中央银行的独立地位是实现中央银行独立的基础和必要条件。《中国人民银行法》规定，"中国人民银行在国务院领导下，制定和执行货币政策，防范和化解金融风险，维护金融稳定"。这就明确了中国人民银行隶属于国务院，是国务院领导下的宏观调控部门。但在组织上享有与国务院其他直属部门平等的地位，特别是与财政部地位相等，不受财政部的制约。因此，中国人民银行已具备一定的独立性。

《中国人民银行法》规定，中国人民银行实行行长负责制，最高决策人是行长，最高决策机构是行长办公会议，就货币政策的重大事项作出决定。但是，"中国人民银行就年度货币供应量、利率、汇率和国务院规定的其他主要事项作出的决定，须报国务院批准后方可执行"。于是，中国人民银行在独立地制定和执行货币政策的权力上，与美国联邦储备体系相比，有所欠缺。此外，中国人民银行也设立了货币政策委员会，但是货币政策委员会只是"中国人民银行制定货币政策的咨询议事机构"，其职责、组成和工作程序也由国务院规定。

1998 年中国人民银行进行了大区行体制改革。改革后，建立了总行党委和分行党委的隶属关系，终止了分行与地方之间的隶属关系。这在制度上有利于排除地方政府和其他政府部门的干扰，对强化中国人民银行的独立性和权威性有积极作用。

2. 中国人民银行的人事独立性

《中国人民银行法》规定，中国人民银行行长的人选，根据国务院的提名，由全国人民代表大会决定；中国人民银行的副行长由国务院总理任免，但关于行长的任期和副行长的人数没有专门的规定。从 1995 年《中国人民银行法》颁布以来，行长的任期明显延长，且人选也逐渐趋于向"专家"角色转变，这两项意味着中国人民银行正在步入独立性较高的中央银行行列。

对于曾经存在的省级分行过多地受地方政府干预的状况，在 1998 年大区行体制改革后，中国人民银行分行机构的人事方面实现了独立于地方政府。

3. 中国人民银行的经济独立性

中国人民银行与财政部之间不存在行政隶属关系，两个独立的部门是以平等独立的身份协调配合工作。在资金关系上，《中国人民银行法》规定，中国人民银行不得对财政透支，不得直接认购和包销政府债券；不得向地方政府、各级政府部门提供贷款；实行独立的财政预算管理制度，依法提取总准备金后的净利润全部上缴中央财政，亏损由中央财政拨款弥补。因此，在法律上，中国人民银行在财务方面享有较大的独立性。

实践中，从 1994 年开始，中国人民银行停止向中央财政透支，1995 年停止借款。中央财政的赤字通过社会融资弥补，中国人民银行在中央银行进行融资时只提供专业支持和服务。但是，中国人民银行的经济独立性也是有限的。

4. 中国人民银行的政策独立性

《中国人民银行法》规定："中国人民银行就年度货币供应量、利率、汇率和国务院规定的其他主要事项作出的决定，报国务院批准后执行，中国人民银行就前款规定以外的其他有关货币政策事项作出决定后，即予以执行，并报国务院备案"；"中国人民银行在国务院领导下依法独立执行货币政策，履行职责，开展业务，不受地方政府、各级政府部门、社会团体和个人的干涉。"这些都意味着中国人民银行在货币政策的制定和执行方面已经具有很大的自主权。

《中国人民银行法》还规定："中国人民银行应该向全国人民代表大会常务委员会提出货币政策情况和金融业运行情况的工作报告。"从中央银行独立性的角度看，这一规定有助于中国人民银行的独立性。中国人民银行货币政策的独立性除受决策过程的影响外，还受到多重目标的约束。由于多重目标之间是存在矛盾的，因此它迫使中央银行在多重目标之间寻找平衡，这样可能采取机会主义的手段注重短期效果和表面效果。这样会使货币政策无所适从，从而影响其"长期物价稳定"最终目标的实现，也削弱了中国人民银行的目标独立性。

此外，中国人民银行的政策独立性也受制于金融发展的现状。主要表现在两个方面：一方面，由于中国货币政策传导利率渠道效率很弱，而通过国有商业银行的信贷渠道则较强，这意味着货币政策操作与国有商业银行之间存在着密切的依存关系，它必然削弱中央银行的工具独立性；另一方面，由于中国金融资产结构单一、货币市场不发达，以及利率市场化的状况很难在短期内产生本质的变化，所以显然也会极大地限制中央银行的工具独立性。

综上所述，关于中国人民银行的独立性问题，可以得到以下结论：提高中国人民银行独立性是我国中央银行体制改革的重要内容；中国人民银行在重大决策方面，相对于政府的独立程度还是很弱，但相对于地方政府和各级行政部门，中国人民银行可以说具有完全的独立性；与独立性较高的美国联邦储备体系相比，《中国人民银行法》使中国人民银行在法律上具有相当程度的独立性，但在实际操作中的独立性又相对偏低。

3.3　中央银行业务活动的法律和原则

作为最重要的宏观调控部门之一，中央银行的业务活动既对金融机构和金融市场有着支配性影响，又对一国的整体经济运行具有重大的影响力和作用力。中央银行的各项职责主要通过各种业务活动来履行。与商业银行相比，中央银行的业务活动有特殊的法定授权、特定的业务范围和特殊的业务活动原则。

1. 中央银行业务活动的法律规范

现在中央银行在进行与金融调控或管理相关的业务活动时带有某些强制性特征，可以行使特殊的权力，因此通过法律规范中央银行的业务活动是极其必要的。这既可以使中央银行开展业务活动有法律作保证，又可以对中央银行的业务活动进行必要的法律约束，从而使中央银行的业务活动纳入法律的轨道，以便于实现货币政策和宏观调控目标，并维护金融业合法、稳健、顺利运作。于是，各国都制定有《中央银行法》，中央银行的业务活动必须依法进行。

目前，各国对中央银行业务活动的法律规范一般可分为法定业务权力、法定业务范围、法定业务限制三个发面。

（1）中央银行的法定业务权力

中央银行的法定业务权力是指法律赋予中央银行在进行业务活动时可以行使的特殊权力。根据目前各国的中央银行法，这种法定业务权力一般有以下几项。

① 发布并履行与其职责相关的业务命令和规章制度的权力。

② 调整存款准备金率和再贴现率的权力。

③ 决定货币供应量和基准利率的权力。

④ 灵活运用相关货币政策工具的权力。

⑤ 决定对金融机构贷款数额和方式的权力。

⑥ 依据法律规定对金融机构和金融市场监督管理的权力。

⑦ 法律规定的其他权力。

中央银行的这些法定业务权力，在不同时期有所变化，在具体运作中各国之间有所差异。一般的，独立性较强的中央银行基本上可以完全自主使用，独立性较弱的中央银行，在某些方面还要报经政府或国会批准后方能行使。

2003 年修订的《中国人民银行法》，对中国人民银行的业务权力也作了具体规定。中国人民银行执行货币政策，可以运用以下货币政策工具：要求银行业金融机构按照规定的比例缴存存款准备金；向商业银行提供贷款；确定中央银行基准利率；在公开市场上买卖国债、其他政府债券和金融债券及外汇；为在中国人民银行开立账户的银行业金融机构办理再贴现；国务院确立的其他货币政策工具。中国人民银行根据执行货币政策的需要，可以决定对商业银行贷款的数额、期限、利率和方式，但贷款的期限不得超过一年。在执行货币政策独立性方面和金融监督管理方面，《中国人民银行法》也作了相应程度的法定授权。

（2）中央银行的法定业务范围

中央银行作为发行的银行、银行的银行、政府的银行，其地位和职能具有特殊性，这也决定了其业务的特殊性。各国都在银行法中对业务范围作出了具体的规定，为的是规范其业务活动。一般中央银行的法定业务范围如下。

① 货币发行和货币流通管理业务。

② 在公开市场从事有价证券的买卖业务。

③ 存款准备金业务。

④ 经营黄金外汇及管理业务。

⑤ 经理国库业务。

⑥ 为在中央银行开立账户的金融机构办理再贴现及贷款业务。

⑦ 代理政府向金融机构发行、兑付国债和其他政府债券。

⑧ 对全国的金融活动进行统计调查和分析预测，统一编制全国金融统计数据、报表，按照国家规定定期予以公布。

⑨ 组织或协助组织金融机构间的清算业务，协调各种清算事项，提供清算服务。

⑩ 对金融机构和金融市场的相关监督管理。

⑪ 中央银行财务收支的会计核算和内部监督管理。

⑫ 法律准许的其他业务。

《中国人民银行法》对中国人民银行业务范围的规定基本上也包括上述方面。

（3）中央银行的法定业务限制

　　为了确保中央银行认真履行职责，有效地进行货币政策操作和维护金融稳定，中央银行需要正当合理地运用其拥有的特权，保持其高度的信誉、权威性和超然地位。为此，各国中央银行法对中央银行的业务活动进行必要的限制。通常各国中央银行的法定业务限制主要有以下几项。

　　① 不得经营一般性银行业务或非银行金融业务。

　　② 不得直接从事商业票据的承兑、贴现业务。

　　③ 不得从事商业性证券投资业务。

　　④ 不得从事不动产买卖业务。

　　⑤ 不得向任何个人、企业或单位提供担保，不得直接向他们发放贷款。

　　⑥ 一般不得向财政透支，不得直接认购、包销国债和其他政府债券。

　　《中国人民银行法》对中国人民银行的业务限制具体规定如下：不得对银行业金融机构的账户透支；不得对政府财政透支，不得直接认购、包销国债和其他政府债券；对商业银行贷款的期限不得超过一年；中国人民银行不得向任何单位和个人提供担保；中国人民银行不得向地方政府、各级政府部门提供贷款，不得向非银行金融机构及其他单位和个人提供贷款，但国务院决定中国人民银行可以向特定的非银行金融机构提供贷款的除外。

2. 中央银行业务活动的一般原则

　　与商业银行和其他金融机构相比，中央银行的业务活动不仅拥有特定的权力、特定的业务范围和限制，而且在业务活动中所遵循的原则也不相同。目前，各国中央银行的业务活动原则基本一致。

　　从总体上看，最基本的业务原则是必须服从于履行职责的需要。因为中央银行的全部业务活动都是为其履行职责服务的，是其行使特定职权的必要手段，所以中央银行的各项业务活动必须围绕各项法定职责展开，必须以有利于履行职责为最高原则。而在具体的业务活动中，中央银行奉行非营利性、流动性、公开性、主动性和合法性五项基本原则。

　　（1）合法性

　　合法性是指中央银行的业务活动必须根据法律赋予的特权在法定范围内展开。中央银行在一国金融体系中具有特殊地位和作用，它的业务活动需要通过法律加以规范，这样既可以使中央银行在开展业务时有法律作保证，又可以对中央银行的业务活动进行必要的法律约束，有利于各国规范金融秩序，维护金融业的健康发展。

　　（2）非营利性

　　非营利性是指中央银行的一切业务活动不以营利为目的，这是由中央银行的特殊地位和作用决定的。因为中央银行是宏观金融管理机构而非营利性金融机构，由此决定了中央银行的一切业务活动都要以调整宏观经济、稳定货币、稳定金融、为银行和政府服务为目的，不能以追求利润为目标，只要是宏观金融管理所必需的，即使不盈利甚至亏损的业务也要去做。因此，衡量中央银行业务开展的成败得失的标准是其对整个经济影响的好坏，而非利润的多少。

　　当然，中央银行的业务活动必须遵循非营利性原则，并不意味着中央银行的业务活动无法盈利；相反，中央银行在开展公开市场业务、对商业银行的再贴现或再贷款业务时，中央银行会获得一定的利润。但这只是一种客观结果，而非中央银行主观所刻意追求的目标。另外，非营利性也不意味着中央银行一定不讲经济效益。相反，在可能的情况下，中央银行的业务活动应该获得应有的收益或尽量减少亏损，以降低宏观管理成本。

　　（3）流动性

　　流动性是指中央银行的资产要保持流动性，一般不做期限长的资产业务。因为中央银行进行货币政策操作和宏观经济调控时，所拥有的资产必须具有较强的流动性，才能及时满足其调节货币供求、稳定币值和汇率、调节经济运行的需要。所以，为了保证中央银行调控目标的实现，中央银行必须使自己的资产保持最大的流动性，避免形成不易变现的资产。流动性原则与非营利性原则是相一致的。正因为中央银行的业务活动不以盈利性为目的，中央银行才得以保持资产的充分流动性，而不受金融资产流动性和盈利性之间矛盾的限制。为了使资产保持较高的流动性，中央银行一般不发放长期贷款。例如，《中国人民银行法》规定："中国人民银行根据执行货币政策的需要，可以决定对商业银行贷款的数额、期限利率和方式，但贷款的期限不得超过一年。"

　　（4）公开性

　　公开性是指中央银行的业务状况公开化，定期向社会公布业务与财务状况，并向社会提供有关的金融统计资料。中央银行遵循业务公开性原则的好处有：一是可以使中央银行的业务活动处于社会公众监督之下，有利于中央银行依法规范其业务活动，确保其业务活动的公平合理性，保持中央银行的信誉和权威；二是可以增强中央银行业务活动的透明度，使国内外有关方面及时了解中央银行的政策、意图及其操作力度，有利于增强实施货币政策的告示效应；三是可以及时准确地向社会提供必要的金融信息，有利于各界分析研究金融和经济形势，也便于他们进行合理预测，调整经济决策和行为。正因为如此，各国大多以法律形式规定，中央银行必须定期公开其业务财务状况及金融统计资料，在业务活动中必须保持公开性，不能隐匿或欺瞒。例如，德意志联邦银行规定必须在每月 7 日、15 日、23 日和最后一天各发表一份财务报告书，公开其资产负债表。

　　（5）主动性

　　主动性是指中央银行在资产负债业务上需要保持主动性，应根据经济金融运行状况主动采取措施，通过具体的业务活动实现调控目标。在中央银行与商业银行等金融机构的业务活动中，中央银行始终居于主导地位。一方面，中央银行的资产负债业务直接与货币供应相连，如货币发行业务直接形成流通中货币，存款准备金业务不仅直接导致基础货币的变化，还会引起货币乘数的变化，再贴现、公开市场业务是提供基础货币的主要渠道等；另一方面，由于货币政策时滞的存在，中央银行必须准确分析判断经济金融形势，并及时、主动采取措施，在资金负债业务中保持主动性，实现政策意图，才能有效地控制货币供应量和信用总量。

总之，中央银行的业务活动是运用法律赋予的特权在法定范围为内展开，各国中央银行的业务活动都是以服从履行职责的需要为基本原则，坚持业务活动的非营利性、流动性、公开性、主动性和合法性，确保中央银行职责的顺利履行。

本 章 小 结

现代社会的经济运行，与以前不甚发达的经济相比，具有许多新的特点。中央银行在现代经济体系中的地位和作用极为突出：从世界经济的相互融合和经济、金融全球化发展来看，中央银行成为一国联系世界的重要桥梁；从经济体系运转看，中央银行不断地为经济发展创造着货币和信用等必要条件，同时也为经济的稳定运行提供有效保障；从国家对经济的宏观管理看，中央银行是最重要的宏观调控部门之一。

中央银行履行职责时的自主程度即中央银行的独立性，独立性问题的实质就是中央银行与政府关系的问题。中央银行的独立性是相对的，既要保持一定的独立性，也不能完全脱离政府。根据中央银行独立于政府的强弱程度，我们把中央银行的独立性划分为三种模式：独立性较强的模式、独立性稍弱的模式和独立性较弱的模式。

由于中央银行在经济活动中具有特殊的地位和影响，必须对中央银行的业务活动进行法律规范，使中央银行的业务活动在法律保证和约束下开展。中央银行的法律规范大致可以分为法定业务权力、法定业务范围和法定业务限制三个方面，各国通过制定实施《中央银行法》等金融法规加以贯彻。

中央银行的业务活动是运用法律赋予的特权在法定范围内展开的，各国中央银行的业务活动都是以服从履行法定职责的需要为最基本的原则，在具体的业务活动中，奉行非营利性、流动性、主动性、公开性和合法性五个原则，以充分发挥中央银行的职能作用。

关 键 词

中央银行的独立性　独立性较强模式　独立性稍弱模式　独立性较弱模式　法定业务权力　合法性　非营利性　流动性　公开性　主动性

复习思考题

1. 如何看待中央银行在现代经济体系中的地位和作用?

2. 中央银行的独立性表现在哪些方面? 为什么说中央银行的独立性是相对的?

3. 试简述欧洲中央银行的独立性。

4. 比较美国联邦储备体系与中国人民银行的独立性程度。

5. 中国人民银行的独立性主要体现在哪些方面? 结合实际,谈谈如何进一步加强我国中央银行的独立性。

6. 从中央银行的地位和作用理解其业务活动为什么需要法律规范?

7. 中央银行业务活动法律规范的主要内容是什么?

8. 试分析中央银行业务活动原则与商业银行经营原则差异的原因。

第4章

中央银行业务与资产负债表

4.1 中央银行业务活动的一般分类

1. 银行性业务

银行性业务是中央银行作为发行的银行、银行的银行、政府的银行所从事的业务。这类业务都直接与货币资金相关，都将引起货币资金的运动或数量变化，具体分为两种。

一是形成中央银行资金来源和资金运用的资产负债业务，主要有货币发行业务、存款准备金业务、其他存款或发行中原银行债券、再贴现和贷款业务、公开市场证券买卖业务、黄金外汇业务、其他贷款或融资业务等，这类业务所形成的债权债务状况综合反映在中央银行的资产负债表内。

在银行性业务中，最为重要的就是公开市场业务。因为公开市场业务是中央银行三大传统政策工具之一。中央银行在金融市场上买卖有价证券和票据（一般为政府公债），控制货币供应量，以达到货币政策目标的做法。该业务一般在市场上公开操作，对所有交易者一视同仁，而不是直接向发行人购买。根据中央银行的动机，它可分为主动性公开市场操作和防御性公开市场操作两种。前者是指中央银行为改变银行准备金总水平，而主动买卖有价证券；后者是指中央银行为消除它不能控制的因素对货币供应量的影响而进行的业务操作行为。中央银行买进有价证券和票据，将产生三方面的效果：基础货币投放量增加，当货币乘数不变时，货币供应量将增加；有价证券和票据的价格上升，市场利率下降，刺激投资增加；向公众传达放松银根的信息，影响心理预期。比如，中央银行通过买进有价证券，实际等于向社会投放了一笔基础货币，增加了货币供应量，引起信用的扩张；相反当中央银行卖出有价证券和票据时，就会减少市场上相应数量的基础货币，达到信用的收缩。公开市场业务与其他货币政策相比，有以下优点：通过防御性操作，消除不能控制的因素对货币供应量的"外部冲击"；能够连续操作，主动出击，灵活性大；中央银行能帮助政府稳定债券市场，有利于政府债券发行。同时，它不会因为财政赤字的货币化而丧失资产流动性。公开市场业务的顺利进行需要具备：有效率的金融市场；一定规模的证券和票据发行量；独立的交易主体。中国在 1996 年开始实施此项货币政策。

此外，再贷款业务为中国特有的一种货币政策工具，也是中国人民银行投放基础货币的主要渠道之一。由于它是中央银行贷款给商业银行，再由商业银行贷给普通客户的资金，所以称为"再贷款"。根据中国现行的信贷资金管理办法，再贷款包括四种：年度性贷款、季节性贷款、日拆性贷款、再贴现。中央银行对金融机构的实施贷款额度控制，同时运用临时性贷款主动调节基础货币供应量。通过调整贷款的利率，中央银行也可影响市场利率，进而同时影响商业银行的货币扩张能力和社会的货币需求。

而就欧美国家而言，作为银行业的坚强后盾、并为其信贷活动提供最后支持的金融机构与中国不尽相同。美国的最后贷款人是联邦储备银行。联邦储备银行通过贴现窗口为会员银行提供信贷支持。这种信贷支持的方式是多种多样的，包括向银行提供短期调整信贷以满足银行的法定准备金需求，或长期的季节信贷和展期信贷以满足银行长期资金的需求。有时联邦储备银行还要向有困难的银行或储蓄机构提供贷款，以恢复公众对银行系统的信任，维持银行业的稳定与发展。根据《1980 年货币控制法案》，联邦储备银行有权通过贴现窗口向储蓄贷款协会和其他非银行金融机构直接贷款。但这些机构必须是在无其他借贷渠道的情况下（包括联邦住宅贷款银行的预付款），方可向联邦储备银行借款。尽管《联邦储备法》授权联邦储备银行可以向非银行金融机构直接贷款，但自 20 世纪 30 年代以来，这种直接贷款从没有发生过。在欧洲国家，最后贷款人一般是财政部而不是中央银行。而欧洲债券市场则无最后贷款人。

二是与货币资金运动相关但不进入中央银行资产负债表的银行性业务，主要有清算业务、经理国库业务、代理政府向金融机构发行及兑付债券业务、会计业务等。

例如，属于清算业务的联行往来，是指各家银行对系统内核准开发有联行行号的行处之间各类资金划拨的账务核算。联行往来是银行会计核算的重要组成部分，联行往来的核算过程，就是国民经济通过银行不同行处划拨清算的过程。中国幅员辽阔，银行分支机构遍布面广，各类汇划资金业务频繁，现代通信手段尚未普及，为了加强监督，强化管理，按照"统一领导，分级管理"的原则，各家银行的联行系统，根据机构设置和业务繁简的不同，有的划分为总行、分行和支行三级管理的联行往来体制，有的划分为总行和分行两级管理的联行往来体制。各家银行对跨系统的汇划款项，通过中国人民银行联行清算或采取相互委托转汇的方法办理。这样，可以贯彻款项汇划与资金清算同步的原则。

2. 管理性业务

管理型业务是中央银行作为一国最高金融管理当局所从事的业务。这类业务主要服务于中央银行履行宏观金融管理的职责。管理型业务主要有金融调查统计业务，对金融机构的稽核、检查、审计业务等。

管理性业务有以下两大特点：一是与货币资金的运动没有直接的关系，不会导致货币资金的数量或结构变化；二是需要运用中央银行的法定特权。

对中央银行的各种业务作上述分类，是为了更清楚地了解中央银行的具体业务活动。需要特别说明的是，上述分类也是相对而言的，虽然各类业务各有特点和范围，但它们之间的界限不是那么分明，彼此之间也不能截然分离。

例如，清算业务中统计时点上的在途资金反映在中央银行资产负债表的其他负债项中；中央银行的资产负债业务中对商业银行的放款、存款准备金业务等，会影响到清算业务、统计业务；中央银行的监督管理会对资产负债业务发生间接影响等。正因为如此，中央银行的各业务部门需要在分工的基础上密切合作，协作合力，共同履行职责。

3. 中央银行的法定业务权力与法定业务限制

根据各国的中央银行法，中央银行有明确的法定业务权力与法定业务限制，我国的《中国人民银行法》见附录 A。

归纳起来，中央银行的法定业务权力与法定业务限制如下。

（1）法定业务权力

① 有权发行货币管理货币流通。

② 有权发布监管金融机构的业务命令与规章制度。

③ 有权持有、管理、经营国家的黄金外汇储备。

④ 有权经理国库。

⑤ 有权对金融业的活动进行统计和调查。

⑥ 有权保持业务活动的相对独立性。

（2）法定业务限制

① 不得经营一般性银行业务。

② 不得直接从事商业票据的承兑业务。

③ 不得直接从事不动产买卖和不动产抵押放款。

④ 不得从事商业性证券投资业务。

⑤ 中央银行是股份制方式时，不得回购本行股票。

⑥ 不得财政透支、直接认购包销国债和其他政府债券。

在我国，根据《中国人民银行法》第二十九条规定，中国人民银行不得对政府财政透支，不得直接认购、包销国债和其他政府债券。第三十条规定，中国人民银行不得向地方政府、各级政府部门提供贷款，不得向非银行金融机构及其他单位和个人提供贷款。但国务院决定中国人民银行可以向特定的非银行金融机构提供贷款的除外。

4.2 中央银行的资产负债表

1. 中央银行资产负债表的一般构成

中央银行的资产负债表是中央银行在履行职能时业务活动所形成的债权债务存量表。中央银行资产负债业务的种类、规模和结构都综合地反映在资产负债表上。

中央银行的资产负债表，也称货币当局资产负债表，是人们了解本国金融状况的重要依据。

中央银行资产负债表是中央银行业务活动的综合会计记录。由于各个国家的金融制度、信用方法等方面存在着差异，各国中央银行的资产负债表并不是统一的，其中的项目多寡及包括的内容也不一致。为了便于各国之间相互了解和分析彼此的金融运行状况，国际货币基金组织（IMF）定期编制了《国际金融统计》刊物，以相对统一的口径向公众提供各个成员国的货币金融统计数据，中央银行的资产负债表就是其中之一。货币当局资产负债表的主要项目如表 4 - 1 所示。

表 4 - 1 简化的货币当局资产负债表

资　　产	负　　债
国外资产（Foreign assets）	储备货币（Reserve money）
外汇（Foreign exchange）	货币发行（Currency issue）
货币黄金（Monetary gold）	金融机构存款（Deposit of financial institutions）
其他国外资产（Other foreign assets）	存款货币银行（Deposit money banks）
对政府债权（Claims on government）	特定存款机构（Special depository institutions）
其中：中央政府（Of which：Central government）	其他金融机构（Other financial institutions）
对存款货币银行债权（Claims on deposit money banks）	非金融机构存款（Deposits of non-financial institutions）
对特定存款机构债权（Claims on specific depository institute）	活期存款（Demand deposits）
对其他金融机构债权（Claims on other financial institutions）	储蓄存款（Saving deposits）
对非金融机构债权（Claims on non - financial institutions）	发行债券（Bond issue）
其他资产（Other assets）	国外负债（Foreign liabilities）
总资产（TOTAL ASSERTS）	政府存款（Deposits of government）
	其中：中央政府（Of which：Central government）
	自有资金（Own capital）
	其他负债（Other liabilities）
	总负债（TOTAL LIABILTIES）

对于初次接触央行资产负债表的人来说，了解各报表项目的含义显然是必要的。它们各自的基本含义如下。

① 总资产：表示央行掌握的全部资源。

② 国外资产：表示央行的海外资产占用（按人民币计价）或对外国的债权，包括外汇、黄金及其他三个子项目。所谓的其他国外资产，可以理解为除外汇、黄金之外的海外债权。

③ 对政府债权：表示由本国政府占用的央行资产，来源于对政府债务。二者之间应当大致相等。否则，当对政府债权大于对政府债务时，意味着央行补贴财政或央行对财政透支；当对政府债权小于对政府债务时，意味着财政补贴央行或财政对央行透支。进一步说，如果财政对央行的透支金额远大于自有资金，则意味着央行陷入报表上的破产状态。

④ 对金融机构债权：表示央行将来自金融机构存款的款项返还或重新借贷给金融机构使用的部分。

⑤ 负债合计：表示央行承担的债务合计或央行除自有资金之外的资金来源合计。采用负债合计/自有资金这一公式，可用来揭示央行的负债程度。

⑥ 储备货币：央行货币发行与金融机构存款的合计数是央行资金的主要来源。

⑦ 货币发行：表示央行直接从已发行在外的货币中所回收的部分。

⑧ 金融机构存款：即金融机构在央行的存款，主要是金融机构存放在央行的存款准备金，也是央行间接回笼货币的主要工具之一。

⑨ 非金融机构存款：非金融机构在央行的存款，与存款准备金类似。

⑩ 债券发行：表示央行为弥补资金占用不足而对外发行的债券，主要是央行票据发行，是央行间接回笼货币的主要工具之一。

⑪ 对政府债务：表示央行来自中央财政的资金或中央财政在央行的存款。

⑫ 自有资金：即央行总资产中属于自有的部分，类似于商业银行的权益。而商业银行的资产负债表与央行的资产负债表有较大的不同。

把握上述央行资产负债表各项目的含义，是正确分析与作出合理判断的前提。

2. 中国人民银行的资产负债表

表 4 - 2 是 2009 年我国货币当局资产负债表。

表 4 - 2　2009 年我国货币当局资产负债表　　　　单位：亿元人民币

报表项目 Items	2009.09
国外资产（Foreign Assets）	179 720.25
外汇（Foreign Exchange）	166 460.89
货币黄金（Monetary Gold）	669.84
其他国外资产（Other Foreign Assets）	12 589.51
对政府债权（Claims on Government）	15 676.74
其中：中央政府（Of which：Central Government）	15 676.74

报表项目 Items	2009.09
对其他存款性公司债权（Claims on Other Depository Corporations）	7 591.72
对其他金融性公司债权（Claims on Other Financial Corporations）	11 701.00
对非金融性公司债权（Claims on Non-financial Corporations）	43.96
其他资产（Other Assets）	7 817.24
总资产（Total Assets）	222 550.91
储备货币（Reserve Money）	133 406.64
货币发行（Currency Issue）	40 504.78
金融性公司存款（Deposits of Financial Corporations）	92 901.86
其他存款性公司（Other Depository Corporations）	92 797.95
其他金融性公司（Other Financial Corporations）	103.90
不计入储备货币的金融性公司存款（Deposits of financial corporations excluded from Reserve Money）	635.72
发行债券（Bond Issue）	39 915.61
国外负债（Foreign Liabilities）	746.92
政府存款（Deposits of Government）	27 247.71
自有资金（Own Capital）	219.75
其他负债（Other Liabilities）	20 378.54
总负债（Total Liabilities）	222 550.91

中国人民银行资产负债表的主要内容如下。

（1）资产

① 国外资产。表示中国人民银行的海外资产占用（按人民币计价）或对外国的债权，包括外汇、黄金及其他三个子项目。所谓的其他国外资产，可以理解为除外汇、黄金之外的海外债权。

② 对中央政府债权。表示由本国政府占用的央行资产，来源于对政府债务。二者之间应当大致相等。否则，当对政府债权大于对政府债务时，意味着央行补贴财政，或央行对财政透支；当对政府债权小于对政府债务时，意味着财政补贴央行，或财政对央行透支。进一步说，如果财政对央行的透支金额远大于自有资金，则意味着央行陷入报表上的破产状态。

③ 对存款货币银行债权。此项目是中国人民银行对存款货币银行发放的信用贷款、再贴现等性质的融资。

④ 对非货币金融机构债权。中国人民银行对非货币金融机构发放的信用贷款。

⑤ 对非金融机构债权。中国人民银行为支持老少边穷地区经济开发等所发放的专项贷款。

（2）负债

① 储备货币。包括货币发行、金融性公司存款（其他存款性公司、其他金融性公司）。

② 不计入储备货币的金融性公司存款。

③ 发行债券。

④ 国外负债。

⑤ 政府存款。

⑥ 自有资金。

⑦ 其他负债。

众所周知，现代货币的基本形态是支票和纸币现钞。现代市场经济所需要的货币由中央银行和商业银行共同提供，其中由中央银行所提供的那部分货币量叫做银根或基础货币。这一部分货币最终形成老百姓手中的现钞、商业银行的库存现金及商业银行在中央银行的准备金存款。在中央银行的资产负债表中，基础货币的投放体现为负债项下"储备货币"的增加。其中，"货币发行"展示的是现钞的投放数量，而市场交易过程中所使用的支票货币则是由商业银行提供。商业银行通过派生存款的创造机制使得整个社会的货币供给总量以数倍于基础货币的规模增加。

货币当局基础货币的投放主要有如下 4 种形式。

一是向财政部门借出款项或允许其透支。财政部门则通过投资或转移支付等形式将这一部分基础货币注入生产、流通或消费领域，最终转化成企业和家庭的货币收入。在货币当局的资产负债表中，向财政部门借出款项表现为资产项下"对政府债权"的增加及负债项下"政府存款"的增加，然后经由财政资金的使用表现为负债项下"政府存款"的减少及"储备货币（金融性公司存款）"的增加。而财政的透支则会直接表现为资产项下"对政府债权"的增加及负债项下"储备货币（金融性公司存款）"的增加。

二是货币当局以再贷款或再贴现等形式向商业银行授信。这部分基础货币经由商业银行的信贷投放、转账存款，如此这般周而复始的派生存款创造过程，最终转化为众多商户或个人的支票存款和现金货币。在央行的资产负债表中，这将表现为资产项下"对其他存款性公司债权"的增加及负债项下"储备货币（金融性公司存款、货币发行）"的增加。

三是货币当局买入外汇资产。这部分基础货币也将经由商业银行的信贷投放派生出大量的支票存款和现金货币。在央行的资产负债表中，这将表现为资产项下对"国外资产（外汇储备）"的增加及负债项下"储备货币（金融性公司存款）"的增加。

四是货币当局经由公开市场业务买入有价证券。由于中央银行的公开市场业务以金融机构为交易对方，买卖的标的是国债，所以在货币当局的资产负债表中，这将表现为资产项下"对政府债权"的增加及负债项下"储备货币（金融性公司存款）"或"不计入储备货币的金融性公司存款"的增加。

另外，中国人民银行还通过央行票据的发行、正回购交易及外汇掉期交易等途径调控基础货币在不同时间点上的数量分布。在货币当局的资产负债表中，央行票据的发行表现为负债项下"储备货币（金融性公司存款）"的减少及"发行债券"的增加；正回购交易中的第一次交易表现为负债项下"储备货币（金融性公司存款）"的减少及"其他负债"的增加；

外汇掉期交易当中的售出外汇表现为资产项下"外汇（储备）"的减少及负债项下"储备货币（金融性公司存款）"的减少。

综上所述，从中国人民银行的资产负债表来看，外汇占款、财政存款、对商业银行的再贷款或再贴现、央行票据的发行及央行回购业务的实施是影响基础货币投放规模的主要因素。

例如，2009 年上半年的外汇占款增加了 9 656.85 亿元，这就造成了基础货币的投放。但上半年的财政存款增加了 7 049.13 亿元，这又抑制了基础货币的增加。不过，随着政府支出的增加，财政存款势必下降。如自 2008 年 12 月至 2009 年 5 月，伴随着政府支出的扩大，财政存款大幅度地下降，基础货币则明显地增加。

3. 中央银行资产负债表主要项目之间的关系

由于中央银行资产负债表是按照复式记账的会计原理编制的，因此在任何时点上，中央银行未清偿负债总额与资本总额之和，必然等于其资产的价值，即资产＝未清偿负债＋资本项目。中央银行可以通过调整自身的资产负债结构来进行宏观金融调控。例如，中央银行减少资产负债表上的政府债券（通过中央银行在公开市场上售出政府债券来实现），将会使商业银行为购进政府债券而压缩其他金融资产，如压缩贷款等，这样就缩小了社会的信用规模。所以，对资产负债表内容的掌握及变动分析对于了解中央银行的职能执行情况、政策动向等大有帮助。

中央银行一般是一国通货的唯一发行银行，因此流通中的通货是中央银行负债的一个主要项目；作为银行的银行，它与商业银行等金融机构间的业务关系主要是负债；作为国家的银行，它在业务上与政府的关系，主要是列于负债方的接受政府等机构的存款和列于资产方的通过持有政府债券融资给政府，以及为国家储备外汇、黄金等项目。

中央银行履行三大基本职能时，其业务活动可以通过它在资产负债表上的记载得到概括反映。中央银行正是通过自身的业务操作来调节商业银行的资产负债和社会货币总量，借以实现宏观金融调控的近期和远期目标。因此，深入研究中央银行业务，分析资产负债表就成为把握宏观金融调控的基础。

从资产方主要项目和负债方主要项目之间存在的关系角度来看，资产负债表中各个项目之间的对应关系可以概括为以下三点。

① 对金融机构债权和对金融机构负债的关系。对金融机构的债权包括对存款货币银行和非货币金融机构的再贴现和各种贷款、回购等；对金融机构的负债包括存款货币银行和非货币金融机构在中央银行的法定准备金、超额准备金等存款。这两个项目反映了中央银行对金融系统的资金来源与运用的对应关系，也是一国信贷收支的一部分。当中央银行对金融机构债权与负债总额相等时，则会相应减少货币发行量。由于中央银行对金融机构的债权比负债更具主动性和可控性，因此中央银行对金融机构的资产业务对于货币供应有决定性作用。

② 对政府债券和政府存款的关系。对政府的债权包括对政府的贷款和持有的政府债券总额；政府存款在中国还包括部队存款等财政性存款。这两种项目属于财政收支的范畴，反映了中央银行对政府的资金来源与运营的对应关系。当这两种对应项目总额相等时，对货币

供应影响不大；但在其他项目不变的情况下，若因财政赤字过大而使中央银行对政府债权大于政府存款时，会出现财政性的货币发行；反之，若政府存款大于政府的债权，则将消除来自财政方面的通货膨胀压力，并为货币稳定提供支持。

③ 国外资产和其他存款及自有资本的关系。当上述两个对应关系不变时，若中央银行国外资产的增加与其他存款及自有资本的增加相对应，不会影响国内基础货币的变化；反之，则将导致国内基础货币的净增加。因此，中央银行国外资产业务是有条件限制的，对基础货币有重要影响。

这三种关系的分析是相对而言的，在现实的资产负债表业务活动中，中央银行可以在各有关项目之间通过冲销操作来减轻对货币供应的影响，也可以通过强化操作来加大对货币供应的作用。

4. 中央银行资产负债表的项目结构与资产负债业务的关系

货币当局资产负债表是由央行负责编制的，从表 4-3 中可以看出项目结构与资产负债业务的关系。

表 4-3　1999—2009 年货币当局资产负债表　　　　单位：亿元人民币

年份（期末）	1999	2005	2006	2007	2008	2009.8
国外资产	14 458.5	63 339.2	85 172.6	124 825.2	162 543.5	174 691.8
外汇	14 061.4	62 140.0	84 361.8	115 168.7	149 624.3	162 093.3
黄金	12.0	337.2	337.2	337.2	337.2	669.8
其他	385.1	862.0	1 074.6	9 319.3	12 582.0	11 928.7
对政府债权	1 582.8	2 892.4	2 856.4	16 317.7	16 196.0	19 291.2
对金融机构债权	19 207.0	25 918.1	28 466.5	20 835.1	20 285.2	19 291.2
其他资产	101.5	11 526.3	11 479.1	7 161.8	8 071.3	8 517.8
总资产	35 349.8	103 676.0	128 574.7	169 139.8	207 096.0	218 565.7
储备货币	33 620.0	64 343.1	77 757.8	101 545.4	129 222.3	124 536.1
货币发行	15 938.3	25 854.0	29 138.7	32 971.6	37 115.8	37 597.0
金融机构存款	14 728.5	38 391.3	48 223.9	68 415.9	92 106.6	86 939.0
非金融机构存款	3 821.8	97.9	159.9	158.0	591.2	635.4
债券发行	118.9	20 296.0	29 740.6	34 469.1	45 779.8	40 081.2
对政府债务	1 785.5	7 527.2	10 210.7	17 121.1	16 963.8	28 987.2
其他债务	−541.4	11 289.9	10 645.9	15 784.4	14 318.1	24 106.0
负债合计	34 983.0	103 456.3	128 354.9	168 920.0	206 876.2	218 346.0
自有资金	336.8	219.8	219.8	219.8	219.8	219.8
负债及自有资金	35 349.8	103 676.0	128 574.7	169 139.8	207 096.0	218 565.7

数据来源：中国人民银行

　　不难发现，近 10 年来，央行的总资产累计扩张了 5.18 倍。其中，最重要或也是唯一具有实质意义的资产扩张发生在国外资产，其累计扩张幅度高达 11.08 倍。考虑到对政府债权的扩张具有往来的性质，在对金融机构债权几乎维持不变的情况下，这意味着央行将近 10 年扩张的资产几乎全部提供给了外国，支持了外国经济发展，而不是用于国内信贷扩张，进而用于支持本国经济发展。

　　由于央行用于购买外国政府债券的资金包含在外汇项目当中，因此近 10 年来，央行实际提供给外国的资金远不止国外资产 2009 年 8 月末与 1999 年年末之间的差额，即远不止 16.02 万亿元，而是不少于 21.48 万亿元。若按照截至 2009 年 8 月末的央行国外资产 17.5 万亿元及其衍生的近 5.5 万亿元美国国债计算，央行的外国资产合计高达 23 万亿元。

　　进一步说，在央行的自有资金由 1999 年 12 月末的 336.8 亿元减至 2009 年 8 月末的 219.75 亿元或累计减少 34.74％ 的情况下，央行资产的上述扩张，其实仅仅是央行债务的扩张。

　　然而，债务扩张总是有成本的。为了满足债务付息压力，在国内对金融机构债权维持不变并因此无助于拓展付息资金来源的情况下，央行必须将外汇中的较大部分用于购买外国主权债券，主要是美国国债，用由此获得的利息收入来缓解自身的付息压力。进一步说，了解了中央银行的资产负债，才能了解货币政策的实施，才能了解各国经济。

　　表 4-4、表 4-5、表 4-6 分别列出了中、美、日三国的央行在 1998 年的资产负债表，阅读者可通过分析这三个表了解各个国家之间在主要项目和结构上的异同。

表 4-4　1998 年年末中国人民银行资产负债表及其结构

资产	金额/亿元	占比/％	负债	金额/亿元	占比/％
国外资产（净）	13 560.3	43.37	储备货币	31 335.3	100.2
外汇	13 087.9	41.86	发行货币	12 064.1	38.58
黄金	12.0	0.04	对金融机构存款	14 744.7	47.16
其他外国资产	460.4	1.47	非金融机构存款	4 526.5	14.48
对政府债权	1 582.8	5.06	债券	118.9	0.38
对存款货币银行债权	13 058.0	41.76	政府存款	1 726.1	5.52
对非金融机构债权	2 962.8	9.48	自有资金	366.8	1.17
对非金融部门债权	103.8	0.33	其他（净）	−2 279.4	−7.29
资产总额	31 267.7	100	负债总额	31 267.7	100

表 4-5　1998 年年末美国联邦储备银行资产负债表及其结构

资产	金额/百万美元	占比/％	负债	金额/百万美元	占比/％
黄金	11 041	2.09	现钞	481 433	91.23
特别提款权	9 200	0.08	外国机构存款	211	0.04

续表

资产	金额/百万美元	占比/%	负债	金额/百万美元	占比/%
硬币	391	0.04	存款货币机构存款	21 493	4.07
对存款货币机构贷款	17	0.00	美国财政部存款	5 719	1.08
直接购买政府机构债券	368	0.07	其他存款	557	0.11
持有政府机构回购协议	6 172	1.18	待付托收现金项目	2 463	0.47
持有国库券	462 901	87.71	其他负债	4 456	0.84
在途项目	2 899	0.55	资本金	12 103	2.29
其他资产	34 693	6.58			
资产总额	527 740	100	负债和资本总额	527 740	100

表 4-6　1998 年年末日本中央银行资产负债表及其结构

资产	金额/亿日元	占比/%	负债	金额/亿日元	占比/%
黄金	4 328	0.47	发行现钞	558 648	61.23
现金	1 677	0.18	金融机构存款	43 780	4.80
购入票据	137 229	15.04	政府存款	5 160	0.57
托管的政府债券	50 274	5.51	其他存款	617	0.07
持有国债	520 022	57.00	卖出票据	195 866	21.47
再贴现的商业票据	162	0.02	借入国债	50 274	5.51
对金融机构贷款	18 678	2.05	其他账户	7 729	0.85
对存款保险机构贷款	80 477	8.82	保证金	28 981	3.18
外汇	34 128	3.74	资本金	1	0.00
在代理机构存款	1	0.00	准备金	21 336	2.34
国债担保金	54 888	6.02			
其他资产	10 518	1.15			
资产总额	912 382	100	负债总额	912 382	100

各国央行资产负债表不同，说明各个国家之间中央银行的资产负债在项目和结构上存在差异。

【阅读材料】

次贷危机后美联储灵活运用货币政策挽救美国经济

1. 次贷危机以来，美联储政策救市的市场背景

2007 年下半年以来，美国次级按揭贷款的借款人难以承受房贷的负担，不能按期偿还次级贷款，从而导致大量的美国商业银行和投资于次级债的对冲基金等机构投资者遭受巨大损失，与次级按揭贷款有关的金融市场呈现严重的流动性不足，相关金融机构也蒙受巨大损失。亏损和流动性紧缩问题导致欧美国家的金融机构收缩信贷，融资成本提高，融资难度加大，使次贷危机升级为信贷危机，企业生产和居民消费受到显著影响，经济增长速度显著下滑。

① 金融机构纷纷暴出巨额亏损，经营状况出现危机。由于次级按揭贷款风险加大，穆迪和标准普尔公司于 2007 年 7 月下调了一千多只按揭贷款抵押债权的评级，成为次贷危机迅速蔓延的导火线。8 月 3 日，贝尔斯登（Bear Stearns）宣布暂停赎回旗下的 3 只按揭贷款对冲基金；8 月 7 日，巴黎国民银行（Paris Banque Nationale de）声称由于无法计算基金的公正值，停止了 3 只按揭贷款基金的赎回。接二连三地重创使得投资者信心下降，造成市场恐慌，引发多米诺骨牌效应，受到影响的金融机构纷纷暴出巨额亏损，出现了经营危机。

② 美国经济减速明显，相关经济体经济增长受到严重影响。2007 年第四季度美国的经济活动明显减速，制造业、房地产业全面疲软，就业率和消费迅速下降。国际货币基金组织（IMF）对 2008 年美国经济全年增长率的预测为 1.5%，比 2007 年经济增长率下降 0.7%。采用第四季度的预测数据与去年同期相比的预测方法，预计美国 2008 年第四季度经济增长率相比 2007 年下降 1.8%。受美国经济减速的影响，世界其他经济体的经济增长速度也开始放缓，就欧元区而言，预计 2008 年第四季度经济增长率与 2007 年同期相比，从 2.3% 放慢到 1.3%。

2. 美联储实施救市政策运作机制

从 2007 年夏季中旬开始，为了缓解次级按揭贷款还款风险所引起的短期债券市场危机和实现就业率最大化和物价稳定的宏观经济目标，美联储采取了多种救市政策措施：下调了 8 次再贴现率，共计下调 375 个基点；下调了 6 次联邦基准利率，共计下调 350 个基点；通过公开市场操作直接向银行间市场参与主体投放货币，自 2007 年 8 月 10 日至 2008 年 3 月 7 日，先后 21 次共向市场注资 3 717.5 亿美元；通过创造贷款拍卖方式，自 2007 年 12 月 17 日至 2008 年 3 月 24 日，先后 8 次为商业银行提供 2 600 亿美元资金：通过窗口指导，先后多次书面和口头声明，要提供流动性促进市场运作秩序；联合其他国家的央行和市场力量。美联储采取的这些政策最终是要通过恢复市场信心，稳定信贷市场，达到恢复投资和消费的目的，从而实现充分就业和经济增长。

3. 美联储政策救市的特点、效果

① 注重政策实施时机的选择。美联储在次级贷款不能按期偿还对市场流动性影响由隐性转化为显性时，及时采取措施应对。例如，2007 年 8 月 3 日，贝尔斯登（Bear Ste-arns）宣布暂停赎回旗下的 3 只按揭贷款对冲基金，时隔 6 天，美联储于 8 月 9 日声明将提供流动性促进市场运作秩序，并通过公开市场操作向市场注资 240 亿美元。随着市场流动性不足的逐渐扩大，美联储又不断出台新的政策措施。

② 注重货币政策工具的组合与创新。美联储在救市过程中，在不同阶段穿插组合使用了再贴现率、联邦基准利率、公开市场操作等货币政策工具。同时，美联储还创造性地、灵活地设计货币政策工具。例如，创造了贷款拍卖的方式，以及延长隔夜拆借期限。

③ 注重政策调控切入点的把握。目前，美联储深层次担心的问题是市场流动性不足所引起的美国金融市场动荡和金融恐慌对实体经济的影响。美联储采取的一系列政策，是以改善市场流动性为切入点，不断采取各项措施提供流动性，从而通过恢复市场信心达到稳定信贷和恢复经济目的。

④ 注重联合其他力量共同行动。美联储的此次救市行为，并不仅仅依靠美联储自身力量，而是联合和激发其他力量共同构筑立体的救市网络。一是美联储在次贷危机扩散引起金融市场动荡后，立刻出台政策；美国政府也多次明确声明，增强市场信心；二是美联储还多次联合欧洲中央银行、英国央行、加拿大央行、瑞士央行等其他国家的央行采取应对策略；三是美国的金融机构也在市场形势下，积极参与自救，遏制次贷危机的进一步恶化。

本 章 小 结

要了解各国经济，就要了解该国货币政策的实施，就要了解该国中央银行的资产负债表。中央银行的资产负债表是中央银行在履行职能时业务活动所形成的债权债务存量表。中央银行资产负债业务的种类、规模和结构都综合地反映在资产负债表上。中央银行资产负债表是中央银行业务活动的综合会计记录。由于中央银行资产负债表是按照复式记账的会计原理编制的，因此在任何时点上，中央银行未清偿负债总额与资本总额之和必然等于其资产的价值，即资产＝未清偿负债＋资本项目。

其中，总资产表示央行掌握的全部资源，包括国外资产、对政府债权、对金融机构债权，总负债表示央行承担的债务合计或央行除自有资金之外的资金来源合计，包括储备货币、货币发行、金融机构存款、非金融机构存款、债券发行、对政府债务、自有资金等。

中央银行履行三大基本职能时，其业务活动可以通过它在资产负债表上的记载得到概括反映：流通中的通货是中央银行负债的一个主要项目；作为银行的银行，它与商业银行等金融机构间的业务关系，主要是负债方、商业银行等金融机构在中央银行的存款（包括准备金存款）和资产方的贴现及放款；作为国家的银行，它在业务上与政府的关系，主要是列于负债方的接受政府等机构的存款和列于资产方的通过持有政府债券融资给政府，以及为国家储备外汇、黄金等项目。

关 键 词

中央银行资产负债表　国外资产　对政府债权　对金融机构债权　储备货币　货币发行　金融机构存款　非金融机构存款　债券发行　对政府债务　基础货币

复习思考题

1. 2003 年 12 月，中国人民银行动用 450 亿美元的外汇储备注资中国银行和中国建设银行，这将会使货币当局资产负债表如何发生变化？

2. 2007 年 8 月，财政部首先向中国农业银行发行 6 000 亿元人民币的特别国债（一期），然后以所筹集到的人民币资金向中国人民银行购买等值的外汇，充作中国投资有限责任公司（简称中投公司）的资本金。这将会使货币当局资产负债表如何发生变化？

3. 中国人民银行将卖汇所获得的 6 000 亿元人民币经由公开市场业务向中国农业银行购买等值的特别国债。这将会使货币当局资产负债表如何发生变化？

4. 2007 年 9 月，财政部发行特别国债，从中国人民银行购买中央汇金公司的全部股权，并将上述股权作为对中国投资有限责任公司出资的一部分，注入中投公司。中投公司从央行手中购买汇金公司的交易记录出现在 2007 年 12 月的央行资产负债表上。这将会使货币当局资产负债表如何发生变化？

5. 2007 年 8 月，中国人民银行要求商业银行以外汇缴存本币存款准备金，这使得中国人民银行资产负债表资产项下的"其他国外资产"从 2007 年 1 月至 7 月的 1 069 亿元人民币左右跳升到 8 月的 2 085.27 亿元人民币，到 12 月又升至 9 319.23 亿元，累计增加 8 266.92 亿元。相应地，这将会使货币当局资产负债表发生怎样的变化？

6. 根据本章列出的中、美、日三国的央行在 1998 年的资产负债表，分析这三个国家之间在主要项目和结构上的异同。

7. 详细论述中央银行资产负债表主要项目之间的关系。

第5章

中央银行的负债业务

5.1 中央银行业务活动的基本原则

与一般商业银行和其他金融机构相比，中央银行的业务活动不仅拥有特定的权力、特定的业务范围和限制，而且在业务活动中的经营原则也不相同。因此，作为中央银行，业务活动最基本的原则是必须服从于履行职责的需要。

中央银行的全部业务活动都是为其履行职责服务的，是其行使特定职权的必要手段，所以中央银行的各种业务活动必须围绕着各项法定职责展开，必须以有利于履行职责为基本原则。例如，中央银行的货币发行业务、存款准备金业务、再贴现和贷款业务、公开市场业务等都必须服从于实施货币政策的需要，绝不能脱离和背离货币政策的实施需要而孤立运行。

5.2 中央银行的存款业务

中央银行的存款业务主要包括准备金存款、政府和公共机构存款、外国存款和特种存款等。

1. 中央银行存款业务的目的与特点

1）中央银行存款业务的目的

中央银行作为金融机构，吸收存款是其重要的业务之一。从银行的资产负债关系来看，中央银行的存款业务与商业银行的存款业务有着显著的不同，商业银行是资金来源，决定资金运用，而中央银行则是资金运用，创造了资金来源。

中央银行存款业务的目的有以下 3 个方面。

（1）有利于调控信贷规模和供应量

中央银行的存款业务有利于调控信贷规模和供应量，体现在以下 3 个方面。

首先，商业银行信用创造的最简单关系式为

$$\Delta D = (1/r) \times \Delta F$$

新增活期存款（ΔF）使整个银行体系增加活期存款（ΔD）的能力取决于乘数（$1/r$）。因此，中央银行通过规定法定存款准备金比率（r），直接限制商业银行创造信用的规模。

其次，一般来说，商业银行总是持有超额准备金，商业银行信用创造关系式变为

$$\Delta D = [1/(r+e)] \times \Delta F$$

中央银行调整法定存款准备金比率，首先影响商业银行超额准备金数量（比率），如果中央银行提高 r，e 将降低，商业银行如果要维持 e 不变，就不得不收缩商业银行的信贷规模。

最后，通过存款业务集中一部分资金，在金融市场自主开展再贴现业务和公开市场操作，达到调控货币供应量的目的。

（2）有利于维护金融业的安全

中央银行的存款业务有利于维护金融业的安全也体现在以下 3 个方面。

首先，中央银行集中保管存款准备金，相对节约了商业银行的资金占用，使准备金能够保持合理性和弹性。

其次，中央银行可利用其集中的存款准备金，在商业银行出现清偿能力不足时予以贷款支持。

比之由各个商业银行各自持有准备金，中央银行集中保管存款准备金占用的资金数量可以相对较少，节约了资金的占用；当商业银行出现清偿力不足时，中央银行可利用集中的存款准备金发挥最后贷款人的职能，帮助商业银行渡过难关；中央银行通过商业银行的存款账户，可以了解和分析商业银行资金使用状况，便于对商业银行的监督管理。

再次，中央银行通过为银行开立存款账户，有利于分析商业银行的资金运用状况，加强金融监管，不断提高商业银行的经营管理水平。

（3）有利于国内的资金清算

中央银行通过金融机构的存款，顺利地为各金融机构之间债券债务关系的清算提供高效服务，加速资金的周转，从而有利于国内的资金清算。

2）中央银行存款业务的特点

中央银行的存款业务特点体现在以下 4 个方面。

（1）存款原则具有特殊性

商业银行开展存款业务根据的是自愿原则，而中央银行存款业务具有一定强制性。世界上

大多数国家的中央银行都通过法律规定存款类金融机构的存款准备金比率，并强制要求由中央银行集中保管存款准备金。即使是财政存款和特定机构存款，也往往规定必须存在中央银行。

（2）存款动机具有特殊性

商业银行吸收存款的目的是为了扩大资金来源，扩大资金运用，最终实现增加盈利的目的。中央银行吸收存款则是为了获得履行其职能手段的需要，目的是为了调控信贷规模和监督管理金融机构的经营活动。

（3）存款对象具有特殊性

商业银行直接吸收社会个人和工商企业的存款。而中央银行吸收存款的目的是为了调控信贷规模，因此应该吸收的是中央银行能够控制的和能够对信贷规模的收缩和扩张产生多倍影响的存款。个人和工商企业的存款往往不受中央银行控制，增加和减少很可能与货币政策无关。金融机构存款，尤其是商业银行的准备金存款往往是法律规定的，准备金比率的高低也掌握在中央银行手中，其变化如何对信贷规模产生重要影响。虽然财政存款不受中央银行控制，但是财政存款与财政政策有关，财政政策与货币政策需要相互配合。因此，中央银行吸收存款的对象是金融机构和财政等部门。

（4）存款当事人关系具有特殊性

商业银行存款当事人之间是一种经济关系，银行与存款人之间的关系平等互利。但是，中央银行与存款人之间的关系不仅是经济关系，更是一种管理和被管理的关系。

2. 准备金存款业务

中央银行存款业务中最重要和最主要的部分是准备金存款。各商业银行及有关金融机构吸收了存款，就一定要准备一部分现款，以备存户随时提取，这种准备金称为存款准备金。这种准备金存放在本行，称为库存现金。各国中央银行法都要求商业银行将其一部分准备金存于中央银行。当代中央银行吸收的商业银行存款包括法定准备金和超额准备金。各商业银行都将准备金存于中央银行，倘遇某一银行的客户短期内大量存款，中央银行便可以用这些准备金支持这家银行。这种集中准备金的制度，其意义就在于节省各家商业银行存在本行的准备金，充分发挥资金的作用，以满足社会对资金的需要。

中央银行的准备金存款是存款业务中最重要和最主要的内容，与存款准备金制度直接有关。存款准备金制度是中央银行根据法律规定，为了维持金融机构资产流动性和进行宏观货币管理的需要，规定从事存款业务的金融机构缴存中央银行存款准备金的比率和结构，并根据货币政策的要求对既定比率和结构进行调整，实现对社会货币供应量调节控制目的的制度。

1）存款准备金的含义

存款准备金是商业银行等存款货币银行按吸收存款的一定比例提取的准备金。它由以下部分组成。

① 自存准备金。即存款货币银行为应付客户的提取而以库存现金持有的准备金。

② 法定准备金。即存款货币银行按照法律规定必须按一定比率将吸收的存款转存中央银行的准备金。

③ 超额准备金。存款货币机构在中央银行存款中超过法定准备金的部分。

2）准备金存款业务的基本内容

（1）规定存款准备金比率

在存款准备金制度下，存款货币银行吸收的存款不能全部用于放贷或投资，而要按照法定比率提取准备金并缴存中央银行。例如，如果法定存款准备金比率为10%，那么吸收存款100万元，其中10万元必须作为法定存款准备金缴存中央银行。

由此可见，存款准备金比率的高低直接制约着存款货币机构的业务规模和创造派生存款的能力。通过改变存款准备金比率，控制存款货币机构的放贷和投资能力，达到调节货币供应量的目的。

就存款准备金比率规定的具体内容来看，有以下方法。

首先，按照存款类别规定准备金比率。仅仅从期限来说，存款就有期限长短不一的各种类型。存款的期限越短，货币性越强。因此，很多国家根据存款的期限长短，规定不同的准备金比率。一般来说，准备金比率按活期、定期、储蓄的顺序逐步提高。但是，也有特殊情况，如有些国家为了抑制定期存款的增加，反而对定期存款规定较高的准备金比率。也有很多国家，不管存款的类别，规定统一的准备金比率。

其次，按照金融机构的类型、规模、经营环境规定不同比率。同样是存款货币银行，也有各种不同的类型，其规模、所处地区、经营环境等千差万别，因此其信用创造能力也各不相同。因此，不少国家按照金融机构的类型、规模、经营环境规定不同的比率。一般来说，商业银行、规模较大及经济比较发达地区的存款货币银行信用创造能力较强，法定存款准备金比率就较高，反之则较低。

最后，由于存款准备金比率的调整对存款货币银行的信用创造能力影响较大，调整效果过于强烈，因此有些国家对法定存款准备金比率的调整幅度进行规定。

（2）规定可充当法定存款准备金的内容

由于金融资产的流动性不断提高，金融机构不一定要以现金的形式持有准备金。因此，很多金融机构根据流动性，将金融资产划分为一线准备和二线准备。不少国家对法定存款准备金的内容也进行了不同的规定，如美、德、法等国将库存现金计入存款准备金，而在日本和意大利则不计入。

（3）确定存款准备金计提的基础

① 确定计算准备金存款的数量。通常有三种方法，即日平均余额法、旬末余额法和月末余额法。日平均余额法就是每日计算准备金存款的余额，具有及时性和保证性，有利于防止存款货币机构将法定准备金用于资产业务和中央银行准确地通过准备金比率控制货币量。但是，计算和管理比较烦琐，难以保证执行。旬末余额法和月末余额法的优点是比较简便，容易操作，但是不能准确反映存款的实时变化。存款货币银行可能通过在期末暂时挪用其他资金冲抵法定准备金或暂时压低存款余额的方法，逃避法定存款金比率的管制，导致中央银行通过法定存款准备金比率控制货币数量能力被削弱。

② 确定缴存存款准备金的基期。缴存存款准备金的基期的确定也有两种方法：一种是当期准备金账户制，即一个结算期的准备金以当期的存款数作为计提基础；第二种是前期准备金账户制，以上一个结算期的存款余额作为计提基础。

随着商品经济的发展，中央银行又被授权对宏观经济进行调节，通过法定存款准备金制度来控制全国各商业银行的放贷规模，从而赋予存款准备金以重要意义。为此，中央银行不仅负责规定商业银行应缴存款准备金的比率，且可以视情况调高或调低准备金率。监督各银行按期如数上交存款准备金是中央银行的重要任务和基本业务，对此各国都通过法律形式作出明确规定。总的来看，中央银行一般是根据商业银行吸收的存款种类、存款金额和银行规模等规定不同的存款准备金率。

3) 我国中央银行的准备金存款业务及其特点

中国人民银行在 1984 年开始专门行使中央银行职能之后，建立了存款准备金制度。

（1）法定存款准备金比率的确定

在最初阶段（1984 年 4 月 1 日）按存款种类分别核定，如企业存款 20％、储蓄存款 40％、农村存款 25％。1985 年虽然改为统一比率，但是其主要针对的是国有金融机构。对城市信用合作社实行较高的准备金比率。

（2）存款准备金由两部分组成

中国人民银行规定，存款准备金不能用于支付和清算。因此，按照规定金融机构在中国人民银行还开设一般存款账户，即备付金存款，用于金融机构之间资金收付。

以此可见，过渡时期我国存款准备金制度不同于发达市场经济国家，由存款准备金和备付金分别发挥集中资金和金融机构之间清算的作用。1998 年 3 月，我国中央银行对准备金制度进行了改革，备付金账户与准备金账户合二为一。

（3）中国人民银行对法定存款准备金和备付金支付利息

一般来说，中央银行不对法定存款准备金支付利息。首先，法定存款准备金的缴存是强制性的，并不需要通过利息率的高低进行调整。其次，中央银行以提供结算服务为补偿。第三，如果支付利息，中央银行将把这部分费用转移到给金融机构的贷款中，反而使事务处理复杂化。而且，如果支付利息，可能造成金融机构在中央银行存款的动机，削弱中央银行通过存款准备金比率的调整，调节货币数量的作用。

但是，中国人民银行却对准备金存款支付利息，因为在我国金融职能逐步替代财政职能的过渡时期，政府仍然需要通过中央银行集中一部分资金用于政策性项目的投资，所以我国的法定存款准备金比率较之发达国家高很多，如果不支付利息，将会影响存款货币金融机构的经营。但是，这也仅是暂时性的措施，随着改革的深入必将取消对准备金存款的利息支付。

（4）准备金存款的计提

我国存款准备金制度规定实行前期准备金账户制及旬末和月末分别计算基期的方法。即在城市的存款货币银行的分支机构按上旬末存款余额计算准备金比率，并于 5 日内进行缴存。城市信用合作社和存款货币机构在县及县以下的分支机构按照上月末存款余额计算准备金比率，并于 8 日内缴存。

（5）我国存款准备金率历次调整

我国存款准备金率历次调整如表 5-1 所示。

表 5-1　我国存款准备金率历次调整表

次数	时间	调整前	调整后	调整幅度
22	2008 年 01 月 25 日	14.5%	15%	0.5%
21	2007 年 12 月 25 日	13.5%	14.5%	1%
20	2007 年 11 月 26 日	13%	13.5%	0.5%
19	2007 年 10 月 25 日	12.5%	13%	0.5%
18	2007 年 09 月 25 日	12%	12.5%	0.5%
17	2007 年 08 月 15 日	11.5%	12%	0.5%
16	2007 年 06 月 05 日	11%	11.5%	0.5%
15	2007 年 05 月 15 日	10.5%	11%	0.5%
14	2007 年 04 月 16 日	10%	10.5%	0.5%
13	2007 年 02 月 25 日	9.5%	10%	0.5%
12	2007 年 01 月 15 日	9%	9.5%	0.5%
11	2006 年 11 月 15 日	8.5%	9%	0.5%
10	2006 年 08 月 15 日	8%	8.5%	0.5%
9	2006 年 07 月 05 日	7.5%	8%	0.5%
8	2004 年 04 月 25 日	7%	7.5%	0.5%
7	2003 年 09 月 21 日	6%	7%	1%
6	1999 年 11 月 21 日	8%	6%	−2%
5	1998 年 03 月 21 日	13%	8%	−5%
4	1988 年 9 月	12%	13%	1%
3	1987 年	10%	12%	2%
2	1985 年	央行将法定存款准备金率统一调整为 10%		
1	1984 年	央行按存款种类规定法定存款准备金率，企业存款 20%，农村存款 25%，储蓄存款 40%		

可见，1984 年初我国开始实行准备金制度时，企业存款准备金率为 20%，储备存款为 40%，农村存款为 25%。1985 年将准备金率调整为这几项存款和其他存款总额的 10%。1988 年 9 月 1 日，又将准备金率提高到 13%，除此之外，中国人民银行还要求商业银行必须按照存款准备金基数提取 5%～7% 的备付金，交给中央银行用于该商业银行的资金清算。从 2003 年 9 月 21 日开始，一直在上调准备金率，幅度较大。

（6）中国准备金存款业务存在的问题

对于中国的准备金存款业务来说，主要有以下的问题。

① 存款准备金缴存基数不能科学准确地反映金融机构存款负债的真实情况。当前法定存款准备金缴存基数是旬末日存款余额，属统计学中的时点存款数，在统计学上时点数与时段数是有区别的。以金融机构存款时点数来反映某段时间该金融机构的存款情况，不够科学和合理。因为受商业银行业务考核和经营规律的影响，月末日、旬末日一般是存款余额高峰期。而月末日、旬末日的存款余额不能准确地反映金融机构一个月或一旬的存款负债情况。另外，按旬末余额计提准备金可能会造成金融机构可以根据自己的需要少缴或多缴准备金现象。金融机构可能会将一些存款负债业务如企业贷款产生的派生性存款业务等，按其需要调节是否在旬末日发生，以便增加或减少该金融机构的存款负债总量，从而少缴或多缴准备金现象。

② 现行存款准备金管理处罚办法不够健全。一是现行的处罚种类较为单一。按照《中华人民共和国行政处罚法》第五条和第二十七条的规定，实施行政处罚，应当坚持处罚与教育相结合；具体的处罚分为警告、罚款、没收违法所得等，行政机关可以依据具体情况，给予不同的处理。而当前对违反存款准备金管理制度的处罚，仅明确了对金融机构少缴存款准备金的，可以处以罚款，少则几十万元，多则上百万元。二是对金融机构截留占用、挪用及缴存资金缺乏导致迟缴等情况，没有相应的处罚办法，易导致个别金融机构故意迟缴存款准备金等问题发生。

③ 存款准备金监管难以形成有效的合力。存款准备金作为一项重要的货币政策工具，应属于货币信贷部门的管理职责，但其日常核算、具体操作却在会计营业部门。基层央行货币信贷部门由于无法及时掌握存款准备金的缴存、欠缴及处罚情况，难以进行有效的管理和对货币政策实施效应的分析，而会计营业部门在日常的柜面审核中只能偏重于会计核算业务方面的管理，对被考核金融机构报送的存款余额表及相关会计资料的真实性、准确性考核只能限于形式。

3. 中央银行的其他存款业务

1）政府和公共机构存款

如前所述，中央银行作为国家的银行，一般均由政府赋予代理国库的职责，政府财政的收入和支出，都由中央银行代理。同时，那些依靠国家拨给行政经费的行政事业单位的存款，如机关团体、部队、非银行金融机构也都由中央银行办理。金库存款、行政事业单位存款在其支出之前在中央银行存放，构成中央银行的负债业务，并成为中央银行重要的资金来源。对这部分存款，各国中央银行一般均不予支付利息，因而对中央银行的资金运用是极为有利的。

目前大部分国家的财政存款都集中存于中央银行，但美国的情况例外。美国财政部只把很小一部分存款存于联邦储备银行内，其余大部分存于许多家合格的商业银行中。这种制度是逐渐形成的，目的是尽量缩减由于财政巨额收款和净付款对商业银行存款准备金、进而其信贷规模、再继而对社会货币供应量状况引发较大的波动。比如，在税收高峰时期或财政部出售大量债券时，国库则有巨额净收款。国库接受的许多笔支票如果送交联邦储备银行，必然引起财政部存款的大量增加，商业银行存款准备金账户存款的大量减少，从而影响信贷和货币供应量有较大缩减。相反的过程，即当国库收进税款小于政府开支、国库有大量净付款时，最终则会引起信贷和货币供应量有较大的增加。虽然联邦储备体系可以在公开市场上买卖国家债券，试图抵消这种影响，但做起来往往有困难，需要付出较大力量。财政部把税收等存款分散到许多商业银行，就能避免出现这种情况，商业银行也欢迎接受财政金库存款。

2）外国存款和特种存款

主要指国际金融机构负债、国内金融机构往来等。值得注意的是，虽然外国存款对本国外汇储备和中央银行基础货币的投放有影响，但由于外国存款数量较小，影响力并不大。

而特种存款指的是一种为适应居民和非居民在中国境内支付需要而开办的特殊储蓄业务。中央银行吸收特种存款具有以下几个方面的特点。

① 中央银行为特殊资金需要而吸收的存款。中央银行的特种存款，都是在特定的经济形势下，中央银行为调整信用规模和结构，为支持国家重点建设或其他特殊资金需要，从金融机构的存款中集中的一部分资金。

② 特种存款来源对象具有特定性。一般来说，特种存款很少面向所有的金融机构，不像存款准备金是面向所有吸收存款的金融机构而吸收的。

③ 特殊存款期限较短，一般为一年。

④ 特种存款利率完全由中央银行确定，具有特殊的规定性，金融机构只能按规定利率及时足额地完成存款任务。

这种存储户的存款通常是由外汇转存为人民币，且可以根据存储户需要按现行牌价将存款本息换成外汇汇到境外。存储户的存款必须是可以自由兑换的外币，存储户要求开立此种账户必须经存款银行对存款对象及外汇来源审核无误后才能为其开立账户。人民币特种存款分为支票户和存折户两种。支票户可以使用支票存款但不计利息，存折户凭存折支取存款时，必须填写取款凭条支取，并按人民币活期存款利率计算利息。

4. 中央银行存款业务与其发挥职能作用的关系

① 中央银行作为货币发行银行，存款业务与流通中现金的投放有直接关系。由于资产和负债必须相等，在资产既定的条件下，若存款增加，为了保持负债不变，可减少现金投放或增加回笼。反之若存款减少，则需要增加现金投放或减少资金回笼。因此，在中央银行负债总额不变的情况下，存款的增减可以调节现金发行数量和货币结构。

② 存款准备金比率的高低对存款货币金融机构的信用创造能力和支付能力有决定性作用，因此中央银行的准备金存款业务成为货币政策的主要工具之一。

③ 中央银行通过存款业务集中必要资金，在不改变货币供应量的条件下，发挥最后贷款人职能。

④ 由于各种金融机构都将存款集中于中央银行，便于中央银行组织全国的资金清算。

⑤ 中央银行还可以通过存款机构的账户变化掌握了解和监督金融业的资金运动，监控和消除金融业的经营风险和各种经营隐患，又可为政策的制定提供依据。

5.3 中央银行的货币发行业务

1. 货币发行的含义、种类、渠道与程序

1）货币发行的含义

货币发行业务是中央银行的主要负债业务。货币发行是一定时间内从央行进入流通流域的货币减掉回流到央行的货币的差额。

货币发行有两重含义：一是货币从中央银行的发行库通过各家银行的业务库流向社会；二是是指货币从中央银行流出的数量大于从流通中回笼的数量。

由于中央银行垄断货币发行，因此流通中的现金都是中央银行通过货币发行业务从中央银行流向社会的。中央银行通过货币发行业务，一方面满足社会商品流通扩大和商品经济发展的需要；另一方面筹集资金，满足履行中央银行各项职能的需要。

2）货币发行的种类

货币发行就其性质来说，可以分为经济发行和财政发行。

经济发行是为了满足商品流通的需要而发行的货币。这种发行是符合货币流通规律要求的，因此它既能满足国民经济需要，又能保持币值稳定。传统的看法认为货币发行仅指现金发行。但是，随着金融创新和电子技术的发展，存款货币作为流通手段的重要性不断提高，扩展了货币的范围，货币不仅包括现金，还包括存款货币在内。因此，货币的经济发行还包括增加存款货币的货币供应总量。在货币经济发行的条件下，货币的投放适应流通中货币需要量增长的需要，既能满足经济增长对货币的需要，又能避免货币投放过多。为保证货币的经济发行，必须要建立健全的货币发行制度。货币发行制度包括货币发行的程序、最高限额和发行准备。

财政发行是为弥补财政赤字而发行的货币。如果是国库可以直接发行货币的制度，政府可以通过发行货币直接弥补财政赤字。但是，在现代信用货币制度下，国家发生财政赤字，不再是以直接发行货币来弥补，而是主要通过向银行举债或发行公债，迫使中央银行额外增加货币发行。因为财政发行没有经济增长基础，增加的货币发行容易导致市场供求失衡和物价上升。这种发行超过商品流通的实际需要，往往会导致通货膨胀。

在中国，货币发行权属于国家。国家根据国民经济发展的需要，核准年度人民币最高发行限额。中国人民银行根据国务院批准的发行限额，具体办理人民币的发行工作，并集中管理发行基金。

中国人民银行设有发行基金保管库（简称发行库）保管发行基金。发行基金是尚未发行的人民币，它不是流通中的货币。各专业银行则设有业务库，是为办理日常现金收付而建立的。它核定现金库存限额，现金超过库存限额的部分，应缴存发行库。当业务库存现金不足以满足需要时，就得从中国人民银行的发行库调入现金。将发行基金调入业务库，就是货币发行。

　　长期以来，我国要求货币发行不用于弥补财政赤字，不用于没有物资保证的信贷投放，而用于满足商品流通的需要。因此，中国货币发行一般来说是经济发行。但在个别年度，由于各种原因出现了财政赤字，需要发行货币弥补部分财政赤字，这种发行属于财政发行性质。

　　3）货币发行的渠道和程序

　　中央银行的货币发行主要是通过贷款、购买证券、购买金银和外汇等中央银行的业务活动进行的，如图 5-1 所示。个人和非金融企业从银行获得贷款或提取存款使得现金从中央银行的发行库流向银行的业务库，形成货币发行。反之，个人和非金融企业归还银行的贷款或增加存款及通过银行划账的形式纳税，形成从银行业务库到中央银行发行库的货币回笼，如果纳税是直接将现金缴纳给税收机关，则直接进入中央银行的发行库。当然，现金在货币流通中所占的比重已经很小，图 5-1 只能代表货币流通中高度概括的最简单情形。中央银行通过这些渠道将货币投入流通或反向组织货币回笼，达到调节货币供应量，满足经济发展、商品生产和流通变化对货币需求的目的。

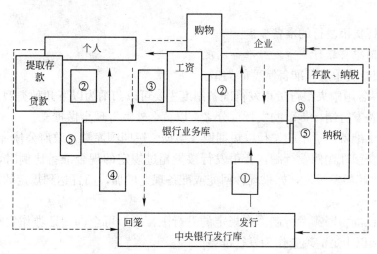

图 5-1　货币发行的渠道和程序

　　世界上绝大多数国家都已将货币发行与回笼纳入法制轨道。一般来说，货币发行与回笼的程序应该根据本国货币流通的收支规律和满足宏观调控货币流通量的需要，以本国货币发行机制为基础进行制定，并遵循安全、准确、严密的原则，配合宏观货币政策的执行。

2. 中央银行货币发行的原则

（1）垄断发行

　　发行货币是中央银行的垄断权，也是中央银行最重要的负债业务。货币发行有两层含义：一是指货币从中央银行的发行库出库，经由各家银行的业务库流向社会；二是指货币从中央银行出库的数量大于从流通中回笼后入库的数量。实际操作中，货币发行的渠道是：中央银行通过再贴现、贷款、购买证券、购买金银和外汇等方式，把它们投入市场，形成流通中的货币，并通过同样的渠道反向组织货币的回笼。每张投入市场的纸币（又称通货）都是中央银行对持有者的负债或说是持有者对中央银行的债券。

（2）信用保证

中央银行发行货币，必须遵守信用保证原则，即要建立某种准备金制度，诸如以金银、外汇、证券等作为发行准备，因为在现代不兑现纸币流通的货币制度下，货币的发行并不需要十足的贵金属或某些资产作保证，但是纸币的发行在客观上要受国民经济发展水平的制约。为了保证纸币的发行数量不超过经济发展的客观需要，仅靠国家信用来保持纸币的稳定是不可能的，因此中央银行的纸币发行必须建立在可靠的准备金基础上，而绝不能因外界影响或政治压力滥发纸币，甚至肆意发行。

（3）弹性原则

即货币发行要具有一定的伸缩性和灵活性，以适应经济状况变化的需要。货币发行既要满足经济发展的要求，避免因通货不足而导致通货紧缩和经济萎缩；也要严格控制货币发行数量，避免因货币过量发行造成通货膨胀和经济混乱。因此，把握弹性的度是贯彻弹性原则的关键。

3. 中央银行货币发行的准备制度

1）世界各国中央银行货币发行准备制度

（1）中央银行货币发行准备制度的类型

目前，世界各国中央银行货币发行准备制度主要可以归纳为以下几种类型。

① 现金准备发行制。货币的发行百分之百以黄金外汇等现金做抵充。

② 信用保证准备。货币的发行以短期商业票据、短期国库券、政府公债等抵充。

③ 现金准备弹性比例发行制。货币发行数量超过规定的现金准备比例时，国家对超过部分的发行征收超额发行税，如果现钞回笼或准备现金增加，而且达到规定的比例，则免征超额发行税。

④ 证券保证准备限额发行制。在规定的发行限额内，可全部用证券作发行准备，超过限额的发行必须以十足的现金作为发行准备。

⑤ 比例准备制度。即法律规定货币发行准备中，现金与有价证券各占多少比例。我国的人民币发行准备也有上述内容，但有相当部分是在信用关系基础上即通过对银行的再贷款信用形式向流通领域注入货币，这也可说是我国中央银行目前的业务特点。我国坚持经济发行的原则，使得货币发行增加的同时有相应商品物资的增加。国家通过中国人民银行投入了货币，就意味着增加了商品物资；出售商品物资，就回笼货币，减少了人民银行的负债。

⑥ 货币非国家化。货币非国家化又称为"自由货币说"，该学说认为由私营银行发行竞争性的货币（即自由货币）来取代国家发行垄断性的货币是理想的货币发行制度。

（2）主要国家和地区的货币发行制度

① 美国的货币发行制度。1980 年以前，美国实行现金准备弹性比例发行制。联邦储备券的发行必须以黄金或黄金证券做准备，其准备率为 40%，低于 40% 但高于 32.5% 时，征收 1% 的超额发行税；低于 32.5% 时，税率提高到 1.5%～2.5%。

1980 年以后随黄金非货币化改为证券准备限额发行制，规定货币发行必须有 100% 的合格证券作保证。合格证券包括黄金证券、美国联邦政府债券、经联邦储备银行审查合格的商业票据、抵押票据、银行承兑票据、地方政府发行的债券。

发行程序是联邦储备银行向联储理事会任命的货币发行代理人（即该联邦储备银行行长）申报需要现钞的数额，同时递交商业票据或其他债券作为发行保证。货币发行代理人对联邦储备银行提出的货币发行申请和作为抵押的证券进行审查、核实以后，将合格的发行抵押品如数交割，换给同等数额现钞。联储理事会有权通过货币发行代理人部分或全部拒绝联邦储备银行的货币发行申请。经流通以后回到联邦储备银行的现钞，由联邦储备银行送还货币发行代理人，同时货币发行代理人将抵押证券交还发行银行。

② 英国的货币发行制度。1844 年的《银行条例》规定英格兰银行的信用货币发行额度为 1400 万英镑，并且用英国政府债券做准备。超过此限必须用黄金和白银做准备，白银的比率不得超过 25%。1954 年的法律规定英格兰银行的信用发行总额为 15.75 亿英镑，有变化须经财政部同意和国会审查。

③ 日本的货币发行制度。日本的货币发行实行现金准备弹性比例发行制。规定最高限额，超过限额征收发行税。

2）中国近代的货币发行制度

中国纸币产生于宋代，而法定纸币的发行起源于清末。

（1）清代

1897 年 5 月 27 日成立中国通商银行，清政府授予发行纸币特权。1904 年 3 月 14 日清政府开始计议设立大清户部银行，1905 年 8 月在北京成立户部银行，制定章程 32 条，授予户部银行铸造货币、代理国库、发行纸币之特权。这是中国最早的中央银行。发行的纸币实为银两兑换券。1908 年户部银行改名大清银行，发行的纸币同户部银行相差无几。清末钱庄、银钱店、官银局都发行纸币，有银两票、银元票、钱票三种，都以当时银价定值，缴纳钱粮赋税均可通用，谁家发行由谁家负责兑现，既未规定发行限额，也未建立发行准备制度。1909 年 6 月清政府颁布《兑换纸币则例》19 条，明确规定纸币发行权属于清政府，一切发行兑换事务统归大清银行办理，所有官商钱行号，一概不准擅自发行纸币。但当时币制混乱，银、钱、纸币混合流通，未能形成真正的纸币发行制度。

（2）民国时期

1912 年，北洋政府的国家银行——中国银行被授予兑换券发行权，但各省纸币发行过滥，币制未能统一。1913 年春，北洋政府筹划币制改革，于 1914 年 2 月颁布《国币条例》，决定采用银本位制，因币制问题争论未能实现。1918 年又公布《金券条例》，预备实行金本位制，因无发行准备，筹划落空。1924年8月，孙中山领导的广东革命政府在广州创办中央银行。1927年10月，南京国民政府颁布《中央银行条例》，1928年10月公布《中央银行章程》，11月1日中央银行在上海正式开业。1935年9月又公布《中央银行法》，规定中央银行为国家银行，享有发行兑换券的特权。1935年11月2日，以财政部布告和宣言的形式公布了《法币政策实施办法》，主要内容是自1935年11月4日起，以中央银行、中国银行和交通银行所发行的钞票为法币（1936年2月，又规定中国农民银行发行之钞票亦视同法币），一切公私款项收付，概以法币为限，不得使用银币、生银、银锭、银块等现金。法币的价值基础不再是银本位，也没有规定含金量，是以对英镑的汇率来表示法币的价值。1936年5月，国民政府与美国财政部签订《中美白银协定》，确定法币与美元汇率挂钩，法币100元等于美元30元，美国向中国续购白银5 000万盎司，换成美元存入纽约的美国银行作为法币发行准备，以维持法币汇率。当时，存入英国的法币准备金约有2 500万英镑，存入美国的法币准备金约有1.2亿美元。这种依附于外国的半殖民地货币发行制度，到抗日战争胜利前就开始衰落，不久就彻底崩溃。

（3）革命根据地时期

中国人民独立自主的货币发行制度起始于1928年2月海陆丰苏维埃劳动银行发行银票，各革命根据地都曾发行过自己的货币。各根据地工农银行发行的货币有银元、银角、铜元、铜币、布钞和纸币，以纸币为最多。发行前都筹集了一定数额的基金作准备，主辅币可以兑现。根据地银行发行的纸币能够保持币值稳定，在城乡市场广泛流通，主要是坚持有多少财力就发行多少票子，财力包括银行基金、缴获的金银、征收的公粮，折价后发行相应数量的纸币；坚持按经济发展的需要发行货币，单纯的财政需要放在次要地位；保证铸币的成色和重量，保证纸币同银元自由兑换；大力组织商品流通，减少市场货币流通量等。根据地及后来的抗日战争时期边区的纸币发行是以物资作保证的发行，不仅支持了生产、支持了战争，还保证了货币的基本稳定，建立了独立自主的货币发行制度和货币流通市场。1948年12月1日中国人民银行的建立及人民币开始投入流通，标志着中国独立自主的货币发行制度逐步成熟和巩固。

（4）中华人民共和国建立后

人民币的发行，是以国家掌握的能按照稳定价格投入市场的商品作为货币发行的准备资产，同时人民银行集中掌握黄金和外汇储备，用于人民币币值的稳定和国际货币清算。中国人民银行为人民币的唯一货币发行机关，发行数额须报经国务院批准，任何部门和单位都无权对市场增加货币发行；中国人民银行坚持经济发行原则，根据国民经济发展和商品流通的实际需要，通过银行信贷渠道来发行货币；人民币的发行以十足的商品物资价值为基础，即"钱出去、物回来，物出去、钱回来"，以保证币值的稳定；国家授权中国人民银行专库管理，无出库命令，任何人无权将发行基金的现钞转为银行业务库的待支付现金，保证国家对纸币生产和供应的绝对控制权；人民币限于境内流通。

4. 人民币的发行业务及管理

我国人民币发行业务作为中央银行向流通领域投放货币的活动，一直是一项重要的负债活动。

就我国人民币的发行程序来看，中国人民银行对现金的投放和回笼一直编制现金计划，作为组织执行计划的依据。具体发行是由中国人民银行设置发行基金保管库（简称发行库）来办理的，所谓发行基金是人民银行保管的已印好而尚未进入流通的人民币票券。

我国各商业银行对外营业的基层行处设立业务库。业务库保存的人民币是作为商业银行办理日常收付业务的备用金。为避免业务库过多存放现金，通常由上级银行和同级人民银行为业务库核定库存限额。

具体的操作程序是：当商业银行基层行处现金不足时，可到当地人民银行在其存款账户余额内提取现金，于是人民币从发行库转移到商业银行基层行处的业务库。这意味着这部分人民币进入流通领域。当商业银行基层行处收入的现金超过其业务库库存限额时，超过的部分应自动送存人民银行，该部分人民币进入发行库，意味着退出流通领域，其过程如图 5 - 2 所示。

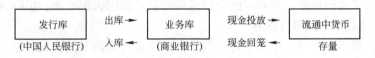

图 5 - 2　人民币发行和回笼流程图

1）发行基金的含义

发行基金亦称"人民币发行基金"，是中国人民银行保管的未进入流通领域的人民币。发行基金由中国人民银行统一掌握，各发行分库、中心支库和支库（包括发行基金代保管库）所保管的发行基金，都是总库的一部分。任何单位和个人不得违反规定动用发行基金。

发行基金来源一般分为两个部分：一是原封新券，即国家印钞造币厂解缴入库的产品；二是回笼券，即商业银行缴回发行库的回笼货币。

发行基金和现金是两个性质不同的概念，它们既有联系又有本质上的区别，两者之间的联系在于可以互相转化，在按制度规定的手续操作下，发行基金从发行库出库进入业务库后成为现金；现金从业务库缴存到发行库又成为发行基金。

发行基金与现金的主要区别如下。

① 性质不同。发行基金是国家供货币发行的准备基金，是国家待发行的货币；现金是国家以法律形式赋予强制流通的现实货币。

② 管理的主体不同。发行基金的管理主体是国家授权的，中国掌握货币发行的机关是中国人民银行；现金的管理主体是有现金收入的社会各阶层、各单位和个人。

③ 价值形态不同。发行基金不是流通中货币，不具有价值符号，它的价值体现在印制费用、调运和管理费用上；现金是流通中货币，具有价值符号，其价值体现是一般等价物。

④ 流通形式不同。发行基金是通过上级行签发的调拨命令流动的，没有上级行的调拨命令，任何单位和个人都无权动用；而现金是根据持有者的需要流通的。

2）发行基金的计划

发行基金计划是指在一定时期内，发行或回笼货币的计划，它是一个差额计划。而人民币的发行计划，则是用于确定年度货币供应量。每年中国人民银行根据国家的经济和社会发展计划，提出货币发行和回笼计划，报国务院审批后，具体组织实施，包括负责票币设计、印制和储备。

发行基金计划主要由现金投放、现金回笼和现金净投放三部分组成。

5.4　中央银行的其他负债业务

中央银行的负债业务除货币发行和存款业务外，还有其他一些可以成为中央银行的资金来源，引起负债变化的业务，如对国际金融机构的负债或中央银行发行债券（融资券）等。

1. 融资券（发行中央银行债券）

中央银行债券实际上就是中央银行票据，是中央银行为调节商业银行超额准备金向商业银行发行的短期债务凭证。

需要注意的是，中央银行票据与国库券之间是有区别的。国库券是国家财政当局为弥补国库收支不平衡而发行的一种政府债券。因国库券的债务人是国家，其还款保证是国家财政收入，所以它几乎不存在信用违约风险，是金融市场风险最小的信用工具。国库券是国库直接发行的用以解决短期财政收支失衡的一种债券，由于期限短、流动性强、安全性高，被视为零风险债券或"金边债券"。而中央银行债券是为了调节超额准备金发行的，面向的对象主要是国内金融机构。

发行中央银行债券是中央银行的主动负债业务，具有可控制性、抗干扰性和预防性。与一般金融机构发行债券的目的是为了获得资金来源不同，中央银行发行债券更多考虑的是调节流通中的货币。

中央银行一般在以下两种情况下发行中央银行债券。一种情况是当金融机构的超额准备金过多，而中央银行又不便采用其他货币政策工具进行调节时，可以通过向金融机构发行中央银行债券回笼资金，减少流通中的货币。第二种情况是在公开市场规模有限、难以大量吞吐货币的国家，作为公开市场操作的工具。如2002年9月24日中国人民银行将6月25日至9月24日在公开市场正回购的未到期91天、182天和364天国债，共1 937.5亿元置换为中央银行票据。因为2002年下半年，由于经常项目和资本项目的顺差引起外汇占款急剧增加，大量资金涌入国债市场，导致国债价格上涨和利率下跌。中国人民银行为了调节利率，通过正回购回笼货币又引起国债价格下跌和利率上涨。利率的跌宕起伏，引发投资者的利率风险。因此，中国人民银行发行中央银行票据既达到了回笼资金又避免了过分影响国债价格的目的。

2. 对外负债

中央银行对外负债可以采取的形式主要有：向外国银行借款、对外国中央银行负债、向国际金融机构借款、向外国发行中央银行债券。随着经济金融的国际化和一体化，各国中央银行之间的货币合作成为越来越必要的政策手段，如东盟各国与中国、韩国和日本三国之间签订的货币互换协议就是货币合作的一个典型例子。

对国际金融机构负债就是指一国（地区）对国际金融机构所欠的债务金额之和。目的一般有以下几个：为了平衡国际收支；为了维持本币汇率稳定；为了应付金融危机或货币危机。表 5-2 为 1997 年到 2009 年中国对国际金融机构人民币负债的变化情况。

表 5-2　1997 年到 2009 年中国对国际金融机构人民币负债表

统计月度	指标值/亿元	统计月度	指标值/亿元
2009-10	746.92	2003-12	482.57
2008-12	732.59	2002-12	423.05
2007-12	947.28	1999-12	371.90
2006-12	926.34	1998-12	174.40
2005-12	641.57	1997-12	196.50
2004-12	562.29		

从表 5-2 可以看到，中国在 1997 年之后，对外负债一直大幅上升，这主要是由于央行灵活融资来促进中国国民经济迅速发展。而从 2007 年到 2009 年，中国对外负债却大幅下降，这主要是源于次贷危机的产生。由于中国在次贷危机中受到的冲击较外国，尤其是美国要小，因此他国出于减少金融危机危害的考虑增加了对外的债务，即我国的对外负债减少。

3. 资本业务

所谓中央银行资本业务，是指筹集、维持和补充自有资本的业务。中央银行自有资本的形成主要有 3 个途径：政府出资、地方政府出资或国有机构出资、私人银行或部门出资。其中，中、英、法、德及大多数发展中国家使用的是政府出资，瑞士是地方政府出资或国有机构出资的少数国家之一，而美国和意大利是私人银行或部门出资的典型代表。

由于各国法律对中央银行的资本来源和构成都有规定，因此中央银行在资本业务方面并没有多大作为，仅仅在需要补充自有资本时按照有关规定进行。例如，如果是全部股份由国家所有的中央银行通常通过中央财政支出补充自有资本；由各种股份构成自有资本的中央银行则按原有股份比例追加资本，增资以后，股权结构和比例保持不变。

由于中央银行拥有特殊的地位和法律特权，其资本金的作用实际上比一般的金融机构要小得多，有的国家中央银行甚至没有资本金，因此中央银行资本业务的重要性不能与一般金融机构相提并论。

【阅读材料】

哈耶克的"货币非国家化"

在当前货币由各个国家发行之时，有一些自由主义经济学家提倡货币非国家化，其中最著名的是奥地利裔英国经济学家哈耶克。

货币非国家化理论概述哈耶克从彻底的经济自由主义出发，认为竞争是市场机制发挥作用的关键。而政府对于货币发行权的垄断对经济的均衡造成了破坏，他通过研究指出并论证竞争性货币制度的可行性和优越性。哈耶克宣称：货币非国家化是货币发行制度改革的根本方向，由私营银行发行竞争性的货币（即自由货币）来取代国家发行垄断性的货币是理想的货币发行制度。因此，他的这一主张称之为"货币非国家化"或"自由货币说"。

哈耶克的这一学说与他早年提出的中立货币说是遥相呼应的。中立货币说的核心思想是稳定货币供应量，保持货币的中立性。但这种仅仅停留在理论上的分析，只提供了货币政策实际效果的一个判断标准，而很难付诸于实施，缺乏现实应用意义。面对20世纪50年代以来世界各国通货膨胀的不断发生和加剧，哈耶克从经济自由主义出发，在进一步研究的基础上提出了货币非国家化的设想，认为货币失去中立性，以致破坏经济的根源在于政府对货币发行权的垄断，必须打破垄断，由私有银行发行竞争性货币来代替国家货币，建立货币发行的内约束机制，才能有效地限制货币供应量，维持币值和市场经济的稳定，消除失业和通货膨胀。

货币非国家化理论的内容如下。

1. 政府垄断货币发行的弊端

哈耶克认为，政府之所以牢牢地独揽货币发行权，并不是由于私人或私营企业没有能力提供足值的、良好的货币，而是因为政府对货币发行的垄断能使执政者从中获得利益。它不仅可以给政府带来丰厚的财政收入，长期作为政府的重要财源，而且由于经济中的各种交易都只能也必须使用政府发行的货币，使之成为政府大权在握的象征。这样，对货币发行权的垄断成为政府力量的重要支柱，对执政者具有特殊的吸引力。政府会千方百计地维护这项特权，绝不会轻易放弃它。

从历史上看，政府很早就掌握了货币发行的特权，统治者都把铸币权当做神圣不可侵犯的权力，当做自己权力的重要表现。因此，尽管私人经营者（特别是银行家和商人）希望能有足值的、稳定的货币，他们自己也完全有力量发行良好的私人货币，但当他们企图用私人发行的货币来取代政府发行的货币时，就受到统治者毫不留情的压制和取缔。

哈耶克认为，在铸币流通时代，政府垄断货币发行权并没有引起十分明显的祸患，但到纸币流通阶段，其恶果就开始显露出来。随着纸币流通的扩大，纸币逐渐脱离了与铸币的关系，纸币发行不受贵金属储备的限制，纯粹取决于政府的意志。历史经验表明，凡是政府发行的纸币迟早都会贬值，因为垄断了货币发行的政府，首先考虑是自身财政的需要，所以政府先天就缺乏把纸币发行量限制在流通所需的界限之内的自觉性，或者说，政府发行货币不具备内约束机制。这就是经济动荡的隐患所在。正是在这种情况下，如果有一种外在力量能有效地牵制政府的货币发行权，尚能从外部制约货币发行。但由于现代各国的司法、政治、军队等大权都是政府的傀儡，都服从于政府的意志，因而形同虚设。正因为缺乏强有力的内、外约束机制，只要对自身有利，政府就敢于滥用货币发行权。这种特权的滥用使货币供应量过大，必然造成通货膨胀，导致经济混乱和危机爆发。

哈耶克研究了许多史实后认为，通货紧缩是暂时的、区域性的，而通货膨胀却是持久的、广泛性的。社会经济的发展历史在很大程度上是一部通货膨胀的历史，而且是由政府操纵的，为政府利益服务的通货膨胀历史。通货膨胀致使币值不稳，破坏了经济保持稳定的必要条件。不仅如此，政府对于货币发行的垄断，还保证了赤字财政政策的推行。于是，庞大的政府开支，巨额的财政赤字与奔腾的通货膨胀合在一起，猛烈地冲击着社会经济。萧条、失业、经济停滞、物价上涨就是这同一祸根上的几根苦瓜。

2. 私营银行发行货币的可行性和益处

哈耶克认为，国家货币说是一种偏见。事实上，发行货币并非只有政府才能做到，私人应该而且完全有能力发行稳定的、良好的货币。哈耶克的这个观点是从对货币的定义和用途的分析入手来阐述的。

首先，从货币的定义来看，哈耶克认为，人们对货币的定义误解为：在一个国家内只能有一种普遍接受的货币，但事实上并非如此。历史上金和银同时作为货币曾长期并存。一国范围内往往同时流通几种外国铸币，在各国的边境城镇，邻国的纸币都被普遍接受是常有的事。因此，在一国范围内，并非只能接受使用一种纸币，特别是当一种货币可以按一定的比率迅速兑换成另一种货币时，或者在取消外汇管制的国家，各种货币可以有不同程度、不同区域的流通性。因此，在一国流通的货币中，很难有划清哪一种是货币、哪一种不是货币的分界线。不论由谁发行，只要有"通用性"而成为人们普遍接受的交换手段，都应该是货币，所以用通货（currency）一词比货币（money）一词更能说明问题。

其次，从货币的用途看，哈耶克认为，货币的主要用途是作交换媒介，具体用途如下。

① 用于购买，即由于各种商品的价格是用货币表明的，购买者根据价格支付一定量的货币可以完成交易，即使使用不同的货币，只要有一定的折合比率商人就会接受它并进行交割。

② 作为储备，用于未来的支付。

③ 用作延期支付的标准，即人们以货币为计算单位签订各种契约，虽然在缔约期内通货价值的变动会使缔约各方或受益或受损，但由于借、贷常集于一方，所以市场力量不可能出现偏倒某一方的倾向，只要利息能适应预期的价格变动，这种临时的得益或损失最

终都会趋于平息。

④ 用作可靠的核算单位。

通过上述的分析，哈耶克认为：一种货币无论是由谁提供的，只要具有通用性，能成为人们普遍接受的交换手段，就能够作为通货用于现实和未来的支付并成为可靠的核算单位。因此，对于通货来说，重要的不是由谁来发行，而是怎样来满足通货的内在要求，即保证货币稳定。哈耶克进一步认为，私人银行发行货币不但是可行的，而且还是有益的。这是由于私人银行发行的货币受其经济实力的制约，必须全部承担其发行责任，若它们不顾后果滥发货币，直接受危害的是其自身，使其信誉下降，直至破产或倒闭。因此，私人银行发行货币存在着强有力的内制约机制，使得它们提供的货币具有内在稳定性和良好的质量。这正符合经济对于货币的客观要求。

3. 货币非国家化的设想

哈耶克认为，要彻底摆脱"膨胀"困境，长期保持经济的稳定发展，根本的出路是改革现行的货币发行制度和货币政策，取消政府发行货币的垄断权，废除国家货币制度。他的设想是，一旦允许私人银行获得公众的信任并能承担起货币发行责任，他们必定会慎重行事，各个发行货币的银行会自行限制其货币发行量，主动维持货币价值，从而保证市场机制能够充分发挥作用，维护经济的稳定发展。为此他作了三点分析。

① 允许私人银行发行货币，并不会形成货币种类的无限增加。由于自由货币具有竞争性，竞争结果会使真正能流通使用的只是几家信誉卓著的大银行发行的货币，其他大多数银行不得不放弃自己发行的货币而使用信誉好的大银行发行的货币。这样，对于发行货币的银行来说，过量发行成为其大忌。它们必须控制货币发行量，维持货币稳定，保持足够的储备，以应付所需的各种支付，否则，其他不发行货币的银行和公众就不会选用它所发行的货币了。

② 允许私人银行发行货币将会从根本上引起商业银行业务政策的重大改变。使用自由货币的商业银行虽然与发行银行没有直接隶属关系，但发行银行为了维持自己所发行的货币的价值，必然设法对使用自己货币的银行业务活动有所约束，特别是严格限制派生信用票据的发行额，这将改变商业银行的业务政策，使一切银行活动都必须审慎地进行，必须为由此引起的一切后果负全部责任。这样，由于这些银行实际上承担支票结算的责任，它们将在很大程度上改变原来依赖于国家中央银行的做法，而加强对流通性较少的各种资产的管理。

③ 实行货币非国家化的首要步骤是向公众进行自由货币的宣传。当前需要开展一个"自由货币运动"，通过宣传和舆论，使公众了解通货膨胀、失业、经济动荡的根源都在于政府对货币发行的垄断，认识到货币非国家化是一种切实可行的、最为理想的货币制度，消除对私人银行发行货币的疑虑和误解，使他们从切身利益出发去努力争取并采取积极配合的态度。

同时，哈耶克也分析了其他方案的利弊。他认为，由于金本位制尚有欠完善之处，因此恢复金本位制不是一种彻底解决问题的办法；对于建立统一的欧洲货币的方案，也表示极大的怀疑，因为这种超国家的货币仍然不是私人竞争性的货币，它也不会优越于国家货币，而且管理难度进一步加大，后果将会更糟糕。因此，最好的、唯一的出路是把货币发行权给私人银行，由它们向经济社会提供稳定可靠的货币，这才是根本性的解决办法。

当然，目前世界上并没有任何发行非国家化货币的趋势，但是不可否认，随着世界一体化进程的加快，世界很有可能在不远的将来进行货币非国家化的改革。

本 章 小 结

中央银行的资产业务可以分为三大类：存款业务、货币发行业务、其他负债业务。

中央银行的存款业务主要包括准备金存款、政府和公共机构存款、外国存款和特种存款等。中央银行存款业务的目的是：有利于调控信贷规模和供应量，有利于维护金融业的安全，有利于国内的资金清算。就存款准备金比率规定而言，按照存款类别、金融机构的类型、规模、经营环境的不同规定不同比率，并同时规定法定存款准备金比率的调整幅度。在确定计算准备金存款的数量时通常有3种方法，即日平均余额法、旬末余额法和月末余额法。确定缴存存款准备金的基期也有两种方法：当期准备金账户制和前期准备金账户制。

中央银行的货币发行业务主要是通过贷款、购买证券、购买金银和外汇等中央银行的业务活动进行的。货币发行有两重含义：一是货币从中央银行的发行库通过各家银行的业务库流向社会；二是是指货币从中央银行流出的数量大于从流通中回笼的数量。发行的原则有垄断发行、信用保证、弹性发行。中央银行货币发行准备制度的类型有：现金准备发行制、信用保证准备制度、现金准备弹性比例发行制、证券保证准备限额发行制、比例准备制度、货币非国家化。

中央银行的其他负债业务是：发行中央银行债券、向外国银行借款、对外国中央银行负债、向国际金融机构借款、向外国发行中央银行债券和资本业务。

关 键 词

中央银行负债业务　存款准备金制度　法定存款准备金比率　超额存款准备金比率　货币发行准备制度　现金准备发行制　信用保证准备制度　现金准备弹性比例发行制　证券保证准备限额发行制　比例准备制度　货币非国家化　中央银行票据

复习思考题

1. 中央银行的存款业务与商业银行的存款业务有何不同？
2. 中央银行存款业务与其发挥作用的关系是什么？
3. 准备金存款业务的基本内容包含哪些？
4. 货币发行的含义是什么？
5. 为什么说货币发行业务是中央银行的主要负债业务？
6. 中央银行货币发行准备制度的各种类型有何区别？
7. 中央银行票据与国库券之间有何区别？中央银行为什么要发行中央银行票据？

第6章

中央银行的资产业务

6.1 中央银行的再贴现和贷款业务

1. 再贴现和贷款业务的重要性

再贴现是指商业银行将通过贴现业务持有的尚未到期的商业票据向中央银行请求贴现，以此获得中央银行的资金融通。再贷款业务是中央银行行使"最后贷款人"的职责，向银行和非银行金融机构的再贷款。

通过再贴现和再贷款业务，中央银行对商业银行及其他金融机构进行融资支持。在商业银行等金融机构资金紧迫时，中央银行用再贴现、再抵押方式给予资金融通，目的是保证银行制度的安全性、灵活性和银行业务的顺利进行。

再贴现和再贷款业务的重要性体现如下。

第一，向商业银行等金融机构提供资金融通是履行最后贷款人职能的具体手段。当商业银行等金融机构出现资金周转不灵、兑现困难时，虽可通过拆借市场解决一些问题，但拆借数量不可能很大。尤其是当遇到普遍性的金融危机时，拆借市场就无济于事。此时，中央银行通过向商业银行融通资金的作用就是非常重要的。

第二，为商业银行办理再贴现和贷款是提供基础货币的重要渠道。在中央银行垄断货币发行的制度下，社会所需要的货币从源头上看都是由中央银行提供的。在信用货币创造机制下，中央银行提供的基础货币通过商业银行的信用活动，形成货币总供给。因此，中央银行向商业银行等的再贴现和贷款是提供基础货币的重要渠道。当商业银行资金周转不灵时，中央银行的贷款可以使其起死回生。当社会上货币供应量过多、出现通货膨胀时，中央银行又可以收回贷款,稳定经济的发展。

第三,再贴现利率是中央银行调控货币供应量的重要工具。再贴现利率是中央银行购买票据的价格和商业银行获得资金的价格。

当中央银行提高或降低再贴现利率时,就是提高或降低商业银行获得资金的价格,就会引起商业银行在通过贴现向社会提供资金时,提高或降低贴现利率,或者引起商业银行减少或增加再贴现的数量。两种情况都将引起金融市场上资金供给的减少或增加,以及利率上升或下降,达到中央银行调控信贷规模、影响社会货币量的目的。

20 世纪 60 年代以前,再贴现和贷款业务在中央银行资产业务中占很高比重。20 世纪 70 年代以后,随金融市场的发展和金融国际化,中央银行的证券资产和外汇资产增加,公开市场业务比重提高。在市场经济发达国家,货币市场和票据市场比较发达,再贴现的比重较高;相反,发展中国家则贷款比重较高。

中国人民银行自 1984 年开始专门行驶中央银行职能以来,对商业银行的再贷款成为最主要的资产业务,也是中国人民银行提供基础货币的最主要渠道。尤其是国有商业银行,它们向中央银行贷款的比重较大,成为它们的一项重要资金来源。就目前规定来看,这种贷款的期限不能超过一年,具体又分四个档次:20 天、3 个月、6 个月和 1 年。其中,后两种贷款是短期临时性贷款。至于再贴现业务,由于历史等多方面原因,比重较小。按目前规定,再贴现业务的办理不仅针对商业银行,还包括中国人民银行开立账户的其他金融机构。

在美国,商业银行可以直接向它所隶属的联邦储备银行借入所需资金。这种借款是以美国联邦政府或其所属机构的债券、合格的(信誉较高的)工商和农业票据及联邦储备银行认为满意的其他债券进行再贴现和再抵押取得。通常,联储银行对商业银行的借款申请要进行严格审查,主要是审查票据的合格性。标准是商业票据一般有生产和商品交易为基础(即真实票据),期限为 3 个月以内,农业票据期限最长不得超过 9 个月,并且须信誉卓著。联邦政府债券则被认为是安全可靠的票据。借款时,联邦银行还要考虑诸如商业银行的债务额同它存款总金额的比例、以往借款次数及期限长短、是否有特别原因影响它的当前财务状况、它是否可能从其他合理途径借入资金等。如果某商业银行经常频繁地向联储银行借款或在原借款已经展期的情况下继续借款,联储银行则要进行干预,要求商业银行紧缩对客户的贷款和调整投资方针。联储银行以此也可判断商业银行的业务经营状况。当然,有时商业银行也不愿较多地向联储银行借款,以免引起后者对它们的严密注视,并担心多借款可能导致在真正紧迫时遭到拒绝贷款。由于商业银行向联储银行借款的原因一是为补充存款准备金之不足,二是应付季节性资金高峰需求,三是面临金融窘迫时的资金需求,因此商业银行向联储银行的借款不能用于缴纳捐税,不能利用贷款利差来牟利,不能利用贷款从事有价证券、房地产和商品的投机。

在英国,英格兰银行主要是按照规定的利率贷款给贴现行,这种贷款是以国库券为抵押的。与美国联储银行有所不同,英格兰银行对贴现行能够无限制、较慷慨地贷款。

各国的中央银行对商业银行等金融机构办理再贴现和货款业务时都十分注意这种资产业

务的流动性和安全性，注意期限的长短，以保证资金的灵活周转和对货币流通的及时、有效调节。中央银行进行再贴现时，要了解市场资金要求的真实情况，弄清是否有真实的生产与流通的需要，而且票据的内容、款式及有关手续要符合法律规定，可以做到到期即收，以保持中央银行资金的流动性。

2. 再贴现业务

1）再贴现业务的概念

所谓再贴现，是指商业银行将通过贴现业务持有的尚未到期的商业票据向中央银行申请转让，借此获得中央银行的资金融通。因此，中央银行再贴现业务也就是中央银行通过再贴现向商业银行提供资金融通的业务。

2）再贴现业务的一般规定

（1）再贴现业务的对象

由于中央银行开展再贴现业务的目的是提供短期资金融通，因此很多国家都规定只有在中央银行开设账户的商业银行等存款货币银行才能成为再贴现业务的对象。

（2）再贴现对象的规定

很多国家都规定再贴现对象的票据必须是确有以商品交易为基础的"真实票据"。美联储规定申请再贴现的票据必须具备的条件是：商业票据不得超过 90 天，农产品交易的票据不得超过 9 个月；必须是根据交易行为产生的自偿性票据；必须是直接从事经营农工商业的借款人出具的票据；投机或长期资本支出产生的票据不得申请再贴现。

英格兰银行规定申请再贴现票据必须有两家国内信誉极佳企业签署，并且其中一家必须是承兑人；未到期国库券申请再贴现必须距到期日一个月以内。

德国规定申请再贴现票据必须有三个被公认有支付能力的义务人担保并在 3 个月内到期。

（3）申请和审查

再贴现业务对象必须以已办理贴现的未到期合法票据申请再贴现。中央银行在接受申请后，应审查票据的合法性和申请者资金运用状况，确定是否符合再贴现的条件。若审查通过，申请者在票据上背书后交中央银行办理再贴现。

（4）再贴现率

因为中央银行再贴现对象通常是短期票据，所以再贴现率是一种短期利率，对金融市场的影响主要是在货币市场。

某些国家将再贴现率保持在比货币市场利率高一些的水平上，作为"惩罚性利率"，引导存款货币银行尽量通过市场解决资金融通，不到最后关头尽量不要向中央银行融通资金；

而在大多数国家，再贴现率作为"基准利率"发挥作用，反映中央银行的政策意向，其他利率随再贴现率的变化而变化。

由于再贴现率是由中央银行决定的，特别是在利率完全市场化的经济体中，再贴现率可以说是中央银行唯一可以直接调控的利率，所以再贴现率也是中央银行最常见的政策工具之一。

（5）再贴现金额

再贴现时实际支付的金额，由再贴现票据的票面金额扣除再贴现利息计算而得。

$$再贴现金额＝票据面额－再贴现利息$$

$$再贴现利息＝票据面额×日再贴现率×未到期日数$$

$$日再贴现率＝年再贴现率÷360＝月再贴现率÷30$$

例如，有一张银行承兑票据，面额为 100 万元，年再贴现率为 7.2％，尚有 25 天到期，要求再贴现，再贴现金额是

$$100 万元－（100 万元×7.2％÷360×25）＝99.5 万元$$

需要注意的是，再贴现金额仅与票据面额和再贴现率有关，与票据原来的利息无关。

（6）再贴现额度的规定

因为将再贴现率降至货币市场利率以下，将引起对中央银行贴现贷款的强烈需求，通过规定再贴现票据的种类可以达到按照中央银行意图引导资金流向的效果，这也是不少国家规定再贴现利率低于货币市场利率的原因之一。当商业银行在资金不足或其他条件许可时，往往希望通过中央银行再贴现获得资金。但是，过多地依赖中央银行的再贴现贷款对银行稳健经营并不是一件可喜的事。因此，不少国家都限制对商业银行的再贴现金额，并对过多利用这个权利的银行进行检查。

（7）再贴现款的收回

再贴现的票据到期，中央银行通过票据交换和清算系统向承兑单位和承兑银行收回资金。

3）再贴现业务的作用机制

中央银行资产负债业务的特点是可以通过购买或出售一种资产创造或冲销自身的负债。

如表 6-1 和 6-2 所示，中央银行购买商业银行持有的票据，在形成自己资产的同时也创造了对商业银行的负债。

表 6-1　中央银行资产负债表

资　产		负　债	
票据	＋10 亿元	准备存款	＋10 亿元
		（发行货币）	＋10 亿元

表 6-2　商业银行资产负债表

资　产		负　债
准备存款（现金）	＋10 亿元	
票据	－10 亿元	

表中，中央银行在资产中增加票据 10 亿元，同时在负债中也增加商业银行的准备金存款 10 亿元或新发行货币 10 亿元。商业银行则利用此项活动达到改变资产构成，即运用中央银行的负债达到购买新的资产或者偿还债务的目的。如表中，增加持有准备金存款 10 亿元或现金 10 亿元。

中央银行向商业银行购买票据的价格直接关系到商业银行改变资产构成的成本高低和能力大小，价格高，即再贴现率低，商业银行购买新资产的能力就大，反之则小。例如，在上例中如果年再贴现率下降到 3.6％，那么再贴现金额就增加到 99.75 万元，表示中央银行放松银根，鼓励商业银行向中央银行再贴现。

同样由于商业银行改变资产构成的成本高低决定了购买新资产的能力大小和要价高低，能力大，则要价低，反映银行客户获得银行贷款的数量多寡和银行购买证券的价格高低。

在表6-2中，商业银行在获得中央银行再贴现融资时，首先表现在银行在中央银行账户中准备金存款的增加，商业银行当然不会就此善罢甘休。因为准备金存款是没有利息收入的，如果就此停止行动，还不如继续持有商业票据，与商业银行要求再贴现的行为矛盾。

商业银行将把这笔资金用于贷款或者用于购买证券，于是引起整个银行体系的资产负债的倍数扩张。也就是说，中央银行可以通过改变再贴现率的高低，控制和调节信贷规模，影响社会货币量的变化。

3. 贷款

（1）对商业银行的贷款

向商业银行等融通资金，保证商业银行的支付能力是中央银行作为"银行的银行"的最重要职责之一。中央银行通常定期公布贷款利率，商业银行提出借款申请，中央银行审查批准具体数量、期限、利率和用途。一般来说，中央银行贷款都是短期的，采取的形式大多是以政府债券或商业票据为担保的抵押贷款。

随着金融市场的发展和金融创新，商业银行的融资渠道不断增多、融资手段也多样化了，但中央银行贷款仍是商业银行扩大信用能力的重要渠道和保证支付的最后手段。

（2）对其他金融机构的贷款

其他金融机构是指不吸收一般存款的金融机构，包括证券公司、信托投资公司、租赁公司及有政府背景的政策性金融机构。

（3）对政府的贷款

政府在其提供公共服务的过程中也会发生暂时性的收支失衡，因此作为政府的银行的中央银行都有提供信贷支持的义务。对政府的贷款可通过直接提供贷款和买入政府债券两条渠道进行。鉴于向政府直接提供贷款往往造成通货膨胀的经验，在大多数国家直接贷款都被限定在短期贷款。由于对政府贷款往往都是采用信用贷款方式，因此又对贷款额度进行限制。

（4）其他贷款

按照贷款对象来分，大致有两类：一类是对非金融部门的贷款，贷款对象的范围比较狭窄，一般都有特定目的和用途，带有政策倾向，如我国的老少边穷地区贷款；另一类是对外国政府和外国金融机构的贷款。例如，中韩日三国和东盟十国签订的货币互换协议，根据协议如果协议签订国发生国际支付困难，其他签订国使用本国货币提供贷款。一旦实行，就构成对外国政府的贷款。

通过以上比较可以看出，再贴现业务和贷款业务的区别如下。

第一，贷款的收回方式不同。如果是再贴现贷款，那么再贴现票据到期，中央银行向票据承兑人出示票据并要求票据承兑人兑付，收回贷款。如果是抵押贷款，贷款期限到期，借款人向中央银行归还贷款并收回抵押品。

第二，贷款的安全程度不同。如果是抵押贷款，则与再贴现没有区别。如果是信用贷款，则因为没有物资保证，贷款到期，中央银行不一定能收回贷款。一旦此种结果发生，就可能导致金融不稳定。因此，中央银行贷款中信用贷款被限制在很小的范围内。

6.2　中央银行的证券买卖业务

1. 中央银行买卖证券的意义

证券买卖业务也是中央银行的主要资产业务，特别是在证券市场比较发达的国家更是如此。中央银行买卖证券一般都是通过其公开市场业务进行的，其目的是为了维护金融市场的稳定，调节货币流通。在需要紧缩银根，减少货币供应量时，中央银行就在公开市场上卖出其持有的有价证券，以回笼货币；在需要扩张信用规模，增加货币供应量时，中央银行就在公开市场上买入所需要的有价证券，发放货币。中央银行证券买卖的主要意义如下。

① 调节和控制货币供应量，进而调节宏观经济。中央银行通过公开市场业务，买入或卖出有价证券，能有效地调节和控制整个社会的货币供应量，使之维持在合理的水平上，从而对宏观经济进行调节。尽管在这一过程中中央银行可能会获得因买卖证券而带来的价差收入，但其基本目的是为了调节货币供应，而不是为了营利。

② 配合准备金政策和再贴现政策。由于单一的货币政策工具已经很难单独完成调节宏观经济的任务，常常需要多种政策相互配合，才能产生最佳效果。准备金政策和再贴现政策的缺陷之一就是政策的效果过于猛烈，常会给整个金融和经济带来相当大的震荡。因此，目前许多国家在运用上述政策工具时，常以公开市场业务相辅，通过中央银行的证券买卖，削弱和抵消对金融和整个经济的震动。

③ 缓解财政收支造成的不利影响。财政收支的季节性波动容易引起社会资金的暂时不足或过剩，中央银行可以在税收旺季买进政府债券，增加市场资金量；在税收淡季卖出政府债券，吸收过剩资金。

④ 协助政府公债的发行与管理。通常在政府发行新债时，中央银行应大量购入旧的政府债券，补充市场资金量，压低市场利率，以配合公债的发行。此外，在投机盛行时，为维护公债价格稳定，中央银行应在公债价格突然上升时大量抛售债券，在价格下跌时购入债券。

中央银行证券买卖业务指中央银行在公开的二级市场上进行证券的买卖。与其他公开市场参与者不同，中央银行持有并买卖证券的目的不在于营利，而是为了调节和控制货币供应量，进而影响整个国民经济，是中央银行宏观调控的手段。中央银行在公开市场上买进证券就是直接投放了基础货币，而卖出证券则是直接回笼了基础货币。

为了保证手中握有优等证券，一般情况下，中央银行均以经营政府证券为该业务主要对象，对企业债券的持有则不宜过多。目前，西方国家中央银行的资产中国债的比重一般占到70%左右，美国则达到80%以上。对中央银行买卖证券业务，各国基本指导思想是一样的。

不过，根据各国的具体情况也有些微差别。例如，日本法律规定日本银行可以从事商业票据、银行承兑票据、公债等的买卖，德国则规定其联邦银行可以对信用机构买卖国库券。联邦银行为了调整货币，可以进入公开市场按市价买卖债券。我国 1995 年的银行法规定：中国人民银行不得直接认购、包销国债和其他政府债券，但可以在公开市场上买卖这些债券。

一般来说，中央银行持有优等且有利息的证券是适宜的，对那些随市场变化和经营状况不稳定的证券则不宜大量持有，因为中央银行肩负着调节金融的重任，需依据市场银根松紧适时调节奖金供应。证券买卖业务的主要对象是国债券，就必然涉及如在中央银行职能一节中描述的那种中央银行对政府的融资关系的状况。的确，中央银行不仅接受政府存款，执行国库出纳职能，不对政府提供信贷。在国家财状况稳定时，由于财政收支受季节性影响，如财政收入集中在下半年，而大量支出往往在上半年，中央银行则采取国库券贴现和以国家债券为抵押的货款方式，为财政这种短期收付不平衡造成临时差额进行弥补。这种贷款在短期内能够偿还，因而不会影响到货币流通的稳定。但是，当国家财政出现长期赤字，迫使中央银行向其提供大量贷款或干脆就是利用中央银行为其代理国库的便利而直接进行透支时，则极易引起信贷和货币供应量的不正常扩张，从而影响货币流通稳定。因此，目前各国均用立法形式明确限制中央银行对国家融资方式、数额和期限。

例如，美国法律规定，财政部筹集资金只能在公开市场上通过发行公债解决。如果需要向联邦银行借款，也只能借短期贷款，并以特别国库券作担保。英国英格兰银行通过对国库券招标，以在证券市场上出售国库券的办法为财政部筹集资金；意大利银行可以向财政部提供短期信贷，贷款金额不超过年度预算支出的 14%；日本原则上禁止日本银行认购政府发行的长期债券和政府从日本银行借入长期贷款，日本银行只对政府发放数量很少的贷款。当然，上述限制并非都能得到遵守。若从中央银行公开市场业务操作角度看，它们持有的大量国债已表明对政府融资是服从于中央银行调节货币流通这一目的的，从而有别于单纯作为财政赤字的被动弥补者。

1994 年财政体制改革前，我国财政赤字除了以发行国债弥补一部分以外，往往采取向中央银行借款和透支方式解决。1995 年的《中国人民银行法》公布以后，明确规定中央银行不得对政府财政透支，也不得对地方政府、各级政府部门提供贷款，国家财政赤字的弥补只能靠发行债券来解决，中央银行在公开市场上是否购买财政债券，则视其调节货币流通的需要而定。

2. 证券买卖业务与贷款业务的异同

1）两者的相同之处

① 中央银行证券买卖业务与贷款业务都是中央银行调节和控制货币供应量的政策工具。

② 就对货币供应量的影响而言，中央银行买进证券同发放贷款一样，实际上都会引起基础货币供应量的增加，再通过货币乘数的作用，引起货币供应量的多倍扩张；反之，中央银行卖出证券同收回贷款一样，实际上都会引起基础货币量的减少，再通过货币乘数的作用，引起货币供应量的多倍收缩。

③ 就融资效果而言,中央银行买进证券实际上与中央银行贷款一样,都是以自己创造的负债去扩大自己的资产,而卖出证券则相当于收回贷款。

2) 两者的不同之处

① 形成资产的流动性不同。中央银行的贷款尽管大都为短期,但由于受到贷款公约的束缚,只有到期才能收回,而证券买卖业务则可以根据不同的需要在公开市场上随时操作,不存在到期问题。因此,证券买卖业务的资产流动性高于贷款业务的资产流动性,同时中央银行的主动性和灵活性也更强。

② 获得收益的形式不同。对中央银行而言,贷款业务有利息收入,而未到期的证券买卖业务只有买卖过程中的价差收益。

③ 对金融市场的发达程度的要求不同。公开市场上的证券买卖业务对经济和金融环境的要求较高,一般要求有发达的金融市场;贷款业务则对金融市场的发达与否没有过多要求,一般国家的中央银行都可以从事贷款业务。

④ 主动性不同。公开市场中的证券买卖业务是中央银行主动进行的,其规模大小完全由它控制,而贷款业务实现不了这种控制,中央银行可以改变贴现率来鼓励或限制银行贴现,但它难以直接控制贴现的规模。

⑤ 灵活性不同。贷款政策无法经常变动,这种变动对于一国金融和经济的震动巨大且持续长久,而证券买卖业务却可以根据需要恰到好处地把握好规模,并且出现错误时可立即通过逆向操作来进行矫正。另外,证券买卖可以迅速执行,不会有行政性延误,中央银行只要发出购买或出售的单子,交易就可以立即执行。

3. 中央银行买卖证券的种类及业务操作

1) 中央银行买卖证券的种类

中央银行在公开市场上买卖的证券主要是政府债券、国库券及其他市场性非常高的有价证券。由于各国的国情不尽相同,因此各国法律规定中央银行可以买卖的证券种类也不同。

美国联邦储备体系主要是通过短期国库券来进行公开市场业务操作。因为在美国,国库券有很强的流动性,可以承担联邦储备体系进行的大量交易,而不至于引起价格过于波动而影响市场的稳定。

日本法律规定,日本银行可以从事商业票据、银行承兑票据、政府公债等有价证券的买卖。

德意志联邦银行依法律规定可以向信用机构买卖国库券,可以在公开市场上买卖国库券、合格汇票及其他在证券交易所挂牌交易的债券、联邦特别基金等。

法兰西银行可以购买、出售或保管法兰西银行理事会编制的清单上所列的各种证券和票据。

由于中央银行在公开市场上买卖证券既可主动出击又可积极防御,数量可以灵活控制,执行起来比较迅速,所以许多国家把其视为最有效和最常用的货币政策工具,从而证券买卖业务也就成为其主要资产业务。

2）中央银行买卖证券的业务操作

中央银行买卖有价证券并不是直接参与的，而是通过商业银行认购或者竞拍进行买卖。中央银行通过商业银行在证券市场买入有价证券时，并不是向银行支付货币，而是通过增加商业银行在中央银行开的准备金存储账户的金额来实现转账支付。因为商业银行在中央银行的存款准备金率是中央银行统一规定的，多出的部分商业银行可以拿回去放贷，由于货币乘数效应，流入社会的货币将可能是原来贷款的几倍，无形中市场的货币供应量就增加了。

中央银行卖出有价证券也是首先让商业银行认购，商业银行再在证券市场上抛售，投资者买入这些证券进行投资，利用货币支付，商业银行再将这些收入还给中央银行。原理与上述相反，中央银行就能通过向商业银行卖出证券回笼社会中的流动性过剩，达到减少货币供应量的目的。

3）中国人民银行的证券买卖业务

1994 年 4 月 1 日，中国人民银行开始在上海银行间外汇市场买卖外汇进行公开市场业务操作；1995 年，中国人民银行开始通过融资券的买卖试行公开市场业务；1996 年 4 月 9日，才正式启动中央银行国债公开市场业务。目前，中国人民银行是通过银行间同业拆借市场实施公开市场业务操作的，操作工具是国债、中央银行融资券、政策性金融债券，交易主体是国债一级交易商，而不是个人和企事业单位。一级交易商由人民银行根据条件在参与国债交易的金融机构中选定。但是，由于目前我国的金融市场发育还不健全，公开市场业务开展的时间比较短，因而我国的证券买卖业务仍然不很发达。

4）中央银行在买卖证券过程中应注意的问题

① 不能在一级市场上购买有价证券，只能在二级市场上购买。这是由中央银行的性质决定的，也是中央银行保持独立性的客观要求。

② 不能购买市场性差的有价证券。因为中央银行的资产必须具有高度的流动性，所以只有购买流动性强、可以随时变现的有价证券，才能有效地发挥自身的职能。

③ 不能购买无上市资格、在证券交易所没有挂牌交易的有价证券。这主要是从安全性和流动性的角度来考虑。因为无法上市交易的有价证券，其流动性达不到中央银行随时变现的要求。

④ 一般不能买入国外的有价证券，这一点通常在各国的法律中都有明确规定。

6.3　中央银行黄金外汇储备业务

1. 中央银行保管和经营黄金外汇储备的目的与意义

各国中央银行从国家利益考虑，从稳定货币流通出发，从扩大国际交往着想，都要保留一定数量的金银和外汇储备。中央银行最初保留黄金外汇储备，是为了应付银行券兑付的需要。银行券停止兑现之后，中央银行的黄金外汇储备没有废除，只是储备的目的发生了变化，从作为银行券兑现的准备金过渡到作为国际支付的准备金，并成为一国对外经济交往实力的象征。各国中央银行可以根据本国经济发展的需要，增加或减少金银外汇储备。

中央银行保管金银外汇储备具有特殊的意义，具体表现在以下几方面。

首先，稳定币值。纸币的使用增加了发生通货膨胀的可能性。为了保证经济的稳定，就必须保持纸币所代表的价值的稳定。为此，许多国家都按纸币发行量和存款额保留一定的国际准备金。当国内出现供给不足、物价呈上涨趋势时，就利用所持有的黄金和外汇储备从国外进口商品或直接向社会出售上述国际通货，以回笼货币，平抑物价，维护币值稳定。

中央银行出售黄金外汇对货币供应量的影响同上述再贴现业务和证券买卖业务。例如，中央银行在外汇市场卖出 10 亿元等值的外汇，等于同时回收 10 亿元本国货币，如表 6－3 所示。如果买入外汇的是商业银行，商业银行的资产负债表如表 6－4 所示。尤其是在外汇实行管制的国家，中央银行买卖外汇的行为对货币供应量具有重要影响。我国中央银行资产负债表中，外汇占款成为货币发行的最主要部分。

表 6－3　中央银行资产负债表

资　　产		负　　债	
外汇	－10 亿元	准备金存款（发行货币）	－10 亿元

表 6－4　商业银行资产负债表

资　　产		负　　债	
外汇	＋10 亿元		
准备金存款（现金）	－10 亿元		

其次，稳定汇率。汇率是一国货币的对外价值，在浮动汇率制下，汇率经常在变化之中，汇率的变化会影响该国的国际收支状况甚至对整体经济产生重大影响。中央银行通过在国际市场上买进或抛售国际通货，使本国货币的汇率维持在合理的水平上，稳定本国货币的对外价值。

最后，调节国际收支。当一国出现国际收支逆差时，为保持收支平衡，就可以动用黄金外汇储备补充进口所需外汇的不足；当国际收支发生顺差，黄金外汇储备充足有余时，中央银行也可以用其清偿外债或进行对外投资。

2. 国际储备的种类构成

国际储备主要用于国际支付。国际储备是指一国货币当局持有的为弥补国际收支赤字，维持本国货币汇率稳定及进行国际支付的国际间可以接受的一切资产。它由四部分构成：货币性黄金、外汇储备、IMF 中该国的储备头寸（普通提款权）、IMF 给该国的 SDRs（特别提款权）。

国际储备首先是黄金。黄金是最古老的储备资产，也最安全可靠。但是在牙买加体系下，黄金非货币化，黄金不能直接用于支付结算。而且，由于持有黄金没有收益还要支付较高的管理成本，因此在世界各国的储备资产中的比重在下降。尽管如此，由于黄金的天然属性，比较适合作为保值手段，仍然是重要的储备资产之一。

其次是外汇。外汇具有流动性好、管理成本低、有收益等优点。但是，外汇的汇率变幻莫测，很容易造成外汇贬值的损失，具有较高的风险。需要通过外汇资产多元化分散风险。因此，外汇比较适合作为周转手段。

这里需要特别指出的是特别提款权及在国际货币基金组织的储备头寸，这种由国际货币基金组织在 1970 年初创设的国际储备，既安全又能灵活兑现，安全性和流动性较好，与黄金、外汇相比具有大的优越性。但是，由于目前各国还不能随意购入，是按份额分配的，因而还不能成为目前主要的国际储备资产。

当今世界各国，在国内市场上并不将金银外汇作为货币直接流通与使用，纸币也不能与金银兑换，不少国家均实行程度不同的外汇管制。在国际收支发生逆差时，一般也不直接支付黄金，而采取出售黄金换取外汇来支付的方式。这样，各国的金银、外汇自然就要集中，至少是部分集中到中央银行储存。需要金银外汇者，一般要向中央银行（说到底就是向国家）申请购买，中央银行就把买卖金银、外汇当作自己的一项业务。中央银行开展这种业务是为了代表国家集中储备、调节资金，稳定金融和促进一国国际贸易及对外交往的顺利进行。

美国财政部是国家货币黄金的唯一监理人，并且为了货币的目的而买卖黄金。这些业务都是通过联邦储备银行为其代理机构来进行的。黄金证券也称黄金券（Gold Certificate），是美国财政部发行的具有百分之百金块准备的纸币。从南北战争结束到 1933 年，可自由兑换黄金，并作为美国货币供应的一部分在市面上流通；1933 年停止黄金证券的自由兑换，退出流通，目前只有美国联邦储备银行仍然持有，根据财政部的需要买卖黄金证券。

联邦储备体系也为财政买卖外汇，以进行国际收款和付款，同时也为本身利益而买卖外汇用于影响美元汇率状况。英国英格兰银行代理经营政府的"外汇平衡账户"以稳定英镑币值。日本的日本银行作为大藏省的代理机构，与外汇银行一起进行外汇买卖交易。我国的中国人民银行也被赋予支持、管理、经营国家外汇储备、黄金储备的职能。

3. 保管和经营黄金外汇储备应注意的问题

由于金银、外汇最终要被用作国际支付的手段，因而必须要求其具有安全性、收益性和灵活兑现性。下面就从上述三个方面考察黄金外汇作为国际储备的优缺点。

黄金无疑是实现保值的最好手段。尽管国际金价处于不断的波动之中，但从总体上看，黄金的价格是上涨的。因此从安全性考虑，黄金是最可靠的国际储备，但金银的灵活兑现性不强，不如外汇灵活，同时保管成本也很高，因此目前世界各国在国际储备中黄金所占的比例呈逐年下降的趋势。

外汇的灵活兑现性是毋庸置疑的，同时保管外汇的成本低廉，能够带来良好的收益，但持有外汇的风险较大。众所周知，汇率是处于不断的变动之中，汇率的变动有可能导致外汇资产的贬值，从而降低储备资产的实际价值，削弱本国的支付能力。

从以上分析可以看出，目前任何一种储备资产都不能兼具安全性、收益性和灵活兑现性。所以，各国中央银行在保有金银、外汇储备时，就必须考虑其构成比例问题。目前各国较为普遍的做法是：努力改善国际储备构成，尤其是外汇储备资产多元化，以分散风险，增加收益，获得最大限度的灵活兑现性。

此外，各国中央银行在保管黄金、外汇储备过程中，必须确定合理的储备数量和比例，过多会造成资源的浪费，过少则面临丧失国际支付能力的风险。因此，各国中央银行必须从本国国际收支状况和经济政策出发，确定合理的黄金外汇储备计划。

为了降低汇率风险，减少来自外界的冲击，促进本国经济的平衡发展，外汇储备管理有必要遵循一定的原则。

保持多元化的货币储备，以分散汇率变动的风险。按照"不把鸡蛋放在同一个篮子里"的原则，外汇币种应该多元化。可以按照下列原则：根据进口商品、劳务或其他支付的需要，确定币种数量、期限结构及各种货币资产在储备中的比例；选择储备货币资产形式时，既要考虑它的收益率，同时必须考虑它的流动性、灵活性和安全性；密切注意货币汇率的变化，及时或不定期地调整各种货币的比例。

保持适度的外汇储备规模。一定的外汇储备是一国进行经济调节、实现内外平衡的重要手段。当国际收支出现逆差时，动用外汇储备可以促进国际收支的平衡；当国内宏观经济不平衡，如出现总需求大于总供给时，可以动用外汇组织进口，从而调节总供给与总需求的关系，促进宏观经济的平衡；当汇率出现波动时，可以利用外汇储备干预汇率，使之趋于稳定。因此，外汇储备是实现经济均衡稳定的一个必不可少的手段，特别是在经济全球化不断发展、各国之间经济联系增强的情况下更是如此。外汇储备并不是越多越好，毕竟其本质是将本国资金放在海外，持有它是要付出代价和风险的，因此确定合理的外汇储备规模对于维持我国宏观经济稳定至关重要。

富余外汇储备投资渠道的多元化。多元化是从国家战略的角度考虑外汇的运用。对于富余的外汇储备，一些国家在"安全性"、"流动性"、"收益性"的前提下进行多元化的投资，如到国外进行直接投资、储备重要的战略资源等。多元化投资较为成功的例子是新加坡。新加坡财政部通过全资控股淡马锡，运用政府注入的资本在全球投资，其股东年平均回报率达到18％。日本由于本国资源缺乏，将一部分外汇储备转换成了战略物质储备，目前日本是石油储备最为充足的国家之一。

6.4　我国中央银行的主要资产业务

1. 贷款业务

1）贷款对象

我国规定我国中央银行中国人民银行贷款业务的对象必须是经中国人民银行批准、持有经营金融业务许可证、在中国人民银行开立独立的往来账户、向中国人民银行按规定缴存存款准备金的商业银行和其他金融机构。

根据1994年发布的信贷资金管理办法规定，共有三类金融机构可以获得中国人民银行的贷款。首先是商业银行。规定商业银行在组织存款、内部资金调度和市场融资以后，仍资金不足方可申请贷款。

其次是城市信用合作社、农村信用合作社、信托投资公司、金融租赁公司和企业集团财务公司等非银行金融机构。规定非银行金融机构坚持以资本总额制约资产，资金来源与资金运用应该自求平衡，当资金周转发生困难时，应首先通过货币市场解决；确实不能通过货币市场解决时，才由中国人民银行通过短期贷款给予解决。

第三类金融机构是政策性银行。中国农业发展银行从中国农业银行分设时，农副产品收购贷款所占用的中国人民银行贷款也划转到中国农业发展银行。同时中国农业发展银行还承担粮棉油收购、国家重要农副产品储备和农业开发信贷资金的筹措和供应，这些资金往往由于季节性因素发生先支后收的资金临时需要。

2）申请中国人民银行贷款的条件

我国规定申请中国人民银行贷款必须具备的三个基本条件如下。

① 必须是中国人民银行的贷款对象。

② 信贷资金营运基本正常。

③ 还款资金来源有保证。

3）贷款期限

中国人民银行贷款共分四个档次：20天、3个月、6个月和1年。

4）中国人民银行贷款的特点

除了在贷款对象、资金来源、贷款职能等方面与一般商业银行不同外，中国人民银行贷款还是我国最有效的货币政策工具之一，在宏观调控中发挥重要作用。

首先，存款准备金比率和再贴现率的调整，涉及面广、对经济的震动大，难以频繁进行；其次，资金需求对利率的弹性较小，再贴现率的调整并不能及时有效地改变资金的需求；再次，存款准备金比率和再贴现利率具有无差别性的特点，难以满足对个别对象进行特殊调整的需要，而我国由于幅员辽阔，各地区经济差别较大，还非常需要有针对性的政策手段；最后，金融市场发展滞后，公开市场业务操作比较困难。

中国人民银行贷款根据宏观经济调控的需要，可以灵活自如地调整，既可以调节需求，又可以调节供给；不仅能控制贷款总量，制约社会总需求的增长，还能在贷款总量既定的条件下，改变贷款的结构，增加有效供给，同时又可以将货币政策的意图传递给金融机构，促使金融机构按照货币政策目标开展经营活动。

由于政策性银行的资金来源本来就是通过政策性供给的（财政拨款资本金、专项资金、发行国家担保债券和金融债券），所以没有必要另外再由中央银行向其提供贷款。而且，由于政策性贷款具有"倒逼机制"的性质，更应该割断中央银行与政策性贷款的直接联系，政策性银行不应是中央银行贷款对象。

2. 再贴现业务

中国人民银行票据再贴现业务始于1986年，但由于商业信用不发达，商业票据少，能够办理贴现和再贴现的商业票据就更少了。1994年国务院决定在煤炭、电力、冶金、化工和铁道5个产供销紧密相连的行业推行商业汇票结算，特意安排基础货币的投放中一部分专门用于再贴现。

再贴现业务的开展，首先要有贴现业务的发达作保证，而贴现业务的发达又要以信用的发达为条件。我国商业银行过分强调承兑风险，不愿办理承兑；或者要求办理承兑的企业缴存高额无息保证金，有些银行甚至拖延付款或无理拒付。同时还要有高效的结算制度相配合，否则有些银行为了减少在途资金，不愿托收。

中国人民银行再贴现业务呈现以下特点：再贴现有额度，额度由各级人民银行控制；1998年以前商业银行的贴现贷款也被纳入信贷规模控制；再贴现利率的调整比较僵硬；对再贴现票据的规定比较严格，必须是经商业银行市级以上分支机构承兑的汇票；有时再贴现资金也会受到投向限制。

3. 证券买卖业务

1994年4月4日在原18个外汇公开市场的基础上组建了中国外汇交易中心。1996年4月9日在二级市场上开始买卖国债。中国人民银行根据货币供应量和商业银行准备金头寸及市场外汇汇率等指标的变化，决定证券买卖的具体操作。决策由行长办公会议进行，其中外汇操作由总行设在上海的公开市场操作室具体执行。

我国规定证券买卖的对象共有三种，即国债、中央银行债券和政策金融债券。

由于我国的特殊情况，债券回购市场被分割为三个部分，即证券交易所市场、场外市场和银行间市场。中国人民银行公开市场操作是在银行间市场进行的。银行间市场的参与者必须是参加同业拆借市场的各类金融机构，除了我国商业银行以外还有外资银行、保险公司、证券公司、投资基金和农村信用联社。1996年以后，由于我国短期国债市场的不发达和同业拆借市场管理等因素，国债回购市场成为证券买卖的主要场所，并逐渐成为中国人民银行非常重要的调节货币数量的手段。

中国人民银行证券买卖的效果主要表现在以下方面。

① 达到调节基础货币供应，满足商业银行流动性需要，引导货币市场利率的操作目标。

② 初步形成通过公开市场业务进行货币政策传导的机制。定期向全国银行间同业拆借市场成员发布公开市场业务债券交易利率、价格等信息；鼓励一级交易商在银行间同业市场代理中小金融机构融通资金。货币市场利率特别是债券回购利率灵敏地反映商业银行流动性和中国人民银行的政策。一级交易商也通过参与公开市场业务强化了经营意识，加强内部资金管理，对货币政策信号反应灵敏。

③ 配合财政政策，减少财政政策的挤出效应。

④ 推动银行间债券市场的发展，增加债券的流动性，降低债券的发行成本。

4. 储备资产业务

国际储备有四种形式，即黄金、外汇、特别提款权和在国际货币基金组织的份额。一般来说，特别提款权和在国际货币基金组织的份额都是分配的，在一定时期内比较稳定。持有黄金，既不如外汇资产可获得经营收入，又要支出保管费用。在金本位制崩溃以后，虽然由于黄金的天然属性，使其一直在国际储备中占有一席之地，但是重要性已经大大降低。我国国际储备中的黄金在1980年以后一直保持在1 267万盎司，约合256亿元。黄金在外汇储备中的比例还不到2%。我国现在公布的黄金储备是1 054吨，在世界上排名第五。但按最保守的估计，中国民间现在积累的黄金要大大超过3 000吨。

我国政府增持黄金受到了以下限制：第一，黄金实际上不可能成为我国外汇储备投资的主要渠道，即便是把它加倍，黄金占储备的比例也不过是从百分之一点几提高到了百分之二点几；第二，如果我国大规模购金，肯定会推高全世界的金价，而中国的金价是和世界接轨的。过去30年黄金的价格大起大落，作为投资，收益率不高，是否增持黄金储备应当慎重考虑。因此，我国中央银行储备资产业务主要表现在对外汇储备资产的管理方面。

1992年以前，我国对外汇储备资产的统计口径比较宽，将中国银行的外汇资产也列入国家储备资产。1993年以后，我国储备资产已不包括中国银行的外汇资产。

表6-5 1953—2009年外汇储备资产的统计 单位：亿美元

年末	外汇储备	年末	外汇储备	年末	外汇储备
1953	0.90	1972	0.236	1991	217.12
1954	0.88	1973	−0.81	1992	194.43
1955	1.80	1974	0.0	1993	211.99
1956	1.17	1975	1.83	1994	516.20
1957	1.23	1976	5.81	1995	735.97
1958	0.7	1977	9.52	1996	1 050.49
1959	1.05	1978	1.67	1997	1 398.90
1960	0.46	1979	8.40	1998	1 449.59
1961	0.89	1980	−12.96	1999	1 546.75
1962	0.81	1981	27.08	2000	1 655.74
1963	1.19	1982	69.86	2001	2 121.65
1964	1.66	1983	89.01	2002	2 864.07
1965	1.05	1984	82.20	2003	4 032.5
1966	2.11	1985	26.44	2004	6 099.3
1967	2.15	1986	20.72	2005	8 188.7
1968	2.46	1987	29.23	2006	1 066.34
1969	4.83	1988	33.72	2007	15 282.49
1970	0.88	1989	55.50	2008	19 460.30
1971	0.37	1990	110.93	2009	23 991.52

5. 中国的国际储备管理

国际储备主要由金银储备、外汇储备、特别提款权及在国际货币基金组织的储备头寸四项构成。由于在一定时期内,金银储备、特别提款权、储备头寸都是相对固定的,因此对国际储备的管理主要体现在一国中央银行对外汇储备的管理上。

中国的外汇储备管理在 1983 年至 1993 年包括两方面,即国家外汇库存和中国银行营运外汇。从 1993 年起,经国务院批准,国家外汇储备管理不再包括中国银行的外汇结存,其范围只有国家外汇实际库存。

1) 中国人民银行集中管理外汇储备的体系

从 1994 年起,中国人民银行直接在外汇市场上吞吐外汇,购买了大量的外汇储备资产。国家外汇管理局负责经营和管理外汇储备,实施外汇储备的市场运作。

国家外汇储备职能发生变化,由过去单一地从事经常项下和部分资本项下的日常支付,发展到对平抑人民币汇率单方面起重要作用。同时中国人民银行直接经营外汇储备,同时对部分储备资产进行委托管理。

2) 中国外汇储备经营管理的目标

(1) 中国外汇储备管理的原则

"安全性,流动性,盈利性"是中国外汇储备经营管理的原则。在这一原则指导下,国家外汇管理局根据我国国民经济发展的客观需要和对外经济发展的具体情况统一安排外汇储备资产,调整外汇资产的结构,已取得明显效果。

(2) 中国外汇储备经营管理的战略目标

① 采用科学的管理和经营手段,保证人民银行调整外汇供求、平衡外汇市场等宏观调控的顺利进行。

② 加强风险防范,确保资金安全,保证资金的及时调拨和运用。

③ 建立科学的储备资产结构,提高储备经营水平,增加资产回报。

④ 合理安排投资,有重点地支持国内建设项目。

3) 建立适合中国国情的外汇储备管理模式

为实现中国外汇储备经营管理的战略目标,必须从中国国情出发,吸收国外的先进经验,建立适合中国国情的外汇储备经营管理模式。

(1) 建立风险管理制度

在外汇储备经营中,要注意规避三种风险:一是主权风险;二是商业信用风险;三是市场风险。

为规避上述风险,就必须建立严密的风险管理制度,可以从以下几点考虑。

① 针对主权风险,要尽量多持有一些硬通货,如美元、英镑、欧元等。

② 针对商业信用风险,主要应选择发达国家 A 级以上的跨国银行和国际清算银行做代理行,投资于国际市场 AA 级以上的利息工具。

③ 为防范市场风险,一是要使币种多元化,以分散风险;二是要合理安排资产结构,

以确保流动性；三是要正确确定外汇储备的期限结构；四是要参照国际上通用的指数建立我国储备资产的基准结构，用以衡量经济效益。

（2）采用科学的风险控制手段

在外汇储备经营管理过程中，利用先进的计算机系统控制经营风险，控制总体风险和分项投资的风险，控制自身风险和交易对手风险，控制交易、清算及结算各环节中的风险，确保外汇资产的安全。

（3）划分外汇储备为经常性储备和战略性储备

这样划分的好处是：既可以保证对外支付，维护人民币汇率的稳定，又可以提高外汇储备资产的收益性。其具体做法是：经常性储备在经营方式上采取短期运用和投资，主要是为了维护人民币汇率的稳定，保证对外支付；战略性储备应用于满足国家较长期限的资金支付和提高储备资产的收益性，用于中长期投资和运用。但在划分时应注意以下两点。

① 要合理确定两者的比例，切忌占用经常性储备，要在保证经常性储备充足的情况下安排战略性储备。

② 战略性储备的运用要建立严格的审批制度，不可轻易动用，投资回收后应将所投资金退还于储备资产。

4）我国外汇储备的规模管理

确定一个国家合理的外汇储备规模，主要考虑国际收支的影响。国际上通常认为外汇储备达到 3～4 个月的进口额或者外债余额的 30% 是比较合理的。如果低于这个水准，可能难以完成弥补国际收支差额的职能；如果高于这个水准，则表示该国没有充分利用现有的资源。由于我国还对资本项目的资本流动实行限制，所以我国在确定外汇储备资产规模时，不仅要考虑进口数量和外债余额，还要充分考虑实现人民币可兑换以后国际资本的流出入对国际收支影响的因素。

5）我国外汇储备的经营管理原则

与其他金融资产的经营管理一样，外汇储备资产的经营也必须遵循安全性、流动性和收益性的原则。同时，也必须考虑到外汇储备资产的特殊性，灵活运用"三性"原则。

第一，建立严密的风险管理制度。与国内金融资产的风险管理不同，外汇储备资产的经营还要考虑所持外汇资产所在国的官方和民间由于政治原因不能兑付的"主权风险"，并且根据国民经济发展的实际需要和对外经济关系的密切程度、进出口和债务的币种结构，综合考虑国际金融市场的变化，选择相应国家的外汇资产。

第二，由于持有外汇储备资产的主要目的是平衡国际收支和维持汇率的稳定，因此在经营中应首先考虑安全性，根据所持币种情况，投资于高信用等级的金融工具。

第三，在保证安全的前提下，也要注意防范市场风险，合理安排资产的期限结构和币种结构，以分散风险。

第四，根据我国的国情，建立外汇储备资产经营模式。可以参考商业银行一线准备和二线准备的做法，将外汇储备资产分成两部分：一部分作为战略储备，不轻易动用，投资于较长期的高信用等级的金融工具，满足国家较长期的需求；另一部分作为日常储备，用于干预外汇市场、稳定汇率、保持必要的国际支付能力。

本 章 小 结

中央银行的资产业务可以分为三大类：再贴现和贷款业务、证券买卖业务、黄金外汇储备业务。

中央银行再贴现业务也就是中央银行通过再贴现向商业银行提供资金融通的业务。贷款业务是中央银行行使"最后贷款人"的职责，向银行和非银行金融机构的再贷款的业务。再贴现和贷款业务的重要性体现在：再贴现利率是中央银行调控货币供应量的重要工具，为商业银行办理再贴现和贷款是提供基础货币的重要渠道，向商业银行等金融机构提供资金融通是履行"最后贷款人"职能的具体手段。

中央银行在公开市场上买卖的证券主要是政府债券、国库券及其他市场性非常高的有价证券。中央银行持有证券和买卖证券的目的不在于营利，而是为了调节和控制货币供应量，进而影响整个国民经济，是中央银行宏观调控的手段。中央银行在公开市场上买进证券就是直接投放了基础货币，而卖出证券则是直接回笼了基础货币。

中央银行保管金银外汇储备是为了稳定币值、稳定汇价和调节国际收支。国际储备主要用于国际支付。国际储备是指一国货币当局持有的为弥补国际收支赤字，维持本国货币汇率稳定及进行国际支付的国际间可以接受的一切资产。由四部分构成：货币性黄金、外汇储备、IMF中该国的储备头寸（普通提款权）、IMF给该国的特别提款权（SDR）。中央银行的黄金外汇储备资产要求具有安全性、收益性和灵活兑现性。

关 键 词

中央银行资产业务　再贴现　再贷款　证券买卖业务　正回购　逆回购　货币性黄金
国际储备　外汇储备

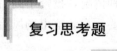

复习思考题

1. 中央银行的再贴现业务和贷款业务有何区别？

2. 试比较中央银行证券买卖业务与贷款业务的异同。
3. 我国是否应该进一步增加黄金储备？
4. 我国的外汇储备是否过多？
5. 我国的外汇储备结构是否合理？
6. 外汇储备资产的经营如何满足安全性、流动性和收益性三个原则？

第7章

中央银行的支付清算业务

7.1 中央银行支付清算业务的产生与发展

电子支付是计算机技术应用于金融领域的一项重要成果，能促进消费观念更新，有利于提高消费率，进而促进经济增长。对于银行业来说，电子支付也是降低成本、增加收益、争揽客户、提高核心竞争力的有效手段。

据统计，传统实体银行网每笔交易费用为 1.97 美元，电话银行为 0.45 美元，自动银行为 0.27 美元，网上银行则为 0.01 美元。例如，中国招商银行借助电子支付，6 年来保证了连续多年高达 16%～30% 的综合成长率。

1. 中央银行支付清算服务的含义

商品交易、劳务供应、金融活动和消费行为都会引起债权债务关系，债权债务关系的清偿通常通过货币所有权的转移进行，货币资金收入和支付的行为一般称作结算。按照结算手段，结算可分为现金结算和转账结算。现金结算具有强制性和结算随现金转移同时完成的两个特点，因此是可在任何情况下用作结算的最基本结算手段。

但是，现金的运输保管既花费时间和费用，还面临遭受遗失、偷盗等损失的风险。因此，现金结算往往作为小额结算手段被广泛使用。由于现金结算的上述缺点，出现了支票票据、汇票、转账信用卡等结算工具，用于办理企业之间的结算、异城清算、公用事业费的支付、工资发放及商品购买等。这种通过转账进行的结算也称为非现金结算。

由于债权债务关系的当事人往往并不在同一个银行开设账户，所以转账结算需要通过银行间的账户设置和一定的结算方式实现各种经济行为引发的债权债务清偿和资金划转。银行在其自身的经营行为中也需要与其他金融机构发生业务往来，由此产生的大量债权债务关系需要进行清偿，这个清偿活动被称为"清算"。尽管清算可以通过金融机构之间建立双边清算协议实现，但随着金融机构相互间关系的复杂化，依靠双边清算关系已经难以完成愈益复杂的清算职能，出现了专门提供清算服务的组织和支付系统。支付清算系统顺利运转、债权债务关系得到及时清算是商品交易、劳务供应、金融活动和消费行为顺利进行的保证，而由私人机构提供支付清算服务并不能保证系统总是顺利运转。

中央银行作为金融机构在其资产负债业务进行中也必然发生与其业务对象之间债权债务关系的清算。同时，由于中央银行非营利性质和垄断货币发行的特殊地位，因此中央银行不存在信用风险和流动风险，并接受商业银行的法定存款准备金。金融机构都愿意在中央银行开设账户，从而为金融机构间的清算创造了便利。

中央银行支付清算业务是指中央银行作为一国支付清算体系的参与者和管理者，通过一定的方式和途径使金融机构之间的债权债务清偿及资金转移顺利完成并维护支付系统的平稳运行，从而保证经济活动和社会生活的正常进行。

中央银行支付清算业务包括清算机构、支付系统和清算制度。

2. 中央银行的支付清算体系构成

中央银行支付清算体系的构成包括清算机构、支付系统和支付清算制度。

（1）清算机构

清算机构是为金融机构提供资金清算服务的中介组织，在支付清算体系中占有重要位置。票据交换所是最典型和传统的清算机构，此外还可以采取清算中心和清算协会等组织形式。从经营形态来看，清算机构既有私营的，也有政府主办的。从业务的地域范围来看，既有全国性的，也有地区性的，甚至还有国际性的。清算机构一般实行会员制，会员必须遵守组织章程和操作规则，缴纳会费。在很多国家，中央银行也作为会员，参加清算机构，直接参与清算活动。一般来说，清算机构通常同时经营支付系统。

（2）支付系统

支付系统是由提供支付清算服务的中介机构和实现支付指令传送及资金清算的专业技术手段共同组成的，其职能是实现债权债务清偿及资金转移。由于债权债务清偿及资金转移关系到经济活动能否顺利进行，因此支付系统的任务是快速、有序、安全地实现货币所有权在经济活动参与者之间的转移。

同时，支付系统运行关系到货币政策的实施，对稳定货币、稳定金融与稳定市场具有至关重要的影响。因此，第一，为了防止由于各种突发事件对支付系统造成的风险，各国中央银行对支付系统的建立和运行过程实行监督，如对私营清算机构的开业进行审批、对操作规程进行审核等。第二，中央银行直接拥有和经营大额支付系统，以保障支付的安全性。

（3）支付清算制度

支付清算制度是关于结算活动的规章政策、操作程序、实施范围等的规定和安排。中央银行作为货币当局，有义务根据国家经济发展状况、金融体系构成、金融基础设施及银行业务能力等，与有关部门共同规定支付清算制度。特别是金融机构之间为办理客户委托业务和为自身的债权债务清偿而进行资金划转的同业清算业务已经在社会支付清算业务中占据极大的部分。因此，同业间一旦出现清算障碍将酿成灾难，将危及金融稳定。各国中央银行应对同业间清算的制度建设、系统设计、操作规则等予以高度重视，并赋予中央银行管理监督的职权。很多国家中央银行不仅制定同业间清算制度、设计支付系统结构和运行模式、审核支付系统操作规则，还直接提供清算服务。

3. 支付清算的方式

支付系统可分为小额支付系统和大额支付系统。小额支付系统的服务对象是个人、小企业。大额支付系统是一种先进的电子资金转移系统，服务对象是商业银行、金融市场经纪商和交易商。根据对转账资金的不同处理方式，支付系统可分为差额清算系统和全额清算系统两种形式。差额清算是指支付系统只对金融机构的经结算头寸（即一定时点上收到的转账金额总数减去发出的转账金额总数的净余额）通过中央银行进行划转实现清算。这样，由于差额清算通常是在营业日结束时进行，参加结算的净债权银行实际上是向净债务银行提供了日间信贷，从而产生了信用风险和流动性风险的隐患。而全额清算是指对各金融机构的每笔转账业务进行——对应结算，而不仅仅是在制定时点上进行总的借、贷方差额结算。其中的实时（连续）全额清算在营业日内的系统运行期间的任何时刻都可进行，支付指令随时发送、随时处理，资金转账指令处理和资金清算同步、持续进行，信用风险和流动性风险降低到了最低程度。

目前，最有名的大额支付系统是联邦电子资金划拨系统（FEDWIRE）、纽约清算所同业银行支付系统（CHIPS）、英国清算所自动支付系统（CHAPS）、日本银行清算网络（BOJ - NET）、瑞士同业银行清算系统（SIC）等。

美国不仅拥有世界上最大的证券交易所，而且拥有全球四大证券托管组织之一的全美托管清算公司（DTCC）；同时还拥有全球最大的私营支付系统——纽约清算所银行间支付系统（CHIPS），为来自全球21个国家95家会员银行提供美元实时全额结算服务。另外，纽约联邦储备银行管理运行着美元结算最主要的实时全额支付系统——联邦电子资金转账系统（FEDWIRE）。据国际清算银行2007年统计，FEDWIRE系统处理支付业务额达671万亿美元，占主要国家和地区实时全额支付系统的21%；CHIPS系统处理支付业务额达486万亿美元，占主要国家和地区实时全额支付系统的19%，占美元跨境清算总额的95%以上。

与此类似，英国不仅拥有全球最大的外汇交易市场，而且拥有全球最大的多币种支付系统——持续连接结算系统（CLS），提供着17种货币的跨境支付结算服务。英国还拥有国际上著名的服务于金融市场交易的独立运作清算所——伦敦清算所（LCH. Clearnet），提供清算服务的领域包括证券、衍生品等各类交易，服务对象既包括卢森堡股票交易所、伦敦股票交易所、伦敦国际金融期货交易所、伦敦金属交易所、香港联交所、新加坡交易所等数十家交易所，也包括全球的场外交易市场。2009 年年初伦敦清算所（LCH. Clearnet）宣布与全美托管清算公司（DTCC）的合并计划，伦敦金融市场清算服务的国际竞争能力有望得到进一步提升。另外，英格兰银行授权英国支付清算服务协会（APACS）运行实时全额支付系统 CHAPS。据国际清算银行 2007 年统计，CHAPS 系统处理支付业务额约 200 万亿美元，在主要国家和地区实时全额支付系统中仅次于美国、德国和日本。

大额支付系统根据系统的提供者、结算的方式、时间上是连续或间隔及透支安排可区分为以下 4 种不同的模式。

（1）中央银行全额、连续、无透支系统

这种系统的典型代表是瑞士同业银行清算系统（SIC）。SIC 从 1989 年运行，有 160 多家银行在瑞士国民银行开设清算账户。这种系统的特点是不为商业银行提供透支便利，如果付款银行发出付款指令时清算账户余额不足，则支付命令无法执行，命令成为等待执行状态，等到资金从别的银行转入清算账户余额充足时，命令才被激活。等待执行的命令按时间顺序排列，命令的执行按时间顺序进行，但银行可以设置优先命令优先执行，银行也可以取消一些等待命令使后面的命令提前执行。如果在一个营业周期结束时命令仍处于等待状态，则该命令将自动取消，银行须第二天再次提交命令。

（2）中央银行全额、连续、有限透支系统

这种系统的典型代表是美国联邦电子资金划拨系统（FEDWIRE）。和 SIC 一样，这种系统的特点是全额、连续的贷记支付系统，资金的转移是无条件不可撤回的，区别在于联储根据银行的一级资产来匡算该银行的最大透支额。支付命令发生时如果商业银行的账户余额不足，只要支付金额在透支额限度内，联储自动提供信贷使支付命令得以执行；如果支付金额超过最大透支额，支付命令或被拒绝或进入等待状态。银行的账户余额在一个营业周期结束时一定要轧平，如果为负数，意味着当天其他银行均不愿向该银行提供资金，该银行必须求助于中央银行的贴现窗口，用中央银行的信贷来轧平头寸。中央银行的贴现利率一般高于当天同业拆放利率，是一种惩罚性利率。

（3）中央银行定时、差额结算系统

这种系统的典型代表是日本银行清算网络（BOJ‐NET）。这种系统的特点是同时包含 SIC 的全额、连续、无透支系统和 BOJ‐NET 的定时、差额结算系统，又以后者的处理量大。这种系统在一个营业周期指定四个命令处理时间（上午 9 时，下午 1 时、3 时、5 时），在两个时间内对收到的支付命令进行差额计算，并在指定时间对差额资金进行划拨，划拨是以全额方式进行。对在指定时间银行账户资金不足，命令会被自动拒绝，且不允许进入等待状态。

（4）私营多方差额清算系统

这种系统的典型代表是纽约清算所同业银行支付系统（CHIPS）。这种系统的特点是把参加系统的用户划分为清算用户和非清算用户，只有清算用户才能直接使用系统进行资金转移，非清算用户要通过委托清算用户代理进行。

作为银行的银行，现代中央银行负有组织全国银行间清算的职责。中央银行组织全国银行清算分同城（或同地区）和异地两大类，其中同城（或同地区）的资金清算主要通过票据交换所进行。随着金融衍生产品市场的发展及各国对外经济交往的扩大，中央银行支付清算又包含了为金融衍生工具及跨国支付提供服务的内容。

7.2 中央银行的支付清算运行

1. 中央银行支付清算运作的基本原理

中央银行提供支付清算服务的方式与范围在各国并不相同，但运作原理基本一致，一般都由中央银行组织设计、建立并制定整体支付清算系统的操作规程。有些国家的中央银行直接作为清算机构的参与者，而另一些国家则单独设立国家清算总中心和地区分中心，中央银行以服务提供者和管理者的双重身份参与其中。

中央银行为银行间提供支付清算运作的依据是各银行都在中央银行设立账户（存款账户或清算账户）。有些国家允许法定存款准备金可以用于同业支付，故而中央银行就拥有了国家最终清算权威机构的特殊地位。金融机构之间的债权债务关系和应收应付款项，通过其各自在中央银行账户的转账划拨即可实现清偿。

参与清算的银行，其资金来源除了中央银行的存款外，还有一部分是在一定范围内通过货币市场或向中央银行介入的临时性贷款。中央银行通常对参与清算银行的流动性管理有所要求，以保证银行间同业清算持续、有序地进行。中央银行通过组织全国清算，一方面为各家银行提供服务，提高了资金效率，另一方面有利于中央银行加强对商业银行等金融机构的资金情况和全国金融情况的了解，从而有助于中央银行履行监督、管理职能。

1）票据交换所的工作原理

根据票据交换理论，在多家银行参加票据交换和清算的情况下，各行应收差额的总和一定等于各行应付差额的总和，即任何一家银行的应收款项，一定是其他银行的应付款项；任何一家银行的应付款项，一定是其他银行的应收款项；各银行应收差额的总和，一定等于各银行的应付差额总和。表7-1说明了这一原理。

表7-1 票据交换所工作原理 单位：元

	A	B	C	D	应收总额	应付净额
A	—	20	10	40	70	—
B	30	—	50	20	100	20
C	20	80	—	10	110	—

续表

	A	B	C	D	应收总额	应付净额
D	10	20	40	—	70	—
应付总额	60	120	100	70	350	*
应收净额	10	—	10	—	*	20

表 7-1 中，A 银行对 B 银行应收 20 元，应付 30 元；对 C 银行应收 10 元，应付 20 元；对 D 银行应收 40 元，应付 10 元；应收应付轧差，该行应收 10 元。以此类推，B 银行应付 20 元，C 银行应收 10 元，D 银行应收应付平衡。因此，只要把 A 银行和 C 银行应收 20 元与 B 银行应付 20 元结清后，应收应付各 350 元即可全部结清，可见，票据交换所节省了人力、物力和资金。

2）异地跨行清算的原理

付款人向自己的往来银行发出支付通知，往来银行作为汇出银行向当地中央银行的分支机构发出支付命令，中央银行的分支机构将往来银行账户上的资金扣除，然后通过清算中心向汇入银行所在地的中央银行的分支机构发出向汇入银行支付的命令，汇入银行所在地中央银行的分支机构收到信息后，向汇入银行发出支付通知的同时将资金划入银行的账户，最后由汇入银行向收付人发出到账通知。

3）跨国清算的基本原理

当国外的付款人需要向国内的收款人支付一笔款项，首先付款人向往来银行发出向收款人的支付请求，往来银行接手后向收款人所在的国内代理行发出委托请求，代理行接受委托后，将国外往来银行账户内的资金扣除，并向跨国清算系统发出向收款人的往来银行的支付通知；跨国清算系统核对后要求中央银行将代理行账户内的资金划到收款人往来银行账户，到账后收款人往来银行将资金划入收款人的账户同时向收款人发出到账通知。

2. 中央银行支付清算服务的主要内容

1）组织票据交换清算

同城（同地区）银行间的资金清算，主要通过票据交换所进行。根据票据交换理论，在多家银行参加票据交换和清算的情况下，各行应收差额的总和一定等于各行应付差额的总和。票据交换所在有些国家是由各银行联合举办的，在有些国家是由中央银行直接主办的。无论哪种情况，票据交换的应收应付款最后都得通过各银行或清算机构在中央银行的账户完成差额清算。20 世纪 70 年代美国率先利用电子化和自动化技术实现了支票的自动交换，极大地提高了清算效率。我国目前也基本实现了同城票据交换的电子化。

2）办理异地跨行清算

异地银行之间远距离的资金划拨都由中央银行统一办理。由于各国使用的票据和银行组织方式不同，异地资金划拨的具体清算做法也不一样，一般有两种类型：一种是先由各商业银行等金融机构通过内部联行系统划转，最后由它们的总行通过中央银行办理转账清算；

另一种是直接把异地票据集中送到中央银行总行办理轧差转账。例如，日本中央银行只对民间银行总行进行票据清算，而比利时中央银行则为参加全国清算中心的成员都提供差额清算。

3）提供跨国支付清算服务

随着国际贸易、投资和民间往来的增多，国际间的资金转移和债权债务清偿业务量迅速扩大。中央银行除为本国经济与金融活动提供支付清算服务外，在国家的对外支付结算和跨国支付系统的网络建设中也发挥着十分重要的作用。

4）为私营清算机构提供差额清算服务

在有些国家，存在着多种形式的私营清算组织，它们拥有支付网络系统，为经济交易和消费活动提供不同形式的支付结算服务。为了实现清算机构参加者间的差额头寸清算，很多清算机构乐于利用中央银行提供的差额清算服务，中央银行通过对相关清算各方的账户进行资金划拨而完成最终清算。如美国1980年的《货币管理法》中规定，联储机构对各存款机构的清算服务收取一定费用，由此促进了私营清算机构的发展，起到了鼓励公司行业竞争、节约使用结算设施、提高结算效率的目的。

5）提供证券和金融衍生工具交易清算服务

在许多发达国家，由于证券和金融衍生工具交易不同于一般经济活动的债权债务清算，为其提供结算服务的支付系统是专门设立的。尤其是涉及中央银行公开市场操作效果的政府证券，更是备受中央银行的关注，有些中央银行甚至直接参与其支付清算活动。

3. 支付清算系统的种类

1）支付清算系统的种类

根据系统的结算方式是全额还是差额、时间上是连续还是间隔、系统的提供者是中央银行或私营清算所，以及有无与如何做出透支安排，可以分为以下几种。

① 全额结算系统（Real Time Gross Settlement）。系统对资金的结算逐笔进行，不在借记和贷记之间轧差。

② 净额结算系统（Netting）。系统在双边或多边基础上进行计算，用一个账户到某一时点以前收到的转账金额之和减去它发出的转账金额之和得到净额头寸。

③ 定时结算系统。结算在事先规定的时点进行，最终结算发生在营业日内一个或多个相互不连续的时点。

④ 实时结算系统。结算连续不断的进行，在营业日连续实现最终结算。

2）实时全额清算系统（RTGS）的种类

实时全额清算系统设计了4种支付信息发送和资金清算流程，各种流程对支付间隔的长度及支付风险控制有不同的影响。

（1）V型结构

付款行先将完整的支付信息传送到中央银行，中央银行完成资金汇划清算后，再将完整的支付信息发送到收款行，如图7-1所示。

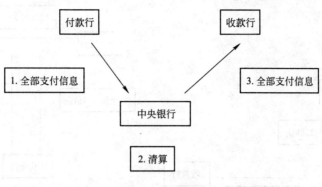

图7-1 V型结构

（2）Y型结构

与V型结构不同的是，Y型结构清算流程在信息传送的渠道中存在中央处理器这样一个中间环节，如图7-2所示。中央银行收到信息后，需确认付款行账户上有无足够的资金用于支付。如果资金充足，则当即进行清算。有些国家的中央银行可对其提供不超过一个交易日的日内透支。

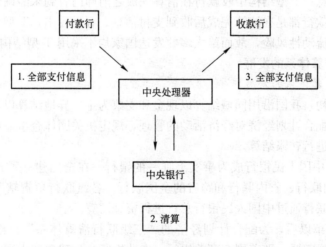

图7-2 Y型结构

（3）L型结构

付款行向中央银行传递完整的支付信息，用户核实付款行账户上的资金并作出清算或排队等决定后，向付款行传回信息，再由付款行将其传至收款行，如7-3所示。

（4）T型结构

付款行同时向收款行和中央银行发送支付信息，收款行先收到未经清算的支付信息，其后才可能收到中央银行发出的证实信息，如图7-4所示。

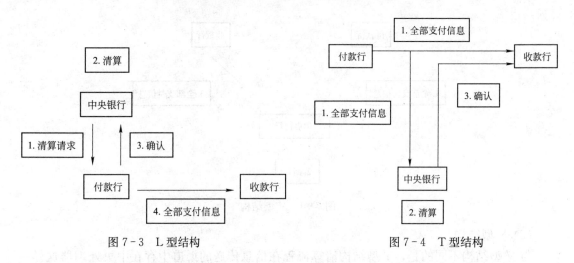

图 7-3 L 型结构   图 7-4 T 型结构

以上四种 RTGS 系统的运行流程中，V 型和 Y 型结构中所有的支付信息线传送到中央银行和中央处理器，待清算完成后再由其将清算已完成的信息送至收款行，其中 V 型结构中的中央银行兼具支付信息传送和资金清算两项职能；L 型结构中，中央银行只负责清算，不传递有关支付信息；T 型结构中收款行在清算完成之前即已收到未经确认的支付信息，而其他 3 种结构中收款行都是在清算完成后收到支付信息。容易看出，T 型结构中的支付间隔易产生信用风险和流动性风险，故而绝大多数发达国家均不采用 T 型结构。

4. 中国支付清算体系的发展

1）我国支付清算体系的发展

新中国成立之初，我国沿用同城结算以现金和支票为主、异地结算以汇兑为主的传统结算方法。以后为了配合计划经济对经济活动的管理，规定机关团体企事业单位除了小额交易外，一律通过银行进行转账结算。

1953 年，随着中国人民银行成为事实上唯一的银行，在全国建立了"三级联行清算体系"，即县（市）内联行、省内联行和跨省的全国联行。各级联行负责辖区内金融机构之间的资金清算，全国联行通过中国人民银行总行进行资金清算。

1978 年开始改革以后，为配合计划经济的"三级联行清算体系"已经不能适应向市场经济转变的改革发展需要。随着国有商业银行（专业银行）的建立和中国人民银行专司中央银行职能，1985 年进行了将中国人民银行资金与国有商业银行资金分开管理的改革，中国人民银行主办的"三级联行清算体系"改为各国有商业银行自行的联行体系和跨行直接通汇清算。

1991 年我国开始规划建设中国现代化支付系统 CNAPS（China National Advanced Payment System），1996 年开始动工建设。该系统涉及中国人民银行清算总公司和各家商业银行、政策银行、股份制银行、外资银行及其他金融机构，覆盖全国 324 个城市处理中心，预计达到 8 964 个商业银行网点。采用大额实时、小额批量的处理模式，主要用于解决各家商业银行间的跨行资金支付清算及结算问题，包括中国人民银行统一运行管理的大额支付系统 HVPS、中国人民银行和商业银行及其他金融机构共建共有共用的小额批量处理系统 BEPS、中央银行账户管理系统 SAPS、支付银行卡授信系统 BCAS、政府债券簿记系统 GSES、同城票据交换所 LCH 和金融管理信息传输服务 FITS。

2）我国支付系统的总体结构

中央银行和商业银行是支付服务的主要提供者。银行体系包括四家国有独资商业银行、十几家小型商业银行、数目众多的城市信用合作社和农村信用合作社（信用合作社正在合并成为商业银行）、合资银行及外国银行的分行和办事机构。三家政策性银行也提供某些支付服务。

四大国有商业银行都已经建立起各自系统内的全国电子资金汇兑系统，大约三分之二异地支付交易是通过这些系统进行清算的。

中国人民银行运行着三个跨行支付系统，它们是：2 000 多家同城清算所、全国手工联行系统和全国电子联行系统。中央银行运行的支付系统主要处理跨行（包括同城和异地）支付交易和商业银行系统内大额支付业务。中央银行的支付系统为一些没有自己系统内支付网络的小型银行提供支付服务，使它们能够不依赖于其竞争者为其提供类似服务。

参照发达国家的经验，一个国家的支付体系由商业银行内支付系统和跨行资金转账系统组成。对于前者，系统的参与者是广大客户（包括企业和个人）；对于后者，系统的直接参与者是商业银行和其他在中央银行开设账户的金融机构（如证券公司等）。

中国人民银行对各商业银行的管理方式有着自己明显的特点，就是中国人民银行的分支行直接管理自己辖区内的各商业银行的分支机构。商业银行是以分/支行为单位与中央银行进行支付结算的，因此跨行系统实际上是跨分行的系统。即使对于各商业银行的手工三级联行或电子资金汇兑系统中，最终余额还是要跟中国人民银行进行结算。从账户管理方式来看，跨分/支行的支付实际上应属跨行支付，中央银行为这些中央银行账户持有者提供支付结算服务，显然责无旁贷；而另一方面这些分/支行又冠之以某某银行，它们之间的支付交易似乎又属于行内。

3）中国人民银行在支付清算系统中的作用

支付系统建设中，中央银行如何发挥其作用就成了必须解决的一个重要问题。一方面，关于中央银行在国家支付系统中的地位与作用并没有成熟的、达成共识的理论依据；另一方面，发达国家中央银行在本国支付系统扮演的角色又千差万别，相距甚远。中国只能从总体上借鉴国际上的经验，结合中国国情摸索出自己的途径。

因此，中国人民银行在国家支付系统中的作用应该包括：制定支付系统政策；运行支付系统为金融机构提供支付服务；监督支付系统的运行。

在政策方面，应该包括规划中国现代化支付系统的总体结构、制定必要的法律、法规和技术标准，特别是与支付系统风险管理和保障系统安全相关的政策。

在运行方面，中国人民银行目前运行着现有的 2 500 家同城清算所和全国电子联行系统，在即将实施的 CNAPS 项目中，中国人民银行应该拥有和运行大额跨行资金转账系统。

在电子批量支付系统和银行卡联机零售支付系统方面，中央银行则应该起组织和协调各商业银行的作用。

中央银行对小额支付系统的影响应该通过参加制定政策间接地实现，而不应过多地直接参与系统的运行。

对支付系统（如商业银行内的电子资金汇兑系统等）的监督可以通过监督清算机构（指中央银行以外的支付系统）及清算机构的参与者来进行。

7.3　中央银行在跨国支付清算中的作用

1. 跨国交往与跨国支付清算

中央银行不仅为国内经济和金融活动提供支付清算服务，在对外支付结算和跨国支付系统中也发挥着重要作用。

所谓国际结算，就是按照一定的规则、程序并借助结算工具和清算系统，清偿国际间债权债务和实现资金跨国转移的行为。国际结算的基本任务就是通过各种货币之间的兑付和转账划拨，实现国际间债权债务的清偿和资金的正常流动。

随着国际间经济、贸易、投资和民间往来的增多，跨国支付清算业务量迅速扩大。如图 7-5 所示，往来银行 A 向代理银行 B 发出的委托请求是一笔巨大的数目，反过来 B 银行也有大量的业务委托银行 A 代理。因此，为了提高跨国支付系统的运行能力和效率，欧美的大银行于 1973 年开发了 SWIFT（The Society for Worldwide Interbank Financial Telecommunication）系统。

由于 SWIFT 的参加者遍布全球数千家金融机构，可以为用户提供及时的支付清算服务，因此 SWIFT 成为各国非常普遍使用的跨国支付清算系统。系统的现代化保证了跨国支付清算业务的大量和及时处理成为可能，国际间资金流动顺利进行，债权债务按期偿清，货币收付及时实现，从而保证了各国对外交往正常开展及国际社会的正常运转。同样，跨国支付清算最终也还是要通过银行包括代理行之间的资金划转来进行，同时中央银行还负有对资金在国内外流动的监督等责任，因此中央银行在跨国支付清算中担任着重要角色。

跨国清算的基本原理如图 7-5 所示。例如，国外的付款人甲需要向国内的受付人乙支付一笔款项。首先，甲向往来银行 A 发出向乙的支付请求，A 接收后向乙所在国的国内代理银行 B 发出委托请求；代理银行 B 接受委托后，将 A 账户内的资金扣除，并向跨国清算系统发出向受付人的往来银行 C 的支付通知；跨国清算系统核对后要求中央银行将银行 B 账户内的资金划到银行 C 账户，到账以后，银行 C 将资金划入乙的账户同时向乙发出到账通知。

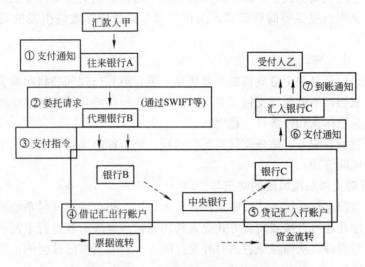

图 7 - 5　跨国清算的基本原理

2. 跨国支付清算的重要性

中央银行支付清算业务具有重要意义。

（1）支付清算系统是经济和社会生活正常运转的重要保障

由于存款货币银行都在中央银行开设账户，为各银行之间应收应付款项通过中央银行进行资金划转提供了便利。同城、异地和跨国交易产生的债权债务均可通过中央银行得以最终清偿，从而实现全社会范围内各种错综复杂的经济社会联系和资金交流，促进资源优化配置、提高劳动生产率、保证经济健康发展和社会生活正常进行。

（2）对货币政策实施具有重要影响

第一，中央银行通过提供清算服务，掌握全社会的金融状况和资金运动趋势，有助于正确制定货币政策增强货币政策实施效果。

第二，公开市场操作手段有效发挥作用的前提是灵活高效的清算体系。因为中央银行在公开市场买卖证券的目的并不是为了赚取价差，而是为了调节货币供应量，一旦买卖行为实施要求马上完成有关资金的收付，否则就会妨碍政策的效果，也会使中央银行难以对是否继续进行操作作出正确判断。

第三，灵活高效的清算体系有助于增强货币市场的流动性，从而使中央银行更直接准确地进行货币操作，操作信息更快速地传递至市场参与者，并快速反馈至中央银行，提高中央银行货币操作的效果。

第四，当清算过程中支付指令的传送和支付资金的清算转移不同步产生在途资金，将增加银行流动性管理的难度。中央银行可通过提供高效率的清算服务减少在途资金。

第五，中央银行在提供清算服务的同时，还往往提供透支便利，以维持清算系统的正常运作。当发生如金融机构倒闭、计算机故障或其他不可预测的突发事件导致的金融机构流动性风险时，由中央银行提供临时性信贷，防止"多米诺骨牌"效应引发的清算系统瘫痪的发生。

（3）与金融稳定有密切关系

清算系统是金融信息和金融危机的主要传播渠道，清算出现问题将影响公众信心甚至引发社会恐慌。一家银行不能履行支付义务很可能引发连锁违约，从而使整个清算系统发生阻滞或瘫痪，危及金融体系和经济社会稳定。

中央银行通过清算服务，监督支付系统的运行，防范控制风险。因此，中央银行非常重视对支付系统的风险管理。

3. 中央银行对支付系统风险的防范与管理

中央银行在跨国支付系统的建设中发挥着重大作用，担负着对支付系统风险的防范与管理职责，其方法往往通过直接或间接方式介入跨国支付清算或对其进行干预，并对跨国支付清算中的风险进行管理，从而保证各国对外交往的正常开展及国际社会的正常运转，采取相应的防范与控制措施。

支付系统的风险类型主要有：信用风险，是指支付一方拒绝或无法清偿时其他当事者蒙受损失；流动性风险，是指资金拖欠方不能按期履约支付，致使对方无法如期受到应收款项；系统风险，是指支付系统运行过程中因某一方由于没有履行偿债义务而导致其他用户无法履行偿债义务所造成的系统运行受阻；法律风险，是指涉及各国支付系统的法律规范及各国之间法规冲突而引起的风险；其他风险，是指由于遇突发事件、技术故障等因素而引起的风险。

针对这些风险，中央银行的防范与控制措施如下。

（1）对大额支付系统的透支进行限制

即对当日透支最大额度及一定时期的净借记头寸总量进行限制。若中央银行对大额支付系统透支过多，容易引发信用风险甚至引起系统风险。一旦透支者在规定时间内未能补足透支头寸，中央银行将蒙受损失。一些国家的中央银行不给清算方提供透支的便利，如日本银行的日银网络系统服务中，一旦发现支付命令发出者账户上没有足够的资金进行一笔实时的资金转账，该支付命令将自动拒绝支付。提供透支便利的中央银行也对透支有严格限制，如美联储对 FEDWIRE 系统用户的当日透支的限制性管理包括：规定最大透支额度、对每日平均透支金额收费、对经营不善或未遵守美联储风险管理政策的金融机构不予透支、超过最大透支额度需提供抵押担保等。

（2）对私营大额支付系统进行管理

一些发达国家，由私营机构拥有并经营一些重要的大额支付系统，这些系统的资金最终清算往往也是通过中央银行实现的。中央银行对这些私营的支付系统同样负有监管责任，要求它们必须建立风险防范与控制机制，采取具体措施保证各清算参加者的差额头寸能够在规定时间内完成清算。另外，中央银行还对私营大额支付系统的经营者及系统运行状况实行审计、监督，以及保证系统安全、有效地运行。

（3）对金融机构支付活动进行监督

中央银行对金融机构支付活动的监督一般是事后监督，为了保证结算服务的质量和效率，避免任何一个环节出现问题可能引发的支付系统风险，中央银行对银行的结算支付活动实施严格监督，通过制定结算制度、颁布结算办法等手段对结算实施严格监督，从而有效地维护结算秩序，保护广大银行与客户的合法权益。

（4）发展实时全额清算系统（RTGS）

根据对转账资金的不同处理方式，银行同业清算可通过差额清算系统和全额清算系统两种形式进行。差额清算是指支付系统只对金融机构的净结算头寸（即一定时点上收到的转账金额总数减去发出的转账金额总数的净余额）通过中央银行进行划转实现清算。这样，由于差额清算通常是在营业日结束时进行，参加结算的净债权银行实质上是向净债务银行提供了日间信贷，从而产生了信用风险和流动性风险的隐患。而全额清算是指对各金融机构的每笔转账业务进行一一对应结算，而不仅仅是在制定时点上进行总的借、贷方差额结算。其中的实时（连续）全额清算在营业日内系统运行期间的任何时刻都可进行，支付指令随时发送、随时处理，资金转账指令处理和资金清算同步、持续进行，信用风险和流动性风险降低到了最低程度。RTGS 系统的运行要求以现代通信技术为支持，美联储的 FEDWIRE、英国的 CHAPS 和欧洲中央银行都使用了 RTGS 系统，大大降低了支付系统的风险，但目前在发展中国家，RTGS 系统尚不普及。

（5）在跨国支付清算中发挥重要作用

中央银行作为政府的银行，负有代表国家发展对外金融关系、参与国际金融活动、管理官方储备、监督外汇收支和资本流动等重要职责，而国际结算又面临对方毁约、银行资信等信用风险和汇率利率波动等市场风险。因此，中央银行利用其特殊身份对国际结算活动施加影响，并直接或间接进行干预。

（6）记账证券交易的抵押规定

中央银行要求那些由于记账证券转移造成超过最大透支额的金融机构，对所有的证券转移透支提供担保，并对通过支付系统的二级市场证券转移规定最大限额，以减少证券交易商的累积头寸。证券交易商的累积头寸是造成记账证券转移的主要原因，如美国规定通过 FEDWIRE 的二级市场证券转移限额不超过 5 000 万美元。

（7）加强支付系统的现代化建设与改造

完备的硬软件设施和技术保障是防范支付系统风险的基础，中央银行通常直接干预国家主要支付系统的设计与运行，通过加强与科技部门的合作，提高支付系统的整体运行能力和安全系数。

此外，由于中央银行对清算机构的建立、规章制度及支付系统操作规则负有审批、管理和督促执行的责任，许多国家加强了支付清算领域的立法工作，希望通过法律手段强化对支付系统建设及运营的监督，解决金融科技广泛应用于支付系统所带来的法律问题。各国之间的法律建设还致力于解决跨国支付系统由于覆盖不同国家而引起的法律冲突。

本 章 小 结

中央银行支付清算业务是指中央银行作为一国支付清算体系的参与者和管理者，通过一定的方式和途径使金融机构之间的债权债务清偿及资金转移顺利完成并维护支付系统的平稳运行，从而保证经济活动和社会生活的正常进行。中央银行支付清算业务包括清算机构、支付系统和清算制度。

典型的清算机构有票据交换所、清算中心和清算协会等组织形式，清算机构一般同时经营支付系统。根据系统的结算方式是全额还是差额，时间上是连续还是间隔，系统的提供者是中央银行或私营清算所及如何做出透支安排，可以分为：全额结算系统、净额结算系统、定时结算系统、实时结算系统。最有名的大额支付系统是联邦电子资金划拨系统（FEDWIRE）、纽约清算所同业银行支付系统（CHIPS）、英国的清算所自动支付系统（CHAPS）、日本银行清算网络（BOJ - NET）、瑞士同业银行清算系统（SIC）等。

国际结算就是按照一定的规则、程序并借助结算工具和清算系统，清偿国际间债权债务和实现资金跨国转移的行为。国际结算的基本任务就是通过各种货币之间的兑付和转账划拨，实现国际间债权债务的清偿和资金的正常流动。

中央银行在跨国支付系统的建设中发挥着重大作用，担负着对支付系统风险的防范与管理职责，其方法往往通过直接或间接方式介入跨国支付清算或对其进行干预，并对跨国支付清算中的风险进行管理。

关 键 词

票据交换所　　清算中心　　国际结算　　全额结算系统　　净额结算系统　　定时结算系统　　实时结算系统

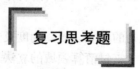

复习思考题

1. 中央银行支付清算业务的内容包含什么？

2. 简述中央银行支付清算业务的重要性。

3. 简述中央银行支付清算业务的基本原理。

4. 为什么说全额实时结算系统有利于规避支付系统风险？

5. 美元支付清算体系与欧元支付清算体系有何异同？

6. 人民币支付清算体系的发展方向是什么？

第8章

中央银行宏观经济分析

8.1 宏观经济分析框架

1. 就业总量、人均收入与经济总量的关系

斯密在《国民财富的性质和原因研究》中用第三章的标题"分工受市场范围的限制"清楚地表明了自己的思想:市场要是过小,那就不能鼓励人们终身专务一业。因为在这种状态下,他们不能用自己消费不了的自己劳动生产物的剩余部分,随意换得自己需要的别人劳动生产物的剩余部分。"斯密定理"的基本内容是,一方面,只有当市场需求扩大到一定程度时,专业化生产才能够存在,并且专业化和分工的程度随着市场范围的扩大而提高;另一方面,如果市场范围达不到一定程度,专业化的生产者将难以生存。

对于"斯密定理",施蒂格勒认为,直观上已经能够感觉到"斯密定理"的悖论,"如果这个定理具有一般性,产业垄断就是应该的。只要劳动的进一步分工(劳动和工具的进一步专门化)能够用低成本获得高产量,那么联合、扩张形成的垄断将对企业有益。如果是市场容量限制了劳动分工,那么典型的产业结构就必定是垄断的;如果典型的产业结构是竞争,那么这一定理就是错误的或无重要意义的"。因此,施蒂格勒认为,"斯密定理"在逻辑上难以自圆其说。

对"斯密定理"产生的逻辑悖论,杨格创造性地完善了一大步。"斯密-杨格定理"认为,效率与分工的关系是经济学的核心问题之一,假定一国的经济禀赋是既定的,分工的经济效率则受制于市场规模。问题在于市场规模又是由什么决定的?不应该是单纯的面积、人口,而是购买力,即消化产出的能力。但是,这种简单化的结论会带来一个简单化的推论:

购买能力取决于生产能力。事实在于分工和市场范围是一个经济过程的不同侧面,要将这一经济过程继续进行下去,就必须共同发展。正是因为分工带来的效率,现实经济才给我们呈现了报酬递增的经济事实。劳动分工取决于市场规模,而市场规模又取决于劳动分工,经济进步的可能性就存在于二者互为因果的条件之中。一方面,与斯密一脉相传,杨格也认为分工能够带来效率,能够带来报酬递增,但分工水平受制于市场规模。最简单的例子是,专职会计应该比自己记账的效率和质量都有提高,但一个小规模的夫妻店未必能够承受一个专职会计的成本。另一方面,杨格则认为,不仅仅劳动分工取决于市场规模,市场规模也取决于劳动分工。在一个没有劳动分工的社会里,市场的存在是困难的。杨格理论的进一步含义是,递增的报酬不是马歇尔新古典经济学分析的那样是由技术进步、规模收益等决定的,而是由专业化和分工决定的。技术进步是分工的必然结果,而规模收益递增或递减是分工收益和分工成本的简单算术。

在体系上,新古典经济学思想和杨格的经济学思想甚至难以归到同一个类别。在新古典经济学那里,生产函数是由劳动、资本、土地和企业家才能决定的。而杨格认为,作为商品实现,市场规模与土地、劳动力无关,而与参与分工的劳动力有关,恰恰在这里,新古典经济学没有交代劳动、资本、土地和企业家才能为什么会,以及以什么条件参与到分工中去的。在利润最大化的前提下,新古典经济学用生产函数导出了供给函数;在效用最大化的前提下,新古典经济学用消费函数导出了需求函数。生产函数反映了投入产出关系,但不能反映现实经济中的专业化和分工。新古典经济学在将经济理论形式化的过程中,分工成为外生变量。新古典经济学用生产函数描述企业的技术条件,但是斯密、马克思和杨格的生产理论的中心却是生产率与经济组织的关系。所以,新古典主义经济学在生产理论方面完全丢掉了古典经济理论的精华。

在考虑货币因素后,国民收入核算体系中以货币量值表示的所有统计变量与新古典理论的生产函数或技术分析是完全无关的,而是来自于经济关系,它表现为特定的货币金融关系。由于新古典经济学的熏陶,人们自然地认为这些统计变量是"真"的,即表示实物的要素投入和产出的关系,并把这种由生产函数表示的资源配置作为经济学研究的主题,把总量生产函数作为宏观经济学的基础,但这些数字所表示的只是社会关系所决定的一种"游戏",与技术是完全无关的。

按照杨小凯的归纳,杨格的基本思想有以下两个方面。一是分工和效率是经济学的核心问题,技术进步是分工演进的结果,规模经济是分工演进的一个特点。卷入市场的产品种类的增加、市场一体化程度的提高、新企业的出现、效率的提高、市场的扩大、就业人数的扩大、收入的增加等,都是劳动分工深化的若干个侧面。二是经济增长的基础是分工的演进。经济发展的过程就是在初始要素和最终消费之间插入越来越多越来越细的工具、半成品、知识生产部门,使得分工越来越细。

杨格的观点颇有说服力,但是他没有解决把市场范围纳入竞争价格中的技术问题,他公开回避了这个问题,声称厂家或产业太少以至于不能作为分析对象。虽然杨格的观点常常受到赞扬，但并不等于杨格理论已经和厂商、竞争理论融为一体。

作为杨格定理的核心内容，劳动分工取决于市场规模，而市场规模又取决于劳动分工，经济进步的可能性就存在于二者互为因果的条件之中。名义国内生产总值（GDP）在统计意义上是所有最终产品的产量与价格的乘积的总和，即

$$GDP = \sum P_i Y_i$$

在公式中，Y_i 为第 i 种最终产品的交易量，P_i 为第 i 种最终产品的价格。当用抽象的总产量 Y 来表示所有最终产品的交易量，用 P 来抽象地表示所有产品的总价格水平（一般价格水平），上式则成为

$$GDP = PY$$

名义国内生产总值（GDP）是指一年内本国生产的全部最终产品和服务的价值，国民收入（NI）是为生产这些最终产品和服务而向生产要素所有者支付的全部收入的总和。根据"产品价值耗尽"原理，将生产某种商品的所有要素投入的成本加在一起，必然等于该商品的总价值量；同样，任何产品的总价值最终会全部转化为各种投入要素的收入，使得所有要素的报酬加总后等于产品的总价值。因此，当年投入的全部生产要素所获得的收入总和必然等于当年最终产品的价值总额，即 GDP＝NI。即使只有劳动和资本两种要素，因为资本的收入是资本所有者的收入，是资本所有者用资本参与分工获得的收入，因此 GDP 还可以表示为

$$GDP = \sum L_i E_i$$

在公式中，L_i 为第 i 个参与经济分工的人，E_i 为第 i 个参与经济分工者的货币收入。当用抽象的参与分工交易的劳动力人数 L 来表示所有的参与经济分工的劳动力数量，用 E 来抽象地表示所有的参与经济分工的劳动力的人均收入水平时，上式则成为

$$GDP = LE$$

在货币经济中，市场规模就是商品交易量 Y 和商品交易价格 P 的乘积，即 PY。而分工，用杨格的话说，"不简单地是人口问题"。分工和交易必须同时存在，作为劳动力的人，是分工商品经济中的劳动力还是自然经济中的劳动力的重要区别在于其所有权及其相关权利是否参与了交易。而参与分工交易的劳动力人数 L 及这些人的人均报酬 E 的乘积 LE 在数学上应该正好等于市场规模 PY，即

$$PY = LE$$

在这个公式中，商品交易价格与参与经济分工的人数之间建立了一定条件之下的相关关系。

2. 货币、产出、收入之间的关系

货币主义承认，货币量 M 与名义收入 PY 密切相关，但不能肯定扩张性的货币政策究竟是促进了经济的繁荣、产出的增加还是仅仅导致了价格的上升。

扩张性的货币政策对实际产出的影响，理性预期学派的看法可谓独树一帜：未预料到的货币扩张将导致产量和价格的上升，减少失业；预料到的货币扩张则不会使产量、价格（相

对价格）和失业率发生变化，只是价格水平上升了。某种意义上，理性预期给货币主义的一个未解问题提供了答案，前提是理性预期的答案的确成立。

在货币经济中，在某一时期（如一年）对商品和服务的需求是全社会的货币量 M 与货币流通速度 V 的乘积 MV。货币量值的商品和服务的供给则是商品交易量 Y 和商品价格 P 的乘积 PY。费雪已经证明，$MV=PY$。而且，当年的 MV 或 PY 就是当年的名义 GDP。名义国内生产总值（GDP）是指一年内本国生产的全部最终产品和劳务的价值，国内收入是为生产这些最终产品和劳务而向生产要素所有者支付的全部收入的总和。根据"产品价值耗尽"原理，将生产某种商品的所有要素投入的成本加在一起，必然等于该商品的总价值量；同样，任何产品的总价值最终会全部转化为各种投入要素的收入，使得所有要素的报酬加总后等于产品的总价值，即

$$PY=LE$$

因此，在货币量值上，就有 $MV=PY=LE$ 存在。

在这个等式中，$MV=PY$ 是费雪方程式。费雪的最初目的是想解释物价上升的原因，由于物价的时常变动，世界多次蒙受其害。物价应被视为货币变动的原因，不应被视为结果。费雪在其著作中并没有达到整体上的逻辑一致性，在序言中他认为"物价应被视为货币变动的原因，不应被视为结果"。而在著作中的多处他都认为 $MV=PY$ 只是一个恒等式，其本身并不包含任何因果关系，或者说，何因何果必须具体分析。在实际分析中，费雪分析了货币量 M 变动、货币流通速度 V 变动及交易量 Y 变动对相关因素的影响（当然也包括对价格 P 的影响），唯独没有分析价格 P 的变化对其他因素的影响，最后得出一个片面的结论：价格是一个被动的因素，同时受到货币量 M 变动、货币流通速度 V 变动及交易量 Y 变动的影响。而这个结论又与"物价应被视为货币变动的原因，不应被视为结果"是矛盾的。

在等式 $MV=PY=LE$ 中，$PY=LE$ 可以视为斯密-杨格定理的公式化，也可以视为"产品价值耗尽原理"的公式化，将生产某种商品的所有要素投入的成本加在一起，必然等于该商品的总价值量；或者任何产品的总价值最终会全部转化为各种投入要素的收入，使得所有要素的报酬加总后等于产品的总价值。

将斯密-杨格定理融合于一般货币数量论中的结果是

$$MV=PY=LE$$

这个公式所表明的意思是：由货币量 M 和货币流通速度 V 决定的货币性需求 MV 等于由商品交易量 Y 和商品交易价格 P 决定的商品和服务供给 PY，也等于由参与分工的劳动力数量 L 和人均分工报酬 E 决定的个人收入总量 LE。

可以看出，在数学上，当要确定其中两个变量（如货币量 M 和交易价格 P）之间的因果关系时，必须假定另外四个变量组成的总量 LE 不变和 V、Y 不变，否则无法确定其中两个变量（如货币量 M 和交易价格 P）的因果关系。

在这里能够体会到杨格思想的伟大：劳动分工取决于市场规模，而市场规模又取决于劳动分工，经济进步的可能性就存在于二者互为因果的条件之中。如果 MV 是总量需求，杨

格思想则进一步拓展为：总量需求、市场规模和劳动分工三者互为条件，经济进步的可能性就存在于三者互为因果的条件之中。

如同货币主义不能肯定扩张性的货币政策究竟是促进了经济的繁荣、产出的增加还是仅仅导致了价格的上升一样，在 $MV=PY=LE$ 中，等式的成立，六个变量几乎全部都是影响因素和被影响因素。

在 $MV=PY=LE$ 中，如同费雪方程式 $MV=PY$ 一样，依然不能确定变量之间因果关系的方向问题。如果没有假定前提，就不能确定货币供给量 M 的增长必然导致价格 P 的上升，不能确定货币供给量 M 的增长必然导致交易量 Y 的上升，也不能确定货币供给量 M 的增长必然导致就业量 L 的上升，更不能确定货币供给量 M 的增长必然导致人均分工收入 E 的上升。

但是，在 $MV=PY=LE$ 中，如果假定货币流通速度 V 不变，商品交易量 Y 不变，人均分工收入 E 不变，则货币供给量 M 的增长必然导致价格 P 的上升，必然导致就业量 L 的上升（这里可能是用货币资金进行投资的人，不是出卖劳动力使用权的人）。

货币理论中最令人困惑的问题之一是名义货币存量 M 与商品实物交易量 Y 之间的相关性。无疑，如果货币流通速度 V 长期稳定，用货币衡量的商品交易量 PY 与名义货币存量 M 肯定相关，但是名义货币存量 M 与商品实物交易量 Y 之间是否有相关性？有什么样的相关性？至少在费雪方程式的框架里，不可能找出名义货币存量 M 与商品实物交易量 Y 之间是否有相关性的原因。古典经济学的答案对这种相关性是否定的，因为其理论前提是，货币存量 M 只与价格水平相关。

在费雪方程式 $MV=PY$ 的框架内，就某一种商品而言，如果需求 MV 增加，对于供给者来说，他有三个对策：一是提高价格 P；二是提高供给量 Y；三是同时提高价格 P 和供给量 Y。面对需求 MV 的上升，形式意义上，企业可能涨价处理也可能控制价格不变而扩张市场范围（占有率），前者的结果是需求 MV 的上升以价格上升结束；后者的结果是需求 MV 的上升同时带来了产出（交易量）Y 的上升。本书倾向后者。对于商品和服务的供给者来说，商品的出售价格在支付商品成本后还有盈余是商品和服务的供给者继续工作的必要且充分条件。即使在短期，对于需求的上升，考虑到未来的市场份额，若价格已经有利可图，供给者的最佳对策也是扩大市场份额 Y_i 而不是提高价格 P_i。更不用说在长期了。如果某商品"上升的需求"（所指的是需求的增加量）持续稳定，在短期内用提价方式应对市场的商品和服务的供给者就会有丰厚的利润，这会使得他们有扩大生产进而扩大市场份额的本能行为，同时，丰厚的利润也会吸引其他的厂商进入这个领域，使得该商品的供给量上升，该行业的就业水平和工资水平也会随之上升。在 $MV=PY=LE$ 中，长期需求 MV 的变化将引起交易量 Y 的调整，进一步导致就业水平 L 和人均分工收入水平 E 的调整。也就是说，面对需求的变化，如果资源配置的第一顺序是价格调整，资源配置的第二顺序则是产量的调整，第三顺序则是就业量和人均收入水平的调整。

需求变化导致的市场反应过程，第一步是价格反应，第二步是产量反应。如果这一过程成立，则需求决定价格，价格决定供给。这个过程也是凯恩斯宏观经济学思想的一个方面。

在正常的市场经济体制中，名义货币存量 M 不仅带来了价格水平的上升，也带来了商品实物交易量 Y（产出）的增长。在 $MV=PY=LE$ 中，若货币流通速度 V 不变，货币量 M 的增长将带来 PY 的增长，若人均收入水平 E 不变，就业量 L 将提高。那么，泰勒的结论就是错误的，"货币政策因此在长期是中性的，货币增长率的提高对失业率没有长期影响，而只会导致通货膨胀率的提高"。

3. 通货膨胀目标制的机制

在假定货币流通速度 V 不变和产出水平 Y 不受货币影响（外生给定）的前提下，货币数量论认为商品价格水平 P 与货币供给量 M 呈正相关。实际上，这个结论的得出还有其他条件，如价格变动是货币量变动的结果、货币是中性的（在长期，货币量对产出水平没有影响）。依然是货币外生的分析方法，与简单的货币数量论相比，凯恩斯的总收入水平和总支出水平分析则认为，需求决定供给，而且当需求不大于充分就业的产出水平时，未必会出现通货膨胀。

可以看出，凯恩斯的进步之处是将就业（也是参与分工的人数）纳入了分析的范围。但是，在货币数量论和凯恩斯的分析框架中，价格变化与分工演进没有任何关系。

人们所看到的一些经济落后国家，在现象上是生产率低，在现象的背后实际上都是专业化分工的水平低，而经济发达国家在现象上是生产率高，在现象的背后实际上都是专业化分工的水平高。以中国为例，自从改革开放以来人均收入有显著提高，其中的一个明显特征是商品化程度的提高。

在实际经济中，所看见的价格指数是由"一篮子商品"的价格变动情况计算出来的，它没有考虑到随着时间的推移，今天的商品已经不是昨天的商品，具体来说，今天的房子不是二十年前的房子（设计水平提高，材料更科学，有抗震性，增加了暖气、煤气、车库，周边的道路更宽敞等），今天的汽车不是二十年前的汽车，今天的计算机不是二十年前的计算机，这种事例数不胜数。如果篮子里的东西已经有了质的区别，就不能要求它的价格变动幅度为"零"。

杨格认为，不仅分工受市场范围的限制，市场范围也依赖于分工水平。市场范围的大小不是由人口规模决定的，而是由购买力决定的。购买力的大小与个人收入水平相关，收入水平与劳动效率相关，而劳动效率又与分工水平有关。所以，劳动分工取决于市场规模，市场规模又取决于劳动分工。分工的过程就是在初级产品和作为商品的最终消费品之间卷入一个又一个的专业化服务，使得整体劳动效率得到提高。在自然经济状态，农民家里的鸡蛋是用来自己吃的，当他将鸡蛋拿到集市上卖时，他已经成为社会分工的一个角色，其他的人有可能通过买而不是养鸡获得鸡蛋。在专业化生产鸡蛋的过程中，这个农民有可能觉得将鸡蛋的销售过程进行分工有利于自己提高鸡蛋生产的效率，这又分工出来一个鸡蛋经销商的角色。同样的分工过程，最后的鸡蛋生产者会逐渐将品种改良、孵化、防疫、禽病治疗、饲料等进行专业化分工，使得鸡蛋从生产到作为商品最终消费之间形成一个又一个的分工过程。在完全自给自足的状态中，五个人每年只能养 500 只鸡，在高度分工状态，五个人可以将品种改良、孵化、防疫、禽病治疗、饲料、设备等生产过程分工出去，还是五个人，他们可能每年养五万只鸡。

可以想像，一只仅仅售价一分钱的鸡蛋是不可能容纳鸡蛋的品种改良、孵化、防疫、禽病治疗、饲料等一个又一个生产过程的。从自给自足经济演进为分工经济的过程中，每一个分工过程的出现都要求分工生产的商品价格能够容纳分工生产的用货币衡量的成本。由于分工需要更专业的知识，在商品生产的分工演进过程中，随着卷入分工的人数增加，该商品的价格将逐步增加。如果在完全自给自足状态下生产出来的一个鸡蛋可以以 5 分钱的价格出售，当分工出去一个生产过程之后，如品种改良外包，虽然分工效率提高了，但用货币衡量的成本也提高了，一个鸡蛋的销售价格可能要提高到 6 分钱；当将几个生产过程（品种改良、孵化、防疫、禽病治疗、饲料等）都分工出去之后，一个鸡蛋的售价可能要上升到 9 分钱，否则不足以维持分工成本。自然经济中的鸡蛋和商品经济中的鸡蛋没有质的区别，但分工使得经济社会能够用于消费的鸡蛋数量大幅度提高，而这种量的提高的前提是分工的深化，是交易价格的非固定性。

对于一个完全因为分工才生产出来的商品（如电视机或者完全分工状态下生产出来的鸡蛋），如果商品功能没有新的增加，难以卷入新的分工过程和分工人员，随着分工效率的进一步提高，其价格则又可能会出现下降的情况。从这个意义上讲，商品价格上升不是一个简单意义上的"通货膨胀"问题。在 $PY=LE$ 中，如果商品价格 P 上升的同时商品交易量 Y 在上升，而且人均个人收入 E 和就业人数 L 同步上升，这样的"通货膨胀"是不应该反对的；如果商品价格 P 上升的同时商品交易量 Y 上升更快，而且人均个人收入 E 和就业人数 L 也上升更快，这样的"通货膨胀"是可取的。

各个国家实证的经济增长过程也可以证明，一个自然经济的产品（如鸡蛋）价格必然随经济的增长和分工的深化而逐渐提高。正是因为这个原因，同样的鸡蛋，高度分工的都市里的鸡蛋价格远远高于处于自然经济状态的乡村里的鸡蛋价格。

市场经济的本质特征之一是价格的市场决定，适度的通货膨胀有利于根据市场需求对实际工资进行调整。当一个企业或一个产业面临衰退时，降低真实工资减少对人力资本的需求是途径之一。若通货膨胀率为零，真实工资的下降就是名义工资的下降。因为直接的名义工资下降是很困难的（凯恩斯的刚性工资理论讨论了这个问题，本书的 7.3 节从分工的角度专门讨论这个问题），若通货膨胀率为一个适度的正值，即使名义工资在上升，当名义工资的上升幅度达不到通货膨胀率的上升幅度时，实际工资已经在下降；若名义工资不变，通货膨胀率就是实际工资的下降幅度。因此，若通货膨胀率为一个适度的正值，企业对工资和就业的调整及产业调整都可以在一个平和的状态下实现。

在货币性需求 MV 外生且不变的情况下，$PY=LE$ 不变，在静态分析中，价格 P 的上升将导致交易量 Y 的下降，报酬 E 的上升将导致就业量 L 的下降。在斯密-杨格的思想框架内，则可以得到另外一个逻辑过程。在分工的条件下，就业量 L 的增加将带来报酬递增，

则报酬 E 增加，则 LE 增加；因为分工效率的提高，商品交易量 Y 则必然提高，而价格 P 则区分不同情况可能上升也可能下降。进一步演绎就是，若货币流通速度不变，分工效率迟早需要增量货币的配合，否则分工深化将难以继续进行。

在市场经济条件下，分工和交易是相辅相成的。专业化水平越高，对交易的依赖性程度就越高。在专业化分工和交易的形成过程中，商品交易量 Y、商品交易价格 P、参与分工的劳动力数量 L 和人均分工报酬 E 之间存在着依存关系，任何一个方面出了问题都可能导致整个分工体系的崩溃。说的严重一点，市场经济中的分工过程是不可逆的，否则将带来灾难性的后果。例如，北京市的市民目前都靠购买分工商品的方式获得肉类，如果整个北京市的市民全部改为自给自足的方式获得肉类，将导致北京甚至中国市场经济体制的整体崩溃。对个体而言，如果没有其他收入来源，大学毕业生都要找工作，失业者都要找工作，甚至在他们的意识里面都没有退出分工自给自足的打算，这也同样说明分工经济的不可逆性。

计划经济在前苏联和中国都曾经取得了短暂的辉煌，与自给自足经济相比较，计划经济也是一种分工经济，同样会出现分工效率。计划经济中的分工是靠权力实现的，市场经济中的分工是靠权利实现的，在这个意义上，计划经济的分工与市场经济的分工又有本质的区别。前苏联解体后经济总量的下降应该归因于计划经济分工的丧失而市场经济分工又不能迅速建立，进一步则应该归因于计划经济下的分工不等于市场经济下的分工。

因为经济学知识的不同及受到舆论、心理等因素的影响，调查表明，经济学家和公众对通货膨胀的看法差距很大。在一个问卷上，对"通货膨胀是否伤害了我的实际购买力，使我变穷?"这个问题，一般公众有 77% 的人同意这种说法，而只有 12% 的经济学家同意这种观点。

无论是古典经济学还是新古典经济学都认为如果价格水平上升，则需求下降。

加成价格理论认为，价格决定于生产过程中的耗费。加成成本肯定存在，但是在市场面前，加成价格理论只是一相情愿。因为市场价格是供求双方的契约，最终价格决定有可能高于成本，也可能低于成本，否则就不可能存在有的企业赢利有的企业亏损，正因为有的企业赢利有的企业亏损，市场才能够优胜劣汰。

当某一购买力 MV 是用来固定购买唯一的一种商品 Y 时（例如，恩格尔曲线可以证明，低收入者购买的低档食品很难有替代，也就是说，如果不想挨饿，穷人的固定食品土豆难以被牛肉替代），即当货币购买的商品没有替代的时候，$MV = PY$。

从商品中分离出来的一般价值形式及后来的货币形式，其存在的必要条件之一是必须满足持物者、持币者的财富需求。价格变动中人们的理性行为是权衡在持物（这里的物是指用货币衡量的物的价值，即 PY）和持币（M）中哪一个更合算，即用货币衡量的 $M + PY$ 的最大化。在一个连续的交易过程中，价格预期是人们决定马歇尔效应中的 K 的主要因素，因为如果预期总的商品价格下降，将会强化人们的持币欲望；如果预期总的商品价格上升，则强化人们持物的欲望。这段话通俗地解释就是：如果预期价格上升，需求将上升。这个思想有两个杰出的地方，其一是在考虑资产的现在性和未来性方面，"预期"的作用；其二是推翻了古典经济学和新古典经济学的简单的"价格上升，需求下降"的需求理论，是一个考虑了货币因素的关于需求的思想。

如果货币收入 M 不变，商品 Y 无替代（但可有可无，即非必需品），当价格 P 变化时，在 $M=KPY$ 的分析框架中，若影响到对货币价值的判断，则 K 变化。例如，若 P 下降，K 则上升，V 下降，意味着货币余额增加，对商品的需求量下降；若 P 上升，K 反而下降，则 V 上升，意味着货币余额减少，对商品的需求量上升。

在宏观经济的背景中合并考虑剑桥方程式 $M=KPY$ 和费雪方程式 $MV=PY$。在 $M=KPY$ 中，若货币总量 M 和商品总量 Y 不变，价格水平 P 上升，则 K 降低，则 V 提高，若 V 提高的幅度高于 P 上升的幅度，则总需求 MV 上升，需求上升使得价格 P 继续上升，直至 $MV=PY$ 恢复平衡。若 V 提高的幅度低于 P 上升的幅度，则总需求 MV 下降，需求下降使得价格 P 回落，直至 $MV=PY$ 恢复平衡。即在宏观经济中，并不存在一个必然的"物价水平上升则需求下降"的结论。

在商品、服务的需求方面，商品价格上升的另外一个含义是货币作为资产的价格在下降。在长期的适度通货膨胀中，合并考虑剑桥方程式 $M=KPY$ 和费雪方程式 $MV=PY$ 可以看出，对于持币者来说，为了使自己的财产最大化，货币的不断贬值迫使货币持有者将货币换成商品货物，或者，至少不增加货币在全部资产中的比重 K，减少货币余额。在 $M=KPY$ 中，若货币总量 M 和商品总量 Y 不变，价格水平 P 上升，则 K 降低，在 $MV=PY$ 中则是 V 提高，则总需求 MV 上升。这样，即使货币量不变，需求 MV 也将上升。在 $M=\frac{1}{V}PY$ （费雪方程式）或者在 $M=KPY$ （剑桥方程式）中，人们最容易观察到的因素是价格 P 的变化，在价格 P 上升的情况下，若人们的预期依然是价格 P 上升，所有人都可以清醒地意识到：依然保存货币是吃亏的。这时，人们的理性反应是降低货币余额使 K 下降（剑桥效应），这必将导致货币流通速度 V 上升（费雪效应），使得以货币衡量的总需求 $AE=MV$ 上升。

将新古典微观需求理论推广到宏观领域产生的致命问题是：总需求既没有新古典的替代效应也没有新古典的收入效应。所有的商品价格都上涨不可能有替代，所有的商品价格都将上涨不是意味着收入将下降，而是意味着保存货币是吃亏的，剑桥效应将会起作用，降低用通货形式保存的财富的结果是货币对商品的需求上升，全部商品成为"吉芬商品"。这就是在通货膨胀时期，物价上升，总需求同时上升的原因。

基于上述理论依据可以得到的一个结论是，即使货币供给量不变，适度的通货膨胀政策可以迫使人们不把货币余额置于较高的水平上，有利于需求的扩张。

在市场经济中，是货币在选择商品，而不是商品在选择货币。如果有市场需求，并且商品价格在弥补商品成本后还有利润空间，厂商就能够保证商品的供给（古典和新古典经济学都认为，价格"越"高，供给"越"大。但是，在中国浙江义乌，"薄利多销"几乎是厂商的通用信念）。当然，若价格的上升使得提供商品、服务的企业或个人的平均利润上升，厂商更会有扩大产量的本能以便获得更大的利润。

在契约经济中，资本租金、原材料采购都是一个预先的契约约定，对于企业来说，只有把商品卖掉，并且销售收入大于销售成本，才可能有利润。如果销售收入小于销售成本，则形成企业亏损。当单位商品亏损时，为了减少损失，企业的理性行为是减少生产直至停止生产。当单位商品赢利时，为了扩大收益，企业的理性行为是扩大生产充分满足市场需求。

若末期商品成交价格 P 较基期（契约制定期）商品成交价格 P 上升，效率高的企业和效率低的企业的赢利水平都会提高，而产量的增加将使得获利总量成比例增加。批量的企业赢利水平的提高，将使得商品供给量 Y 上升，进而就业量 L 上升或收入水平 E 上升或者就业量 L 和收入水平 E 同时上升。

就业量的上升也就是参与分工的人数在上升，按照斯密-杨格定理，它一方面带来市场的扩大，另一方面则带来报酬的递增。市场 PY 的扩大，我们没有根据认为仅仅是交易量 Y 的扩大，价格 P 的上升在形式上同样构成市场扩大的一个组成部分。至少在 $MV=PY=LE$ 的框架中，商品价格 P 的上升不可能和就业量 L 和人均分工报酬 E 无关。

经验表明，在一般价格具有上升趋势的时候，企业家往往比投资者或劳工供给者预期有更大的上升。所以，当价格上升的时候，牺牲资本家及工资收入者的利益以取得红利的预期，就扩大了企业界从投资中获利的预期。

无论是主动还是被动退出就业，在斯密-杨格的分析框架中都是退出经济分工将带来个人和社会的报酬递减。在适度的通货膨胀条件下，因为提供商品、服务的企业的平均利润上升，就业需求将上升，对就业者而言，就业机会应该是相对较多的，工资水平也应该是一个上升状态，同时不断上升的生活费用也迫使自愿失业者就业。

一个简单的归纳，在 $MV=PY=LE$ 的框架中，在适度的通货膨胀条件下，无论是货币量 M 变化还是货币流通速度 V 变化导致的需求 MV 上升，都将带来市场范围 PY 的扩大和收入水平 LE 的提高。

8.2　经济与金融运行状况分析

对宏观经济运行状况的科学判断是中央银行制定货币政策的前提。宏观经济分析是把社会总体的经济活动作为研究对象，它所研究的是国民经济总量及其相互关系。为此，必须首先了解国民经济中某些总量指标及其计算方法，以及它们之间的关系。

1. 国民经济核算的指标体系

（1）国内生产总值

国内生产总值（GDP）是指一个国家或地区的所有常住单位在一定时期内所生产和提供的最终产品和劳务的价值总和。国内生产总值是（System of National Accounts，SNA）核算体系中一个重要的综合性指标，也是我国新国民经济核算体系中的核心指标，是反映生产活动成果的指标。

国内生产总值有生产法、收入法、支出法三种计算方法。

① 生产法。它是从生产方面来计算国内生产总值的一种方法，也称部门法或增加值法。方法是将国民经济各部门生产的总产品价值，扣除生产过程中消耗的中间产品价值，所得到的差额就是在这一年中新创造的价值（增加值）。把国民经济各部门一年中新创造的价值累加起来，就是国内生产总值。其计算公式为

GDP＝各部门增加值之和

增加值＝总产出－中间投入

② 收入法。它从收入角度根据生产要素在初次分配中应得到的收入份额来计算增加值，然后按各部门增加值加总计算国内生产总值，故也称分配法。增加值构成要素包括固定资产折旧、劳动者报酬、生产税净额、营业盈余，将它们相加得到国内生产总值。其计算公式为

GDP＝固定资产折旧＋劳动者报酬＋生产税净额＋营业盈余

③ 支出法，又称最终使用法。它是从最终产品的最终使用的角度出发，把全社会各项最终使用的支出相加得到国内生产总值。一定时期内的国内生产总值包括：个人消费、投资、出口、政府消费，这四部分加总即为国内生产总值。其计算公式为

GDP＝个人消费＋投资＋出口＋政府消费

三种计算方法所得结果是一致的。因为它们的计算对象相同，是用三种不同计算方法对同一对象的计量。国内生产总值的三种计算方法及其计算结果的一致性，对中央银行宏观管理有重要意义。

从生产法计算的国内生产总值及构成动态中，可以掌握经济活动总量的构成状态，进而掌握总量的动态的各构成贡献。当经济增长发生波动时，可以从分部门的角度找到波动的原因，从而采取相应的调节措施。

从收入法计算的国民生产总值及构成中，可以掌握一定时期内收入流量的总量及构成状态，从而掌握经济增长过程中各生产要素的贡献。由于各部门的收入规模客观上决定了该部门的支出及融资规模，借此可以明确调节融资的方向和如何控制部门的支出构成。

从支出法计算的国民生产总值及构成中，可以掌握支持经济增长的需求总量及构成因素，分析造成经济短期波动的需求原因，为利用财政和货币政策调节社会总需求找到着眼点。结合收入计算的部门收入构成资料，可以掌握部门收支状况，为调节部门收入获得准确信息。

同时采用三种不同的方法，可以提供一个可供相互检验的手段。

（2）国民生产总值

国民生产总值（GNP）是指一定时期内国内生产总值与来自国外的要素净收入之和。所谓来自国外的要素净收入，就是本国从国外（非常住单位）获得的劳动报酬和财产收入（如利息、利润、租金）等，减去国外（非常住单位）从本国获得的劳动报酬和财产收入的净额，即

国民生产总值＝国内生产总值＋来自国外的劳动者报酬和财产收入－

国外从本国获得的劳动者报酬和财产收入

或

国民生产总值＝国内生产总值＋国外要素收入净额

国民生产总值反映了本国常住单位原始收入的总和，因此国民生产总值不是一个生产概念，而是一个收入概念。国内生产总值和国民生产总值之间的区别在于前者核算生产，后者核算收入。国民生产总值与国内生产总值在数量上会有所不同。当本国在国外提供的产品和劳务大于外国人在本国提供的产品和劳务，国民生产总值就大于国内生产总值。当本国在国外提供的产品和劳务小于外国人在本国提供的产品和劳务时，国民生产总值小于国内生产总值。

经济发达国家国民生产总值大于国内生产总值；经济不发达国家国内生产总值大于国民生产总值。联合国的新 SNA 核算体系已将国民生产总值改称为国民总收入，用 GNI 表示。

（3）国内生产净值和国民生产净值

国内生产总值减去固定资产折旧为国内生产净值（NDP），国民生产总值减固定资产折旧，为国民生产净值（NNP）。

国民生产总值、国民生产净值、国民收入（NI）的关系如下。

国民生产总值＝国内生产总值＋来自国外的生产要素收入－支付国外的生产要素收入

国民生产总值－折旧＝国民生产净值（按市场价格计算的国民收入）

国民生产净值（按市场价格计算的国民收入）－间接税－企业转移支付＋政府对企业的补贴＝国民收入（按要素成本计算的国民收入）

（4）国民可支配收入

国民可支配收入（GNDI、NNDI）是指本国在一定时期内获得的原始收入的基础上，经过与国外的转移支付收支之后可最终用于消费和投资的收入。

来自国外的转移支付净额是指常住单位与非常住单位单方面收入转移相抵后的差额，即来自国外的转移支付减支付国外的转移支付之差，包括与国际组织往来、无偿援助与捐赠、侨汇及征收或缴纳的国外收入税等。从部门角度看，部门之间的转移支付包括以现金和实物方式相互转移收入，如社会保险、社会补助等，这种转移在汇总国内各部门数据时互相抵消，国民可支配收入只包括与国外的转移支付。国民可支配收入既可按总额计算，也可剔除固定资产折旧后按净额计算。因此，国民可支配收入又可区分为国民可支配总收入（GNDI）和国民可支配净收入（NNDI），其计算公式为

国民可支配总收入＝国民生产总值（国民总收入）＋来自国外的转移支付净额

国民可支配净收入＝国民生产净值（国民净收入）＋来自国外的转移支付净额

（5）总投资和总消费

总投资和总消费是国内生产总值最终使用的两个主要方面，反映投资和消费规模、比例关系和内部结构两项重要指标。

总投资是指一定时期内固定资产投资和库存增加价值的总和，反映本期的最终产品中用于扩大再生产增加的固定资产和存货价值，属于积累的范畴。总投资分为以下两部分：一是固定资产投资，是指一定时期内全社会用于购置和建设固定资产的投资，包括基本建设投

资、更新改造投资、其他固定资产投资和大修理支出等；二是库存增加是指一定时期内各种存货的增力加值，即期末存货与期初存货相抵后的净值。存货的统计范围包括：生产单位生产的各类在制品、产成品，使用单位购入的原材料、燃料和设备、工器具等库存，储备单位的物资库存。

总消费是指一定时期内用于最终消费的产品及劳务的价值，也就是最终消费支出。总消费分为居民消费和社会消费两部分。居民消费是指本国居民用于生活消费品和生活服务的全部支出。它包括直接购费品和生活服务的支出，以实物工资形式获得的各种消费品和生活服务。社会消费是指政府为管理国家、提高科学文化水平和居民素质、保卫国家安全而支出的费用，也就是政府向社会提供的服务价值。

投资率和消费率的计算公式为

$$投资率 = \frac{总投资}{国内生产总值} = \frac{固定资产投资 + 库存增加}{国内生产总值} \times 100\%$$

$$消费率 = \frac{总消费}{国内生产总值} = \frac{居民消费 + 社会消费}{国内生产总值} \times 100\%$$

由于国内生产总值＝总消费＋总投资＋净出口，所以当进出口平衡时，投资率和消费率之和等于1，若有顺差则两者之和小于1，若存在逆差则两者之和大于1。

2. 宏观经济账户之间的关系

国民收入与产品、国际收支、财政和货币这四大主要的宏观经济账户，具有大体上相同的目的，即为管理当局提供分析框架和决策依据，因此它们是宏观经济分析和决策过程的一个重要组成部分。

四大宏观经济账户都涉及由其全体居民组成的经济体。居民的定义及其与非居民的划分，体现了四大宏观经济账户的共同特征。

居民是指这样一些经济单位，他们与本国领土的联系比与其他任何国家的联系更为密切；不是居民的经济单位称为外国人或非居民。居民与国民在内涵上不同，外延上有重合，有交叉。大多数国民是本国居民，但一国的居民可能是另一国的国民；反之，一国的国民也可能成为另一国的居民。

在国民账户中，经济交易被扩展到同一经济单位内部的交易。例如，农民消费自己生产的产品，居住自己建造的住房。这些情况并不存在商品、劳务或金融资产在不同经济单位之间的流动，为了使生产和消费的国民收入综合指标具有长期意义，也便于在国与国之间的比较，有必要在生产和消费两方同时记录这种同一经济单位的内部交易。

国民账户与国际收支账户的联系，反映了一国在一定时期内储蓄与投资的均衡关系。

在国民收入与产品账户中，储蓄定义为国民可支配收入减去消费。若投资大于同期储蓄，超过部分体现为对外收支经常项目逆差。

财政账户与国民账户的关系主要体现在国民收入与产品账户用以衡量整个经济体的经济交易量，而财政账户则是用以衡量政府对经济体其他部门的影响。财政账户为记录政府资金来源与运用的数据提供了一个框架，确立这一框架的目的是便于对政府在收入、支出、资本积累和融资等方面的交易进行分析。国民账户以标准形式表示有关政府经济活动的数据，也有与财政账户相关联的综合指标，如政府消费和投资，反映了财政账户的经常性支出和资本性支出的数据。

政府储蓄在财政账户中是经常性收入减经常性支出。国民账户中的政府消费包括折旧，所以国民账户中的政府储蓄可能小于财政账户的统计，但这只是名义上的差别。在财政账户中，折旧作为融资来源，与储蓄一起包括在融资项下，两部分之和代表政府储蓄总额。

财政账户与国民账户的区别，在于财政账户用现金支付制记录交易，而国民账户则用权责发生制记录交易。不是本期交易的资金，不包括在财政账户的统计之中，在国民账户中则有这样的记录，如固定资本消耗等；为了强调把政府与金融机构的职能彻底分开，财政账户排除了政府所属金融机构的交易记录，而国民账户则不排除。把这些交易与政府一般经济交易分离，对于区别和协调财政政策与货币政策来说十分必要。

就财政账户与国际收支账户而言，除了在范围和记录基准方面有较小的差别外，这两种账户制度大体以同样的方式记录交易。

在范围方面，国际收支账户不区别不同层次的政府，并将政府与公共企业（包括政府所属金融机构）归为一类，也不区分超国家当局（国际机构）的对外交易与其他对外交易；相反，财政账户将中央政府与其他层次的政府、公共企业等区分开来，并把超国家当局与本国之间的所有经济交易专项列出。

财政账户与国际收支账户都衡量流量而不衡量存量的变化。财政账户主要采用现金支付制记录，只记录支付流量；国际收支账户采用权责发生制记录，其在居民与非居民之间发生所有权变化时记录资金流量、支付付额和负债。当要支付的资金的所有权发生变化时，财政账户与国际收支账户的记录应该是一致的。

货币账户，统计的是存量数据，记录的是在某一时点上的交易结果；而其他三大账户均是统计交易流量，记录的是某一时期内发生的交易数量。

货币账户通过对外资产和负债项目与国际收支账户相联系，通过政府在银行系统的头寸与财政账户相联系，但与国民账户没有直接的对应成分，而是通过其与国际收支账户、财政账户的对应成分，间接地同国民账户发生联系。

货币账户与财政账户的联系，首先体现在货币账户国内信贷项下的"对政府债权"与财政账户国内融资项下的"银行部门"这一对关联科目上。政府资金运用的一个结果，是由国内银行系统提供融资，因而这两个关联科目没有会计差别，是一致的。由于政府主要是在资本市场上以流通证券形式进行融资，政府对其负债是按所发行的国债的面额（它最终必须偿还的数额）计值的，而银行通常按买入成本或市场价格计值，因而仍可能会出现差异。

货币账户与国际收支账户的联系由两部分构成，涉及货币当局和存款货币银行：一是，货币账户的"国外资产"项目与国际收支账户的"官方储备资产"的关联；二是货币账户的"国外负债"项目与国际收支账户的"资本"项目的关联。货币账户记录的是对外资产净额存量，而国际收支账户记录的则是对外资产净额的变化。因此，官方储备资产应该等于本期末与上期末国外资产余额之差。货币账户是以本币计值，记录的是银行买进国外资产时的本币价格，而国际收支账户则是按单一货币原则记录，需将多种货币按交易时的汇率转换成统一的货币单位。汇率的波动，增加了两个账户之间比较的难度。当然，这一因素所造成的仅是这两个关联项目之间表面的而非实际的差异。

3. 宏观经济分析的主要内容

总体而言，中央银行宏观经济分析的内容包括两个方面：一是金融分析，主要是对货币信贷的增减变动情况进行监测，对增减变动的原因进行解释；二是经济分析，主要对企业、居民家庭、政府部门和国外部门的经济活动和收支状况进行分析。这两个方面相互联系、不可分割，它们构成了中央银行宏观经济分析的整体。

（1）货币分析

货币分析是指货币供应量分析。在我国，现金是零售市场购买力的基本承担者，它在货币供应量分析中占有突出重要的位置。实证分析表明，现金与各项宏观经济重要变量之间的关系非常密切。

进行银行现金收支分析的几个方面如下。

① 投放、回笼的时间分析。从中发现规律，并将现实与规律对比，发现货币运动的异常现象。

② 现金投放、回笼渠道分析。从各收支项目占收支总额比重变化中发现货币运动规律。

③ 现金投放、回笼渠道分类。有多种标准，如城乡分类、商品劳务分类等。根据不同的分析目的，对部分收支对应的项目单独分析。

④ 将现金投放、回笼数及各项目流量与相关的经济变量作比较分析。

货币供应量的形成，不但取决于企业收支、居民收支、财政收支及国际收支等需求因素，而且取决于基础货币的供给因素。需要结合货币乘数的变动，分析基础货币的变动。

（2）消费分析

消费品购买力来自国民货币收入，消费平衡分析的主要内容应包括：消费品供应量与消费品购买力之间的平衡关系；消费占收入的比重及变化趋势；消费品购买力实现程度分析；消费需求变动规律；影响消费品供应量因素分析；影响消费品购买力的因素分析；货币流通量与商品零售额的比例关系；等等。

（3）投资分析

投资分析包括固定资产投资分析和流动资产投资分析。

固定资产投资分析，包括在建项目投资总规模分析和年度投资规模分析。在建项目投资总规模等于年度投资规模乘以建设周期。

投资总规模分析内容主要有：建设周期变动情况；在建项目个数变动情况；新开工和施工项目变动情况；在建项目年投资系数变动情况；项目投产率变动情况；等等。

年度投资规模分析内容主要有：年度固定资产积累占国民收入的比例；固定资产投资与

重工业总产值相对速度；固定资产投资与社会总产值比例；固定资产投资占国民生产总值比例；固定资产投资与钢材、木材、水泥生产相对速度；等等。

固定资产投资分析，需要注意固定资产结构和投资效益的分析。固定资产投资结构分析内容有：生产性和非生产性投资结构分析；物质生产部门内部投资结构分析；非物质生产部门内部投资结构分析；等等。

固定资产投资效益分析内容有：固定资产交付使用率、项目建成投产率、建设工期等指标分析。

（4）企业收支分析

企业收支分析可从流量角度分析，也可从存量角度分析。

从存量角度分析企业收支，要以货币资金的占用状况为核心分析内容。货币资金在企业表现为企业支付能力，在银行表现为企业存款，它是货币供应量的主要构成内容，企业货币资金占用水平上升，从宏观上看就是货币供应量水平上升。从企业角度看，衡量货币资金占用是否合理的标准，则是看它与企业活动水平衡量指标和销售收入（现价）、总产值（不变价）等是否相适应。企业货币资金与销售收入的比值，称之为货币资金占用系数。货币资金占用系数分析处于中央银行企业收支分析的中心位置。

为了进一步掌握企业货币资金占用水平变动的原因，需要进一步分析企业资产构成。需分析各项非货币资产占总资产的比重变化。还要进行负债分析，分析企业负债和资本构成的变化，即分析企业自有资金、借入资金、往来负债的变化。在分别进行了企业资产、负债及资本构成的变动分析之后，还要将两者结合起来进行分析，这种结合分析，西方银行家称为信用分析。其指标有现金比率、速动比率、流动比率、长期资产对长期负债比率、负债对资本比率等。信用比率分析是从债权人角度进行的分析，它原本是商业银行家所关心的，我国中央银行宏观经济分析将其置于一定的地位，是因为我国商业银行大多是国有银行。国有银行资产如发生危机，流动性受到威胁，到头来还得中央银行去抢救，结果还是扩大了货币发行。

从流量角度分析企业收支，实质上是进行企业投入产出或收益性分析，它是从经济效益角度对企业收支的分析。企业收支分析主要包括资金状况分析、偿债能力分析、资金周转效率分析、盈利能力分析等。

（5）居民家庭收支分析

① 分析居民家庭收入的形成和分析居民家庭收入结构变动。

② 家庭收支分析还要分析居民家庭消费的变动。消费结构分析可以从消费品的档次结构、消费者的水平结构、消费者的职业结构、消费的地区结构等多方面进行。

③ 居民家庭储蓄分析。居民家庭储蓄分析首先是发展水平分析，其次是储蓄结构分析，最后是储蓄存款稳定性及变动规律分析，其中变动规律既可从自回归中发现，又可以从与有关重要经济变量的相关分析中发现。

（6）财政收支分析

财政收支对货币供应量的影响取决于财政收支状况及其平衡方法。财政节余，货币供应量的总量收缩效应大于其总量扩张效应，结果引起货币供应量减少。弥补财政赤字的办法有：动用历年节余、发行政府债券、向中央银行透支和借款等。

财政收支分析的内容有：财政动用历年节余影响货币供应量分析；财政发行政府债券影响货币供应量分析；财政向中央银行透支和借款影响货币供应量分析。

（7）国际收支分析

① 贸易收支的变动分析。贸易收支分析需要利用海关统计和经贸部门进出口业务统计资料，分析贸易发展水平和贸易结构的变动。由于商品进出口与贸易收付汇在时间上并不一定同步，需要注意分析两者之间的差距。

② 资本往来分析。

③ 国际储备变动分析。分析国际储备是否合理主要是将其与进口付汇相比较，即外汇储备相当于几个月的进口用汇量。

（8）生产形势分析

① 生产规模的变动分析。

② 生产速度的变动分析。影响生产速度的供给因素主要是劳动力、劳动资料、劳动对象等生产要素；影响生产速度的需求因素主要有投资、消费、出口等；影响生产速度的制度性因素有国民经济管理体制和企业管理体制等。除制度性因素外，供给和需求都是比较容易计量的。

③ 预期生产速度分析。预期生产速度分析可从宏观经济相关变量、微观企业景气动向和数学方法三个角度进行。

④ 生产结构分析。生产结构分析既要从产业结构发展的历史规律方面去分析，又要从产业的静态联系角度去分析。

（9）通货膨胀分析

① 价格分析。首先要理解物价指数的含义及编制方法。

② 价格变动影响分析。如对货币购买力的影响分析、对职工实际工资的影响分析、对农民收入的影响分析等。

③ 通货膨胀成因分析。需要从解释何以形成社会总需求大于社会总供给开始。

④ 通货膨胀效应分析。通货膨胀效应表现在收入和财富分配、资源配置、资金积累、经济增长等各方面。通货膨胀效应随时间、地点、条件的变化而变化，要具体问题具体分析。

4. 货币总量与货币结构

1）货币总量

宏观经济分析的目的是为经济的宏观调控决策和政策效果评价提供实证依据。一国调控宏观经济的政策措施主要有两项：财政政策和货币政策。中央银行是货币政策的实施主体，因而中央银行的宏观经济分析重点是宏观金融。

（1）货币总量的分析原理

在宏观经济调控方面，国家可以有一系列政策目标，如物价上涨率、经济增长率、失业率和国际收支的顺差或逆差等。这些目标变量都难以直接控制，作为实施宏观调控政策的具体部门，就必须制定某些中介变量指标，通过中介变量的调控，对目标变量产生影响。作为货币部门的中央银行，其所控制的主要金融变量是货币。而货币总量在决定产量、价格和国际收支方面起着重要作用，这些恰是国家宏观经济政策最终目标的具体反映。因此，中央银行的宏观金融分析应具体落实在对货币总量的分析上。

在制定货币政策时，货币当局必须明确其所能够使用的政策工具和所要达到的最终目标之间的关系。然而，这种关系通常是间接的，表现为：体现中介目标的货币总量与最终目标的关系；受政策工具控制的操作目标与中介目标的关系。只有操作目标（通过工具变量）才是直接受货币当局控制和影响的变量。就货币政策的传导机制而言，一方面要通过分析货币对最终目标的弹性，来确定为实现最终目标所需达到的货币总量的水平；另一方面要通过货币总量的预期水平，来确定工具变量的实施力度。在制定和实施货币政策的实践过程中，这两个方面都要求对货币总量进行预测。而且货币总量的分析和预测，也是评估政策调整方案的可行性和考核货币政策实施效果必不可少的关键步骤。

货币总量即广义货币，是对中央银行和存款货币银行业务的汇总。

为了进行正确的分析和预测，必须明确真实货币总量与名义货币总量的区别。真实货币总量，即真实货币需求量，是以不变价格计算的货币需求总量；名义货币总量，是以可变价格计算的实际货币存量。就需求与供给两方的关系而言，货币需求是主动方，货币供给处于被动地位，货币是为满足增长的需求而投放到流通中的。对货币数量发生影响的，是复合因素，各金融部门乃至非金融部门都可从货币需求方对实际货币存量施加影响。因此，对货币总量的分析和预测，必须结合货币供求两方。

（2）货币总量的预测技术

既然货币总量的变化涉及货币的供求两方，而货币需求又往往取决于人们愿意持有多少货币。因此，对货币总量预测时，应将人们的行为因素考虑进去。常用来预测货币总量的方法有两种：一种是以货币需求函数为基础，运用回归技术进行测算；另一种是依据货币流通速度的变化趋势来测算。

2）货币结构

货币结构分析，是指对不同层次货币之间的比例结构的分析。由于各国货币当局在实施货币政策过程中往往将货币供应量作为主要中介目标，不同层次的货币供应量对不同政策目标的作用机制和不同政策工具的适应程度有明显差异，因此分析货币结构，对确定货币政策中介目标、考察货币政策的实施效果等具有重要的意义。

对货币的结构分析，主要包括以下两个方面。

（1）货币对实际经济过程总体作用的分析

在这一方面，各国比较普遍的是考察 M_1 和 M_2 两个层次的货币占国内生产总值（名义GDP）的比重指标。其中，M_2 作为货币形态的金融资产总量，其占名义 GDP 的比重指标体现着一国的金融深化程度；M_1 占名义 GDP 的比重指标，则反映了货币供应量对实际经济过程的作用程度。这两个指标是判断货币政策调控宏观经济的有效性的重要依据之一。我国现金使用量比较大，现金与居民的消费、物价等经济因素关系密切，因此流通中现金（M_0）目前仍是我国分析货币结构的主要对象之一。

（2）货币的流动性分析

M_1 包括了流通中现金和银行活期存款，是主要的购买手段和支付手段，体现现实的社会购买力；M_2 则除 M_1 以外，还包括了储蓄存款和定期存款等准货币，这部分储蓄性质的准货币表现为潜在的或未来的社会购买力。因此，M_1 占 M_2 比重的高低体现了货币流动性的强弱。而对货币流动性强弱的分析，既能够为中央银行宏观金融调控提供决策依据，也有助于中央银行货币政策的实施效果评价。

在为制定货币政策提供决策依据方面，如 2004 年年末，M_1 占 M_2 的比重由 1994 年年末的 43.8％下降到的 37.9％，有效需求与现实的社会购买力相关，而 M_1 则体现现实的社会购买力。因此，M_1 占 M_2 的比重下降，意味着现实社会购买力的增长慢于潜在购买力的增长，或者说，M_2 体现的金融资产总量的增长快于现实社会购买力的增长。这意味着货币流动性不足，也意味着未来通货膨胀的压力。

在评价货币政策实施效果方面，如我国中央银行使用利率工具对金融的调控，主要体现在对货币形态的金融资产总量 M_2 结构的调整；或者说利率主要是通过调节 M_2 的结构来控制货币供应量 M_1。实现机制：提高利率水平，由于利益机制的驱动，M_2 中的流通中现金和银行活期存款转化为储蓄存款和定期存款，一部分属于流通中货币性质的 M_1 进入储蓄状态，从而在 M_2 总量未发生变动的情况下，流通中现实的社会购买力减少，潜在的或未来的社会购买力增加，从而对物价水平产生影响。

本 章 小 结

分工和市场范围是一个经济过程的不同侧面，要将这一经济过程继续进行下去，就必须共同发展。正是因为分工带来的效率，现实经济才呈现了报酬递增的经济事实。劳动分工取决于市场规模，而市场规模又取决于劳动分工，经济进步的可能性就存在于二者互为因果的条件之中。

递增的报酬不是马歇尔新古典经济学分析的那样是由技术进步、规模收益等决定的，而是由专业化和分工决定的。技术进步是分工的必然结果，而规模收益递增或递减是分工收益和分工成本的简单算术。

在货币经济中，在某一时期（如一年）对商品和服务的需求是全社会的货币量 M 与货币流通速度 V 的乘积 MV。货币量值的商品和服务的供给则是商品交易量 Y

和商品价格 P 的乘积 PY。费雪已经证明，$MV=PY$。而且当年的 MV 或 PY 就是当年的名义 GDP。在货币经济中，市场规模就是商品交易量 Y 和商品交易价格 P 的乘积，即 PY。而分工，用杨格的话说，"不简单地是人口问题"。分工和交易必须同时存在，作为劳动力的人而言，是分工商品经济中的劳动力还是自然经济中的劳动力的重要区别在于其所有权及其相关权利是否参与了交易。而参与分工交易的劳动力人数 L 及这些人的人均报酬 E 的乘积 LE 在数学上应该正好等于市场规模 PY，即

$$PY=LE$$

在这个公式中，商品交易价格与参与经济分工的人数之间建立了一定条件之下的相关关系。因此，在货币量值上，就有 $MV=PY=LE$ 存在。这个公式所表明的意思是：由货币量 M 和货币流通速度 V 决定的货币性需求 MV 等于由商品交易量 Y 和商品交易价格 P 决定的商品和服务供给 PY，也等于由参与分工的劳动力数量 L 和人均分工报酬 E 决定的个人收入总量 LE。

商品价格上升不是一个简单意义上的"通货膨胀"问题。在 $PY=LE$ 中，如果商品价格 P 上升的同时商品交易量 Y 在上升，而且人均个人收入 E 和就业人数 L 同步上升，这样的"通货膨胀"是不应该反对的；如果商品价格 P 上升的同时商品交易量 Y 上升更快，而且人均个人收入 E 和就业人数 L 也上升更快，这样的"通货膨胀"是可取的。

关 键 词

就业总量 人均收入 经济总量 需求 产出 通货膨胀目标制 国内生产总值 国民生产总值 总投资 总消费 货币总量 货币结构

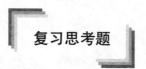

复习思考题

1. 简述我国新国民经济核算体系的内容。
2. 解释 GDP、GNP、GNI、NDP、NNP 的含义。
3. 简述资金流量核算对中央银行的宏观经济分析的意义。

4. 简述中央银行宏观经济分析的主要内容。

5. 试分析国民收入与产品、国际收支、财政和货币这四大账户之间的关系。

6. 依据有关历史资料，预测当年名义货币总量（M_2）的理想值和实际值。

7. 如何理解货币供求与社会总供求之间的关系？

8. 分析宏观经济运行总量之间的关系。

第9章
中央银行货币政策及其目标

9.1 货币政策概述

1. 货币政策的内涵

货币政策是指中央银行有关货币方面的规定及其采取的影响货币数量的措施，包括有关建立货币制度的规定、有关金融体系的规范和旨在提高效率的金融体制改革的措施，以及政府借款、国债管理、财政收支等可能影响货币数量的行为。具体而言，货币政策专指中央银行为实现一定的宏观经济目标，运用各种政策工具调节货币供应量和利率，进而影响宏观经济运行的方针及措施的总和，包括货币政策目标、货币政策工具、货币政策传导机制及货币政策效果等。

经济政策，一般只对经济运行中的某些方面产生影响，再加上社会公众预期的作用，就往往会降低一项经济政策的作用效果，从而大大降低政府实现目标的可能性。而货币政策，既有政策的最终目标，又有中介目标；既有强制性政策工具，又有非强制性的指导性工具；既有公开手段和方法，又有比较隐蔽的手段和方法。因此，货币政策对宏观经济的调控能力一般较强，调控效果也较好，是各国对经济运行进行宏观调控的主要手段。

货币政策的变化会引起总需求和总供给的变化、一般价格水平的变化、经济增长速度和经济结构的变化、国际收支平衡的变化等，因而它是现代市场经济国家最重要的宏观经济调控手段之一。由于大多数货币政策工具都是经济手段，符合市场经济规律，行政干预的成分较少，因此政策回旋的空间较大。尤其是市场经济水平较高的国家，都十分重视用货币政策对宏观经济运行进行调控。

货币政策包括：货币政策目标、货币政策工具、监控目标实现的各种操作指标和中介指标、政策传递机制和政策效果评估等基本内容。这些内容相互紧密联系，构成一个国家货币政策的有机整体。在制定和实施货币政策时，必须对这一有机整体进行统筹考虑。

在理论上，货币政策是通过货币供应量和利率水平的变化来调节社会总需求的。

由于货币供给形成对商品和劳务的购买能力，货币作为一般社会财富的表现，对商品和劳务的追逐形成社会总需求，利率水平则通过对投资需求、消费需求的调节而影响到社会总需求。汇率的变化将通过对进出口贸易、国际资本流动的影响形成对社会总需求的影响。因此，货币政策对宏观经济的调节是通过调节总需求实现的，总供给的变化是作为总需求变化的结果而发生的。货币政策是一种直接调节总需求、间接调节总供给的宏观政策。以需求管理为核心的货币政策是一种以总量调节为主的宏观经济政策。货币政策的制定和实施，旨在通过对货币供应量、利率、汇率等宏观金融变量的调控，对整个国民经济运行中的经济增长、物价稳定、国际收支状况和就业水平等宏观经济运行情况产生影响，以促进社会经济的协调、健康和稳定发展。因此，宏观经济政策目标，基本上也是货币政策的目标。货币政策对经济运行的调节，主要是通过经济手段，利用市场机制的作用，通过调节货币供应量及其他金融变量影响经济活动主体的行为来达到间接调节经济变量、影响宏观经济运行的目的。当然，这并不排除在特定的经济金融条件下采取行政手段调节的可能性。

2. 货币对经济均衡与经济稳定的影响

市场经济发展的过程是分工越来越细、专业化程度越来越高和市场化程度不断加深的进程。在专业化经济和规模经济的推动下，产品创新、技术创新、制度创新不断涌现，一方面提高了生产力水平，也表现为生产的链条延伸，生产的环节增多，中间产品的市场状况对整体生产的影响作用加强。经济学将这一现象称为经济的迂回生产过程。迂回生产过程不同于简单的自给自足或直接生产消费品的生产过程就在于它更多地受到市场因素，即社会总供给和总需求状况的影响。

社会总供给是一定时期内生产资源供给的商品与劳务的总和，社会总需求是一定时期内对商品和劳务的需求总和。当总需求大于总供给时，就会形成通货膨胀压力，造成物价上涨。如果不能对此进行有效调控，物价上涨将打乱正常的生产和流通秩序，影响居民的日常生活，构成社会不稳定的因素。当总需求小于总供给时，由于有效需求不足，生产的商品无法在市场上销售掉，正常的生产循环过程被打断。通过收入递减，这将影响居民的消费能力，影响企业的投资需求，形成通货紧缩压力，物价下跌，企业开工不足，生产能力无法充分利用，失业人数增加，也不利于社会和经济的稳定。

所以，宏观调控的任务就是要维持社会总供给与总需求的均衡。就社会总供给来说，它主要受经济资源和生产能力的制约，是经济发展长期累积的结果，主要表现在生产的技术水平、生产能力的物化程度、劳动者的素质等方面。这些因素在短期内是比较稳定的，实现社会总供给与总需求的均衡，主要通过对社会总需求的调控来完成。

社会总需求，是以货币形式支付的购买能力，货币供应量同社会总需求发生关联，并成为决定社会总需求的一个基本因素。从商品交易恒等式 $PY=MV$ 看出，其中 P 为一般价格水平，Y 为待实现的商品量，M 为货币供给量或存量，V 为货币流通速度，MV 就代表着对商品的需求。因此，利用货币政策工具调控货币供应量成为货币政策调节宏观经济的着力点，也构成货币政策的主要功能。保持经济稳定是货币政策的功能之一，但它同样具有十分重要的意义。

对于经济的波动，经济学家有不同的看法。

凯恩斯主义认为，经济的波动来自经济机体内部，是受其他因素的冲击和干扰而形成的，而且经济机体内部缺乏自动恢复稳定的机制，从而形成非充分就业的均衡或长期的通货膨胀。解决这一问题，需要利用货币政策逆经济风向行事。当经济过度扩张，超过其合理的增长速度形成经济过热，引起通货膨胀趋势时，中央银行实行紧缩性的货币政策，抑制社会总需求的增长，以缓和通货膨胀所造成的压力，促使整个经济稳定正常地发展；当经济处于萧条或衰退时期，失业压力增大，中央银行则应该实行扩张性的货币政策，扩大货币供应量，降低市场利率，刺激社会总需求，促使经济回升和摆脱萧条状况，实现经济的繁荣发展。

货币主义者认为，经济机体具有内在的稳定机制，经济波动恰好是中央银行"弄巧成拙"，过度调节货币供应量造成的，货币波动是经济波动的根源。正是在这一点上，他们认为"货币最重要"，并提出货币供应的"单一规则"。这里，货币主义者也在一定意义上承认了货币对经济的作用。

因此，中央银行利用货币政策稳定经济，一方面要防止货币供给成为经济波动的根源，另一方面也要利用货币政策消解其他经济因素对经济稳定的冲击。只有这样，才能为市场经济的健康运行提供一个良好的货币环境。

9.2　货币政策对经济运行的影响

1. 需求理论的假定与逻辑

"经济学家在讨论所谓价值论时，总说物价决定于供需情况……但当他们……讨论所谓货币与物价论时……代之而起的，是说决定物价者乃货币之数量。"[①] 货币对商品的需求量随着商品价格的下降而增加，随着商品价格的上升而减少，这就是新古典的需求定理；商品的供给量随着商品价格的上升而增加，随着商品价格的下降而减少，这就是新古典的供给定理。当供给曲线和需求曲线在某一点达到平衡时即形成新古典经济学的均衡价格。这个决定过程涉及两个效应的同时作用：一种是商品名义价格发生变化时，将引起消费者所购买的商

---

①　凯恩斯. 就业利息和货币通论. 北京：商务印书馆，1988：252。

品中与该商品相近的商品之间的替代，这称为替代效应；另外一种是商品名义价格发生变化时，保持消费者名义收入不变将引起消费者实际收入变化，此为收入效应。

替代效应永远是正值，而收入效应则"有可能"是负值。正是因为收入效应的不确定性，新古典经济学又将商品归类为炫耀品、正常品（那些需求的收入弹性大于零的商品。收入增加，需求增加。收入效应与替代效应在相同方向起作用，收入效应强化了替代效应）、低档商品（那些需求的收入弹性小于零的商品）和吉芬商品（收入增加，需求减少。收入效应与替代效应在相反方向起作用。在绝对值上替代效应小于收入效应）。效用理论和边际理论假定是新古典供求理论的基石。

马歇尔需求函数是指在可以互相替代的两种商品（Y_1、Y_2）模型中，假定两种商品价格（P_1、P_2）与货币收入（M）不变，是效用最大化前提下对商品的需求，最优需求量是效用线与预算线的切点。希克斯需求函数是指在同一效用水平下，消费者面对可替代的两种商品（Y_1、Y_2）的支出最小化问题。

就某一商品而言，新古典需求理论中量与价的互动包含着若干个"其他条件"不变，没有这些假定前提，新古典经济学的价格理论不能成立。即使这样，新古典经济学仍然没有能够为"吉芬商品"的存在找到一个自圆其说的假定和逻辑，只能用"例外"处理。在面对需求理论的特例"劣等品"和"吉芬商品"时，新古典经济学是以"收入效应为负"来进行解释的。如果恩格尔曲线的实证结论可以用需求的收入弹性小于零解释所谓"劣等品"，那么对需求量和价格同方向变化的商品（吉芬商品）的解释似乎有点牵强。马歇尔第一个发现，所谓的需求普遍定律，可能存在例外，也即吉芬之谜，用现代语言说，吉芬之谜也就是价格变动的正收入效应绝对值很大，超过那种变动的负替代效应。吉芬之谜具有相当重要的意义，马歇尔看到了吉芬之谜的这一点，并因而决定找出它。马歇尔发现，从实践的目的出发，在确定单个需求曲线时，必须考虑嗜好、未来价格的预期、消费者的货币收入和所有价格（而不是所研究的一种价格）。然而，这样就不可能证明事实上存在一个"普遍适用的"需求定律。

以两种商品模型 Y_1、Y_2 为例，商品 Y_1、Y_2 可以互相替代，新古典的消费者预算约束为

$$M = P_1 Y_1 + P_2 Y_2$$

将效用最大化的马歇尔需求函数和支出最小化的希克斯需求函数合并考虑，新古典经济学在 $M = P_1 Y_1 + P_2 Y_2$ 的约束条件下是这样解释需求的：货币收入 M 全部变现为商品（符合预算线约束），一种商品 Y_1 的价格 P_1 上升，消费者为了在预算条件下的支出最小化，将减少商品 Y_1 的消费，增加商品 Y_2 的消费，对商品 Y_1 的需求量下降。新古典的需求理论得以成立。

价格变化中如果没有商品替代，新古典微观经济学的预算线约束 $M = P_1 Y_1 + P_2 Y_2$ 就演变为 $M = PY$。新古典经济学的收入效应认为商品价格下降将带来持币者"实际收入"的增加，正常情况下需求上升。这个结论有一个隐含的假定：商品是财富而货币不是财富。预算线约束

下效用最大化的马歇尔需求函数，直白一点就是说，如果不把手中的货币全部变为商品，就是非理性的。众所周知，市场交易是一个连续过程，"理性地"将货币全部变成商品在任何一个时间维度上都不可能，因为那将导致交易过程的终结。要保证交易过程的连续性（市场经济得以存在的必要条件），人们必须在保存货币和保存商品之间权衡一个比例，人们可以随时将货币变成商品（只要愿意出高价购买商品），也可以随时将商品变成货币（只要愿意出低价甚至负价格出售商品，如雇人将某种商品扔掉）。如果货币不是认可的财富而商品是认可的财富，货币与商品之间的交易将得不到交易的一方——商品持有者的认可，交易就不可能进行。

微观经济学的马歇尔需求函数意味着将货币完全变现为商品才是理性的（满足预算线），这与马歇尔效应中 K 的变化是矛盾的。

在需求价格与需求量的互动过程中，无论是在微观上还是在宏观上，都不可能证明货币能够外生于商品的供求关系和价格关系（准确一点说，没有货币就不可能有价格）。当费雪交易方程式 $MV=PY$ 中的 MV 被新古典供求理论抽象为一个不变的量时，$MV=PY$ 中就仅仅有成交价格 P 和成交量 Y 的互动。因为需求 MV 是不变的，价格 P 上升，交易量 Y 则下降，是需求不变的情况下在交易量和交易价格之间的必然权衡。也就是说，如果新古典"不变的其他条件"包括货币供应量 M 和货币流通速度 V，价格上升则商品需求量下降，这与新古典需求理论一致；如果新古典"不变的其他条件"不包括货币供应量 M 和货币流通速度 V，则成交价格与成交量之间没有必然的因果关系，新古典的需求理论就不存在。

与马歇尔的货币外生的微观价格决定论相反，马歇尔的现金余额论认为，币值决定于国民用通货形态保有的购买力总额与通货数量之比，人们想以通货形式保存其资源的比例越小，通货总值就越低，也就是说，与一定数量的通货相对应的物价就越高。马歇尔的现金余额论被人们称之为"马歇尔效应"。庇古在 1920 年发表的《福利经济学》里将马歇尔的现金余额论用公式 $M=KPY$ 表示。简单来看，费雪的交易方程式 $MV=PY$ 是以全社会的商品货币交易为对象，剑桥方程式 $M=KPY$ 则着眼于个人对货币持有的需求。就个人而言，需要持有多少货币实质上是选择以什么方式保有自己的资产（即用货币的形式还是用非货币的商品形式）。在全社会总量上，费雪方程式与剑桥方程式中的 M 是相等的，这是因为在货币没有丧失信用被人们当作废物抛弃之前，一个人手中货币的减少必然等于另一个人手中货币的增加。将费雪方程式和剑桥方程式合并考虑可以推论出：$KV=1$，这意味着如果货币供应量 M 和商品供应量 Y 不变，在消费者减持货币资产 M 增持非货币资产 Y 时，用马歇尔效应解释是现金余额 K 下降，用费雪的交易方程式解释是货币流通速度 V 提高，这时价格水平将升高并作适应性调整。另外一方面同样成立：当价格水平 P 上升时，马歇尔效应中的现金余额 K 下降，费雪的交易方程式中的货币流通速度 V 提高。

马歇尔需求函数认为，将货币全部花掉（满足预算线）是理性的；而马歇尔效应的结论是人们会在保存货币和保存商品之间进行权衡，也就是说，将货币全部花掉是非理性的。二者矛盾的根源是什么？仍然以新古典的消费者预算约束 $M=P_1Y_1+P_2Y_2=PY$ 为例。如果用费雪的交易方程式 $MV=PY$ 去衡量新古典的消费者预算约束 $M=P_1Y_1+P_2Y_2=PY$ 就会发现，新古典的消费者预算线约束得以成立是因为它将 $MV=PY$ 中的一个极其重要的内容 V 假定为1，才能够得出 $M=PY$ 的结论。

因为 $KV=1$，如果 $V=1$，则 $K=1$，马歇尔的现金余额论 $M=KPY$ 和费雪的交易方程式 $MV=PY$ 合一成为 $M=PY$。这显然很简单，然而是错误的。这等于在任何一个时间维度，$M=PY$ 就是货币在交易后就消失了，类似于马克思的简单价值形式，不可能适用于完全货币经济的分析。在费雪的交易方程式中，V 的本质含义不是度量1美元的花费次数，而是它在一年内变为收入的次数。在这里，时间的维度是一年。

费雪的交易方程式认为，$MV=PY$ 恒等，成交价格 P 必然与成交量 Y、货币量 M、货币流通速度 V 相关。而我们看到的新古典供求理论中只有成交价格 P 和成交量 Y 两个因素，MV 被抽象掉了，或者说，在新古典的价格与供求的互动中，货币是外生的，即货币供应量和货币流通速度是新古典需求理论中"不变"的"其他条件"之一。

将 $M=PY$ 中被抽象掉的 V 合并考虑，即 $MV=PY$，可以发现，由于马歇尔效应 K 的作用，货币流通速度 V 是变化幅度极大的一个变量（窖藏货币的流通速度 V 是零，恶性通货膨胀时期货币的流通速度 V 是无穷大）。这也就意味着，货币流通速度 V 可变的市场经济不能为新古典经济学理论提供固定的预算线。

归根结底，新古典的供求-价格理论抽象掉了最重要的因素——货币，因此这个理论体系不可能解释货币经济中的供求-价格问题。而且，我们无法确定，在新古典的供求-价格理论中，究竟是供求决定价格还是价格决定供求。

2. 货币内生的需求逻辑与价格变动中的货币替代

费雪认为，如果某一时期各种商品的价格分别为 P_1，P_2，…，P_n，它们的交易数量分别为 Y_1，Y_2，…，Y_n，则交易总量为

$$MV=P_1Y_1+P_2Y_2+\cdots+P_nY_n=\sum_{i=1}^{n}P_iY_i=PY$$

为了便于分析，可以将商品简化为只有两种可以相互替代的商品，即 Y_1，Y_2，价格分别为 P_1，P_2，则

$$MV=P_1Y_1+P_2Y_2$$

上述约束条件与新古典约束条件相比较，增加了 V，或者说 $V\neq1$。当商品 Y_1 的价格 P_1 上升时，按照希克斯的逻辑，为了支出最小化，购买者将会在可替代商品之间进行权衡。在 $MV=P_1Y_1+P_2Y_2$ 的分析框架里，当商品 Y_1 的价格 P_1 上升时，若 MV 不变，P_2 不变，则消费者将减少商品 Y_1 的消费量，增加商品 Y_2 的消费量，这与新古典需求理论的结论是一致的。即 Y_1 的价格 P_1 上升，人们将转而增加对 Y_2 的需求量，对 Y_1 的需求量将下降。

上面描述的是在价格变动过程中人们在可替代商品 Y_1 和 Y_2 之间的权衡。当某一购买力 MV 是用来固定购买唯一的一种商品 Y 时即当货币购买的商品没有替代的时候，$MV=P_1Y_1+P_2Y_2$ 也就进一步简化为 $MV=PY$。

从商品中分离出来的一般价值形式及后来的货币形式，其存在的必要条件之一是必须满足持物者、持币者的财富需求。价格变动中人们的理性行为是权衡在持物（这里的物是指用货币衡量的物的价值，即 PY）和持币（M）中哪一个更合算，即用货币衡量的 $M+PY$ 的最大化。在一个连续的交易过程中，价格预期是人们决定马歇尔效应中的 K 的主要因素，因为如果预期总的商品价格下降，将会强化人们的持币欲望；如果预期总的商品价格上升，则强化人们持物的欲望。

在不同收入水平的人群中，人们的支出结构是不同的。恩格尔系数描述的是某种商品购买与货币收入水平之间的曲线，这也是马斯洛需求层次理论的经济学化。

大雨连天，雨伞的价格上升，而其需求量也增加了。但是，在这里，价格决定供求并不存在，因为价格上升需求没有减少。雨伞的需求量上升，不是因为其价格上升，而是因为连天大雨，价格上涨只是对需求的一种反映。在这里，不是价格决定需求，而是需求影响价格。新古典微观经济学教科书对此的解释是：需求曲线的移动。

粮食增产，粮食价格也下降了；反过来，不可能因为粮食价格下降了，因而粮食丰收。在这里，是供给影响价格。新古典微观经济学教科书对此的解释是：供给曲线的移动。

在 $MV=PY$ 中，作为货币量值概念，MV 就是需求，PY 就是供给。连续阴雨，雨伞的需求量上升，但是货币量 M 不可能因此增加，人们只能降低现金余额，即 K 降低，剑桥效应将起作用，在 $M=KPY$ 中，因为需求变化导致的市场反应过程，第一步是价格反应，第二步才是产量反应，则 P 上升。因为 $K=\dfrac{1}{V}$，K 降低，则 V 上升，费雪效应 $MV=PY$ 成立。而且，这一需求的上升未必导致价格的上升，因为厂家的储备有可能正好派上了用场。也就是说，在 $MV=PY$ 中，对需求 MV 的上升，可以通过交易量 Y 上升而不是价格 P 的上升达到平衡。对于需求的变化，在一个时期内，价格变化只能是一种可能的反应，而不是一种必然的反应。

而对于粮食增产、粮食价格下降这个问题，其演进过程与雨伞问题完全不同。在 $MV=PY$ 中，粮食增产，即 Y 增加。这里不是需求的变化，而是供给量的变化。$MV=PY$ 的平衡被打破，货币量 M 同样不可能因此增加，在剑桥效应 $M=KPY$ 中，人们同样不会因为粮食增产而改变现金余额，如果农民需要将生产的粮食变成可能被货币选择的交易物，主动选择就是降价，即 P 减小。也就是说，在 $MV=PY$ 中，因为 MV 不变，若 Y 上升，则 P 下降。

如果必备商品（如穷人的土豆）没有替代商品，即 $MV=PY$，在土豆价格 P 上升时，为了活下去，他不能减少土豆的需求量 Y，在他能够支配的 MV 中，若货币收入 M 不变，他只能提高货币的流通速度 V，在马歇尔效应中则是 K 下降，减少货币余额，这时价格虽然上升，但市场对土豆的需求量不变。这就是新古典经济学意义上的"劣等品"。

如果预期土豆价格 P 仍将上升，影响到对所持货币的价值判断时（即所持货币在对必购物品土豆的购买中将贬值。例如，1 美元货币今天可以买 1 公斤土豆，明天可以买 0.5 公斤土豆，后天只能买 0.1 公斤土豆），持币是不合算的，在他能够支配的 MV 中，若货币收入 M 不变，他将加速增加货币的流通速度 V。在马歇尔效应中则是 K 加速下降，降低货币余额，增加商品持有量，如果 K 下降的比例超过了价格 P 上升的比例，将出现土豆价格上升，市场对土豆的需求量上升更快的情况。这就是新古典经济学意义上的"吉芬商品"。

如果货币收入 M 不变，商品 Y 无替代（但可有可无，即非必需品），当价格 P 变化时，在 $M=KPY$ 的分析框架中，若影响到对货币价值的判断，则 K 变化。例如，若 P 下降，K 则上升，则 V 下降，意味着货币余额增加，对商品的需求量下降；若 P 上升，K 反而下降，则 V 上升，意味着货币余额减少，对商品的需求量上升。

如果货币量 M 不变，商品 Y 无替代（但可有可无，即非必需品），当价格 P 变化时，在 $M=KPY$ 的分析框架中，若没有影响到对货币价值的判断，则 K 不变，价格 P 上升而 K 不变时，在 $M=KPY$ 中，需求量 Y 必然下降。在 $MV=PY$ 中，则是 V 不变，同样是 P 上升意味着需求量 Y 下降。

因此，费雪的交易方程式和马歇尔效应都可以表明，在价格变动中，如果没有商品替代的可能，出于用货币衡量的财富 $M+PY$ 最大化的目的，人们在持物和持币之间的选择将导致财富结构中商品和货币的互相替代。这个替代使得成交价格与成交量之间未必是必然的相关关系。

进而论之，吉芬商品（需求量与价格同方向变化，如商品提价后，需求量增加，即新古典认为的收入效应与替代效应在相反方向起作用，在绝对值上替代效应小于收入效应）作为一种现象存在，原因之一是某些商品对特定人群具有不可替代性，原因之二是价格变动影响到特定持币者对货币价值的衡量。例如土豆价格上升，因为收入限制，不可能用牛肉（或其他高档食品）替代，但同样不可能不吃饭，穷人将降低货币余额保持对土豆的需求量；若土豆价格上升影响到穷人对货币价值的衡量，穷人将加速降低货币余额，虽然土豆价格上升，但需求量上升更快。同样的逻辑，当富人的某项支出仅仅用于购买某一高档商品或奢侈品时（同样没有替代品），也会出现价格与需求量的同方向变动情况。

3. 宏观价格变动的效应问题

在新古典宏观经济理论中，以商品市场为中心建立的国民收入决定模型主要有两个：一是由马歇尔均衡价格模型改进而来的总供求模型，即 AD - AS 模型；二是凯恩斯建立的总收支模型，即 NI - AE 模型。

与马歇尔均衡价格模型类似，总需求是价格的函数，$AD = f(P)$。AD（Aggregate Demand）是一个商品和服务的物量概念（Y），是由价格（P）决定的。在这里，货币是影响总需求的外生变量。在新古典的微观需求曲线和宏观需求曲线中，价格和需求量都是反方向变化，但机理不同，前者是用效用理论解释的，后者是用实际货币余额理论解释的。

没有人能够否定 $MV=PY$ 恒等的绝对性。若由价格水平 P 决定的 AD - AS 模型成立，如同微观分析一样，必须假定 $V=1$，使得 $M=PY$。再进一步假定货币 M 外生（即成为不变的"其他条件"之一）。$AD=f(P)$ 的真实含义就是：需求 M 不变，消费者在需求量 Y

和价格 P 之间权衡，P 上升则 Y 下降；P 下降则 Y 上升，于是价格决定的新古典宏观需求理论成立。这个需求是一个物量概念而不是一个货币量概念。前面已经说过，在宏观经济上，物量概念的总需求根本不存在，原因很简单：大米和电视机不能相加。

在以货币衡量的总需求 $AE=MV$（NI－AE 模型）中，AE（Aggregate Expenditures）是一个货币量概念，所涉及的内容是货币供应量 M 和货币流通速度 V。在这里，费雪方程式 $MV=PY$ 和剑桥方程式 $M=KPY$ 依然成立，货币是影响总需求的内生变量，总需求 $AE=MV=PY$。

在宏观经济的背景中合并考虑剑桥方程式 $M=KPY$ 和费雪方程式 $MV=PY$：在 $M=KPY$ 中，若货币总量 M 和商品总量 Y 不变，价格水平 P 上升，则 K 降低，V 提高，若 V 提高的幅度高于 P 上升的幅度，则总需求 MV 上升，需求上升使得价格 P 继续上升，直至 $MV=PY$ 恢复平衡。若 V 提高的幅度低于 P 上升的幅度，则总需求 MV 下降，需求下降使得价格 P 回落，直至 $MV=PY$ 恢复平衡。

这里看到另外一个逻辑过程：在宏观经济中，物价水平与需求并不存在一个必然的同向运动或异向运动。

在 $M=\frac{1}{V}PY$（费雪方程式）或者在 $M=KPY$（剑桥方程式）中，人们最容易观察到的因素是价格 P 的变化，在价格 P 上升的情况下，若人们的预期是价格 P 依然上升，所有人都可以清醒地意识到：依然保存货币是吃亏的。这时，人们的理性反应是降低货币余额使 K 下降（剑桥效应），这必将导致货币流通速度 V 上升（费雪效应），使得以货币衡量的总需求 $AE=MV$ 上升。

在 1988 年中国的通货膨胀中，价格上升，需求也上升；在 20 世纪 90 年代，日本持续的通货紧缩并没有出现需求上升的局面；美国 19 世纪后期的通货紧缩伴随着的同样是需求不振；1929 年的世界经济大萧条也是通货紧缩与需求下降并存。这些现象能用马歇尔的 K 效应解释，而不可能用新古典的宏观经济总需求理论去解释。在社会总量上，一方面，商品价格总水平 P 上升，就是货币贬值，人们将降低用通货形式保存的财富数量，货币对商品的需求反而上升；另一个方面，商品价格总水平 P 下降，就是货币升值，人们将提高用通货形式保存的财富数量，货币对商品的需求反而下降。

将新古典微观需求理论推广到宏观领域产生的致命问题是：总需求既没有新古典的替代效应也没有新古典的收入效应。所有的商品价格都上涨不可能有替代，所有的商品价格都将上涨不是意味着收入将下降，而是意味着保存货币是吃亏的，剑桥效应将会起作用，降低用通货形式保存的财富的结果是货币对商品的需求上升，全部商品成为"吉芬商品"。这就是恶性通货膨胀时期，物价与总需求同时上升的原因。

在恶性通货膨胀时，不仅持币者要将手中的货币换成商品，甚至商品的生产者也会将自己的货币换成商品。没有消费者和生产者之分，只有"以通货形式保存财富者"和"以商品形式保存财富者"之分。需求是货币对商品的需求，同时也是商品对货币的需求。恶性通货膨胀期间，商品拒绝对货币的需求也可以证明这个需求的双向性。

恶性通货膨胀使人们抛弃货币而退出流通，使得"货币烫手"；恶性通货紧缩则使人们保存（或窖藏）货币而使货币退出流通。以物价下跌为主要标志的通货紧缩的内在含义是货币升值，面对预期的商品物价下降，人们的理性选择是保存货币（甚至窖藏货币）而不是持物，使得"货币失踪"。

庇古效应认为，随着价格水平的下降和实际货币余额的增加，储蓄将减少消费将增加。庇古的这个思想同样是建立在商品是财富而货币不是财富的基础上的。在一个时期内（比如一年），如果交易是一个连续的不间断过程（$V \neq 1$），用货币衡量的社会总财富是 $M + PY$，而不是单一的货币 M 或者商品 Y。抛去了效用假设理论，为了 $M + PY$ 的最大化，货币流通速度 V 是货币持有者的投机工具，价格 P 则是商品持有者的投机工具，并且任何一个消费者和生产者都不是单一的货币持有者或商品持有者。庇古效应（随着价格水平的下降和实际货币余额的增加，储蓄将减少和消费将增加）之所以难以成立是因为这个效应的逻辑过程是凯恩斯效应（在 IS - LM 曲线中，利率决定投资和储蓄，利率也决定货币供给和需求，进而决定着国民收入），而在 IS - LM 曲线中，利率决定投资和储蓄，利率决定货币供给和需求的机制，都是以马歇尔的供求理论为基础的。

新古典的微观需求理论模型和宏观总需求理论模型都是以货币外生或货币中性为假定前提的。但是，问题并没有那么简单。"在货币一般均衡模型的框架内，货币中性可以作如下定义：如果在由名义货币供给变动引起的最初均衡破坏之后，新的均衡是在所有的实际变量的数值和货币供给变动之前相同而达到，货币就是中性的。当模型不能满足这些条件时，货币就是非中性的。"[①]全部经济体制中都没有一个货币供应体系能够去自动地、恰当地为经济体系提供货币，而且保证货币供应量不会影响货币流通速度 V、商品价格 P 和商品量 Y。在外生货币理论中，是货币供给决定货币需求；而在内生货币理论中，是货币需求决定货币供给。

4. 资产最大化过程中价格对货币流通速度的决定性作用

维克塞尔的一个重要结论是利率的下降将使价格上涨。这一结论后来被凯恩斯的宏观经济理论完整地借鉴过来，并且让利率的下降与价格上涨之间互为因果关系：当通货膨胀时，提高利率，当通货紧缩时，降低利率。但没有根据说明价格水平和利率之间的关系是否受其他因素（如货币供应量、商品交易量等）的扰动，后来的研究成果也鲜有这种因果关系传导过程的进一步分析。

凯恩斯认为货币需求函数是不稳定的（在给定价格水平 P，商品交易量 Y 的条件下），因为投机性原因，货币需求随利率而变动。如果这个过程的原因是投机性的，对货币的需求更应该随价格变动而变动。

而以弗里德曼为代表的货币主义则认为 M 对 GNP 有直接影响，其传导过程是：$M \to P \to MV \to GNP$，也就是说，货币供给增加直接导致需求增加，进而影响价格 P。

---

① 哈里斯. 货币理论. 北京：中国金融出版社，1989：54.

为了达到收入的最大化，企业或个人一般有两种方式：其一是寻利，即在经营买卖中获得收益；其二是寻租，通过持有而不是买卖获利。例如，对于一个持有价格即将上涨的商品或股票的企业或个人而言，继续持有商品或股票比出卖能够获得更大的收益；对于一个持币购买者来说，如果是在通货紧缩时期，继续持有货币等待购买力的增加比购买"不断贬值的商品"能够获得更大的收益。

时间偏好是指人们对其开支在时间上的选择，即是现在花钱还是明天花钱，甚至是花自己的存款还是花自己的贷款。如果名义利率是由通货膨胀率决定的，影响偏好的主要因素当然是对未来的价格水平预期。

费雪在论述交易方程式 $MV=PY$ 时强调，M 是指一定期间用于流通的货币量。费雪对货币量的解释为后来的货币理论分析设置了障碍，因为非流通货币必须有一个去向。因此，货币量概念除特别注明外，应该是指对社会投放的全部货币量，包括退出流通的货币（如窖藏起来的货币），因为对于个人来说，其用于流通的货币和用于窖藏的货币之间没有不可逾越的鸿沟。费雪的货币数量说的基本条件是 V（货币流通速度）不变，也就是说，费雪是从一定时期内稳定的流通过程来解释货币数量说的。在 $MV=PY$ 中，费雪证明交易总量 Y 是按照稳定的增长率增长，货币流动速度 V 是相当稳定的，这两个因素对价格的影响是可以忽略不计的。因此，他的结论是："在货币流通速度和商品交易量不变的情况下，物价水平是随流通速度中的货币量成正比例变动的。"[1]

在 $MV=PY$ 中，M 的变动未必导致 P 的变动，V、Y 的变动情况同样会影响 P 的变动。另外一种情况是即使 M 不变，若人们对货币信心不足，降低货币余额，也会同样导致通货膨胀，即 P 增加。

无论是费雪效应还是剑桥效应，都只有在假定 V 不变（或 K 不变）的情况下才能够得出费雪方程式和剑桥方程式的外生变量（如财政政策）不影响价格水平，也不影响产量水平的结论。

货币的流通速度，"理论分析往往把它视为常数，长期货币史的实证分析也往往证明它的变动不大，可以作为常数看待。但剖析当前的、短期的经济形势时，由于它的实际值是经常变动的，所以一点也不能忽视"[2]。

持币待购或持物待售都会对货币流通速度产生重大影响。对于货币数量论的一些简单结论，维克赛尔早就提出异议，他认为货币数量论假定"货币的流通速度仿佛是一个固定的没有伸缩的量，环绕着一个不变的平均水平作波动；然而实际上它是会完全自动地扩大或收缩的，同时，特别是由于经济进步的结果，它能够作几乎任何如所想往的增加，并且在理论上它的伸缩力是没有限制的"[3]。马歇尔则进一步认为，费雪的恒等式"并未指出决定流通速度

① FISHER I. The purchase power of money. New York：Macmillan，1911.
② 黄达. 宏观调控与货币供给. 北京：中国人民大学出版社，1987：178.
③ 维克赛尔. 利息与价格. 北京：商务印书馆，1959. 34.

的原因",并指出"货币流通速度是随着一国人民认为手头应该保有的购买力数额的变动而变动的"。[①]

剑桥方程式 $K=\dfrac{M}{PY}$ 可以表明,当人们使手中的货币与名义收入之比降低时,K 降低,则费雪方程式 $MV=PY$ 中的 V 提高。在货币总量不变的情况下,V 提高,按照资源配置的顺序,P 将上升才能维持 $MV=PY$ 的平衡。这一过程与剑桥方程式 $M=KPY$ 也是一致的。人们降低货币需求,提高货物需求,同样需用价格的提高来达到 $M=KPY$ 的平衡。

在货币的几个职能中,交易媒介职能要以价值储藏职能为前提。一美元今天可以买一斤大米,如果这一美元明天成为废纸,那么它今天要实现交易媒介的职能是困难的;同时,货币的价值储藏职能也是以货币的交易媒介职能为前提的,在鲁宾逊的孤岛上,储藏黄金远远不如储藏大米重要;当商品价格上升或下降时,人们的理性对策是通过改变货币流通速度来改变自己的财富结构中货币和实物的比例,也就是通过交易媒介职能达到价值储藏职能,目的只有一个,即财富的最大化。在 $MV=PY$ 中,货币流通速度 V 与剑桥方程式 $M=KPY$ 中的 K 有 $KV=1$ 的关系,改变货币在全部资产中的比例 K 的首要原因是价格 P 变化使得货币出现贬值或升值的现象,通过改变货币在全部资产中的比例 K 能保证资产总量 $M+PY$ 的最大化。在这个意义上讲,在 $MV=PY$ 中,是价格 P 变化导致了货币流通速度 V 的变化,不是货币流通速度的变化导致了价格的变化。

在《就业、利息和货币通论》中,凯恩斯的一系列结论是在货币外生假设下得到的。货币主义的理论基础也是建立在货币外生性这一基本假定前提上,这一点与凯恩斯主义没有区别。如果内生货币理论成立,那么搞清楚决定货币需求的因素就显得尤其重要。

5. 货币内生的供求理论

新古典的消费者预算约束 $M=P_1Y_1+P_2Y_2$ 是新古典需求理论的前提,它假定货币收入 M 不变,货币流通速度 V 为 1。在这个基础上,商品 Y_1 的价格 P_1 上升时,由于替代效应,使得人们增加 Y_2 的消费,对 Y_1 的需求量则下降。

如果 $MV=P_1Y_1=PY$,即需求商品 Y 无替代,货币流通速度 $V\neq1$,价格 P 的上升不能减少人们对不可替代品 Y 的稳定需求,若没有新的货币收入来源(M 不变),就只有提高货币流通速度 V,反映在马歇尔效应上就是降低货币在资产中的比重 K。这时,价格上升并不导致需求量下降。这就是经典意义上的"劣等品"或"奢侈品"。

如果 $MV=PY$,即需求商品 Y 无替代,预期的价格 P 上升意味着持币是不合算的,这时作为人们的理性选择,马歇尔效应将起作用,在 $M=KPY$ 中 K 加速下降,在 $MV=PY$ 则 V 加速上升。即价格上升时,需求将以更大的幅度上升。这就是经典意义上的"吉芬商品"。

新古典需求理论得以成立的必要条件是商品的可替代性。如果没有商品之间的替代,与

---

① 马歇尔. 货币、信用与商业. 商务印书馆,1986:46.

货币相对应的商品都可能是"吉芬商品"。价格变动导致的财富结构中货币与商品的互相替代现象可以解释微观经济学中的"吉芬商品"现象（价格上升需求上升），也可以解释宏观经济学中在恶性通货膨胀时期的抢购现象（价格水平上升需求上升）。

研究市场学的价格理论时，在边际和效用假设基础上建立起来的价格理论在市场学价格理论中没有任何价值。用货币内生的价格理论去重新解释价格变动中的需求变动时，可以发现市场学价格理论的本质是利用价格变动去改变市场份额，前提是商品之间具有可替代性，而不是抽象意义上的降低价格需求上升。正是在这里，经济学的价格理论与市场学的价格理论达到了统一。

在 $MV=PY$ 中，如果新古典供求理论的"其他条件不变"是 MV 不变，即以货币衡量的需求不变，成交价格与成交量反向变动，这与新古典的需求理论一致。如果新古典供求理论的"其他条件不变"是 M 不变，当价格变化影响到对货币价值的判断时，则 V 变化，因为 V 的变动幅度可能高于、等于或低于价格 P 的变动幅度，因此在商品价格上升时，需求可能上升，也可能不变或下降。如果 $MV=PY$ 中的四个变量均可变，则成交价格 P 与成交量 Y 之间没有必然的因果关系。

9.3 货币政策目标

1. 货币政策目标体系

货币政策的目标体系一般包括以下 4 个方面的主要内容：货币政策工具体系，如准备金政策、公开市场业务、再贴现政策；操作目标体系，如准备金、基础货币；中介目标体系，如利率、货币供应量；最终目标体系，如物价稳定、充分就业、经济增长、国际收支平衡。

要制定并实施货币政策，首先必须明确货币政策的方向和所要达到的目的，即最终目标。因此，货币政策的最终目标在整个货币政策体系中居于首要位置，是整个货币政策的出发点和归宿点。不论是中介目标、货币政策工具，还是操作目标，都是为最终目标服务的；在实践领域，人们通常也都是以最终目标的实现情况作为评判既定时期内一国货币政策实施绩效的客观依据。

货币政策的宏观特性决定了其最终目标必须与国家所要实现的宏观经济目标相一致。我们知道，影响各国经济发展的基本问题集中在 4 个方面：通货膨胀、失业、经济衰退及国际收支不平衡。因此，多数国家的中央银行通常将物价稳定、充分就业、经济增长和国际收支平衡设定为货币政策的最终目标。

货币政策目标是指中央银行采取调节货币和信用的措施所要达到的目的。明确货币政策目标是整个货币政策制定与实施过程的首要任务，只有确立了货币政策目标才能有的放矢地围绕目标选择货币政策工具，发挥货币调控经济的功效。货币政策目标可划分为三个层次：

最终目标、中介目标和操作目标。

最终目标是中央银行通过货币政策在一段较长的时期所要达到的目标，基本上与宏观经济目标相一致，具体包括币值稳定、充分就业、经济增长、国际收支平衡等。中央银行并不能对这些目标直接加以控制，只能通过货币政策工具对它们施加间接的影响和调节。为及时准确地判断货币政策的力度和效果，中央银行需要一套便于决策和控制的指标（操作目标与中介目标），将货币政策工具的操作与货币政策最终目标的实现联系起来。

中央银行在货币政策工具和最终目标之间选定一些变量作为监测指标，这些变量被称为中介目标（或中介指标），如货币供应量、利率、信贷规模和汇率等。中介目标可以被中央银行准确地控制。货币政策工具也不能直接影响中介目标，中央银行还需要选定一些既能被货币政策工具直接作用又与中介目标紧密联系的变量作为操作目标（或操作指标），如存款准备金、基础货币等。这些变量对货币政策工具的变动反应较为灵敏，是货币政策工具操作直接引起变动的指标，有助于中央银行及时跟踪货币政策实施的效果并及时修改。

操作目标是最接近货币政策工具的金融变量，具体包括准备金、基础货币、短期货币市场利率等。它们直接受货币政策工具的影响，对货币政策工具的变动反应较为灵敏，是货币政策工具操作直接控制的指标，但与最终目标的因果关系不太稳定。

中介目标处于最终目标和操作目标之间，与最终目标联系密切，是中央银行在一定时期内和某种特定的经济状况下，能够以一定的精度达到的目标，其变动可以较好地预告最终目标可能出现的变动。中介目标主要包括货币供给量和长期利率，在一定条件下，银行信贷规模和汇率等也可以充当中介目标。

操作目标、中介目标和最终目标与宏观经济的相关性从弱到强，受中央银行的控制程度从强到弱，三者构成了货币政策的目标体系。

2. 货币政策目标的演变

货币政策的最终目标是中央银行实施货币政策所要达到的目的，是经济发展对中央银行所提出的客观要求。货币政策目标存在着持续的演变过程。

亚当·斯密"看不见的手"的思想和"萨伊定律"为多数西方学者和行政当局所信奉，认为市场有自发调节经济均衡发展的功能。但为了使市场真正具有这个功能，必须具备一个条件，即货币稳定，排除币值波动对经济的干扰。而历史上金本位制是一种稳定的货币制度，经济发达的国家相继实行了金本位制，因而这时的货币政策目标是单一目标，即稳定货币。在 20 世纪 30 年代以前，货币政策都只有一个目标，即维持货币价值的稳定。

20 世纪 30 年代以后，由于各国相继放弃金本位制，金属货币被纸币和信用货币所取代。此时，币值的稳定与否是由单位货币的购买力来衡量的，而货币购买力通常是用综合物价指数来表示的，因此稳定物价也就成为货币政策的一个最终目标。凯恩斯理论的盛行，各国先后将充分就业列为货币政策的最终目标。货币政策目标演变为两个：物价稳定和充分就业。

为了维护美国的经济实力和国际地位，美联储将追求较高的经济增长率确定为货币政策的又一个最终目标。货币政策目标演变为三个：经济增长、物价稳定和充分就业。

到 20 世纪 60 年代末，美国的国际收支逆差已相当严重。1971 年 8 月，尼克松总统不得已宣布停止美元与黄金的兑换，同时美国国会要求货币当局运用货币政策进行干预，尽快实现国际收支平衡。至此，西方国家货币政策最终目标经历了一个逐渐从单一目标到四大目标的发展过程：经济增长、物价稳定、充分就业和国际收支平衡。

多重目标的货币政策看上去很美，但目标之间经常是鱼和熊掌不可兼得。姑且不考虑货币增长和经济增长之间的实现过程，如果货币流通速度不变，经济增长的必要条件之一是货币供给的增长，而货币供给的增长又会带来物价上升的压力，至少在短期是这样的。抑制物价、减少货币供给则又会抑制经济增长。此时，经济增长和物价稳定发生了矛盾。

在凯恩斯主义的理论体系中，在达到充分就业之前，货币供给量的增加不会带来通货膨胀。在 $MV=PY=LE$ 的分析框架里，因为 $MV=PY$，货币供给量 M 的增加是否会影响价格水平 P 取决于货币流通速度 V 和商品交易量 Y 的变化方向和速度，与就业水平 L 无必然相关；因为 $PY=LE$，就业量 L 的变化是否会影响价格水平 P 取决于人均就业收入 E 和商品交易量 Y 的变化方向和速度，与货币供给量 M 无必然相关。也就是说，如果货币流通速度 V 和人均收入水平 E 的变化是无序的，要保证凯恩斯主义理论体系中"在达到充分就业之前，货币供给量的增加不会带来通货膨胀"的结论成立将是困难的甚至是不可能的。因此，同时实现货币政策的多种目标是困难的，尤其是弗里德曼"自然失业率"的提出，已经使得"充分就业"的货币政策目标完全没有了衡量"充分就业"的标准，即没有人知道什么是"充分就业"。

因此，自 20 世纪 90 年代以来，主要市场经济国家相继采用低通货膨胀率的货币政策目标。

3. 货币政策目标的统一性与矛盾性

货币政策目标之间既有统一性，又有矛盾性。

（1）充分就业与经济增长

根据奥肯定律，失业与经济增长之间通常存在负相关关系，因而充分就业与经济增长之间通常存在正相关关系。经济增长，可以采取劳动密集型、资本密集型或资源密集型、知识密集型等不同的发展模式，除劳动密集型外，其他几种增长模式都与充分就业有一定的矛盾。失业率与自然失业率之差和实际国民收入与潜在国民收入之差之间存在一种负相关关系，这说明实际经济增长越接近潜在的国民收入增长率，失业率便越接近自然失业率。经济增长缓慢，失业率就大。如果失业率小于自然失业率，经济增长必须维持在潜在的国民收入增长率之上，必然形成通货膨胀的压力。

（2）物价稳定与经济增长

通货膨胀与经济增长和就业之间通常存在正相关关系。过高的通货膨胀将破坏正常的经济秩序，迫使经济进行紧缩调整，而降低经济增长和就业。长期来看，物价稳定与经济增长之间具有一致性。稳定的物价可以减少市场的不确定性，充分发挥市场的功能，维持经济的长期增长，而经济的持续增长又有利于生产充足的商品，保持物价的稳定。两者之间是互相促进的。短期来看，理论界对于物价稳定与经济增长的关系有不同的看法。一种观点认为，工资调整的滞后和相对价格变动的不一致性，可以利用轻微的物价上涨发挥通货膨胀对经济的刺激作用，促进经济增长。凯恩斯主义认为，在充分就业到来之前，完全可以利用财政政策和货币政策，通过增加货币供应量，刺激需求。即使在临界充分就业点，也具有"半通货膨胀"效应，即通货膨胀缓慢上升之时，收入仍然维持增长。因此，可以利用通货膨胀刺激经济增长。理性预期学派否认短期内通货膨胀与经济增长之间的关系。他们认为，经济主体拥有理性预期，会在政府增加货币供应量的同时调整自己的行为，这样政府为刺激经济增加的货币供应量和需求，就会马上表现在商品价格的上涨上，形成通货膨胀。货币主义认为，在短期内，政府对经济的刺激可能促进生产和收入的增长，但长期内货币供应量的增长并不会影响生产和收入的增加，而全部转化为通货膨胀。从政府行为来看，由于政府主要关注经济的短期增长，因此政府有利用适度的通货膨胀来刺激经济增长的倾向。"政治经济周期"，即政府在选举后立即采取经济衰退政策控制通货膨胀，而在中期选举之后，采取扩张政策，以便能在下届选举之前赶上经济繁荣时期，就是通货膨胀与经济增长关系的证明。由于通货膨胀所具有的惯性，随着经济主体预期的调整必须在更高的通货膨胀的条件下，才能刺激原有的经济增长。所以，对于什么是合适的通货膨胀，如何控制通货膨胀的惯性，仍是利用通货膨胀刺激经济增长的难题。

（3）物价稳定与国际收支平衡

为了贸易平衡而对外贬值则可能导致国内通货膨胀加剧。有时，为拯救濒临破产的财政而增发货币，可能导致通货膨胀。物价稳定与国际收支平衡分别属于货币政策的内部目标与外部目标。由于影响国内经济的因素与影响国际经济的因素各不相同，有时中央银行同时实现其内部目标和外部目标就较为困难。内部均衡表明物价处于稳定状态，此时如果存在国际收支的顺差，为了解决顺差，将会使外汇储备减少，影响到基础货币和货币供应量的减少，这样就会造成经济的紧缩和物价的下跌。此时，如果存在国际收支的逆差，平衡国际收支的扩大出口、减少进口政策，会造成外汇储备的增加，起到扩张基础货币和货币供应量的作用，会形成通货膨胀的压力和物价的上涨，从而影响物价的稳定。当本国出现通货膨胀时，本币对内贬值与国外未出现通货膨胀的货币相比，外国的商品价格显得更为低廉，出现汇率高估现象，有利于外国商品的进口而不利于本国商品的出口，结果是出现逆差，导致国际收支失衡。由于受到货币的对内目标和对外目标的不一致，加上贸易条件的影响，一国要同时实现物价稳定和国际收支平衡两项目标是困难的。

（4）物价稳定与充分就业

1958 年，菲利普斯测算了英国 1862—1957 年的失业率和工资变化情况，从中得到一条值得注意的规律：就业率与工资增长率之间似乎有一条稳定的规律，当就业率提高时，货币工资率也提高。这是不同于传统经济理论关于工资水平决定于劳动力市场供求关系的观点，但它却基本符合近百年来英国的历史。数据表明，失业率与工资变化率之间是有稳定关系的。此后，萨缪尔森等进一步开展了这一关系的研究。他们认为，如果失业率与工资增长率有稳定的关系，价格变化是工资变化的函数，失业率就会与价格变化有稳定的关系。就业率与失业率相反，即有反向关系，而价格变化率与工资变化率有正向关系。如果就业率与工资变化率之间有正向的稳定的关系，那么失业率与物价变化率之间就会存在负向的稳定的关系。这样就形成了通货膨胀率与失业率之间呈负斜率的菲利普斯曲线。萨缪尔森和索洛利用美国大萧条以后 25 年的数据进行了测算，验证了美国存在失业率与通货膨胀率之间的稳定的呈负斜率的曲线，并对 1961—1965 年两者的关系进行估算，结果显示十分吻合。于是，他们提议将菲利普斯曲线作为政府进行政策选择的参考。菲利普斯曲线的存在，说明失业率与物价变化率之间存在非此即彼的关系。如果要控制通货膨胀，使物价上涨率下降，必须承受较高的失业率。菲利普斯曲线反映了物价稳定与充分就业之间的冲突，也为中央银行确定失业率和通货膨胀的控制目标，并利用货币政策为实行相机抉择奠定了基础。

（5）经济增长与国际收支平衡

经济增长作为内部目标，同物价稳定一样，与国际收支平衡之间形成复杂的关系。这种关系有一致的因素，也有冲突的因素。第一，在正常情况下，一国经济增长将有利于提高本国商品在世界市场上的竞争力，有利于提高自己的出口能力。第二，促进经济发展，往往会提高国民收入和人们对商品的需求及购买能力。由于进口一般是国内国民收入的递增函数，这样就会导致进口的增加。第三，为了促进经济增长，必须增加投资，不仅要动员国内的储蓄，而且要利用一切手段吸引外资，加强对外资的利用，其结果可能带来资本项目的逆差。上述三者的作用力不同，带来了经济增长与平衡国际收支之间协调的困难。要解决国际收支的逆差，往往要压缩国内总需求，减少对进口的依赖，压缩国内总需求又会影响国内经济增长。

4. 货币政策目标的选择

货币政策目标之间，既有统一性又有矛盾性，货币政策同时实现四大目标，只是一个美好的愿望。关于货币政策最终目标的选择，理论界一直都存在着不同的看法和争论。大体上有以下三种观点。

（1）多重目标论

货币政策作为宏观经济间接调控的主要经济手段之一，对各个宏观经济目标都有十分重要的影响，不能只以其中一个或两个目标作为中央银行货币政策最终目标，应在不同时期以不同的目标作为相对重点，同时兼顾其他目标。20 世纪 90 年代以前，西方经济学界大多主张中央银行应该同时选择几个不同的目标，并以其中的一个目标作为货币政策的主要目标，而以其他目标作为辅助目标。

（2）双重目标论

货币政策的目标不应该是单一的，而应该是同时兼顾稳定物价和经济增长的双重目标。因为经济增长是物价稳定的基础，而物价稳定又有利于经济的长期稳定增长，两者相互制约、相互影响，不能偏颇，必须同时兼顾。只偏重某一个目标的结果不仅不可能在长期经济运行中实现自身目标，也不利于整个国民经济的稳定协调发展。

（3）单一目标论

因为各目标之间存在矛盾，因此只能采用单一目标。单一目标论认为，应把稳定货币价值作为货币政策的唯一最终目标。中央银行独占了货币发行权，控制货币、信贷增长，防止通货膨胀是央行的首要职责；综观世界各国中央银行的货币政策与金融战略，虽然在政策执行过程中都曾在不同时期出现过不同形式、不同程度的通货膨胀，但无一不把稳定货币价值作为它们争取达到的目标；稳定货币价值也是经济增长与发展的前提条件，历史经验也证明，必须坚持稳定货币的目标。单一目标论反对把经济增长和物价稳定同时作为货币政策目标，该观点认为，促进经济增长是财政政策、货币政策、产业政策和收入分配政策等各项宏观经济政策协调配合、综合发挥作用的结果。

9.4　货币政策的中介指标和操作指标

1. 选择中介指标和操作指标的主要标准

货币政策的最终目标并不在中央银行的直接控制之下，为了实现最终目标，中央银行必须选择与最终目标关系密切、中央银行可以直接调控并在短期内可以度量的金融指标作为中介指标，以实现对最终目标的调节和控制。因此，中介目标的选择是保障货币政策效果的关键。货币政策中介目标为中央银行提供经济变化的参照系数，能及时显示货币政策实施的程度，是实现中央银行对宏观经济调控的重要保证。因此，中介目标在货币政策实施中具有十分重要的作用。通常，中央银行在选择货币政策中介目标时主要考虑以下标准。

（1）可测性

可测性，是指中央银行选择的金融变量必须具有清晰的内涵和外延界定，中央银行能够迅速而准确地获取有关变量指标的资料数据，并且易于进行定量分析。对中介目标变量进行及时准确的测量十分必要。对作为操作指标和中介指标的金融变量进行迅速而精确的测量，是对其进行有效监控的前提。作为中介指标，要比最终目标更快地反映货币政策实施的效果；作为操作指标，在货币政策发生偏差时，要比中介指标更快地发出较为准确的信号，这样的中介指标和操作指标才是有效的。例如，GDP 数据是按季统计并在下一个月公布，而货币供给量数据是按月公布的，市场利率的数据更是随时可以得到的。

（2）可控性

可控性，是指所选指标能在足够短的时间内接受货币政策工具的影响，并按照货币政策设定的方向和力度发生变化。如果中央银行不能控制中介目标变量，那么即使中央银行发现某中介目标变量偏离了正常轨道，也无法改变其运行方式，这一中介目标也就失去了应有的作用。例如，有些经济学家建议用名义 GDP 作为中介目标，由于中央银行很少能对名义 GDP 进行直接控制，名义 GDP 对中央银行应该如何安排货币政策工具提供不了多少帮助，因此 GDP 不是合适的中介目标变量。而中央银行能够对货币供应量和利率进行有效控制，因此这两个变量就可以作为中介目标变量。操作指标和中介指标变量必须是中央银行运用货币政策工具可以对其进行有效控制的金融指标。例如，物价水平不能作为货币政策的中介指标，因为货币政策无法直接控制物价水平。

（3）相关性

相关性，是指中介目标必须与货币政策最终目标密切相关，这样才能保证中央银行能通过控制和调节中介目标实现最终目标。相关性反映了中介目标对最终目标的影响力，相关性程度越大，这种影响力就越大，中央银行通过控制中介目标变量来控制最终目标变量的效力也就越大。中介目标对最终目标的影响力必须能够准确地测量和预测，从而能够知道或预计这种影响力到底有多大。例如，货币供应量和利率这两个变量同物价水平、总产出水平和就业水平关系密切，中央银行通过控制这两个变量就能实现对物价、总产出和就业的影响。因此，货币供应量和利率是很好的中介目标变量。这样，中央银行通过调整操作指标可以影响中介目标，通过调节中介指标可以影响最终目标，从而达到中央银行宏观调控的目的。

2. 中介指标分析

（1）利率

在凯恩斯理论中，利率主要是指中长期债券利率。中长期债券利率对投资有着显著的影响，对不动产及设备投资来说尤其如此，与整个社会的收入水平直接相关。中央银行在任何一个时间点上都可以观察到市场利率的水平与结构。中央银行或者直接控制市场利率，或者间接给予控制。在间接调控体系下，中央银行借助于公开市场操作影响银行的准备金供求从而改变短期利率，进而引导长期利率的变化，以实现对长期利率的控制。因此，长期利率作为货币政策的中介目标是适宜的。凯恩斯主义主张以利率作为中介目标，认为利率是影响总需求的关键变量，而且中央银行能够采取有效措施调控利率。货币政策在引起社会总支出变动以前，首先引起利率的变动。因为中长期利率对投资影响很大，进而与整个社会的收入水平有着密切的联系。货币供应量的增加将使利率下降，刺激投资，并通过流动性效应和财富效应影响实际经济活动和收入水平。中央银行可以通过再贴现和公开市场操作调控利率，利率的高低就反映中央银行的政策意图，利率上升表示中央银行抽紧银根，反之则放松银根。中央银行通过利率的调控可以引导消费与投资。因此，利率基本上符合作为货币政策中介目标的条件。

凯恩斯主义关于货币政策中介目标的理论遭到以弗里德曼为代表的货币主义者的批评和反对。弗里德曼在《影响利率水平的因素》一文中对货币供给量影响利率和物价水平的过程作了全面的阐述，列举了利率不宜作为货币政策中介目标的种种理由。弗里德曼指出，首先，凯恩斯主义混淆了"货币数量"和"信用"这两个截然不同的概念。他认为，利率并非货币的价格，而是信用的价格；物价水平或其倒数才是货币的价格。只有信用增加才会使利率下降，而货币供给量增加只能使物价水平上涨。货币供给量与利率之间的关系也不如凯恩斯主义所描述的那样直接。其次，凯恩斯主义缺乏对货币供给量变动导致利率变动这一动态过程的全面了解。弗里德曼认为，要正确地认识货币供给量变动与利率水平之间的动态关系，必须同时分析流动性效应、收入效应和价格预期效应。在这几个效应中，只有流动性效应才会使利率下降，而收入效应和价格预期效应都会使利率上升。也就是说，货币供给量增加，通过流动性效应，增加人们对金融资产的需求，导致金融资产价格上升和利率下降，利率下降到一定程度，就会刺激投资和产出增加。随着生产扩大和就业增多，收入相应提高，进而推动物价上涨。企业为扩大生产，必然增加可贷资金的需求。而此时，物价已经上涨，实际货币供给量已经减少，收入效应导致利率急剧回升。在人们预期物价还要继续上涨时，必然持有更多的货币余额。价格预期效应推动利率水平进一步上涨。弗里德曼由此断言，货币供给量增加最终会使利率水平上升，中央银行也无法有效地控制利率。而且，以利率作为货币政策的中介目标，甚至会造成货币政策的误导。因为在名义利率上升之际，按照凯恩斯的理论，此时货币供给不足，应该增加货币供给。而按照弗里德曼的理论，名义利率较高表明货币供给过多，继续增加货币供给量则会加剧通货膨胀。反之，名义利率偏低，按照凯恩斯的理论，此时货币供给量过多，应该减少货币供给；而按照弗里德曼的理论，此时货币供给量偏少，应该增加货币供给量。显然按照弗里德曼的理论，以利率为中介目标的货币政策必然会加剧经济的振荡和紊乱。因此，中央银行将利率作为中介目标所遇到的主要问题就是必须区分两种不同的利率变动：一种是由于对资金需求的暂时而不规则的变动所引起的；另一种是由于对资金需求的持久变动所产生的。第一种变动可以用利率的适当变动加以对付，而第二种变动则不可机械地加以抵制。例如，在一个接近充分就业运行状态的经济中，如果中央银行抑制一个从总需求的上升浪潮中所产生的利率的向上运动，则稳定利率的政策会造成货币供应量增长率、变动率的不稳定。从中央银行使利率下降的努力中产生的货币供应量的迅速增加，经过某种滞后，将会加速支出的上升，从而加剧通货膨胀。在这种情况下，坚持以利率为中介目标的最终结果将加剧经济的不稳定。

利率作为货币政策中介指标具有以下优点。

① 具有较好的可测性。中央银行可以随时观察到市场上利率的变动情况，并及时获取数据。

② 具有相当大的控制力。例如，中央银行可以通过改变再贴现率或是通过公开市场业务调节基础货币来影响市场利率。

③ 与货币政策最终目标的相关性强。因为利率能够反映货币与信用的供求状况，并可以表现出货币和信用状况的相对变化。利率的上升表明货币需求大于货币供给，获得信用的难度增加；利率下降则意味着货币供给大于需求，比较容易获得信用。

④ 利率的调整可以把中央银行的政策意图及时传递给市场主体。因为任何利率的调整都会影响金融机构、企业和居民对金融资产的选择，从而改变其行为。因此，当前许多国家都将利率作为重要的中介指标。

利率作为中介指标也存在着一些缺点。中央银行所能控制的是名义利率，而对经济产生影响的却是预期实际利率。实际利率等于名义利率减去预期通货膨胀率。由于通货膨胀率难以预期，因此很难得到实际利率的数据，自然也就很难对它加以有效控制。所谓的"凯恩斯陷阱"，也是这个背景的产物。

（2）货币供应量

货币供应量通常是指 M_1、M_2 等指标。根据货币的流动性差别及货币性的强弱，M_0、M_1、M_2、M_3 等指标均有很明确的定义，分别反映在中央银行、商业银行及其他金融机构的资产负债表中，可以很方便地进行测算和分析，因而可测性较强。货币供应量是基础货币与货币乘数之积，货币供应量的可控性实际上就是基础货币的可控性及货币乘数的可控性。M_0 是直接由中央银行创造并注入流通的，M_1、M_2、M_3 这些商业银行的货币性负债都是靠中央银行的货币性负债支撑的。如果中央银行能控制基础货币，同时货币乘数相对稳定，则中央银行就能够通过控制基础货币间接地控制住货币供应量；反之，如果中央银行对基础货币的控制能力较弱，货币乘数缺乏稳定性，则货币供应量控制就比较困难。由此，货币供应量的可控性很大程度上取决于货币制度、金融环境及经济环境。一定时期的货币供应量代表了当时的社会有效需求总量。货币供应量不足时，社会的总需求小于总供给，社会有效需求不足，资源闲置，从而阻碍经济的发展；货币供应量过多时，社会的总需求大于总供给，社会需求过旺，必然导致物价的上涨，通货膨胀同样也会阻碍经济的发展。因此，只要中央银行将各层次的货币供应量控制在适度的水平，也就控制住了一定时期的社会总需求。

以货币供应量作为货币政策的中介目标是货币主义学派的主张。货币主义认为，货币供给量变动并不直接影响利率，而是直接影响人们的名义收入支出水平，并由此而影响投资、就业、产出及物价水平。虽然在短期内，货币供给量与实际收入、物价水平之间的关系并不十分明确，但在长期看来，这种关系则是比较明确的。货币供给量的变动总是引起名义收入和物价水平的同方向变动。同时，他们认为，中央银行是能够控制货币供给量的，并且货币供给量也能正确地反映货币政策的意向，即货币供给量增加表明货币政策是扩张性的，而货币供给量减少则表示货币政策是紧缩性的。

以货币供应量作为货币政策的中介目标，遭到凯恩斯主义的反对。凯恩斯主义认为，货币供给量不能为中央银行绝对控制。特别是在短时期内，货币供给量并不完全取决于中央银行，因为公众持有现金与存款的变动及商业银行超额准备金的变动都直接影响货币乘数，进而造成短期货币供给量的不稳，以致货币供给量的增减不足以反映货币政策的意向。此外，战后非银行金融中介机构发展很快，它们创造的金融工具也有很强的流动性。在什么是货币都不能完全确定的情况下，凯恩斯主义更要强调货币供给量不能作为货币政策的中介目标。

（3）对利率和货币供给量的双重控制与寻租性平衡

在市场经济中，把利率作为货币政策中介目标就不能控制货币供给量，把货币供给量作为货币政策中介目标就不能控制利率。如果同时控制利率和货币供给量，货币需求的相关利益人将会通过非市场的寻租方式保证自己的利益。另外一个极端情况是对利率和货币供给量的双重不控制，结果是货币将成为废纸。

传统理论认为，货币供给由中央银行决定，利率则由实际经济对货币的需求内生决定。问题是，不可能出现中央银行同时不控制利率和货币供给量的情况，既然如此，实际经济内生决定利率的前提是中央银行外生的货币量供给；实际经济内生决定货币需求的前提是中央银行外生的货币利率控制。无条件的"内生利率决定"和无条件的"内生货币供给决定"都是不存在的。因此，传统理论认为"货币供给由中央银行决定则利率由实际经济对货币需求内生决定"是可能的，就像"货币利率由中央银行决定则货币需求由实际经济内生决定"是可能的一样。Moore 用统计资料证明，利率就是由中央银行外生决定的。[①] 它们其中之一（货币量和利率）的内生决定都以其中之一为中央银行的外生决定为前提。

在商品价格不变时，名义货币利率和实际货币利率是相同的。

在商品价格稳定时期，降低利率 i 时，持币的未来收益将降低，作为债权人持币者放弃持币转为持物是最佳选择，这将导致债权人持币者手中的货币流通速度 V 上升。因为利率的降低，作为债务人持币者的持币成本将降低，作为债务人的持币者继续持币、增加持币则是上策，这将导致货币需求 M 的上升。

此时，如果货币政策当局降低利率的同时控制货币供给量甚至降低货币供给量，使得经济社会按照正常情况应该增加的货币"增量"得不到增加，则货币需求者将会通过高息获得"存量"货币资金，使得降低利率的货币政策效果打折扣甚至无效。

在商品价格稳定时期，提高利率 i 时，持币的未来收益将上升，作为债权人持币者继续持币是最佳选择，这将导致债权人持币者手中货币的流通速度 V 下降。因为利率的提高，作为债务人持币者的持币成本将上升，作为债务人的持币者继续持币、增加持币则是下策，这将导致货币需求的下降。

此时，作为债权人的货币政策当局已经不可能控制货币供给量的"不变"或"减少"（贷款人将款项归还给商业银行，商业银行不能拒绝；商业银行将贷款归还给中央银行，中央银行同样不能拒绝）。

商品价格上升（通货膨胀）时，名义货币利率和实际货币利率是不同的。

名义货币利率＝实际货币利率＋通货膨胀率

通货膨胀时期，若采取提高名义货币利率的抑制需求的货币政策，作为债权人持币者和作为债务人持币者是否继续持币决定于实际货币利率。

实际货币利率＝名义货币利率－通货膨胀率

在采取提高名义货币利率的抑制需求的货币政策时，若实际货币利率上升（名义货币利率上升的幅度大于通货膨胀率的上升幅度，i 上升＞P' 上升），持币者的未来收益将提高，作为债权人持币者继续持币是最佳选择，这将导致债权人持币者手中货币的流通速度 V 降低。因为实际货币利率的提高，作为债务人持币者的持币成本将增加，作为债务人持币者继续持币则是下策，这将导致债务人持币者对货币的需求下降，债务人持币者将手中的货币退出流通而归还到商业银行，再由商业银行归还到中央银行，货币存量 M 将降低。此时，作

为债权人的货币政策当局已经不可能控制货币供给量。

在采取提高名义货币利率的抑制需求的货币政策时，若实际货币利率下降（名义货币利率上升的幅度小于通货膨胀率的上升幅度，i 上升 $<P'$ 上升），持币的未来收益将降低，作为债权人持币者放弃持币转为持物是最佳选择，这将导致债权人持币者手中货币的流通速度 V 上升。因为实际货币利率的降低，作为债务人持币者的持币成本将降低，作为债务人的持币者继续持币、增加持币则是上策，这将导致对货币的需求上升和货币存量 M 上升。

此时，如果货币政策当局同时在控制货币供给量，则货币需求者将会通过高息获得存量货币资金，这同样会使得货币流通速度上升，使得提高名义货币利率抑制需求的货币政策效果打折扣甚至无效。

商品价格下降（通货紧缩）时，名义货币利率和实际货币利率同样是背离的。

名义货币利率＝实际货币利率－通货紧缩率

通货紧缩时期，若采取降低名义货币利率的扩大需求的货币政策，作为债权人持币者和作为债务人持币者是否继续（增加或减少）持币同样决定于实际货币利率。

实际货币利率＝名义货币利率＋通货紧缩率

在采取降低名义货币利率扩大需求的货币政策时，若实际货币利率上升（名义货币利率下降的幅度小于通货紧缩率的上升幅度，i 下降 $<P'$ 上升，如名义货币利率由 3% 下降到 0.1% 的同时，若通货紧缩率由 1% 上升到 5%，虽然名义货币利率在下降，但因为通货紧缩率上升得更快，实际利率反而由 4%（3%＋1%）上升到 5.1%（0.1%＋5%）），虽然名义货币利率在下降，但因为通货紧缩率上升得更快，持币的未来收益将提高，作为债权人持币者继续持币是最佳选择，这将导致债权人持币者手中货币的流通速度 V 降低。因为实际货币利率的提高，作为债务人持币者的持币成本将增加，作为债务人持币者继续持币则是下策，这将导致债务人持币者对货币的需求下降，持币者将手中的货币退出流通而归还到商业银行，再由商业银行归还到中央银行，货币存量 M 将降低。

此时，作为债权人的货币政策当局已经不可能控制货币供给量的"不变"或"减少"。

在采取降低名义货币利率扩大需求的货币政策时，若实际货币利率下降（名义货币利率下降的幅度大于通货紧缩率的上升幅度，i 下降 $>P'$ 上升），持币的未来收益将降低，作为债权人持币者放弃持币转为持物是最佳选择，这将导致债权人持币者手中货币的流通速度 V 上升。因为实际货币利率的降低，作为债务人持币者的持币成本将降低，作为债务人的持币者继续持币、增加持币则是上策，这将导致对货币的需求上升和货币存量 M 上升。

此时，如果货币政策当局同时在控制货币供给量的"不变"或货币供给量的"增加"，则货币需求者将会通过高息获得现有存量货币资金，这使得降低名义货币利率扩大需求的货币政策效果打折扣甚至无效。

3. 操作指标分析

（1）准备金

商业银行通过贷款可以创造出成倍的派生存款。在其他条件不变时，存款创造的倍数

（即存款乘数）将决定于法定存款准备金比率。因此，法定存款准备金政策可从两方面影响货币供应量：一是影响商业银行的超额存款准备金，进而影响商业银行的贷款规模；二是影响货币乘数。

如果中央银行降低法定存款准备金率，商业银行就会有较多的超额存款准备金可用于发放贷款，同时货币乘数增大，通过银行体系的连锁反应就可创造出更多的派生存款。反之，如果中央银行提高法定存款准备金率，货币乘数相应变小，商业银行的超额存款准备金也会减少，从而减少贷款规模，在必要时还必须提前收回贷款或出售证券，以补足法定存款准备金。在这种情况下，商业银行只能创造出较少的派生存款，甚至引起存款货币的紧缩。因此，法定存款准备金率的变动同货币供应量成反比例关系。

当中央银行调低法定存款准备金率时，就是实行扩张性的货币政策；当中央银行调高法定存款准备金率时，就是实行紧缩性的货币政策。究竟实行扩张性的货币政策还是实行紧缩性的货币政策，将取决于具体的经济形势及货币政策的最终目标。一般来说，在经济处于需求过度和通货膨胀的情况下，中央银行可以提高法定存款准备金率，以收缩信用规模及货币供应量；如果经济处于衰退状况，中央银行就可以降低法定存款准备金率。

（2）基础货币

基础货币是中央银行的重要操作指标。基础货币也被称为"高能货币"，充分显示其在货币创造中的重要作用。由于货币供给总量等于基础货币乘以货币乘数，在货币乘数一定的情况下或货币乘数变动可预测的情况下，控制住基础货币也就控制住了货币供给总量。

基础货币由准备金和流通中的现金组成，两者均是货币创造的基础。因而作为操作指标，综合考虑两者在内的基础货币比只考虑其中之一的准备金更为恰当。特别是在金融市场发育程度较低、现金流通比例较高的情况下，控制基础货币显然比单纯控制准备金更为重要。当中央银行通过公开市场业务购买债券时，其对准备金的影响取决于债券出售人将其所得款项以现金形式持有还是存入中央银行。如果以现金形式持有，则中央银行在公开市场的出售对准备金就没有影响；如果存入中央银行，则准备金总额增加。不管是以现金形式持有还是存入中央银行，其对基础货币的影响都是一样的。因此，中央银行通过公开市场业务对基础货币的控制比对银行准备金的控制确定性要强得多。由公开市场业务形成的那部分基础货币，中央银行控制力较强；由再贴现和贷款创造的那部分基础货币，中央银行控制力较弱。

4. 货币政策指标选择的历史考察

由于各个指标各有优劣，什么指标更适宜作为货币政策的中介指标和操作指标，理论上尚无定论。以下是几个主要国家货币政策目标和工具使用历史的简要回顾。

（1）美国

在美国联邦储备委员会创立之初，再贴现率是其主要政策工具（美联储当时还未发现公开市场操作工具）。第一次世界大战末期，美联储的再贴现合格票据和维持利率低水平以帮助财政部筹措战争费用的政策，引发了猛烈的通货膨胀。因此美联储决定不再奉行真实票据论所阐述的被动式政策，而实行主动的货币政策。

20 世纪 20 年代初，在美联储为寻找收入来源而购买盈利债券时，发现由此导致了银行体系的储备增加，公开市场业务作为一种新的货币政策工具由此诞生。

1928—1929 年的股市繁荣使美联储处于进退维谷的境地。1929 年 8 月提高贴现率时，投机狂潮已形成，美联储的行动加速了股票泡沫的崩溃，促使经济陷入萧条。

1935 年的银行法使美联储获得了调整存款准备金率的权利，法定准备金率成为一种货币政策工具。商业银行吸取大萧条的教训，大幅增加了其持有的超额储备水平，却形成了"未来的一次不受控制的信用扩张"的极大潜在威胁。为改善货币控制，美联储分三个阶段提高法定准备金率。结果是，1936 年货币增长率的放缓和 1937 年货币供给的实际下降，并导致了 1937—1938 年的经济萧条。美联储初次使用法定准备金率的灾难性教训，使其后来使用该政策工具时极为小心谨慎。

1942—1951 年，美联储为帮助财政部筹集军费，把利率盯住在较低水平上，导致 20 世纪 50 年代初的通货膨胀加速。

1951 年美联储取消利率盯住，1952 年获得实现其货币政策目标的完全行动自由。

20 世纪 50 年代至 60 年代，美联储把货币市场状况作为货币政策目标。货币市场状况是那些被认为能描述货币市场供求状况的几个变量的模糊集合，包括短期利率、非借入储备等变量。当非借入储备增加时表明货币市场宽松，美联储在公开市场出售债券来抽走银行体系的储备，当非借入储备减少时表明货币市场紧缩，美联储在公开市场购买债券来增加银行体系的储备。该政策程序的一个重要特征是，当经济繁荣时它导致货币供给迅速增长；当经济萧条时它导致货币供给增长放慢。这就是所谓"顺周期"的货币政策。20 世纪 60 年代后期，对这种顺周期的货币政策的批评日益增多，最终使美联储放弃了该政策目标。

20 世纪 70 年代，美联储宣布以货币供给总量作为货币政策的中介指标，以联邦基金利率为操作指标。由于利率目标区间较小，货币目标区间较大，在实际操作实施中优先考虑的是利率目标。因此，这时的货币政策仍然是顺周期的，并带来了 1972—1973 年的过度膨胀和 1974—1975 年的过度紧缩。

1979 年 10 月，美联储终于决定不再强调把联邦基金利率作为操作指标，并将其目标区间放宽了五倍多，而将基本的操作指标改为非借入储备。然而，货币控制并未因此而改善，货币供给增长率变动加大。1979—1982 年，美联储并未能够达到其 M_1 的增长目标区间，原因包括经济多次受到冲击、金融创新和放松管制对货币计量的影响等，其中认为控制货币供给从未成为美联储货币政策的真正目标的解释可能更具说服力。美联储改变操作程序的真正目的是为了能够更加自由地应用利率调节来实现反通货膨胀的目标，事实也证明了这一点。

1987 年 2 月，美联储宣布货币量层次指标从 M_1 转向 M_2。他们认为 M_2 与经济的联系比 M_1 更为稳定。20 世纪 90 年代以来，美联储又开始比较重视利率这一指标。

（2）英国

为了对付日益加剧的通货膨胀，1973 年，英国引入了货币供给量目标 M_3，但并未严格实施，结果导致其货币供给量更加变化无常，且产生了与美国 M_1 目标类似的问题：它们并非可靠的货币政策指标。1983 年后对金融创新是否破坏了 M_3 与收入间关系产生争议。英格兰银行开始了逐步以 M_0 取代 M_3 的过程，1987 年完全取消 M_3，只留下 M_0 作为唯一的货币总量指标，其实际货币增长率也较好地逼近目标区间。

（3）德国

德国中央银行于 1975 年开始以对付通货膨胀作为货币目标。它采用了一个较窄的货币总量指标："中央银行货币"。所谓的"中央银行货币"即银行存款总额乘以 1974 年法定准备金率再加上流通中的货币。1988 年又将"中央银行货币"改为 M_3。德国在运用制定货币目标的货币政策保持较低且稳定的通货膨胀率方面非常成功。

（4）日本

20 世纪 70 年代初期，日本银行开始将注意力集中在货币增长率上。尽管日本银行并未正式承诺货币目标，但其货币政策显然更加侧重于货币因素。日本银行以银行同业市场利率为每日的操作指标，在 1978—1987 年抑制通货膨胀、稳定真实产出方面取得了成功。但 20世纪 90 年代日本泡沫经济破灭后陷入了长期的萧条之中，日本银行将利率下调到 0. 5％的极低水平仍无法刺激需求的增长。

【阅读材料】

弗里德曼对货币政策的反思

格林斯潘从美联储主席的位置上退休时，弗里德曼专门在《华尔街日报》写了一篇文章。这篇文章对 20 世纪关于货币政策的争论进行了基本的总结[①]。

艾伦·格林斯潘（Alan Greenspan）是我多年的朋友，长期以来，我们在货币理论和政策方面通常都能达成共识，只有一个问题除外：我一直倾向于用严格规则控制货币供应量，而艾伦反对。他说，根据情况具体裁量更好，而且也是必要的。现在，他在联邦储备委员会（Fed）主席任上的十八年岁月已告结束，此时我不得不承认他是对的，至少对他所担负的职责而言是这样。

他在掌管 Fed 期间可谓成就非凡。在他的任期上，Fed 维持了从未有过的相当长时期的出色表现。这不只是时间长短的问题，更重要的是他领导下的 Fed 较之以前有了质的不同。

自 1914 年成立后的 70 年里，Fed 行为算得上弊大于利。它无奈地目睹了两次世界大战期间的通货膨胀，让一次轻度衰退演变成大萧条，后来在 20 世纪 70 年代制造了美国历史上和平时期最严重的一次通货膨胀。如果美国从未设立 Fed 这样一种机构，美国人在那 70 年里肯定会过得更好。

1979 年，保罗·沃克（Paul Volker）被任命为 Fed 主席（之前他在卡特政府时期就

---

① He Has Set a Standard. January 31, 2006；Page A14；wsj

曾入选 Fed 理事会）。当时，20 世纪 70 年代以来的大通胀依然很严重，并成为 1980 年总统选举时的一个重大问题。里根总统在选举后鼓励沃克采取任何必要措施遏制通货膨胀。

在里根总统的支持下，沃克对通货膨胀发起了致命的打击，但在此过程中也造成了经济衰退。这场衰退引发的公众反应严重降低了总统在民众中的威望。幸运的是，里根总统并未收回对沃克的支持，而是让沃克连任主席。后来里根又任命艾伦接替沃克。

与价格指数有关的数据和图表显示，同样的结束通货膨胀，结果却差别很大。我之所以选择价格指数是因为保持价格稳定正是 Fed 的主要职责，意识到这一点也正是艾伦取得成功的源泉之一。

第二次世界大战结束至沃克时代，美国的年通货膨胀率平均在 3.7%，而在格林斯潘时代，这个数字只有 2.4%。更重要的是，格林斯潘时代通货膨胀水平不再那么大起大落了。在战后的前沃克时代，美国的通货膨胀率高时曾超过 11%，低时是负的 2%。而格林斯潘时代的变动区间仅在 1%～4%。换句话说，衡量通货膨胀率变动程度的标准偏差值在前沃克时代（2.6）是格林斯潘时代（0.8）的三倍。

价格保持相当程度的稳定有着深远意义。由于减少了价格上的不确定性，企业可以更有效、更稳定地利用各种资源。价格稳定还有助于鼓励创新、提高劳动生产率。根据统计资料，从 1948 年 1 月至沃克掌管 Fed 之间的 379 个月中，有 17.4% 的月份经济有所衰退，而在格林斯潘任内的 220 个月当中，这个比例只有 7.3%。

对于各国央行理论上是否具备维持价格稳定的能力这个问题，长期以来人们一直都未有定论。事实是他们经常稳定不了价格，这表明他们没有这种能力——这也是我偏向通过严格的规则确定货币政策的部分原因。

而艾伦·格林斯潘的巨大成就向我们证明，维持价格稳定是可能的，他为人们设立了一个标杆。世界其他国家的央行都在追随他，不论是以自己的做法还是仿效他的做法。一些央行用来解释他们未能遏制通货膨胀的陈旧说辞再也行不通了，他们要么也做出些样子来，要么最好闭嘴。

本 章 小 结

货币政策，是指中央银行有关货币方面的规定及其采取的影响货币数量的措施，包括有关建立货币制度的规定、有关金融体系的规范和旨在提高效率的金融体制改革的措施，以及政府借款、国债管理、财政收支等可能影响货币数量的行为。

新古典的供求-价格理论抽象了最重要的因素——货币，因此这个理论体系不可能解释货币经济中的供求-价格问题。而且，我们无法确定在新古典的供求-价格理论中，究竟是供求决定价格，还是价格决定供求。

费雪的交易方程式和马歇尔效应都可以表明，在价格变动中，如果没有商品替代的可能，出于用货币衡量的财富最大化的目的，人们在持物和持币之间的选择将导致财富结构中商品和货币的互相替代。这个替代使得成交价格与成交量之间未必是必然的相关关系。

在 $MV=PY$ 中，货币流通速度 V 与剑桥方程式 $M=KPY$ 中的 K 有 $KV=1$ 的关系，改变货币在全部资产中的比例 K 的首要原因是价格 P 变化使得货币出现贬值或升值的现象，通过改变货币在全部资产中的比例 K 能保证资产总量 $M+PY$ 的最大化。在这个意义上讲，在 $MV=PY$ 中，是价格 P 变化导致了货币流通速度 V 的变化，而不是货币流通速度的变化导致了价格的变化。

多重目标的货币政策看上去很美，但目标之间经常是鱼和熊掌不可兼得。姑且不考虑货币增长和经济增长之间的实现过程，如果货币流通速度不变，经济增长的必要条件之一是货币供给的增长，而货币供给的增长又会带来物价上升的压力，至少在短期是这样的。抑制物价、减少货币供给则又会抑制经济增长。此时，经济增长和物价稳定发生了矛盾。

关　键　词

货币政策　马歇尔需求函数　费雪总需求　货币替代　货币流通速度　货币政策目标

复习思考题

1. 弗里德曼对货币政策的反思说明了什么？
2. 试述货币政策目标的演变。
3. 试述通货膨胀率对货币政策效果的影响。
4. 试述货币量控制的货币政策。
5. 试述利率控制的货币政策。
6. 试述通货膨胀目标制的要义。
7. 试述货币内生的需求逻辑。

第10章 中央银行的货币政策工具

10.1 一般性货币政策工具

货币政策工具，是对货币供给总量或信用总量进行调节和控制的政策工具，主要包括法定存款准备金政策、再贴现政策和公开市场业务三大政策工具。一般性货币政策工具的特点在于它是对总量进行调节的，中央银行经常使用它，并且会对整个宏观经济运行产生重要影响。

1. 法定存款准备金

（1）存款准备金制度的由来

存款准备金制度起源于美国的苏弗克制度。苏弗克制度是指19世纪20年代设在波士顿的苏弗克银行采取的一项金融制度。当时，美国商业银行都可以发行自己的银行券，但乡村银行信誉低，其银行券要打折流通，而城市银行信誉高，其银行券十足流通。因为劣币驱逐良币，人们多使用乡村银行的银行券来支付款项，而储存城市银行的银行券用以兑换黄金，这对城市银行十分不利。于是，以苏弗克银行为首的城市银行同乡村银行签订协议，要求乡村银行在城市银行存入足额存款，城市银行则按面值收兑乡村银行的银行券，维持其按面额十足流通。不存款的乡村银行，苏弗克银行与城市银行一道收集它们的银行券，集中兑换黄金，迫使就范。这一行为控制了该地区银行券的滥发状况，并维持了银行体系的稳定，该地区成为当时美国货币制度最好的地区。基于这一原因，1863年当美国实行国民银行体制时，就规定在全国范围内实行存款准备金制度。当时的《国民银行法》将银行分为中心储备城市银行、储备城市银行和地区银行三类。所有国民银行都必须对自己发行的银行券和吸收的存款保有一定的储备。这项制度成为1913年美国《联邦储备法》中法定存款准备金制度的基础。早期存款准备金制度的主要目的是维持银行体系的流动性和清偿能力。因为存款准备金制度只是有利于个别银行维持流动性，而对整个银行体系的流动性危机没有多大帮助。而且，人们认识到调整银行体系的流动性比维持银行体系的流动性更重要，这样就要求给予银行体系创造流动性的弹性。所以，在大萧条之后，美国国会授予联邦储备体系在一定限度内调整法定存款准备金率的权力，改变原来存款准备金率由法律硬性规定、不可更改的规定。同时，存款准备金制度的目的转为控制信贷和货币供应量。至此，存款准备金制度才成为货币政策的一个主要工具。

（2）存款准备金制度的作用机制

存款准备金制度对信贷和货币供应量的控制，是通过调整法定存款准备金率来实现的。首先，调整法定存款准备金率会形成货币乘数的改变，在基础货币不变的情况下，就会引起货币供应量的改变。比如，中央银行调低法定存款准备金率，那么就使得一部分存款准备金由法定存款准备金转变为超额存款准备金。超额存款准备金的增加，增大了商业银行发放贷款和投资的能力。通过派生存款机制，这部分超额存款准备金就会产生出多倍的派生存款，使得货币供应量增加。

例如，中央银行调低法定存款准备金率→商业银行超额准备金增加→商业银行贷款和投资规模扩大→货币乘数放大→市场货币供给量增加→市场利率降低→投资、消费支出增加。

商业银行通过贷款可以创造出成倍的派生存款。在其他条件不变时，存款创造的倍数（即存款乘数）将决定于法定存款准备金率。因此，法定存款准备金政策可从两方面影响货币供应量：一是影响商业银行的超额存款准备金，进而影响商业银行的贷款规模；二是影响货币乘数。如果中央银行降低法定存款准备金率，商业银行就会有较多的超额存款准备金可用于发放贷款，同时货币乘数增大，因而通过整个银行体系的连锁反应就可创造出更多的派生存款。反之，如果中央银行提高法定存款准备金率，货币乘数相应变小，商业银行的超额存款准备金也会减少，甚至会发生法定存款准备金的短缺，从而减少贷款规模，在必要时还必须提前收回贷款或出售证券，以补足法定存款准备金。在这种情况下，商业银行只能创造出较少的派生存款，甚至引起存款货币的成倍紧缩。

（3）存款准备金政策的优缺点

存款准备金政策通常被认为是货币政策中作用最猛烈的工具。之所以最猛烈，一是存款准备金率的调整通过货币乘数的变化会引起货币供应量更大幅度的变化，即使是准备金率调整的幅度很小，也会引起货币供应量的巨大波动；二是中央银行法定存款准备金率的调整适用于所有在中央银行有存款要求的金融机构，这一政策的影响面非常广泛。

这一特性决定了存款准备金政策作为货币政策工具有如下优点。

① 它对所有存款货币银行的影响是平等的，一旦央行宣布提高法定存款准备金率，所有的商业银行都必须按规定成比例地收缩信贷。

② 对货币供给量具有极强的影响力，力度大，速度快，效果明显。由于法定存款准备金数额巨大，因此法定存款准备金政策效果十分显著，可以迅速地减少流动性，对经济影响很大。

③ 操作简便。只要央行宣布提高法定存款准备金率，所有商业低行就得照办。对于信用制度不发达的发展中国家来说，比采用其他货币政策工具要简便得多。

④ 宣布法定存款准备金率的调高或降低可以影响人们的心理预期，引导人们的经济行为按照央行的指引去行动，从而达到央行的目的。

存款准备金政策也有明显的缺陷：由于准备金率的调整影响力大，如果调整幅度没有掌握好，极易引起经济的剧烈动荡；中央银行频繁地调整法定准备金率，会使商业银行的流动性管理无所适从，可能会引起金融机构经营管理上的其他问题；在商业银行拥有大量超额准备金的情况下，中央银行如果提高法定准备金率的幅度不大（提高的幅度没有超过超额准备金率），只会使原来的超额准备金转换成法定准备金，而整个准备金总额并没有发生变化，这会使中央银行收缩货币供应量的紧缩意图落空。

由于存款准备金政策存在上述弊端，因此，各国中央银行在货币政策实践中很少采用这一工具。

（4）法定存款准备金率降低的世界趋势

在很多国家，商业银行存入中央银行的存款准备金一般是无息的。这相当于中央银行变相对商业银行征收了一种税收，增加了商业银行的经营成本，又容易诱使商业银行为弥补这部分损失而从事高风险行为。在金融市场高度发达并全球化的今天，各国中央银行的货币政策操作越来越集中于利率这一指标，在此背景下，要求金融机构缴存准备金将扭曲市场的利率信号，不利于缴存准备金的金融机构公平地参与市场竞争。另外，随着金融创新的广泛开展和金融自由化的不断深入，存款性金融机构和非存款性金融机构之间的界限日益模糊，不仅存款准备金制度很难有效实施，其作为保证金融机构支付和清算等功能也在日渐消失。

基于上述原因，20 世纪 90 年代以来，很多国家的中央银行都纷纷降低了法定存款准备金率，或者干脆取消了法定准备金制度。例如，美联储于 1990 年 12 月取消了定期存款的法定准备金要求，并于 1992 年 4 月将可签发支票存款的法定准备金率从 12％降低为 10％；加拿大于 1992 年 4 月取消了所有两年期以上定期存款的法定准备金要求；而瑞士、新西兰、澳大利亚则已完全取消了法定准备金的要求。

我国在 1984 年开始实施存款准备金制度时，规定的存款准备金率为 3 档：企业存款20％；农村存款 25％；储蓄存款 40％。由于比例过高，且存款的流动性越强准备金率越低，并不合理，于是 1985 年改为统一的 10％。此后为了配合货币政策的实施，1987 年准备金率上调为 12％，1988 年 9 月再上调为 13％。1989 年进一步规定，各专业银行需在 13％的法定准备金之外，再缴存 5％的备付金。过高的准备金率，导致一方面商业银行向中央银行缴存过高的准备金，另一方面，中央银行又向商业银行提供过多的信用贷款，不利于商业银行的自主经营和中央银行的间接调控。1998 年 3 月，中央银行对存款准备金制度进行改革，合并了法定存款准备金和备付金账户，并将法定准备金率下调为8%，同时调低了存款准备金利率，并收回一部分贷款，以抵消由于存款准备金率大幅下调对货币供给量的影响。1999年年底，中国人民银行再次将商业银行法定存款准备金率下调到6%。2003年，为了防止银行贷款的过快增长，中央银行决定从9月21日起将法定准备金率提高到7%，2004年4月25日再提高到7.5%，并对金融机构实行差别准备金制度，将资本充足率低于一定水平的金融机构存款准备金率提高0.5个百分点，以促进内部监管。

2. 再贴现

（1）再贴现制度的由来

再贴现政策，是指中央银行通过提高或降低再贴现率的办法，影响商业银行等存款货币机构从中央银行获得的再贴现贷款和超额准备金，达到增加或减少货币供给量、实现货币政策目标的一种政策措施。

再贴现政策一般包括两方面的内容：一是再贴现率的调整；二是规定向中央银行申请再贴现的资格。

再贴现政策是由历史上较早出现的再贴现业务发展而来的。早期的再贴现业务是一种纯粹的信用业务。商业银行通过将其持有的未到期的商业票据拿到中央银行办理再贴现，以获得一定的资金，解决资金短缺问题。随着中央银行职能的不断完善和调节宏观经济作用的日益加强，再贴现业务逐步演化为调节货币供给总量的货币政策工具。再贴现是随着中央银行的产生而发展起来的。中央银行通过再贴现业务发挥其最后贷款人功能并维持银行体系储备供给的弹性制度。英格兰银行曾在19世纪上半叶利用再贴现业务向票据经纪人进行短期资金的融通，并利用再贴现业务逐渐完成了其作为最后贷款人的职能，完成了其向中央银行的自然演化过程。此后，再贴现政策便成为英格兰银行的货币政策工具。美国联邦储备体系成立前的国民银行体系，主要问题是银行制度缺乏增加准备金的简捷办法。没有一家机构有权在紧急的时候创造出新的银行储备，也没有任何一家机构被授权在需要的时候去创造追加的通货。联邦储备体系的建立就是为了解决这一问题，会员银行在发生准备金不足时，可以利用合格票据直接向它所属的联邦储备银行借入所需资金。20世纪30年代，再贴现政策一直是美国联邦储备体系货币政策的基本工具。此后，许多国家的中央银行都将再贴现政策作为其主要的货币政策工具。

中国人民银行再贴现的操作体系如下。

① 中国人民银行总行设立再贴现窗口，受理、审查、审批各银行总行的再贴现申请，并经办有关的再贴现业务（以下简称再贴现窗口）。

② 中国人民银行各一级分行和计划单列城市分行设立授权再贴现窗口，受理、审查并在总行下达的再贴现限额之内审批辖内银行及其分支机构的再贴现申请，经办有关的再贴现业务（以下简称授权窗口）。

③ 授权窗口认为必要时可对辖内一部分二级分行实行再贴现转授权（以下简称转授权窗口），转授权窗口的权限由授权窗口规定。

④ 中国人民银行县级支行和未有转授权的二级分行，可受理、审查辖内银行及其分支机构的再贴现申请，并提出审批建议，在报经授权窗口或转授权窗口审批后，经办有关的再贴现业务。中国人民银行根据金融宏观调控和结构调整的需要，不定期公布再贴现优先支持的行业、企业和产品目录。各授权窗口须据此选择再贴现票据，安排再贴现资金投向，并对有商业汇票基础、业务操作规范的金融机构和跨地区、跨系统的贴现票据优先办理再贴现。

（2）再贴现制度的作用机制

再贴现政策主要通过四种途径影响一国金融和经济。

① 影响商业银行的借款成本，以影响商业银行的融资意向。当中央银行提高再贴现率时，商业银行要么是减少从中央银行的再贴现借款，因为利率提高后，对商业银行的贷款需求会起到抑制作用，这样会直接紧缩信用规模；要么是同方向提高对工商企业的贷款利率，因为如果银行不提高贷款利率，其盈利就会受到影响，而提高贷款利率同样也会抑制工商企业的贷款需求，这样就会间接地起到紧缩货币量的作用。

② 利用"告示效应"，以影响商业银行及社会公众的预期行为。也就是说，中央银行调整再贴现率，实际上是为整个经济社会提供了货币政策的信息。例如，当中央银行降低再贴现率时，就意味着中央银行实行的是一种扩张性的货币政策；而当中央银行提高再贴现率时，就意味着中央银行实行的是一种紧缩性的货币政策。由于这种政策信号的提前提供，就可以使人们事先做好相应的反应或准备。这种"告示效应"会在很大程度上加强对金融市场的直接影响，特别是商业银行，一般会自觉地与中央银行保持行动一致，按同样方向和幅度调整对企业的贷款利率。

③ 影响经济结构调整。如规定再贴现票据的种类，对不同用途的信贷加以支持或限制，促进经济发展中需要扶持的行业部门的发展；还可以对不同票据实行差别再贴现率，从而影响各种再贴现票据的再贴现规模，使货币供应结构符合中央银行的政策意图。

④ 影响市场利率水平。在利率市场化的条件下，中央银行的再贴现率通常被视为一个国家的基准利率，市场利率将围绕这一基准利率上下波动。

例如：中央银行提高再贴现率→商业银行融资成本上升→商业银行借款意愿降低→商业银行准备金减少→贷款规模缩减→市场货币供给量减少→市场利率上升→客户融资成本增加→投资支出减少、经济增速放慢。

（3）再贴现政策的优缺点

再贴现政策作为货币政策工具的优势如下。

① 有利于中央银行发挥最后贷款人作用。利用再贴现政策可以提供整个银行系统流动性的弹性创造功能，有利于中央银行维持银行体系的稳定。

② 再贴现政策通过对贴现对象的选择、对贴现票据的规定，可以起到一定的结构调整作用。中央银行通过规定再贴现票据的种类，如规定农业政策性金融机构的金融债券为再贴现票据，就会鼓励商业银行持有该类金融债券，有利于该债券的发行，也有利于信贷资金流向农业政策性部门，从而起到支持的作用。

③ 再贴现政策作用效果相对温和，可以配合其他货币政策工具，保证银行体系的正常运行。再贴现贷款的暂时性和再贴现率的高成本，会迫使商业银行逐步采取措施，归还再贴现贷款。在利用再贴现政策达到紧缩目的的同时，避免了引起经济的巨大波动。

再贴现政策也存在着一些不足。

① 再贴现政策具有顺周期特征。当经济处于扩张阶段，贷款的需求增大，迫使市场利率上升。此时，市场利率与再贴现率之间的差额扩大，如果中央银行无法迅速调整再贴现率，阻止商业银行的再贴现套利行为，再贴现业务就会对经济提供基础货币和货币供应量，从而进一步刺激经济的扩张。相反，在经济萧条时期，再贴现数量也呈下降趋势，这将进一步加大萧条的影响。

② 再贴现政策的主动权在商业银行，而不在中央银行。中央银行可以规定再贴现率，但究竟贴现与否，则是由商业银行自身决定的，是商业银行考虑诸多因素后的选择，中央银行无法强迫商业银行贴现。

③ 再贴现政策的宣示作用模糊。中央银行调整再贴现率有两个方面的原因：一是代表货币政策方向的基本改变，是中央银行主动调整再贴现率以适应货币政策改变的需要；二是被动调整。它是为了防止商业银行利用贴现窗口的套利行为，在市场利率改变的情况下，为了保持原有利率结构的均衡，调整再贴现率，以使它与市场利率基本保持一致。但究竟是什么原因导致中央银行改变再贴现率，社会经济主体很难区分清楚，会形成错误的和模糊的宣示效果。

3. 公开市场业务

（1）公开市场业务的由来

许多国家中央银行都通过持有政府债券等方式支持国家财政，但买卖政府债券成为货币政策工具则是 20 世纪 20 年代美国联邦储备的偶然发现。

美国联邦储备体系创建后，主要以再贴现政策作为货币政策工具，通过再贴现和对商业银行放款向银行体系注入基础货币，并获取利息收入，这构成美国联邦储备银行的主要营业收入。但是，20 世纪 20 年代的严重经济危机影响了再贴现和对商业银行的放款，影响了美国联邦储备银行的收入和向银行体系的基础货币注入。为了改变这一状况，美国联邦储备银行开始购买美国政府债券，通过这一操作，意识到它可以使得利率下降和信用扩张。一个新的货币政策工具就此产生了。此后，许多国家利用买卖政府债券，在公开市场上调控经济，公开市场业务成了中央银行最重要的货币政策工具之一。

在我国，人民银行的公开市场业务分为本币公开市场业务和外汇市场业务两部分。我国的公开市场业务操作具有以下特点。

① 公开市场操作的目标。中国人民银行在公开市场操作中，是以基础货币和商业银行的超额储备作为主要目标，即在考虑操作方向和力度时，主要将基础货币的供应和商业银行的流动性作为目标，同时也考虑货币市场利率。这是由于我国的货币市场还不够发达，利率控制也较严格，从而无法确定一个合理的短期利率作为操作目标。随着货币市场的发展和公

开市场操作经验的积累，人民银行公开市场业务的操作目标逐渐转向基础货币和货币市场利率。

② 公开市场操作工具。1996 年，人民银行开始进行公开市场操作时，操作的工具是财政部当年发行的短期国债。但是，由于商业银行持有短期国债数量有限，且把其视为安全的优良资产，愿意持有而不愿交易，从而给人民银行进行公开市场操作增加了难度。1998 年公开市场业务重新恢复以后，人民银行拓展操作工具，可供交易的不仅有国债，还有中央银行融资券和政策性金融债券。

③ 公开市场的参与者。人民银行并不是与所有的金融机构进行公开市场操作，而是选择一些金融机构作为操作对象。1996 年参与公开市场操作的金融机构是 14 家商业银行总行。到 2001 年，公开市场业务一级交易商达到 40 家。

④ 公开市场的交易方式。1996 年，人民银行主要采用的交易方式是回购交易。到 2000 年，公开市场操作已发展为债券回购和现券买卖两种基本交易方式。因为投放和回笼基础货币的方向不同，债券回购又包括正回购和逆回购，这样中央银行投放基础货币就有三种方式：现券买断、逆回购和正回购到期；反之，回笼基础货币则有现券卖断、正回购和逆回购到期三种方式。这样，人民银行就可以根据货币政策长、中、短期目标的需要，自主运用六种方式及不同方式的组合，调整公开市场操作方向，引导货币市场和债券市场利率。

公开市场的招标方式：一是数量招标方式；二是利率招标方式。

(2) 公开市场业务的作用机制

公开市场操作主要是通过银行系统准备金的增减变化来实现调节货币供应量的目的的。各国中央银行在公开市场上向某商业银行购进政府债券，这家商业银行在中央银行的准备金就会增加，也就导致基础货币增加，通过货币乘数的作用，货币供应量将会增加数倍。如果中央银行用现金购买政府债券，则会增加全社会的现金投放量，也会导致基础货币增加，对货币供应量的倍数影响是一样的。如果中央银行在公开市场上向商业银行卖出政府债券，就会使商业银行在中央银行的准备金存款减少，这样基础货币就会减少，货币供应量就会呈倍数收缩。中央银行在公开市场上买进有价证券，不仅可以使货币供应量增加，还会使市场利率水平下降。一方面，在市场货币需求不变时，货币供应量的增加会使货币供应大于货币需求，均衡利率水平将会下降；另一方面，中央银行买进有价证券后，会引起有价证券需求量的增加，从而在有价证券供应量一定的条件下，将会使有价证券的市场价格上升，由于有价证券的价格一般与市场利率呈反向变动关系，因此证券价格的上升也会使利率水平下降。

例如：中央银行买进证券→基础货币增加→商业银行准备金增加→商业银行信贷扩张能力增强→贷款和投资增加→市场货币供给量增加→市场利率下降→刺激投资支出增加。

(3) 公开市场业务的优缺点

公开市场操作具有以下优点。

① 主动性和灵活性。公开市场操作是由中央银行主动决定的，其交易规模的大小可以

由中央银行完全把握。公开市场操作不像法定准备金政策和再贴现政策那样，具有很大的惯性，如果中央银行发现操作失误，随时可以再次运用这一工具进行矫正。

② 直接性。中央银行运用公开市场操作可以直接影响银行系统的准备金规模，迅速影响全社会的货币供应量水平，以保证货币政策目标的实现。通过公开市场操作，中央银行还可能抵消各种冲击因素对银行准备金的影响，使准备金规模维持在预定的目标水平上，保持货币供应量的稳定。

③ 伸缩性。是中央银行进行日常性调节的货币政策工具。

④ 公开市场操作可以随时进行，不会影响预期，有助于货币政策目标的实现。由于公开市场操作存在着许多优点，它成为中央银行经常使用的控制基础货币和货币供应量的货币政策工具。

公开市场操作也存在一定的局限性，因为要让这一政策工具有效地发挥作用，必须具备一定的条件，主要包括：中央银行要具有较高的独立性，且拥有强大的、足以调控整个金融市场的资金实力；金融市场要相当发达，证券种类齐全并达到一定的规模；需要其他政策工具的配合，否则这一工具是无法达到最佳效果。

10.2　选择性货币政策工具

在常用的货币政策工具之外，中央银行还有选择性的货币政策工具。

选择性货币政策工具，也被称为货币政策的结构性调节工具，它是针对商业银行或金融机构特殊的资金运用而采用的工具，是一般性货币政策工具的补充。选择性货币政策工具主要包括证券市场信用控制、消费者信用控制、不动产信用控制和利率控制。

1. 消费者信用

消费者信用控制是指中央银行通过对各种耐用消费品规定分期付款的最低付现额和分期付款的最长偿还期限，对消费者购买耐用消费品的能力施加影响的管理措施。它是中央银行为控制耐用消费品的有效需求而设置的。

耐用消费品的支出是 GNP 组成中一个比较大的项目，它的变动会成为国民经济波动的一个重要因素。对耐用消费品支出影响较大的是消费信用，住宅、汽车和主要家电产品等耐用消费品多以信用方式购买。以美国为例，大约有 60％的新汽车是通过分期付款的方式购买的。中央银行对消费信用的管理，会影响耐用消费品的需求，进而影响总需求和国民经济的运行。当中央银行提高分期付款的最低付现额和缩短分期付款的偿还期限时，就会限制消费者通过消费信贷取得耐用消费品的购买能力，减少对耐用消费品的需求。反之，当中央银行降低分期付款的最低付现额和延长分期付款的偿还期限时，就会减轻了对消费者的现金约束，使其增加对耐用消费品的需求。

中央银行利用消费信用控制实现其政策目标的效果，受到许多现实因素的制约，特别是当中央银行利用提高分期付款的最低付现额和缩短分期付款的偿还期限来降低对耐用消费品的需求时，情况更是这样。这一政策要求中央银行有较强的监督管理能力，而中央银行对所有的消费信贷进行监管是十分困难的。而且，提供消费信贷的厂商为了促进商品销售，并没有执行中央银行消费信贷的激励机制。消费者作为消费信贷的受惠者，也不愿意遵循中央银行较严格的消费信贷规定。这些因素都会影响选择性政策工具效力的发挥。

2. 证券市场信用

证券市场信用控制是指中央银行为了活跃证券市场的交易活动，通过规定信用交易、期货交易、期权交易等交易方式的保证金，控制信贷资金流入证券市场的规模，进而平衡证券市场的供求，实现对证券市场的调控。证券市场信用控制是美国对 20 世纪 30 年代大萧条中证券市场调控的产物，此后便作为货币政策工具一直加以使用。

证券交易有现货交易、信用交易、期货交易、期权交易及它们的组合等多种交易方式。现货交易也称为现金现货交易，是证券交易双方成交后，立即办理交割手续的交易方式。卖者交证券，买者付现款，钱货两清。由于有实实在在的资金和证券的转移，基本上反映证券市场的真实供求状况。信用交易也称为保证金交易，它是指客户以自己的信誉，只交付一定数额的保证金，取得证券经纪人的信用后，委托经纪人买进或卖出证券的交易方式。信用交易的特点是交易者可以超出自己的资金实力进行交易，提高了证券市场的流动性。同时，也会造成证券市场的虚假需求和供给，人为地造成市场波动。期货交易是按契约规定的价格、数量，在远期进行交割的交易方式。期权交易则是指预先支付一定费用之后，便可以取得在一定期限内买进或卖出规定数量的证券的权利。作为金融衍生工具，期货交易和期权交易都具有放大交易额的功能。期货交易在成交时只交付一定比例的交易额作为保证金。期权交易的期权费也只是整个交易金额的极小部分，更容易用较少的资金支撑起证券市场的虚假繁荣。当控制信用交易的保证金时，就会影响流入证券市场的资金数量。当规定保证金为 30％时，交易者只需提供 30 万元的资金，就可通过贷款获取 70 万元的资金，完成 100 万元的交易。若提高保证金为 60％，就要求交易者必须筹集 60 万元的资金，贷款融资只能提供 40 万元，然后完成 100 万元的交易。若交易商只有 30 万元的资金，则他只能通过贷款融资 20 万元，仅完成 50 万元的交易。这样，通过提高保证金比率，限制融资比例，控制最高放款额度，有利于把股票投机抑制下来。相反，通过降低保证金比率，有利于促进证券市场的繁荣。通过证券市场信用控制，中央银行在不影响整个社会贷款和货币供应量的情况下，控制资金的流向和结构，达到调控证券市场、合理配置资金的目的。

3. 不动产信用

不动产信用控制是指中央银行对商业银行等金融机构向客户提供不动产抵押贷款的管理措施，主要是规定贷款的最高限额、贷款的最长期限和第一次付现的最低金额等。采取这些措施的目的主要在于限制房地产投机，抑制房地产泡沫。我国在 20 世纪 90 年代初期也出现了房地产过热的情况，各行各业、各种资金大量流向房地产，形成了大量的房地产泡沫。为了限制房地产投机，国家采取了一系列措施限制信贷资金向房地产业的过度流入，对抑制房地产泡沫发挥了一定的作用。而在 20 世纪 90 年代后期，为了有效地扩大内需，刺激经济增长，抵消亚洲金融危机和世界经济衰退的不利影响，国家则采取了一系列措施放开房地产信贷限制，特别是住房信贷限制，既配合了住房消费货币化改革的需要，又推动了住房消费和房地产业的发展。

4. 优惠利率

优惠利率是指中央银行对国家拟重点发展的部门、行业和产品规定较低的利率，鼓励其发展，有利于国民经济产业结构和产品结构的调整和升级换代。优惠利率主要配合国民经济产业政策使用。如对急需发展的基础产业、新技术、新材料的生产，出口创汇企业产品的生产等，制定较低的优惠利率，提供资金方面的支持。实行优惠利率有两种方式：其一，中央银行对这些需要重点扶持发展的行业、企业和产品规定较低的贷款利率，由商业银行执行；其二，中央银行对这些行业和企业的票据规定较低的再贴现率，引导商业银行的资金投向和投量。优惠利率多为发展中国家所采用，我国在此方面也使用较多。

10.3　其他政策工具

1. 直接信用控制

直接信用控制，是指中央银行从质和量两个方面以行政命令或其他方式对金融机构尤其是商业银行的信用活动进行直接控制。

（1）利率控制

规定存贷款利率或最高限额是最常用的直接信用管制工具。例如，规定活期存款不准付息、定期存款及储蓄存款不得超过最高利率限额等。其目的在于防止商业银行用提高利率的办法在吸收存款方面进行过度竞争，以及为牟取高利进行风险存贷活动。

我国在计划经济时期执行严格的利率管制。随着金融改革的逐步深化，中央银行对利率的管制逐步放松。目前，我国的利率有 3 个层次：第一层次为中央银行基准利率，即中国人民银行对金融机构的存贷款利率；第二层次为金融机构存款和贷款利率等；第三层次为金融市场利率，主要为银行间拆借市场利率。中央银行在制定基准利率的同时，也规定金融机构的存贷款利率及浮动幅度。金融市场利率则由市场决定，但也受到中央银行利率政策的影响。中央银行通过利率的控制，基本控制了整个社会的资金利率水平，从而通过对利率的调整，实现对社会资金供求和社会经济活动的调节。我国中央银行从 20 世纪 80 年代中期开始运用利率调整来调节经济，90 年代更加注重利率工具的应用，在实施"适度从紧"的货币政策、抑制通货膨胀和保持经济的稳定增长方面发挥了积极作用。2004 年 10 月 29 日，中国人民银行报经国务院批准，决定不再设定金融机构（不含城乡信用社）贷款利率上限，城乡信用社贷款利率上限扩大为基准利率的 2.3 倍，所有金融机构贷款利率下限为基准利率的 0.9 倍，同时放开所有金融机构存款利率下限。这标志着我国利率市场化顺利实现了"贷款利率管下限，存款利率管上限"的阶段性目标。

利率控制虽然较为直接和迅速，但也存在许多弊端，突出的就是：利率随资金供求变化自动调整的作用得不到正常的发挥；利率很难准确地反映资金市场的供求状况。随着我国金融体制改革的逐步深化和金融市场的逐步发育和完善，利率市场化将是必然趋势。

利率上限管制一般是指中央银行以法律法规的形式规定商业银行和其他金融机构存贷款利率的最高水平。通过设定利率上限来人为地压低利率水平，也导致了金融抑制。现在，随着各国相继实行利率市场化的改革，这种货币政策工具已经很少运用了。

（2）信贷配给

信贷配给是指中央银行根据金融市场的资金供求状况及经济形势的需要，对商业银行系统的信贷资金加以合理的分配和必要的限制。这种信用分配方式在资金需求旺盛、资金短缺、单纯依靠市场机制作用不可能达到控制效果时采用。在改革开放前，我国长期以来实际上是以国家综合信贷计划来进行信用配给的。

2. 间接信用控制

间接信用控制是中央银行采用行政手段间接影响商业银行的信用创造能力的措施，主要有道义劝告和窗口指导等。

（1）道义劝告

道义劝告是指中央银行利用其声望和地位对商业银行及其他金融机构的业务活动提供指导、发表看法，劝告其遵守和贯彻中央银行政策，以影响商业银行贷款数量和投向，从而达到调控信用的目的。道义劝告不具有强制性，不依靠法令赋予的特殊权力，而是通过各金融机构领会中央银行的政策意图，自愿合作。如英格兰银行遇到政策改变时，常侧重幕后劝告，邀请商业银行的负责人交换意见，取得各银行自愿合作。道义劝告之所以能够在现行的金融体制下得以实施并使中央银行的政策意图得以有效传达，关键在于中央银行的领导地位，中央银行的声望越高，地位越独立，道义劝告的作用也越明显。

（2）窗口指导

窗口指导是指中央银行根据产业行情、物价走势和金融市场动向，对商业银行下达指令，要求其把贷款增加额限制在适当范围内，目的是调节银行信用总量，但并不对放款用途作质的限制。如果商业银行不接受"指导"进行贷款，中央银行就会削减其贷款的额度，甚至采取停止提供信用等制裁措施。第二次世界大战结束后，窗口指导曾一度是日本主要的货币政策工具。日本银行（日本的中央银行）为了保持同业拆借利率的稳定，利用自己在金融体系中的威信及金融机构对它的高度依赖，通过与金融机构的频繁接触，来指导它们自觉地遵守日本银行提出的要求，从而达到控制信贷和调节货币供应量的目的。以限制贷款增加额作为特征的窗口指导，作为一项货币政策工具，发展到今天，已经转化为一种强制性的手段。如果商业银行等金融机构不听从日本银行的窗口指导，日本银行可以对这些金融机构进行经济制裁，制裁的办法主要是在再贴现时对这些金融机构进行限制。

10.4　中国货币政策工具的演变

1. 信贷计划管理

与计划经济相适应，信贷计划在很长一段时间内是中国真正起作用的货币政策工具。作为直接信用调控工具，它是市场机制发育不全、其他间接货币政策工具无法有效发挥作用的选择。

信贷计划包括三个层次：第一，国家综合信贷计划，包括中央银行与专业银行的信贷资金来源与信贷资金运用计划，以此确定全国的贷款总规模、货币发行和中央银行对专业银行的贷款额度；第二，中央银行信贷计划，即中央银行自身的资金来源与资金运用计划，以此确定货币发行量、现金发行计划和对专业银行的贷款规模；第三，各专业银行的信贷计划。

信贷计划编制完成之后，便以指令性计划的方式下达，依靠模控制、限额管理的办法，确保信贷计划的执行。对信贷资金的管理，新中国成立以后至 1979 年实行了"统收统支"的高度集权的信贷资金管理体制；1979—1984 年改为"统一计划，分级管理，存贷挂钩，差额包干"的体制；1985—1993 年，伴随着中央银行体制的建立，信贷资金管理体制演变为"统一计划，划分资金，实贷实存互融通"。1994 年，全面金融体制改革的展开和资产负债比例管理制度的推进，信贷资金管理办法改为"总量控制，比例管理，分类指导，市场融通"，1998 年进一步改为"计划指导，自求平衡，比例管理，间接调控"。信贷资金管理体制的演变，是伴随着经济体制改革的深入而不断完善的。它所经历的强调统一计划的重要性，到限额管理下的比例管理，乃至取消限额下的比例管理的过程，反映了信贷计划管理的手段不适应市场经济，而要求采用间接调控工具的过程。在计划经济占主导的体制下，信贷计划和限额管理手段具有简便、易行、有效的优点。它还满足了政府根据计划进行投资和进行经济结构调整的需要，有利于发挥国民经济计划的主导作用。

但随着市场机制的完善，信贷计划和限额管理手段的缺陷也越来越明显。第一，信贷计划与市场机制资源配置的矛盾越来越突出，造成金融效率低下，制约了金融体制改革的深入。第二，在金融市场发展、金融工具多样化的情况下，信贷计划和限额管理的政策效力不断丧失。信贷计划在执行过程中时常被突破，有时又有大量剩余。第三，信贷计划执行与监督的操作难度越来越大。在这种情况下，取消信贷计划的指令性要求和限额管理，逐步实行间接货币政策工具成为改革的必然。

2. 存款准备金制度

中国的存款准备金制度包括以下主要内容。

① 缴存范围。凡是吸收存款的金融机构都要缴存法定存款准备金和满足备付金要求，

只有保险公司和证券公司不必缴存法定存款准备金。准备金的缴存范围包括除同业存款、汇出汇款等科目外的所有各类客户存款及各种其他负债项目。

② 准备金构成。准备金构成包括法定存款准备金构成和备付金构成，只有在中国人民银行的一般性存款才能充当法定存款准备金，库存现金不属于法定存款准备金。备付金主要由金融机构存入中国人民银行的超过法定准备金的存放在中央银行的款项和库存现金构成。

③ 法定存款准备金率。1984 年，规定储蓄存款的法定存款准备金率为 40%，农村存款的为 25%，企业存款的为 20%，财政性存款的 100% 划缴中国人民银行。1985 年，将一般存款的法定存款准备金率统一调整为 10%，财政性存款维持原有规定。1987 年，将一般存款的法定存款准备金率统一由 10% 上调至 12%；对农村信用社的法定存款准备金率实行改革，1987 年以前的存款维持 25%，1987 年以后新增存款按 12% 的比率缴存；城市信用社的缴存比率在 10%～40% 的范围内，由中国人民银行省级分行确定。1989 年，一般存款的法定存款准备金率进一步上调为 13%。1998—1999 年，又对法定存款准备金率进行了两次调整，分别下调为 8%、6%。进入 21 世纪之后，随着新一轮经济发展的加速，面对物价上涨的压力，中央银行又多次向上微调法定存款准备金率，至 2008 年 6 月底，法定存款准备金率上调为 17.5%。

④ 缴存规定。在确定计提法定存款准备金的基数时，所依据的是期末存款余额，而不是日平均余额，计算基期为每月或每旬；缴存日为每月或每旬后的 5 日至 8 日，缴存主体和受缴主体分别为各级金融机构和对应的中国人民银行各级分支行。

3. 再贴现和中央银行贷款

从 1980 年起，曾在全国推广过商业票据承兑贴现业务，但发展缓慢。中国人民银行则是从 1986 年起开办再贴现业务，但再贴现规模较小。最初，再贴现政策不是中央银行货币政策的主要工具。由于缺乏再贴现政策的条件，中央银行调控银行体系流动性的主要渠道便是中央银行贷款。中央银行贷款是指中央银行对金融机构发放的贷款，包括年度性贷款、季节性贷款、回拆性贷款等。它是中央银行调控基础货币的一条重要渠道。但中央银行贷款也有一些弊端，主要是：第一，中央银行贷款这种纯信用放款方式的大量使用，助长了金融机构对中央银行的依赖思想，迫使中央银行每年拿出大量基础货币来弥补资金需求硬缺口，难以实现对基础货币的控制；第二，中央银行贷款的存在，在金融机构间造成不公平的竞争局面；第三，要求规范化的操作规程，否则容易导致"寻租"行为和腐败滋生。中央银行贷款残留着计划经济的痕迹，不是市场经济体制改革的方向。

4. 公开市场业务

1994 年的外汇管理体制改革，成为中国人民银行利用公开市场业务进行外汇操作的起点。为了维持人民币汇率的基本稳定，在银行结售汇制和银行间外汇市场的基础上，中国人民银行每天作为最后买卖者，进入外汇市场买卖外汇。1996 年 4 月，中国人民银行又开办了买卖国债的公开市场业务。但由于国债规模有限，品种比较单一，特别是国债基本上没有风险，而利率却比同期银行存款利率高，人们持有国债多为获取较高的利息收入，国债市场流动性较小，中国人民银行在其中的交易量较小，难以起到大量吞吐基础货币的作用，无法发挥其宏观调控的作用。近年来，我国国际收支持续"双顺差"，外汇收入大量增加。为了避免人民币急剧升值，中央银行不得不大量购进外汇，由此导致基础货币大量投放。在这种情况下，公开市场本币操作的任务就是回笼基础货币，以中和外汇储备增加对基础货币的影响。在这样的形势下，人民银行本币操作出现了现券不足的矛盾，于是发行中央银行票据就成为近年来公开市场操作的主要方式。

本 章 小 结

　　货币政策工具，是对货币供给总量或信用总量进行调节和控制的政策工具，主要包括法定存款准备金政策、再贴现政策和公开市场业务三大政策工具。一般性货币政策工具的特点在于，它是对总量进行调节的，中央银行经常使用且能对整个宏观经济运行产生重要影响。

　　存款准备金制度对信贷和货币供应量的控制，是通过调整法定存款准备金率来实现的。首先，调整法定存款准备金率会形成货币乘数的改变，在基础货币不变的情况下，就会引起货币供应量的改变。比如，中央银行调低法定存款准备金率，那么就使得一部分存款准备金由法定存款准备金转变为超额存款准备金。超额存款准备金的增加，增大了商业银行发放贷款和投资的能力。通过派生存款机制，这部分超额存款准备金就会产生出多倍的派生存款，使得货币供应量增加。

　　再贴现政策主要通过四种途径来影响一国的金融和经济。

　　公开市场操作主要是通过银行系统准备金的增减变化来实现调节货币供应量的目的的。中央银行在公开市场上向某商业银行购进政府债券，这家商业银行在中央银行的准备金就会增加，也就导致基础货币增加，通过货币乘数的作用，货币供应量将会增加数倍。如果中央银行用现金购买政府债券，则会增加全社会的现金投放量，也会导致基础货币增加，对货币供应量的倍数影响是一样的。如果中央银行在公开市场上向商业银行卖出的政府债券，就会使商业银行在中央银行的准备金存款减少，这样基础货币就会减少，货币供应量就会数倍收缩。中央银行在公开市场上买进有价证券，不仅可以使货币供应量增加，还会使市场利率水平下降。一方面，在市场货币需求不变时，货币供应量的增加会使货币供应大于货币需求，均衡利率水平将会下降；另一方面，中央银行买进有价证券后，会引起有价证券需求量的增加，从而在有价证券供应量一定的条件下，将会使有价证券的市场价格上升，由于有价证券的价格一般与市场利率呈反向变动关系，因此证券价格的上升也会使利率水平下降。

关　键　词

间接信用控制　优惠利率　公开市场业务　再贴现政策　存款准备金政策

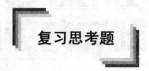

复习思考题

1. 简述存款准备金制度的由来。
2. 简述再贴现制度的作用机制。
3. 简述再贴现政策的优缺点。
4. 简述公开市场业务的负面作用。
5. 简述选择性货币政策工具与常用的货币政策工具的不同之处。
6. 简述利率市场化的要义。
7. 简述中国货币政策工具的演变方向。

第11章 货币政策传导机制与有效性分析

货币政策传导是指运用货币政策工具到实现货币政策目标的作用与过程。

货币政策工具的运用并不能对货币政策的最终目标的变量直接发生作用，有时这种影响还有相当长的一段距离。政策工具的实施首先作用于货币政策标的，通过货币政策标的最终影响货币政策目标。货币政策传导机制能否有效地贯彻中央银行的意图，实现货币政策的最终目标，取决于货币政策传导机制自身的构成和规范程度，也取决于传导机制所处的外部环境。

规范化的货币政策传导机制，有以下两个特点：一是间接调控性。在市场经济条件下，中央银行的货币政策是一种经济政策，主要特征是经济诱导，而不是行政命令。短期政策措施围绕长期目标来制定，以间接调控为主，直接调控只是在特定的形势下才会被采用。因此，中央银行的货币政策目标具有较强的刚性，而货币政策措施则有弹性；二是目标与工具变量之间传导迅速。市场是货币政策运行的载体，市场对于资源起到了基础性配置的作用。在货币政策的制定和实施过程中，货币政策目标制定、货币政策工具选择及各调控客体都较为规范，货币政策传导机制灵活、高效，货币政策对经济的调控效果才能够迅速。

11.1 货币政策传导机制的理论

1. 费雪与维克塞尔的传导机制理论

1911 年，费雪在他的《货币的购买力》中提出了著名的交易方程式，即

$$MV = PY$$

这里，M 是货币量，V 是货币流通速度，P 为价格水平，Y 为交易量。费雪在论述"交

易方程式"时认为 M 是指一定期间"用于流通"的货币量。费雪对 M 的这个解释为后来的货币理论分析设置了障碍。现实经济中的货币量应该是对社会投放的全部货币量，包括退出流通但没有回到中央银行的货币（如窖藏起来的货币）。因为对于持币者来说，其用于流通的货币和用于窖藏的货币之间没有不可逾越的鸿沟。费雪是从一定时期内连续不断的流通过程来解释货币数量论的。他的结论是："在货币流通速度 V 和商品交易量 Y 不变的情况下，物价水平 P 是和流通中的货币量 M 成正比例变动的。"①

货币的流通速度，"理论分析往往把它视为常数，长期货币史的实证分析也往往证明它的变动不大，可以作为常数看待。但剖析当前的、短期的经济形势时，由于它的实际值是经常变动的，所以一点也不能忽视"。②

对于货币数量论假定的货币流通速度不变，维克塞尔早就提出异议，他认为货币数量论假定"货币的流通速度仿佛是一个固定的没有伸缩的量，环绕着一个不变的平均水平作波动；然而实际上它是会完全自动地扩大或收缩的，同时特别是由于经济进步的结果，它能够作几乎任何如所想望的增加，并且在理论上它的伸缩力是没有限制的"。③ 马歇尔则进一步指出，费雪的恒等式"并未指出决定流通速度的原因"，并指出"货币流通速度是随着一国人民认为手头应该保有的购买力数额的变动而变动的"。④ 马歇尔的这个思路，被后人总结为著名的剑桥方程式：

$$M=KPY$$

这里，K 是人们一年（或其他时间单位）以货币持有的资产 M 和以商品持有的资产 PY 的比值。

简单地看来，费雪的交易方程式是以全社会整体为对象，剑桥方程式则着眼于个人对货币持有的需求，需要持有多少货币实质上是选择以什么方式保有自己的资产（货币方式还是非货币方式）。但是，在全社会总量上，费雪方程式与剑桥方程式中的 M 是相等的。这是因为在货币没有丧失信用被人们当作废物抛弃之前，一个人（或企业）手中货币的减少必然等于另一个人（或企业）手中货币的增加。而且，在持币者纷纷减持货币资产增持非货币资产时，按照资源配置的顺序，社会总体价格水平将升高。

将费雪的交易方程式和马歇尔的剑桥方程式合并考虑可以推论出

$$KV=1$$

早期的货币数量论以欧文·费雪的"现金交易数量论"和马歇尔、庇古的"现金余额数量论"为代表，二者都认为，货币既不影响就业，也不影响产出，货币流通速度不变，货币只是使名义价格等幅同方向的变化，货币影响的仅仅是价格水平。

①　FISHER I. The purchase power of money. New York：Macmillan，1911：29.

②　黄达. 宏观调控与货币供给. 北京：中国人民大学出版社，1987：178.

③　维克塞尔. 利息与价格. 北京：商务印书馆，1959：34.

④　马歇尔. 货币、信用与商业. 北京：商务印书馆，1986：46.

费雪认为，当货币供给量变动时，存款货币和货币供给总额发生变动，由于商品交易量基本上是一个常量，因此货币供给量的变动将引起物价平的变动。现金余额论则认为，货币价值决定于社会公众欲以通货保持的实物价值与该国货币供给量的比例。当实物价值不变而货币供给量变动时，货币价值会随着货币供给量的变动作反向变动。当货币供给量增加时，个人就将感觉到手中实际持有的货币量多，就会增加支出从而减少货币余额，进而引起货币流通速度加快，导致商品供求关系失衡，结果引起物价上涨。马歇尔货币数量论试图找出决定通货流通速度的原因，从而说明物价短期变动主要是对货币需求的变化而引起的变动。早期的经济学家们认为，一国一定时期内的商品数量和货币的流通速度在短期内是不会发生变化的。其中，国民产出在完全竞争均衡机制这只"看不见的手"的调节下，通常处于充分就业水平；而货币的流通速度主要取决于制度性因素如支付制度、支付习惯等，在短期内基本保持稳定不变。因此，货币的作用对象和作用过程较为简单，即如果货币量（M）增加，市场物价水平（P）就会上升，名义收入水平（Y）也会相应增加。

维克塞尔没有否定古典货币数量论在一定条件下的合理性，但他认为，货币数量论对现实经济的解释力是值得怀疑的。这一怀疑的理由有两点：一是对古典货币数量论的"货币流通速度不变假定"的批评；二是对古典货币数量论过分强调现金的媒介职能而忽视了信用票据的作用的批评。维克塞尔认为，随着经济的发展，银行的金融职能几乎无所不包，银行的存款创造能力使得货币余额高度集中，这导致货币供给越来越倾向于能够适应其需求。这意味着，货币需求是高度易变的。既然货币需求是高度易变的，那么货币流通速度也就不再是固定的了。

在维克塞尔之前的经济理论中，利率就是实物利率，货币利率只是实物利率的表现形式。维克塞尔对此有不同看法，他认为："贷款中有某一种利率，它对商品价格的关系是中立的，既不会使之上涨，也不会使之下跌。这与如果不使用货币一切借贷以实物资本形态进行，在这种情况下的供求关系决定的利率，必然相同。我们把这个称之为资本自然利率的现时价值，其含义也是一样的。"[1]

维克塞尔自然利率概念的提出也是为其货币与价格的关系分析作铺垫的。因为如果货币利率与自然利率相等，他认为，资本的寻求与供给平衡，投资与储蓄相等，商品的一般价格水平不变。

维克塞尔的观点有的受到支持有的则受到批评。"只要商品价格保持不变，增加生产率就提高了对利润的预期，结果自然的或真实的利率比之货币利率变得太高了。……这种结果似乎很令人迷惑，因为它意味着从维克塞尔的理论命题开始，人们便得到和他的目的，即固定的商品价格，完全不同的实际结果。"[2]

维克塞尔的一个重要结论是利率的下降将使价格上涨，反之则使价格下降。这一结论后

---

[1]　维克塞尔. 利息与价格. 北京：商务印书馆，1959：83.

[2]　谬尔达尔. 货币均衡论. 北京：商务印书馆，1963：110.

来被凯恩斯的宏观经济理论完整地借鉴过来，并且让利率的下降与价格上涨之间互为因果关系：当通货膨胀时货币政策的任务是提高利率，当通货紧缩时货币政策的任务是降低利率。尽管维克塞尔的这一理论被广泛接受，但没有根据说明价格水平和利率之间的关系不受其他因素（如货币供应量、商品交易量等）的扰动，后来的研究成果也没有这种因果关系传导过程的进一步分析。

凯恩斯思想受维克塞尔思想影响很大，并给予维克塞尔以高度评价："不论我是否夸大了维克塞尔的思想所达到的深度，他是说明利率通过对投资率的作用影响物价水准的第一个著作家。"[①] 凯恩斯在《货币论》中认为，货币供给将增加银行的准备金，银行将降低利率，低利率将诱使企业家进行投资。维克塞尔认为，利率提高则储蓄增加，反之则储蓄减少。凯恩斯的分析正是沿着这一思想进行的。

维克塞尔应该是一个货币数量论者，"我认为不能否认，在一定情况下，数量论可能是正确的，不论怎样，它带有高度真理"。[②] 甚至，"这不只是一个理论，而且是一个公理"。[③] 在货币数量论者那里（代表性的是后来的费雪的数量论公式），利率是外生变量。在维克塞尔时期，黄金是货币的主体。与内生货币论者的"货币需求决定货币供给"观点相比，黄金的供给主要与发现能力、开采能力有关，是一个纯粹的外生变量。在这种情况下，货币量对价格、利率的扰动是不可控制的。

维克塞尔是从"价格"的角度寻找联系古典货币数量论与实体经济运行之间的纽带，所以其货币理论和古典货币数量论一样是"价格决定的货币理论"。维克塞尔的货币政策利率传导机制理论的意义在于：首先，它打破了传统的货币数量论关于经济自动均衡的论断，指出货币均衡取决于货币利率与自然利率是否一致，并说明二者经常发生背离，从而表明了通过货币政策干预经济的必要性；其次，它论证了利率作为货币影响经济的传导中介的重要作用，为货币当局利用利率杠杆调节经济提供了理论依据，也为现代利率传导机制理论奠定了理论基础。但是，维克塞尔研究货币政策传导机制的目的仍在消除两大利率差异，保持货币中立，这与凯恩斯有意识地利用货币和利率的作用去促进经济增长的现代货币政策传导机制理论仍有差别。

2. 凯恩斯学派的传导机制理论

马歇尔谈到，利率降低，厂商对货币的需求将增加。[④] 马歇尔认为："长期贷款利率一方面取决于企业对资本的现时需求，另一方面取决于用处尚未'固定的'资本额……当然，短期利率和贴现率常常随着一般市场活动的波动和人们对近期经济形势的看法而变动。"[⑤]

在长期利率与投资的关系上，"平均贴现率必然要受长期贷款利率的严重影响；后者一

---

① 凯恩斯. 货币论. 北京：商务印书馆，1986：169.
② 维克塞尔. 利息与价格. 北京：商务印书馆，1959：31.
③ 维克赛尔. 国民经济学讲义. 上海：上海译文出版社，1983：332.
④ 马歇尔. 经济学原理. 北京：商务印书馆，1965.
⑤ 马歇尔. 货币、信用与商业. 北京：商务印书馆，1986：259.

方面取决于资本投资场所的大小，另一方面取决于寻找投资机会的资本量。如果资本量一直迅速增加，那么尽管投资场所大大扩大，贴现率仍会被压低。贴现率的这种下降不会刺激投资，它本身就是因难于找到很好的投资机会而引起的。"[①]

"一般地可以这样说：贴现率的提高，是由于某些使用资本的人比以前更想借款，或者由于某些控制资本的人不如以前那么愿意放款。前者通常表示人们的信心增加，经济趋向于繁荣，后者则与之相反。……新通货或增加的通货并不落在个人手里，而是进入银行中心，因而通货的增加首先使贷款者比以前更加愿意放款，从而降低贴现率。但过了一段时间以后，通货的增加会提高物价，从而提高贴现率。"后来者对这一思想进行了进一步的演绎，"霍特里和庇古等人则开始把利率变动对经济的影响同它对储蓄和投资的影响联系起来。在他们看来，市场利率跌到自然利率以下会导致储蓄（供给）下降和投资（需求）上升"。[②]

简单地表达，马歇尔及其追随者的结论是：可以通过利率的改变来改变储蓄额或投资额。

凯恩斯认为，持币分三种动机：交易、谨慎和投机。而投机是最重要和最复杂的，其核心是个人持币量是利率的函数，因为货币供给是中央银行外生给定，利率越低，个人的货币需求越大。

凯恩斯认为，利率纯粹是一种货币现象，与真实因素无关。因为货币富于流动性，在任何情况下可以随时转变为其他资产而不会受损失。利息则是在货币可以转变为其他资产而没有转变为其他资产的流动性报酬。如果人们的流动性偏好上升，愿意保持货币的数量大于货币的供给量，利率就上升；如果人们的流动性偏好下降，愿意保持货币的数量小于货币的供给量，利率就下降。利率的高低决定于货币供给和货币需求的均衡。在流动性偏好不变的条件下，如果货币供给是由货币当局的货币政策决定，利率也就由政策因素决定。

凯恩斯理论的一个重要内容是否定了古典经济学关于利率由储蓄和投资决定的理论，他提出，利率是一种货币现象，是由货币供给和货币需求决定的。

当认为投资和储蓄是利率的函数，二者的均衡形成产品市场的均衡，货币需求也是利率的函数，货币供求也达到均衡时，希克斯把凯恩斯的思想变成了 IS-LM 曲线。凯恩斯对希克斯的分析是认同的，"我觉得它非常令人发生兴趣，的确没有什么作为批评的话可说"。[③]凯恩斯的理论把利率与宏观经济总量之间的关系进行了高度联系。在这一联系中，为了防止利率过分降低导致这一体系的逻辑矛盾，凯恩斯还提出了"投资陷阱"和"灵活偏好陷阱"的概念。从某种意义上讲，没有这两个"陷阱"，凯恩斯理论体系就不可能成立。因而凯恩斯的两个"陷阱"如果没有根据说是实际上的存在，那就应该是为其理论的成立寻找的借口。凯恩斯认为，利率与货币需求直接相关，配合"投资陷阱"和"灵活偏好陷阱"概念的提出，凯恩斯"认识"到，GNP 是由有效需求（投资需求、消费需求和政府支出）决定的，

① 马歇尔. 货币、信用与商业. 北京：商务印书馆 1986：259.
② 陈岱逊，商德文. 货币与金融理论研究. 北京：商务印书馆，1997：116.
③ 陈岱逊，商德文. 近现代货币与金融理论研究. 北京：商务印书馆，1997：190.

而不是由货币供应量（M）决定的，M 对 GNP 的影响只是间接的。凯恩斯的货币政策传导为

$$M\text{——}i\text{——}I\text{——}GNP$$

其中，i 是利率，I 是投资。

凯恩斯早期的货币观点基本上传承了马歇尔的货币数量论观点。在他 1930 年出版的《货币论》中，他开始摆脱货币数量论一些观点的束缚，将重心放在货币价值变动的原因及其控制手段方面，同时运用维克赛尔的可贷资金学说进行分析。他认为，货币政策通过影响市场利率而影响储蓄和投资行为，进而对经济发展水平和物价产生影响。1936 年，凯恩斯的《就业、利息和货币通论》出版。在该书中，凯恩斯提出了关于货币与经济关系的看法，他把对货币需求的分析纳入到对总需求和总供给的分析框架中，形成了关于货币活动如何影响经济活动，即货币政策传导机制的分析，提出了货币政策经由利率及有效需求影响经济活动的货币政策传导机制理论。其基本框架是

$$货币政策 \rightarrow 利率 \rightarrow 有效需求 \rightarrow 投资 \rightarrow 国民收入和物价水平$$

这个传导机制的主要环节是利率：货币供应量的调整首先影响利率的升降，然后才使投资乃至总支出发生变化。在存在大量失业时，利率降低，扩大有效需求，促使投资和国民收入增加；当接近充分就业时，扩大有效需求，投资和国民收入增加，物价水平上升；当达到充分就业时，一般物价水平上升。

在凯恩斯的货币传导理论中，会因下列情况导致货币政策失效：流动性陷阱的存在使利率水平不会随货币供应量增加而无限制地下降。如果超过客观限度，无论货币供给如何增加，都会产生相应的货币需求，一部分货币会闲置起来；在经济萧条时期，投资支出利率弹性低，即使利率降低，也无法唤起企业部门的投资热情，投资需求也难以增加。

凯恩斯的货币政策利率传导机制理论的要点有两个：一是认为货币政策传导机制中的核心变量是利率，货币政策必须通过利率来加以传导，即货币政策的中介目标应是利率；二是认为货币政策的作用是间接的，它必须经过两个中间环节，即利率和投资，这两个中间环节的任一个出现问题，都会导致货币政策无效。当第一个环节出问题时，就会出现通常所说的"流动性陷阱"现象。即当利率下降到一定限度以后，任何货币量的增加都会被无限增大的投机性货币需求所吸收，利率水平就不会再下降。第二个环节出问题是指投资的利率弹性不足，如在利率下降后，如果投资者对利率下降并不敏感，也会使扩张性货币政策不能取得扩大投资规模的效果。因此，凯恩斯学派非常强调财政政策，而且认为货币政策有时是不可靠的。

可以看出，凯恩斯主义强调将利率作为货币政策中介目标的政策是一个"伪政策"，因为凯恩斯主义改变利率的政策是通过货币量的改变间接实现的，而不是通过贴现率的改变直接实现的，其真正的货币政策中介目标是货币量。

3. 货币主义学派的传导机制理论

就货币需求来说，弗里德曼认为，持久收入是起决定作用的变量。弗里德曼不否认利率

对货币需求的影响，但认为这种影响过于微小而缺乏统计上的意义。根据他的统计分析，货币需求的利率弹性仅为 -0.15，而几乎所有其他人估计的绝对值也都小于 1。因而在货币需求的决定因素中，利率远没有持久收入重要。[①]

与凯恩斯认为的 GDP 不是由货币供应量（M）决定不同，以弗里德曼为代表的货币主义则认为 M 对 GDP 有直接影响，即

$$M——MV——GDP$$

"假如你要控制物价和收入，货币供应就提供杠杆。"[②] 这就是弗里德曼对货币与物价及收入之间关系的断言。利率当然也就不是非常重要了。

斯蒂格利茨[③]在利率问题上似乎倾向于弗里德曼的观点而否定了凯恩斯的观点。他认为，利率与投资之间的关系是缺乏弹性的，至少在衰退期和萧条期是这样。在长期看来，利率是一个基本不变的值，而投资却是一个不断增长的量。

货币主义的货币政策传导机制理论是在批评凯恩斯学派理论的过程中提出来的，是"辩论"的产物。货币主义认为，货币供应量的变动无须通过利率进行传导，利率在货币政策传导机制中不起重要作用，他们更强调货币供应量在整个传导机制上的直接效果，认为货币量变动可直接引起支出与收入的变动。由于货币学派认为货币供应量的增加会引起资产结构调整，进而影响各种资产的相对价格，所以有的经济学家干脆将货币学派提出的货币供应量传导机制称为相对资产价格传导机制。货币需求有内在的稳定性，在货币需求函数中，没有货币供给的因素，因而货币供应量的变动不会直接引起货币需求的变化。当货币供应改变，比如增大时，由于货币需求没有发生变化，公众手持货币量就会超出他们所愿意持有的货币余额，于是人们将通过增加支出而消除这一过多持有的货币余额。货币学派认为这是一个资产结构的调整过程。超过意愿持有的货币余额要么用于购买金融资产，要么用于购买非金融资产，甚至是用于人力资本的投资。不同取向的投资会引起不同资产相对收益率的变化，如果投资于金融资产过多，金融资产市值就会上涨，收益率相对下降，这就会刺激对非金融资产的投资，如产业投资增加，既可能引起产出增加，又可能促使物价上涨。在资产结构的调整过程中，不同资产收益率趋同，并逐渐达到稳定状态。

货币供应量 M 会影响到名义收入 Y。名义收入是实际产出与物价水平的乘积，名义收入增加可能是由于实际产出水平的提高，也可能是由于物价水平的上涨，还可能是由于实际产出增加和物价水平上涨同时发生的结果。由于货币供应量 M 作用于支出，导致资产结构调整，并最终引起收入 Y 的变动。根据弗里德曼的分析，在短期内，货币供应量的增加会引起实际产出和物价水平同时增加；但就长期来说，货币供应量的增加只能引起物价水平的上涨。在短期内，货币供应量增加之所以能引起实际产出的增加，是因为在短期内公众还没

① 陈瑞洁. 弗里德曼与托宾的货币理论. 北京：经济科学出版社，1987：38.

② 罗志如. 当代西方经济学说. 北京：北京大学出版社，1989：437.

③ 斯蒂格利茨. 经济学. 北京：中国人民大学出版社，1997：115.

有来得及调整他们的通货膨胀预期，从而预期通货膨胀率会低于实际发生的通货膨胀率。也就是说，在短期内，还存在着人们未预期到的通货膨胀，货币学派认为正是这一未预期到的通货膨胀，才能引起实际产出水平的暂时增加。但是，从长期来看，人们会及时调整自己对通货膨胀预期的偏差，货币幻觉随之消失，于是实际产出水平就不会增加了，货币供应量的增加在长期内只能引起物价水平的增加。

货币主义认为，货币与实物资产是更为相近的替代品，货币资产的变动影响到实物资产并不一定要通过资产相对收益的变化，而是可能直接发生替代关系。凯恩斯学派强调货币作为一种资产与其他金融资产之间的高度替代性，而货币主义则认为货币资产与实物资产有着更为紧密的替代系，货币当局通过调节货币供应量的变动不仅能够影响经济主体在货币和其他金融资产之间的选择，而且也影响经济主体在货币与各种消费品等实物资产之间的选择。

4. 货币主义学派关于货币政策的传导方式与凯恩斯学派的区别

古典货币数量论认为，货币数量仅仅决定价格水平，货币数量变动的结果是价格水平的变动而非国民收入的变动。而凯恩斯则认为，在非充分就业的情况下，货币数量的变动可以导致国民收入的变动，理由是货币数量的变动可以导致利息的变动进而影响投资，最终影响国民收入的变动。货币主义认为在短期内货币数量的变动可能导致国民收入的变动，从长期观点来看，货币数量增加的结果是价格水平的变化而非国民收入的变化。

凯恩斯学派注重的是利率，强调的是利率变动对投资需求的影响，因此主张以利率作为货币政策的中介目标。货币主义学派则看重其他相对资产价格的变化，认为利率在货币传导机制中并不起重要作用，而强调货币供应量在整个传导机制上具有真实的效果。货币主义认为，增加货币供应量在开始时会降低利率，但不久会因货币收入增加和物价上涨使名义利率上升，而实际利率可能回到并稳定在原先的水平上，因此货币政策的传导机制不是通过利率间接地影响投资和收入，而是通过货币实际余额的变动直接影响支出和收入。这样，在货币学派的货币政策传导中，货币供应量就成为了中介目标。

货币主义认为，持久收入是决定货币需求的主要因素，由于持久收入的稳定性，货币需求函数也是稳定的。同时，由于货币需求对利率不敏感，货币流通速度是可以准确预测的，货币供给是决定名义收入的主要因素。

凯恩斯主义和货币主义的看法的区别是明显的。原因之一是货币主义认为，货币的需求函数是稳定的（在给定价格 P、产出 Y 的条件下），而凯恩斯主义认为货币需求函数是不稳定的（在给定价格 P、产出 Y 的条件下，因为投机性原因，货币需求随利息而变动）。同时，凯恩斯主义认为，货币流通速度在长期和短期都会变动，从而货币供给在长期和短期都会影响国民收入。货币主义则认为，货币流通速度在短期可能会变动，而长期是稳定的，从而货币数量的增加在短期内可能导致国民收入的增加，而最终结果仅仅是物价水平的上涨。

古典经济学认为，利率由投资和储蓄决定，与货币数量无关，货币数量只决定价格水平。凯恩斯革命的重要意义在于，他摧毁了古典经济学将商品交易与货币区分开来的"两分法"的分析范式，而且凯恩斯认为，将实际领域与货币领域联系起来的就是货币市场，"货币之重要性主要是以货币是现在与未来之联系这一点产生的"。① 古典经济学漠视货币的等价物职能，认为将货币储藏在手中是不合理的行为。凯恩斯的观点是，由于预期的影响，"货币是现在与未来之联系这一个特性就进来了"。② 例如，在通货紧缩时期，货币在升值，储币将是一个必然的行为。

货币主义学派的理论分析有以下特征：其一，在整个传导过程中，传导价格的非唯一性，利率只是许多相对价格的一种；其二，资产和产品的多元性。

凯恩斯主义认为，传导机制首先是在金融资产方面进行调整，即首先在货币市场进行调整，然后引起资本市场的变化，投资增加，通过乘数作用，增加消费和国民收入，最后影响到商品市场。中央银行通过公开市场买进债券，一方面增加了货币的供应量，另一方面则促使债券的价格上升。这时，卖出债券的家庭又会用卖出债券的收入去购买股票，从而引起股票价格上涨，利率下降。股票价格的上涨，会促进股票的发行，增加投资，从而又促进投资品价格上涨，产量随之增加。投资增加以后，通过乘数作用，也增加了消费，导致国民收入的增加。

货币主义反对凯恩斯主义仅仅强调利率。货币主义认为，观察货币政策如何影响全部相关资产价格及实际财富是至关重要的。在货币主义看来，至少有货币、债券或证券及实收资本三类资产。在整个传导过程中，利率只是许多相对价格的一种。货币政策可以同时在货币市场和资本市场上发生，中央银行改变基础货币存量，对利率和资产价格可以产生不同的影响。这些不同的影响会传导到产品市场上，对支出产生影响。在央行扩大公开市场购买之后，通过利率和资产价格的变化，资产市场可以达到均衡，但商品市场并没有达到均衡，即货币政策在引起资产价格进行相应调整的同时会干扰商品市场均衡，总需求曲线上移，价格和产出水平提高。由于资产需求取决于价格、产出和预期，那么产品市场的变化会改变货币、债券及实收资本的需求。价格、产出水平越高，货币的交易需求越大。如果人们认为价格、产出变化将持续下去，便会卖出债券以购买股票及其他实际资产，这样又会改变资产市场上资产价格水平和利率。在资产市场和商品市场持续相互影响的同时，还会受到其他因素的影响。如商品市场变化影响经常性政府预算赤字：价格和产出增长会扩大税收，减少预算赤字或增加财政盈余。在较少的赤字下，基础货币和政府债券发行会下降，这些变化会进一步改变资产价格和利率。

货币主义与凯恩斯主义在货币变动对实质经济的影响问题方面有不同看法。凯恩斯主义认为，由于流动性陷阱的存在，在特殊情况下，货币变动对实质经济不产生任何影响。也就是说，一旦利率达到其最小值（逼近 0），货币政策便无能为力。而货币主义认为，货币市场利率只是影响货币变化的相对价格之一。基础货币增加，即使不降低利率，资产

① 凯恩斯. 就业利息和货币通论. 北京：商务印书馆，1988：253.

② 同①.

价格也会上升。相对价格的变化及其效应对支出的影响，将不会因为流动性陷阱的存在而消除。

11.2　货币属性与货币政策运用

1. 货币的性质

1）货币的本质

哈里斯在《货币理论》中的开篇就开宗明义地提出了迄今为止仍然没有确切答案的问题，"在货币理论中总是不断地提出两个基本问题，而且实际上在货币理论许多高深理论的背后，也存在这两个问题：什么是货币，为什么要用货币？"[①]

货币中性理论认为，对经济活动进行静态分析必须排除货币的扰动作用，如果经济分析中出现货币单位，则要假定货币的中性媒介作用。

在经济学的二分法理论体系中，货币对经济不产生实际性的影响，货币只是覆盖在实物经济之上的面纱，"在瓦尔拉斯的一般均衡模型中，可以用其中的任何一种商品来作为计价尺度，用以表示其他商品的相对价格"。[②] 在古典经济学中，生产函数是既定技术条件下就业水平与实际产出之间的关系，劳动市场的供求取决于实际工资率利率，取决于储蓄和投资。在这个体系中，货币只决定货币工资、货币收入和价格水平，而实际变量如实际工资、实际收入、就业和利率的变动并不受货币变动的影响。因此，在古典经济学里，货币是中性的，货币数量变动仅仅影响价格水平。

对于简单的二分法理论，维克塞尔表示了不同意见，认为货币的存在肯定要与现实经济有相关的作用，正是这种作用才使得经济失衡[③]。维克塞尔的解决之道是提出了自然利率概念，当自然利率与货币利率不一致时，经济将失衡。要保持经济均衡，就要使货币利率与自然利率一致，使利率的变动与价格水平的变动相互协调。当自然利率与货币利率完全一致时，货币就是中性的。但是在现实经济中，非中性的货币（自然利率与货币利率相背离）对经济有实质性的影响。

哈耶克基本认同维克塞尔货币中性的一些观点。哈耶克的进一步发挥是，要达到经济的均衡，货币就要保持中立，甚至"生产和贸易增加这个简单的事实并不能成为扩张信贷的正当理由，除了严重的危机时期外，银行家用不着顾虑到过于谨慎会妨害生产"。[④]

---

①　哈里斯. 货币理论. 北京：中国金融出版社，1989：1.

②　柳欣. 资本理论. 北京：人民出版社，2003：353.

③　维克赛尔. 国民经济学讲义. 上海：上海译文出版社，1983：219.

④　哈耶克. 物价与生产. 上海：上海人民出版社，1958：100.

在古典学派的理论体系中，货币市场包括在商品市场和资本市场之中，① 而凯恩斯认为，把实际领域和货币领域联系起来的正是货币市场。在这个问题上，凯恩斯认为，一方面，货币也是一种资产，"只要有任何持久性资产之存在，这种资产就会有货币属性，就会引起货币经济所特有的许多问题"②；另一方面，利率是由货币供求决定的，"货币数量之改变，对于有效需求量之影响，是由货币数量可以左右利率这一点产生的"。③ 相对于古典经济学来说，凯恩斯的这些观点给我们提供了一个新的思维方式，但货币是否是中性的，凯恩斯的答案并不明朗，而是转而论述货币对需求的影响。

2）内生货币与外生货币

货币供给的内生性还是外生性也是一个至今没有定论的问题。外生货币供给论者认为，货币当局决定着货币供给；内生货币供给论者认为，实际经济变量决定着货币供给。

尽管凯恩斯主义和货币主义在理论和政策上的区分是明显的，但是在货币供给的内生性和外生性上他们又进行了重新的排列组合，如货币外生论者中有凯恩斯主义者也有货币主义者。凯恩斯也是一个货币外生论者，而且与他的理论体系一脉相传：没有中央银行的调节，货币流通量不会自己发生变化。的确，至少在形式上，现实经济中的货币都是中央银行供给的，问题在于中央银行是否可以随意决定货币供给量？在正常经济体系中，中央银行的货币供给是一个被动地适应货币需求的过程还是一个主动的主观行为？

弗里德曼也是一个货币供给外生论者。他认为，由银行的准备金和公众持有的通货构成的高能货币的变动将会导致货币存量的变动④。决定货币供给的另外两个变量（存款准备金比例和存款通货比例）虽然分别取决于商业银行和公众的行为，但高能货币对存款准备金比例、对公众的存款通货比例有决定性的影响。

作为凯恩斯继承者的新古典综合派和后凯恩斯主义者没有完全继承凯恩斯的货币供给外生性思想，他们认为货币作为一种资产形式与其他资产类似，其供求是由经济过程内生决定的。作为新古典的代表性人物，托宾的货币供给内生论是建立在对弗里德曼货币供给外生论进行批判的基础上的⑤。托宾认为，弗里德曼函数中对高能货币、存款准备金比例和存款通货比例的看法过于简单，特别是存款准备金比例和存款通货比例与经济变化直接相关，难以当作固定参数看待。货币供给的内生性主要是商业银行和企业的行为所致，而中央银行难以控制商业银行和企业的日常经济行为。

卡尔多用简明的语言阐述了货币供给的内生性，"中央银行不能拒绝为提交给它的合法

---

① 在假定实际产出与货币无关、货币流通速度既定的前提下，剑桥方程式 $M=KPY$ 被古典经济学轻率地简化为：价格水平 P 由货币数量 M 唯一决定。

② 凯恩斯. 就业利息和货币通论. 北京：商务印书馆，1988：250.

③ 凯恩斯. 就业利息和货币通论. 北京：商务印书馆，1988：254.

④ FRIEDMAN M，SCHWARTZ A J. A monetary history of the united States：1867—1960. Princeton University Press，1963：50.

⑤ JAMES T. Commercial banks as creators of money. Amsterdam：North-holland Publishing Company，1971.

票据贴现，如果它这样做了，即如果它每天或每周对打算贴现的票据确定了一个固定的数量限制……中央银行就不能履行其作为银行体系中的最后贷款人的职能。而这一职能对于确保清算银行不至于因缺乏流动性而丧失偿付能力是极为重要的。正是因为货币当局不能接受银行体系崩溃这一灾难性后果，在信贷-货币经济中，货币供给是内生的而不是外生的——它直接随公众对持有现金和银行存款的需求变化而变化，而不能独立于这种需求的变化"。[①]

卡尔多的这个分析近乎有道理，但他忽视了一个重要因素：中央银行虽然不能拒绝为提交给它的合法票据贴现，但中央银行可以用高贴现率让商业银行主动放弃贴现。也就是说，卡尔多的这个思想没有考虑利率因素的影响。

如果 P 代表价格水平，n 代表总边际利润上的平均加成，W 代表平均货币工资，q 代表平均劳动生产率，温特布劳认为

$$P=nW/q$$

成立。

温特布劳用这一公式推出了自己的货币内生的逻辑体系。货币工资的增长超过劳动生产率的增长就会导致价格上涨，因为工会的原因，如果工资外生决定，就业量既定，工资上升等同名义收入增加，若货币流通速度不变，则需要增加货币供给，否则就业水平将下降。在温特布劳的理论中，物价水平的变化是单位劳动成本变化的结果，货币供给量直接与商品交易量和就业量相关，而货币供给量与物价水平的关系则要通过就业量和工资率的双重变化来达到，且影响是间接的。"只要物价水平主要由中央银行所不能控制的工资谈判所决定，货币当局最多就只能保证货币的充分供给以消除充分就业和经济增长的金融障碍，货币当局并不拥有控制物价水平的有效手段。"[②]

新古典的微观需求理论模型和宏观总需求理论模型都是以货币外生或货币中性为假定前提的。但是，问题并没有那么简单。"在货币一般均衡模型的框架内，货币中性可以作如下定义：如果在由名义货币供给变动引起的最初均衡破坏之后，新的均衡是在所有的实际变量的数值和货币供给变动之前相同而达到，货币就是中性的。当模型不能满足这些条件时，货币就是非中性的。"[③] 全部经济体制中没有一个货币供应体系能够去自动地、恰当地为经济体系提供货币，而且保证货币供应量不会影响货币流通速度 V、商品价格 P 和商品交易量 Y。在外生货币理论中，是货币供给决定货币需求；而在内生货币理论中，是货币需求决定货币供给。实际经济中的货币，应该内生的而实际外生，是一个客观存在的事实。

3）贴现率决定与作为资本租金的市场利率决定

在古典学派的理论体系中，货币市场包括在商品市场和资本市场之中，而凯恩斯认为，把实际领域和货币领域联系起来的正是货币市场。在这个问题上，凯恩斯认为，货币也是一

①　罗西斯. 后凯恩斯主义的经济学. 北京：中国社会科学出版社，1991：90.
②　罗西斯. 后凯恩斯主义的经济学. 北京：中国社会科学出版社，1991.
③　哈里斯. 货币理论. 北京：中国金融出版社，1989：54.

种资产，"只要有任何持久性资产之存在，这种资产就会有货币属性，就会引起货币经济所特有的许多问题"。[①] 如果货币与商品之间的交易可以自由实现，商品价格保持相对稳定（这样才不会引起马歇尔的货币余额 K 变化），那么作为资产的货币与等量的资本商品就应该有相同的资产收益，否则货币资产的所有者和商品资产所有者将会改变自己的资产结构使得自己不至于因为持币（或持物）而吃亏。在这个意义上讲，如果价格相对稳定，经济生活中的商品资本租金率和货币资本租金率（利率）应该是相等的，否则货币利率和商品资本租金率的变化同样会影响到 $M=KPY$ 中的 K。

作为商业银行来说，从中央银行的贷入利率和向企业的贷出利率是其收入的来源，企业和个人存款利率与企业贷款利率差是商业银行的又一收入来源。因为货币的生产弹性是零，企业可以生产出任何一种商品进行销售，唯独不能生产货币进行销售。同时，在没有多种货币并存的情况下，货币的替代弹性也是零。这就意味着，当房租上升时，房价也将（或已经）上升，出于自利的考虑，房地产企业会造出更多的房子以满足需求；而货币租金（中央银行的贷款利率）上升时，没有企业能够造出新的货币以供给市场，商业银行只能减少货币需求，使得中央银行向整个社会的货币供给量下降。反过来看，只有在商业银行的贷出利率和贷入利率（也称为贴现率，是中央银行向商业银行发放准备金贷款的利率，贴现率名称来源于历史上商业银行常常用有价证券向中央银行贴现而得名）之差不变时，贴现率与市场利率才呈线性相关。

"美国和其他一些国家的货币当局把控制利率当作实施货币政策的一种策略，要控制利率，中央银行就需要通过调整货币基础以抵消利率的变化。说得正式一点儿就是，货币基础代替利率成为了一个内生变量。"[②] 在这个意义上讲，如果凯恩斯认为"货币也是一种资产"是一大进步，那么正是因为货币供给的外生性和货币需求的内生性的共同决定，使得"货币数量之改变，对于有效需求量之影响，是由货币数量可以左右利率这一点产生的"。[③] 但是，凯恩斯的话只是表述了问题的一半，另外一半是：利率也可以左右现实经济中的货币数量。而且，实际货币利率必然受到商品资本利率的影响，而名义货币利率则同时还受到物价水平和资产选择的影响。

4）债权货币与债务货币，同一个主体的两面性

对于任何一个人或者一个组织来说，正在使用的货币可以分为两类：债权货币和债务货币。债权货币是自己拥有所有权的货币，如自己的工资收入、经营利润等；债务货币则是自己只有使用权的货币，如企业从银行得到的贷款。

从等价物的角度去衡量货币，债权货币的所有者必须考虑未来预期持币合算还是持物合算。一个简单的例子就是，在恶性通货膨胀时期，人们会迅速地将自己的工资花掉，减少货

① 凯恩斯. 就业利息和货币通论. 北京：商务印书馆，1988：250.
② 阿罗. 货币经济学手册. 北京：经济科学出版社，2002：370.
③ 凯恩斯. 就业利息和货币通论. 北京：商务印书馆，1988：257.

币储藏增加商品储藏；在恶性通货紧缩时期，人们的这个行为则颠倒过来。后面将探讨这种情况将影响货币流通速度 V。

商业银行从中央银行获得准备金要支付贴现率，企业从商业银行获得货币贷款要支付利率，这就意味着，在长期，企业货币贷款不能用于消费只能用于投资，否则货币链就崩溃了。用于投资的债务货币不仅要考虑投资收益，同时还要考虑贷款成本，即利息。正是在这个意义上，贴现率对控制投资是有意义的。后面将探讨在一定条件下，正是对贷款成本（即利息）的考虑，利率水平将影响货币存量 M。

同一个组织，同一笔货币数量，因为契约对象和契约内容的不同会同时呈现债权货币性质与债务货币性质。例如，商业银行从中央银行获得 1 亿美元的准备金贷款，在商业银行和中央银行的契约关系上，这是商业银行的债务货币；商业银行将这些货币贷给企业后，在商业银行和企业的契约关系上，这是商业银行的债权货币。

5）货币的总量控制与利率控制

凯恩斯主义认为，利率是货币政策关键的变量。货币供给在引起社会总支出变动以前，首先变动的是利率。凯恩斯主义的货币政策传导也是以利率为关键的环节。

凯恩斯主义认为应该将利率作为货币政策的中介目标主要基于以下原因。一是利率对投资的影响很大，根据流动性偏好理论的解释，货币供给量的增加会导致利率下降，促进投资，进一步通过流动性效应和财富效应影响实际经济活动和收入水平；二是利率的高低容易观测，它反映了银行信用和货币供求；三是有很好的可操作性，再贴现和公开市场业务都可以控制利率。由于凯恩斯主义的影响力和现实经济中对发展经济促进就业的要求，凯恩斯主义的货币政策中介目标在过去的几十年中占居了货币政策的主导地位。

弗里德曼认为，货币供给增加会出现流动性效应、收入效应和价格预期效应。流动性效应也是一种资产调整效应，是在均衡利率的条件下增加货币供给将刺激非货币金融资产（如有价证券）的需求。收入效应是货币供给增加通过收入和物价水平的变化使得名义利率上升。弗里德曼的结论是货币供给增加很可能导致利率先下降后上升，这一结论与流动性偏好理论及可贷资金理论[①]不同。价格预期效应是指货币供给增加会形成通货膨胀预期，人们预期未来价格水平会更高，因此会要求更高的利率以弥补通货膨胀损失。

货币主义基于上述三个效应的分析认为，货币供应量是比利率更为适宜的货币政策中介目标。

按照货币主义的传导，货币供给量的变动并不直接影响利率，而是影响名义收入，进一步则影响投资、就业及物价水平。在长期，货币供给量的变动会引起名义收入和物价水平的同方向变动。无序的货币供给是经济不稳定的根源，稳定的货币供给既能够避免通货膨胀，也能为经济发展提供一个稳定的环境。因此，货币主义认为应该将货币供给量作为货币政策

---

① 20 世纪 30 年代 D. H. Robertson 和 B. G. Ohlin 在古典利率理论得到基础上提出了可贷资金理论，核心思想是，利率不是由储蓄和投资决定，而是由贷款资金的供给和需求决定，利率是使用借贷资金的代价。

的中介目标。

6）存量、流量

流量是指在一段时间内所发生的量，如个人的月收入、国家的年国民生产总值等。时间的长短是流量确定的一个重要因素。存量指的是在一个时点上的数量，如中国在 2004 年年底的人口数量、某人在某日的银行存款数量等。

若以流量分析和存量分析对货币理论进行分类，一个是以费雪和罗伯特森为代表的流量分析派，另外一个是以凯恩斯为代表的存量分析派。

在瓦尔拉斯的一般均衡模型中，任何一种商品都可以表示其他商品的相对价格，因为价格能够使得整个市场出清，货币是多余的。

帕廷金[①]证明，一般均衡和货币数量论是不协调的。在瓦尔拉斯的一般均衡模型中，如果一个市场存在过度供给，必然在另外一个市场存在过度需求。任意指定一种商品作为货币，当商品货币增加一倍时，在货币市场上会出现供大于求，但难以出现另外一个市场上的供不应求局面。因为在货币数量论 $MV=PY$ 中，货币供给 M 增加一倍，若货币流通速度 V 和商品交易量 Y 不变，则价格水平 P 增加一倍，若货币流通速度 V 和商品交易量 Y 可变，货币供给增加一倍的后果不能确定。

在凯恩斯的存量货币分析中，货币是固定的存量，货币和现实经济的联系通过利率间接发生。持有货币的动机分为交易动机、预防动机和投机动机，这三个动机都将影响货币流通速度。但是，与货币流通速度相关的货币一定是一个流量货币概念而不可能是一个存量货币概念，因此凯恩斯的货币概念并不仅仅具有存量的性质。这就意味着由利率决定的货币市场的均衡是一个存量均衡，由交易动机、预防动机和投机动机决定的货币需求是一个流量需求。在希克斯的 IS－LM 模型中，利率决定的 LM 曲线是一个存量均衡，IS 曲线则是一个流量均衡。如果货币存量外生决定，存量会对流量构成影响，而流量不会对存量构成影响。但是，IS 曲线变动将导致价格水平的变动，进而市场决定的名义利率将会发生变动，这又使得 LM 曲线发生变动。在本质上，异质（一个流量、一个存量）的 IS 和 LM 曲线组成一个模型（IS－LM 曲线），其相关变量之间的因果关系确定是困难的。

2. 利率的性质

1）实物利率的决定因素

货币的重要职能之一是其等价物职能，特别是在黄金作为货币（用劳动价值论衡量，黄金是有价值的）已经过去，纸币作为法定流通货币的今天及电子货币（仅仅是一种数字符号，用劳动价值论衡量，是没有价值的）将要到来的明天。

一个原始人群占有一片地域，他们不会耕作，却能生存，是因为那片地域能为他们提供赖以生存的野果。在那片土地上的原始人群获得的食物都是自然生长出来的，是一种自然收益。

---

① 帕廷金. 货币、利息与价格. 北京：中国社会科学出版社，1996.

产权的界定是规范交易的开始。因为制度、生活方式和能力等原因，原始社会原先均等的所有制度随着交易的进行而出现财产不平等现象。例如，在开始，甲、乙拥有面积相等的土地所有权，后来甲愿意追求奢侈的生活方式而将自己的土地卖给乙。没有土地的甲为了生存，要么去为乙工作而获得收入，要么租乙的土地耕种，这里就出现了甲租借属于乙的土地是否要支付报酬的问题。人类历史的制度演进似乎肯定了这种报酬的合理性。在无货币时代，这种报酬是以劳务或实物实现的，这种报酬的量是双方讨价还价决定的，是供求量的体现。

进一步假设，产权界定后，甲、乙二人有面积相等的土地所有权，当年有相等的谷物产量。甲、乙二人对各自的产品有不同的处理方式，甲全部消费了，乙则留有种子。到第二年，甲面临没有种子播种的境地，为了生存，必须向乙借种子。这里也同样会出现甲是否要为其借入行为支付报酬的问题。回答是肯定的，甲应该在其秋后的收成中分出一些交给乙，其量一定超过年初的借入量，超过部分作为其借入行为的报酬，是一种实物利率。

货币之所以出现，原因之一是因为它能作为各方普遍接受的等价物。例如，10 克黄金可以买 10 斤谷物。若借入 10 斤谷物的年报酬是 1 斤谷物，即年底需总共归还 11 斤谷物，同理，年初借入 10 克作为等价物的黄金到年底应该总共归还 11 克黄金。假设黄金与谷物的比价不变，若年初借入 10 克黄金到年底仅仅归还 10 克黄金而没有报酬，借出者会把黄金换成谷物后再外借；若年初借出 10 克黄金到年底能够得到 12 克黄金，借出者不会外借谷物，而是把谷物换成黄金再外借，直到借出货物与借出货币的报酬相当为止。这一过程同样证明了西斯蒙第思想的道理，即利息是货币所代表的物（现在看来还应该加上服务）的收益。在资本时代，利息则是一种资本收益或资本租金，其性质和其他资本租金同质。利息是货币收益仅仅是一种表面现象。在货币经济社会，货币利率并不等于实物利率（至少在大多数时间是这样），这是因为货币供应量与实际经济中货币需求量的差额所致，也有可能因为人们对货币的态度（心理因素）所致。但自然波动的货币利率应该具有围绕实物利率波动的特点。实物利率是一种产权的使用权转让收益，类似于维克塞尔分析自然利率时最先分析的实物经济中的自然利率，但不同于他把货币引入他所分析的实物经济后的自然利率概念。

"完全不错，正如人们所常常指出的，一个人为了明年获得 105 元而在今年贷出 100 元，实际上他所牺牲的不是 100 元的真正货币，而是价值 100 元的其他财货，如食品、衣服、住所或游历等，而他明年获得的也不是 105 元的真正货币而是价值 105 元的其他财货。"[①]

实物利率的第一个决定因素就是供求关系。在完全竞争假定下，产权的使用权转让如果供大于求，则实物利率下降，如果求大于供，则实物利率上升。

实物利率的第二个决定因素是对于出让者来说出让物的安全程度。乙、丙同时向甲提出借小麦种子 100 斤，甲可能对乙要求秋后还 110 斤小麦，其中 100 斤为归还借出物，10 斤

① 菲歇尔. 利息理论. 上海：上海人民出版社，1999：29.

为货物利息；而对丙则要求秋后归还 150 斤小麦，其中 100 斤为归还借出物，50 斤为货物利息。其中原因是，乙信誉良好，而丙在历史上有借物不还的劣迹。借物不还不仅使借出者得不到货物利息，还导致债权人对所有物的丧失，对债权人的利益构成损害。索取较高的利息仅仅是为了对可能出现的损失进行弥补。就甲与丙的这种关系而言，到了年终，若丙归还 150 斤小麦，则甲有 40 斤小麦属于风险投资收益；若甲归还 110 斤小麦，则甲有正常投资收益；若丙不归还甲任何东西，则甲损失了借出物的所有权。

从某种意义上讲，这种高息类似于生物物种在面临不确定因素时的一种自我保护行为。

实物利率的第三个决定因素是信息的充分程度。供求双方的信息充分程度直接影响到双方的各自谈判力度，也是完全竞争市场的一个重要组成。

2）利率与价格关系及其矛盾

西斯蒙第认为，利息是资本的收益不是金钱的收益，"没有加工用的原料和工人吃的食物就不会有任何财富的再生产，所以供应原料和食物的人就是参加再生产的最重要的人；在大多数情况下，这种人是生利事物的原因，他有极为明显的权利分享其中的利润"。[①]

当我们在考虑实物利率、实际货币利率、名义货币利率这一系列相关概念后，重新审视利率理论，就会发现利率现实与利率理论相去甚远。

古典学派的经济学观点是建立在以下两个假定前提基础之上的：一个是自由竞争和充分就业，另一个则是认为交换只是物物交换，有无货币并无区别，货币是物物交换的一层面纱。

进而论之，对资本的需求是由厂商的投资函数决定的，在利润最大化的目标下，厂商要在投资的收益和成本之间进行比较和决策。在均衡价格论和以边际生产率为基础的生产要素价格论的分析框架里，投资的增加将使资本的边际生产率下降。因此，厂商的最优投资量为资本的边际收益等于资本的边际成本。进而推论出资本存量的边际生产率等于利率，则投资函数为 $I=I(r)$，即随着利率的降低，厂商的投资需求将增加。另一方面，储蓄则是使人们认为放弃目前的消费换来将来更多的消费是一种值得的牺牲时才会发生的行为。储蓄量是一种由获取的利息带来的边际效用与放弃目前消费所带来的边际负效用的平衡点决定的。利率提高时，储蓄的边际效用增加，因此储蓄函数与利率相关，为 $s=s(r)$。投资和储蓄都是利率的函数，对利率的变动，二者变动的方向相反。因此，在利率的调节下，投资和储蓄必然会达到平衡，即 $S(r)=I(r)$。

上述分析过程应该是完美的，但其中隐含了一个假定：物价水平不变。

根据货币数量论 $MV=PY$，在假定交易实物量 Y 和货币流通速度 V 不变的前提下，不同的货币存量 M 将对应不同的价格水平 P。

在古典学派理论体系中，货币利率与价格水平无关。而现实经济却一直在证明着货币利率与价格水平密切相关。

---

①　西斯蒙第. 政治经济学新原理. 北京：商务印书馆，1964：294.

对古典学派的货币理论体系，凯恩斯不以为然："经济学家在讨论所谓价值论时，总说物价决定于供需情况……但当他们进入第二卷或另成一书，讨论所谓货币于物价时，我们好像进入了另一个世界，这些家常浅显的概念都不提了，代之而起的，是说物价者乃货币之数量……"[①]

凯恩斯继承并发扬了维克塞尔的关于利率与物价关系的理论。凯恩斯认为，持币不能为所有者带来收入，而持物（凯恩斯这里主要是指债券，实际上应不仅仅是债券）则可为所有者直接带来收益或用益（如消费）。

若非货币资产用债券代表，个人财富 W 必等于个人持币存量 M 和债券存量 B 之和。

$$W = M + B$$

若个人财富为 100，若他选择以货币形式持有 40，那么剩下的 60 只能以非货币资产的形式来保持。就个人而言，在财富总量最大化的前提下，选择最优的货币持有量与选择最优的非货币资产持有量是一回事。

凯恩斯认为："利率乃是一种价格，使得公众愿意用现金形式来持有之财富，恰等于现有之现金量。"[②] 这句话不太明白，发行到社会而且具有信用的货币都是人们愿意接受且不可能不接受的东西，按照马歇尔的余额货币理论，人们可以改变手中持有的货币量与名义国民收入之比 K，进而使价格水平 P 产生波动，但公众无力改变货币总量 M，在货币没有变成废纸之前，人们不可能将自己的货币抛弃，就像人们不可能去抢中央银行一样。

而且，对于用货币衡量的"财富"数量而言，价格变动是比利率变动更为直接的东西。凯恩斯进一步发挥道："设利率低于此均衡水平（设把现金脱手所可得之报酬减少），则公众愿意持有之现金量将超过现有供给量；设利率高于此水准，则有一部分现金会变成多余，没有人愿意持有。"凯恩斯随后承认这是一种假设。但这种假设是有问题的，这是离开价格水平谈利率问题。

在货币经济社会，人们持有货币与持有实物之间没有不可逾越的鸿沟，人们无时不在为了增加财富总量而调整着自己的财富结构（买着或卖着）。

凯恩斯这里的"现金"若是指已经发行到社会的货币总量，则货币利率的降低使持物更加合算，人们将减持货币，增持商品，使物价水平上升。凯恩斯这里的"现金"若是指已经发行到社会的货币总量，则货币利率的提高使持币更加合算，人们将增持货币，减持商品，使物价水平下降。这恰好与凯恩斯上述假定的过程相反（而不是凯恩斯所说的：设利率高于此水准，则有一部分现金会变成多余，没有人愿意持有）。

进一步看，货币利率降低，人们将减持货币，增加持物，使物价提高，这一过程是建立在物价水平稳定不变这一前提之下的。若物价水平处于波动状态，利率变化则未必会使人们改变货币与实物之间的结构。

---

① 凯恩斯. 就业、利息和货币通论. 北京：商务印书馆，1988：252.
② 凯恩斯. 就业、利息和货币通论. 北京：商务印书馆，1988：143.

若 r 表示名义货币利率，i 表示实际货币利率，P' 表示通货膨胀率，实际货币利率与商品货物利率相等，则有如下公式：

$$r=i+P'$$

即

$$名义货币利率＝实际货币利率＋通货膨胀率$$

若通货膨胀率为零，则 $r＝i$；若通货膨胀率为正，则 $r＞i$；若通货膨胀率为负，则 $r＜i$。

例如，若实物利率为 5％，而通货膨胀率为 −10％（物价每年下降 10％），这时名义货币利率应该为 −5％，若法定货币利率为 5％，则持币与持物相比，每年增收 10％。此时，人们将倾向于持币而不倾向于持物，需求不足，经济趋于萧条。按照凯恩斯的观点，此时若法定货币利率下降，人们将增加持物，减少持币，使物价上涨。但是，在把法定利率由 5％降到 4％后，相对于 −10％ 的通货膨胀率，持币与持物相比仍然每年增加收入 9％。降息的凯恩斯效应将不会存在。

在古典学派那里，利率是由投资和储蓄决定的。在凯恩斯那里，利率是由货币需求与货币供给决定的。在凯恩斯的这一体系中，货币供给 M_s 是由中央银行外生给定，货币需求 M_d 向右下倾斜表示利率越低货币需求越大。之所以货币需求具有这种特性，是因为凯恩斯认为，利率与货币投机需求有关，当利率降低时，人们将增加投资，因而增加货币需求。

凯恩斯的这一模型如果成立，必须假定货币不是等价物，否则不能说明货币需求与利率直接相关而与商品价格不直接相关。

资源配置首先是一种价格调整，然后才是一种产量调整。按费雪方程式，货币供应量的增加首先引起的是物价的上涨，若货币是等价物，物价的上涨必然导致名义货币利率的上涨。那么，正如休谟所说，"货币供给增加将引起利率的下降"，持这种观点的人是因为把结果当作了原因。因而凯恩斯的利率决定模型是不能成立的。20 世纪 90 年代中后期中国政府连续降息伴随的却是物价下降也从侧面说明了凯恩斯体系的矛盾。只有外生货币理论可以对休谟和凯恩斯完全颠倒的因果关系给出一个解释：如果货币供给当局有货币供给量和利率的双重决定权，在利率确定的情况下，货币需求量将确定；在货币供给量确定的情况下，需求货币的利率将确定；在货币供给量和利率双重确定的情况下，将出现权力寻租；在货币供给量和利率双重不确定的情况下，将出现恶性通货膨胀。

凯恩斯一直未能弄清楚为什么物价水平会决定利率，"密塞斯教授有一个奇特的利率论，为哈耶克教授及（我想）罗宾斯教授所采用。其说是：所谓利率之改变，实即消费品物价水准与资本品物价水准之相对的改变。我不清楚这个结论是如何得来的。"[①] 如果不考虑价格变动因素，不考虑价格变动因素在"实际利率一定时"对名义利率的影响，并且将名义利率

---

① 凯恩斯. 就业、利息和货币通论. 北京：商务印书馆，1988：164.

和实际利率作为完全不同的概念进行分析，凯恩斯将难以弄清楚这个问题。

对于"利率和价格水平同方向变动问题"，维克塞尔、吉布森、凯恩斯都曾经给予高度重视，甚至这是维克塞尔提出自然利率概念的一个主要原因。凯恩斯则将这个"利率和价格水平同方向变动"现象称之为"吉布森悖论"。① 若 r 表示名义货币利率，i 表示实际货币利率，P' 表示通货膨胀率，实际货币利率与商品货物利率相等，则有公式 $r=i+P'$。当实际货币利率一定时，"吉布森悖论"是一个必然的反应过程，即名义利率和价格水平必然同方向变动。而用 $r=i+P'$ 计算出来的名义利率与法定利率之间的差额，才真正具有宏观调控的意义。

林达尔认为，若没有其他量的改变，降低利率的直接结果是使货币资本的价值增加，提高利率的直接结果是使货币资本的价值降低②。其他的一些研究成果也认同林达尔的观点，"美国和其他一些国家的货币当局把控制利率当作实施货币政策的一种策略。要控制利率，中央银行就需要通过调整货币基础以抵消利率的变化。说得正式一点就是，货币基础代替利率成为了一个内生变量。"③ 但是，在现实经济中，我们很难做到"没有其他量的改变"。

20 世纪 30 年代，D. H. Robertson 和 B. G. Ohlin 在古典利率理论的基础上提出了可贷资金理论，核心思想是：利率不是由储蓄和投资决定，而是由贷款资金的供给和需求决定，利率是实际借贷资金的代价。除了外生的中央银行货币供给，其他的经济变量都要受到利率的影响。可贷资金理论进一步认为，放弃利息收入是窖藏货币的代价，故利率越高，窖藏货币就越少。这一结论如果成立，应该是可贷资金理论在这里将名义货币利率、实际货币利率混为一谈，而且没有考虑通货膨胀率对名义货币利率的影响，也就是说没有考虑价格水平变动对利率的影响。

在古典经济学中，市场利率是由储蓄与投资的均衡产生的。在通货紧缩时期，由于货币升值，人们的储蓄会增加，又由于市场的萧条，投资则会减少。在货币量值上，如果货物利率是货物价格的增加值，利率是货币价格的增加值，若价格本身变动很大（如恶性的通货膨胀和恶性的通货紧缩），其增加值的小幅度变动（即利率变动）是不足以使经济走上正轨的。

　　3）负（小于 0）名义货币利率

货币引入交换过程后，货币利率应该是实物利率的表现形式。在这个意义上讲，与实物利率相一致的货币利率才是实际货币利率。实际货币利率的本质是与货币等价商品的实物利率。但是，在

$$i=r-P'$$

---

① 凯恩斯. 货币论. 北京：商务印书馆，1986：171.
② 林达尔. 货币和资本理论的研究. 北京：商务印书馆，1963.
③ 阿罗. 货币经济学手册. 北京：经济科学出版社，2002：370.

即

$$实际货币利率(i)＝名义货币利率(r)－通货膨胀率(P')$$

实际货币利率 i 与商品实物利率没有任何关系，而是由名义货币利率 r 和通货膨胀率 P' 决定。

自从货币出现以后，人类社会要使名义货币利率与实物利率相一致始终是困难的。困难之一在于我们很难把定量的货物与相应量的货币比价固定于一个恒定的水平，即市场经济的重要特征是价格的波动状态。而没有价格稳定这样一个基础，名义货币利率与实际货币利率之间必然出现错位，名义货币利率与实物利率之间必然出现错位。

若去年 10 千克小麦价值 10 美元，作为基数，且去年 1 千克小麦的货物利息与 1 美元的名义货币利息是一致的，到了今年情况发生了变化，10 千克小麦价值 15 美元，每千克小麦的货物利息与每个美元的名义货币利息已失去了一致性，因为比价已经出现变化。没有货币，肯定也不会有用货币度量的价格水平。货币出现以后，面对定量货币，交易的产品数量会影响价格水平；面对定量的交易量，货币供应量的多少同样会影响价格水平。这种多因素互动正是费雪公式的魅力所在。

在费雪方程式 $MV＝PY$ 中，上述过程是假定货币流通速度 V 不变的同时还假定一个因素固定而另一个因素不定情况下的反应，即在费雪方程式中的四个变量中，要得出任意两个变量之间的关系，必须假定另外两个变量不变。在实际中交易量 Y 是不断增长的，也同样需要货币供给 M 的相应增长。在假定货币流通速度恒定的前提下，交易量增长率与货币供给增长率的不一致也会影响价格水平，在这个意义上讲，古典经济学关于货币与价格的关系论述只是费雪方程式的假定货币流通速度 V 和交易量 Y 不变的特例。

因而，考虑到货币供给量对价格影响的时滞因素，在稳态（长期稳定）的零通货膨胀市场中，完全自由竞争的货币利率才是实际货币利率，它与实物利率一致。

假设一个经济社会的实际货币利率为 5％，当年的通货膨胀率也为 5％，如果名义贷款利率为 5％，则贷出者年末收回的本息就出现损失。为避免通货膨胀带来的损失，名义贷款利率将会提高到 10％。

通常认为，实物利率必然是一个大于零的值。当把实物利率定义为财产使用权的转让收益时，在某些情况下，实物利率有可能是负数。产权理论认为，财产权利的界定和保护是有成本的，假设一个人有很多房子，同时假定如果这些房子没有被租出去，它们必须有人保护才不至于使这些房屋财产权受损。对这个房子的所有者来说，若无人承租他的房子同时他又不想出售房子也不想让其房屋产权受损，他就必须雇人给他看房子。也就是说，因为没有人有偿使用他的房子，他必须雇人"使用"他的房子。在这里，房子的期间收益弥补不了房子的期间产权保护费用，实物利率为负数。

回到货币经济时代，若 r 表示名义货币利率，i 表示实际货币利率，P' 表示通货膨胀率，则有如下公式：

$$r=i+P'$$

若通货膨胀率为零，则 $r=i$；若通货膨胀率为正，则 $r>i$；若通货膨胀率为负，则 $r<i$。

作为上述的第三种情况，当通货膨胀率为负时，$r<i$，一些教科书为它限制了范围[①]，即

$$i>r\geqslant 0$$

根据是"名义利率不可为负"。理由是：在通货紧缩时期，一旦通货的升值率大于实际利率，债权至多不收息，但一般不会倒付利息。因为利息不仅包含通货膨胀风险的补偿，而且包含对机会成本和信用风险的补偿。这个解释似乎不能令人信服。

假设实际货币利率为 5％，通货膨胀率为 −10％（即通货紧缩，相当于物价下降 10％），此时名义货币利率应该为 −5％，若名义货币利率只能降到零，则相当于货币本金在扣除实际货币利率后仍然每年升值 5％，这意味着相对于持币者来说，持物的机会成本是很高的。若货币供给量不变，按照剑桥方程式的思路，改变 $M=KPY$ 中的 K，人们将增加对货币的选择（持币），尽可能放弃对货物的选择（不购买）。最终的后果对于货币经济来说是灾难性的。

作为货币政策，在加息时，政策当局的目的之一是增加经济社会的持币成本减少货币需求，降低流通中的货币总量，目的之二是诱使人们增加持币减少持物（即提高马歇尔效应中 K 的比重）。但是要达到这两个目的，若价格水平变动率很大，现象上的名义利率调整未必能够达到货币政策目标。作为外生的利率政策，如果不能准确考虑通货膨胀率，利率政策的效果可能很大，也可能很小甚至为负（例如在通货紧缩时期实施了降低货币供给的利率政策）。新古典经济学将后者归结为"货币政策无效"。

4）货币利率与法定货币利率

实际货币利率是在长期零通货膨胀情况下，与实物利率相一致的货币利率。之所以需加一个条件，即长期零通货膨胀，是因为从正通货膨胀到负通货膨胀之间经过的零通货膨胀仅仅是一个时点，名义货币利率因时滞因素，尚未调整到应该达到的位置。名义货币利率是实际货币利率与通货膨胀率之和。实物利率、实际货币利率和名义货币利率是经济生活中货币引入交换并且价格自动调节供求的一个必然存在。例如，若实物利率为 5％，则实际货币利率为 5％，此时若通货膨胀率为 10％，则名义货币利率应该为 15％。

人们看待货币及货币与实物财富之间关系的心理状态主要受到货币与实物的比价变化，即通货膨胀率的影响，利率应该是次要的；就像人们决定是否买一幢房子主要是看房子的价格在未来的变动趋向，而房子的租金变动趋向是次要的一样。不断的而非偶尔的正通货膨胀率必将迫使人们减少货币在财富结构中的比例；不断的而非偶尔的负通货膨胀（通货紧缩）率则必将迫使人们增加货币在财富结构中的比例。而正是这种"改变货币在财富结构中的比

---

① 黄达. 货币银行学. 成都：四川人民出版社，1992：111.

例"行为对需求构成重大影响。

若否定货币利率的自然性，人为规定利率的高低，就会出现所谓的法定利率。法定利率是人为规定的，在市场经济条件下，单项物价及总体物价水平很难甚至不可能进行人为规定，反映在总量上，也就是说我们不可能对通货膨胀率进行直接的人为限定。名义货币利率是实际货币利率与物价水平变动率之和。若不否定这一点就将进一步认识到，在"完全自由"[①]的货币市场经济中，名义货币利率是不应被人为控制的。因此，有了法定利率的出现，就会出现由 $r=i+P'$ 决定的名义货币利率与法定利率之间的差额。本书第9章讨论的主要内容就是，正是这个差额的存在才使得货币政策的效果存在差异。

在经济学的先哲中，洛克对这个问题的认识是直接而深刻的。他认为，借款所付的代价是不能由法律加以规定的。"因为既然不能颁布一条法令禁止人们把金钱或财产赠送给随便哪一个他所喜欢的人，也就同样不能制定任何法律来禁止那些精于理财和转移财货之道的人按照当时必须支付的利息来借钱使用"[②]，"当我们考虑到给葡萄酒、丝绸或其他非必需品规定价格是如何困难并且考虑到在饥荒年间给食物规定价格是如何不可能的时候，我们也许就会看出法律不能禁止人们收取高于法定利率的利息"[③]，"因此，要想有效地用法律来降低利率是徒劳无益的，其不合理等于希望能对房屋和船只的租价作固定的规定"[④]，"第一，土地的价值在于它能经常生产可销售的商品，从而每年带来一定的收入。第二，商品的价值在于它们作为可携带和有用的东西，可以通过消费和交换而提供生活的必需品和享用品。第三，货币有与上述二者相当的双重价值。首先，它可以通过它的利息而对我们提供一种年收入。在这一方面，它具有土地的性质（土地的收入称为地租，而货币的收入称为利息）。"[⑤] 但是必须注意，洛克的这些观点没有考虑通货膨胀率的变动。

维克塞尔的自然利率与这里的实际货币利率不完全相同，但亦有共同之处，即二者都有着相同的基础，即实物利率。但维克塞尔的一个因果分析却影响了随后（包括凯恩斯）的宏观经济学发展进程。

维克塞尔在《利息与价格》中有关自然利率章节的主要思想是，当法定货币利率低于自然利率时，价格水平将上涨；反之则反是。通读《利息与价格》全书，读者难以看出自然利率的准确定义，而且当我们对通货膨胀史中法定货币利率史进行简单的考察就会发现，维克塞尔关于利率与价格水平的论述并不绝对存在，众多的事实可以证明这些。以20世纪90年代中国为例，在一个时期，很高的法定货币利率与价格水平上涨共存（90年代初）；而在另一个时期，很低的法定货币利率与价格水平下降共存（90年代末）。原因在于，我们不知道维克塞尔的"法定利率"是名义的还是实际的。

---

① 这同样会涉及货币供给"应该的内生而实际的外生"问题。
② 洛克. 论降低利息和提高货币价值的后果. 北京：商务印书馆 1962：2.
③ 洛克. 论降低利息和提高货币价值的后果. 北京：商务印书馆 1962：4.
④ 洛克. 论降低利息和提高货币价值的后果. 北京：商务印书馆 1962：77.
⑤ 洛克. 论降低利息和提高货币价值的后果. 北京：商务印书馆 1962：33.

在"完全自由"的货币市场经济中，市场利率是不应被人为控制的。但这不等于贴现率应该由市场决定，若贴现率也由市场决定，将会出现中央银行和商业银行之间的"以利益为目的"的交易，中央银行的性质就发生了变化。若商品利率 i 外生给定，根据 $r=i+P'$，价格水平的变化是名义货币利率变化的原因，这是地道的内生货币供给思想。而维克塞尔却认为法定货币利率是价格水平变化的原因，这是地道的外生货币供给思想。维克塞尔的这种思维直到今天仍然统治着我们的经济学理论世界，这不是维克塞尔的思想矛盾，是货币供给应该的内生而实际的外生所致。

5）法定利率（利率外生）中的资产结构调整

几乎不需要人类劳动的投入，一片成熟的野果园每年有产量稳定的果实。根据前面的定义，这片果树的出租收益就是其货物利息。在货币时代，若通货膨胀率为零，设这个果园的转让价格为 1 万元，果园使用权转让价格为每年 500 元，则每万元的年贷款利率（无通货膨胀时等同于实际货币利率）为 500 元，即 5%。

依然以零通货膨胀为条件，若法定利率为 10%，果园转让产权的价格不变，果园每年转让使用权价格仍为价格的 5%，此时货币比等价货物的年收益要高一倍，则人们将改变自己的资产结构，降低持物比例增加持币比例，可能导致物（果园）的价格下降。反之，若法定利率为 3%，果园转让产权的价格不变，果园每年转让使用权价格仍为价格的 5%，货物比等价货币的年收益高，人们同样会改变自己的资产结构，降低持币比例，增加持物比例，可能导致物（果园）的价格上涨。弗里德曼[①]认为，战后英美等国制定了符合凯恩斯意旨的低利率政策，为了钉住利率而不惜通货膨胀，然而最终都未能钉住利率而引起通货膨胀。上述的逻辑过程与弗里德曼的实证性结论是吻合的。

进而论之，当通货膨胀率长期为零时，上述实物利率相当于实际货币利率，实物利率与法定货币利率之间的关系可推论为实际货币利率与法定货币利率之间的关系，即当实际货币利率高于法定货币利率（如实物利率为 5%，因为通货膨胀率为零，实际利率也应该为 5%，此时，若法定货币利率为 3%，实际货币利率就高于法定货币利率），而法定货币利率仍然推行强行的外生给定时，人们会减持货币，增持其他非货币资产；反之则反是。

当通货膨胀率长期不为零时，名义货币利率是实际货币利率与通货膨胀率之和。例如，当实际货币利率为 5%，通货膨胀率为 5% 时，名义货币利率为 10%。此时，若法定利率为 5%，人们会改变自己的资产结构，增持实物资产量，减持货币资产量。反之，若名义货币利率为 10%，法定利率为 15%，人们则会减持实物资产量，增持货币资产量。后者的典型特征是社会需求不足，人们持币不购。

上述的利率传导方式和结果常使人想起由维克塞尔开创的一套货币理论体系：法定货币利率是价格水平变化的原因。

① FRIEDMAN M. The counterrevolution in monetary theory：first wincott memorial lecture：University of London，1970：15.

　　自由市场决定的名义货币利率应该是实际货币利率和物价水平变动共融的结果，但实际上，名义货币利率是由中央银行外生给定的，或者更准确地说，名义货币利率的基础——贴现率——是由中央银行外生给定的。当人为降低利率时，若货币供应量和商品交易量不变，人们增持实物减持货币引起的是实物价格的暂时上升，这是因为在费雪公式 $MV=PY$ 中，若 M、Y 不变，P 之上升是与 V 之上升同时存在的。虽然货币流通速度在理论分析中往往视为常数，长期货币史的分析也往往证明它的变化不大，可作为常数看待[①]，在短期，本期物价水平较上期是上涨的，若货币供应量 M 和商品交易量 Y 不变，价格 P 的上升必须以货币流通速度 V 的上升为条件，而 V 在长期是相对稳定的。

　　因而，在凯恩斯主义的货币理论体系中，若不能将利率的变化和商品交易量、分工、报酬递增等变量建立起某种因果关系，凯恩斯的利率——投资——就业（产量）的推导终将会出现逻辑上的矛盾。在凯恩斯传导中，利率之降低必然促进投资，利率之提高必然抑制投资，而实际上却未必如此。在高通货膨胀时期，如当实际货币利率为 5％，通货膨胀率为 15％时名义货币利率应该为 20％，法定利率调整是否会对投资和其他需求构成影响应分三种情况。

　　第一种情况是目前法定利率为 10％，人们会减持货币资产，若将法定利率调为 15％，人们仍然会减持货币资产，因为法定货币利率未达到名义货币利率应达到的水平，这时利率政策仍然是一种促进投资的政策，仅仅在程度上有所减缓而已。这种情况与凯恩斯传导是不一致的。

　　第二种情况是目前法定利率为 15％，人们仍然会减持货币资产，若将法定利率调为 20％，与应该的名义货币利率一致，这时人们在决定持物还是持币时，将不是一种资产调整性选择。对个人来说，持币与持物的机会成本相等，若不考虑时滞因素，这种法定利率之调整，不会促进也不会抑制投资，也同样不会出现凯恩斯式的传导。

　　第三种情况是目前法定利率为 20％，若将法定利率调为 25％（高出应该的名义货币利率 5％），人们则会减持货物资产，增持货币资产，这时的传导才与凯恩斯传导相一致，即提高利率导致投资下降。

　　早在 19 世纪图克就认为，低利率会导致高物价，高利率会使物价下跌，如果没有若干假定前提，这个结论没有一般性。"1836 年把英格兰银行的贴现率提高到 4.5％，并最终提高到 5％，对物价下跌产生了相当大的影响。如果英格兰银行贴现率的上升被看作是那一时期价格下跌的主要原因，甚或是起决定性作用的原因，那么 1839 年英格兰银行的贴现率上升到 6％没有产生这种压低物价的影响，对此又作何解释呢？……1840 年 1 月 1 日公布的报告惊奇地指出，虽然利率已上升了 50％，即从 4％上升到 6％，但产品市场始终保持平稳……而从 1840 年年初到 1842 年年底利率的逐渐下降却伴随着大多数主要消费品价格的明显下跌（物价下跌最严重的时候，正是利率降至 1.5％这一最低点的时候）和大批企业倒

　　① 黄达. 宏观调控与货币供给. 北京：中国人民大学出版社，1997：178.

闭……实际上，上述列举的事实明确无误地否定了这样一种理论，即低利率会直接抬高物价……"①

回顾 20 世纪 90 年代的中国经济，我们会有似曾相识之感。前期法定利率不断提高，物价却持续上涨，后期法定利率连续下降，物价亦连续下降。这一系列事实都证明，简单的"提高利率将抑制物价，降低利率将提高物价"结论是一种特殊环境下的巧合而不是一种必然的规律。

3. 通货膨胀目标制中的货币政策运用

凯恩斯的货币政策传导强调的是利率的作用，弗里德曼的货币政策传导强调的则是货币供给量的作用。

若没有"凯恩斯陷阱"的作茧自缚，利率的变动必然会直接影响到货币存量 M 和货币流通速度 V 的变动，同样必然会影响总需求 MV 的变动。而且，利率对需求的这个影响并不必然存在凯恩斯的传导过程。②

扩大货币供给的方法，货币主义和凯恩斯主义没有很大的区别，都是通过公开市场业务购买债券来扩大货币供给量。弗里德曼强调的是，货币供给量的增加会直接增加总需求，虽然利率会下降，但利率的下降未必会成为一个重要的影响需求的关键变量。

i 是名义货币利率，P' 是通货紧缩率。当通货紧缩时，凯恩斯主义和货币主义都认为，当货币供给量 M 增加时，名义利率 i 下降。若其他变量不变，的确，当货币供给量 M 增加时，则名义利率 i 下降，但是在通货紧缩时，"其他变量不变"已经不可能，因为 P' 在发生变化。货币主义的通过公开市场业务购买债券来扩大货币供给量的政策的确扩大了货币供给量 M，因为人们是卖掉债券获得的货币，所以人们获得的这些货币是债权货币，在通货紧缩时，商品价格在下降，将这些货币储藏在手中（货币流通速度下降）是合算的，而将这些货币买作商品则是不合算的，这时货币供给量的增加 M 没有带来需求增加 MV，而是被货币流通速度下降 V 中和掉了，甚至若 V 下降更大，需求 MV 反而在下降。因此，在通货紧缩时期，弗里德曼强调的货币供给量的增加会直接增加总需求可能是一厢情愿。

货币政策的目标有一个长期的试错演进形成过程。在古典经济理论中，货币是中性的，货币对实际经济没有任何影响，货币量的多少只是影响价格水平，因此货币供给当局的目标就是物价的稳定，并且以此为目标确定货币供给量。1930 年的世界经济大萧条给凯恩斯的启示是货币政策还有扩大需求实现充分就业的作用，即凯恩斯主义将货币政策目标由古典经济理论的一个扩大为两个：物价稳定和充分就业。就个人而言，就业本身不是目的，目的是收入的获得和提高，表现在一个国家，就是一个国家的经济增长。不仅如此，国际收支是否

---

① 图克. 通货原理研究. 北京：商务印书馆，1993：83.

② 一般认为，凯恩斯主义的货币政策传导过程是：央行购买债券→商业银行的储备增加→货币供给量 M 上升→对债券的需求上升→债券价格上升→利率下降→投资增加。正因为这个传导过程，凯恩斯主义认为，为了达到扩大需求的目的，央行可以通过公开市场业务扩大货币供给量实现，也可以通过降低贴现率实现。

平衡既是一个贸易赤字问题，也是一个经济体系是否能够稳定的问题。综合各方面的因素，新古典综合将货币政策的目标扩展并确定为四个：经济增长、充分就业、物价稳定、国际收支平衡。

在 $MV=PY=LE$ 的分析框架里，货币量的变动要想对产出和收入产生影响，必须假定在货币供给量 M 变化的同时，货币流通速度 V 保持稳定或不降低。在货币流通速度 V 稳定的情况下，货币量 M 增加，需求 MV 将增加。用货币衡量的经济增长是 PY 的增长，而单一的价格 P 上升或交易量 Y 上升，以及价格 P 和交易量 Y 的同时上升都可以表现为用货币衡量的经济增长。这是因为交易价格和交易量对需求的反应具有顺序性，商品价格上升可能是交易量上升的前奏。如果需求 MV 增长后虽然带来了 PY 的增长，但这个 PY 的增长是由价格上升导致的，交易量 Y 长期没有变化，那么货币增长带来的需求增加则是以通货膨胀结束的。在总量收入水平上，没有交易量 Y 的变动而仅仅有价格水平 P 的变动只能是个体收入的零和博弈。例如，在 $MV=PY=LE$ 的分析框架里，M、P、E 的同比例增长。

多重目标的货币政策看上去很美，但目标之间经常是鱼和熊掌不可兼得。姑且不考虑货币增长和经济增长之间的实现过程，如果货币流通速度不变，经济增长的必要条件之一是货币供给的增长，而货币供给的增长又会带来物价上升的压力，至少在短期是这样的。抑制物价、减少货币供给则又会抑制经济增长，此时经济增长和物价稳定发生了矛盾。

在凯恩斯主义的理论体系中，在达到充分就业之前，货币供给量的增加不会带来通货膨胀。在 $MV=PY=LE$ 的分析框架里，因为 $MV=PY$，货币供给量 M 的增加是否会影响价格水平 P 取决于货币流通速度 V 和商品交易量 Y 的变化方向和速度，与就业水平 L 无必然相关；因为 $PY=LE$，就业量 L 的变化是否会影响价格水平 P 取决于人均就业收入 E 和商品交易量 Y 的变化方向和速度，与货币供给量 M 无必然相关。也就是说，如果货币流通速度 V 和人均收入水平 E 的变化是无序的，要保证凯恩斯主义理论体系中"在达到充分就业之前，货币供给量的增加不会带来通货膨胀"的结论成立将是困难的甚至是不可能的。因此，同时实现货币政策的多种目标是困难的，尤其是弗里德曼"自然失业率"的提出，已经使得"充分就业"的货币政策目标完全没有了衡量"充分就业"的标准，即没有人知道什么是"充分就业"。

因此，自 20 世纪 90 年代以来，主要市场经济国家相继采用低通货膨胀率的货币政策目标。

如果持币过程是一个建立在货币之上的涉及收入的现在和未来的关系过程，商品价格变动和利率变动则是导致持币者行为变化的两个最重要原因。也就是说，在未来一个时期增加持币还是增加持物的决定因素是未来的价格变动和利率变动预期，而持币者增加或减少持物的量直接涉及需求总量的变化。在市场经济中，自由价格是保证市场经济运行的首要因素，直接地干预市场价格是不符合市场经济原则的，而以公开市场业务为主要手段的以控制货币量为中介目标的货币政策则直接干预了非货币资产价格，从某种程度上讲也构成了对正常市场秩序的干预。例如，中央银行对有价证券的买卖直接干预了证券市场的市场价格。那么用利率的变化控制市场需求就应该是更恰当、更尊重经济自由的手段。

利率是一个能够控制货币保存或使用成本的指标，也是中央银行能够控制的一个指标。在"战后"初期到 20 世纪 70 年代末期，凯恩斯的政策主张占统治地位，利率是普遍使用的货币政策中介目标。到了 90 年代，利率作为货币政策中介目标则已经成为主流，货币政策目标也逐渐单一化——钉住低通货膨胀率作为"名义锚"。表 11 - 1 是 20 世纪主要西方国家货币政策中介目标的演变。

表 11 - 1　20 世纪主要西方国家货币政策中介目标的演变

	50—60 年代	70 年代	90 年代
美国	利率为主	先 M_1 为主后 M_2 为主	逐步放弃以货币供给量为中介目标，改为以利率为主要货币政策中介目标
英国	利率为主	货币供给量	
加拿大	信用总量为主	先 M_1 为主后 M_2 为主	
日本	货币总量	M_2＋CD	
德国	商业银行的自由流动储备	先 CBM，后 M_3	
意大利	利率为主	信用总量	

资料来源：谢杭生. 战后西方国家货币政策目标比较. 金融研究，1997（6）.

利率作为货币政策中介目标是通过货币租金控制货币供给量，是一个不直接涉及其他非货币资产价格的政策行为。同时，随着金融创新、虚拟货币等现象的出现，以货币供给量作为中介目标的可操作性也受到了前所未有的挑战。

另外，持币者是否愿意将所持货币变作市场需求由价格变化趋势、利率变化趋势及商品租金变化趋势三方面决定。在通货紧缩时期，货币流通速度处于下降状态，在费雪公式 $MV = PY$ 中，货币供给量 M 增加的实际意义也可能会被货币流通速度 V 的下降所抵消，价格水平未必会因为货币供给量 M 的增加而发生变化，若价格水平不发生变化，没有利率政策的参与实际货币利率也不会发生变化，那么通过公开市场业务虽然增加了货币供给，但需求未必发生变化。

11.3　提高货币政策的有效性

1. 货币政策有效性的衡量

货币政策的有效性是指货币政策对实现宏观经济目标的促进程度。主要体现在货币供应量和结构变动与宏观经济总量调控和结构优化之间的相关程度、货币政策对实现国民经济调控目标的作用。古典经济学及货币主义、理性预期等新古典宏观经济学派都坚持货币中性的教条，认为货币供应量变化只改变价格水平而不改变实际经济变量。因此，他们认为，货币的有效性不过在于为经济运行和经济发展提供一个稳定的环境，避免货币供应量的频繁变化对经济造成冲击。凯恩斯主义经济学则认为，货币是非中性的，货币供应量的变化能够对实际经济变量产生影响，调节有效需求。今天，所有国家的中央银行都相信货币政策对实际经济是有影响的，各国都根据经济运行和经济发展的要求，积极主动地制定和实施货币政策，力图保持经济稳定、促进经济发展。现有已知的货币供应量与各种实际经济变量之间的相关关系，仅仅是经验观察的结果，而且这些关系很不稳定，不同的国家及同一国家的不同时期都可能有很大差异。如果货币供应量与预定政策目标的相关性强，货币政策的调控效应就比较好；反之，就比较差，甚至完全无效。判断货币政策传导机制是否有效，主要看中央银行基础货币的创造及其结构是否合理，货币政策工具和货币政策标的的选择是否恰当，货币政策工具作用于货币政策标的进而作用于实际经济变量的过程是否顺畅，也包括货币政策传导机制是否规范，与外部经济环境是否适应，等等。

2. 货币政策的作用时滞

（1）时滞

货币政策实施时滞是指货币政策从研究、制定到实施后发挥实际效果全过程所经历的时间。

货币政策的时滞主要包括三种：认识时滞、决策时滞和效应时滞。认识时滞是指中央银行或其他政策制定当局通过分析物价、利率、投资等实际经济变量的变动，认识到是否应采取行动所花费的时间。决策时滞是指中央银行或其他政策制定当局从认清形势到政策实际实施所需的时间。认识时滞和决策时滞是决策机构花费的时间，因此称为内部时滞。效应时滞是一种由非决策机构引起的时滞，即外部时滞，是指从货币政策措施开始实施到主要经济指标发生变化所经历的时间，是货币政策从宏观传导到微观再反映到宏观的时间。

各国的经验数据都表明时滞的确存在。例如，美国经济学家验证美国货币供应量增加的波峰一般比总体经济变动的波峰平均提前16个月左右，下降的波谷平均比总体经济变动的波谷提前12个月左右。这些计量分析是长期的平均趋势，而短期时滞的长短是变幻莫测的。时滞客观存在，认识时滞和决策时滞可以通过各种措施缩短，但不可能完全消失；效应时滞则涉及更复杂的因素，一般来说也是难以控制的。时滞的存在可能使政策决策时的意图与实际效果脱节。比如，当经济萧条时，决策当局采取松的货币政策，但从决策到政策发挥作用，可能已经过了好几个月的时间了，此时经济可能已经走出危机谷底而正在上升，宽松的货币政策此时才产生了效应，经此刺激，又使经济过热，引起通货膨胀；中央银行根据这种情况马上采取紧的货币政策，但当政策实际起作用时，经济可能正向下滑，政策反而推波助澜，加速了经济危机的到来。这样，时滞就不可避免地导致了货币政策的局限性。

（2）货币流通速度波动

关于货币政策时滞影响货币政策效应的观点，主要为货币主义者所坚持，而货币流通速度变动则为货币主义以外的经济学家视为是货币政策有效性的一种主要限制因素。他们认为，货币流通速度对货币政策效应的重要性表现在，货币流通速度中的一个相当小的变动，如果未曾被政策制定者所预料并加以考虑，或在估算这个变动的幅度时出现小的差错，就有可能使货币政策效果受到严重影响，甚至有可能使本来正确的政策走向反面。流通速度变动的百分比在经济扩张的某些时刻可能等于或超过货币供应量变动的百分比。比如美国从1975 年 1 月，即这一经济周期的最低点开始的头两年中，货币供应量增长了 11.3%，而货币流通速度则增长了 11.7%。这一时期，货币流通速度增加的百分比大于货币供应量增加的百分比，货币供应量实际增加额虽为 320 亿美元，而货币流通速度的增加却相当于另外增加了 378 亿美元的货币供应量。长期以来，经济学家们普遍认为货币流通速度呈递增变化的趋势。实际上，进入 20 世纪 80 年代以后，货币流通速度有变慢的趋势，似乎排斥了递增趋势的存在。这种不确定性成分的增加，加大了对货币流通速度变动预期估计错误的可能性，从而给货币政策的实施效果带来了更大的限制。影响货币流通速度的因素有很多，对货币流通速度变动的估算不可能做到准确无误，正因为如此，货币政策的实施效果也受到了影响。

3. 货币政策与其他宏观经济政策的配合

通过实施货币政策或财政政策，可以调整总产出和利率水平，从而实现经济增长的目标。但是，假如在某一时期的失业率非常高，政策制定者该如何决策呢？是选择提高货币供应量，还是选择增加政府支出或减税？或者是既提高货币供应量又增加政府支出和减税呢？在现实的政策实践中，宏观调控部门很少单独采取纯货币政策或纯财政政策，而大多是运用综合政策，因为这两种政策往往能起到相互补充的作用。

（1）双松政策

当同时实行扩张性货币政策和扩张性财政政策时，总产出 Y 的增加幅度较明显。在扩张性财政政策导致利率上升的同时，扩张性货币政策又具有把利率水平拉低的效应，因此利率上升的幅度不会很大。双松政策方式主要适用于社会总需求严重不足、经济转入严重萧条的状况。这种政策配合方式可以通过扩大有效需求促进经济的增长，常常是在经济大危机和大萧条之后采取的配合方式。这种措施有利于刺激社会总需求及总供给的增长，长期使用，难免会引发通货膨胀。

（2）一松一紧政策

当实行扩张性财政政策和紧缩性货币政策时，在 IS 曲线右移的同时 LM 曲线左移，这样总产出 Y 的增加幅度就不会很大，从而可以保持总产出的稳定。但就利率水平而言，由于两种政策都会导致利率水平的上升，利率的上升幅度就会很大，会造成金融市场的不稳定。相反，若实行紧缩性的财政政策和扩张性的货币政策，则 IS 曲线左移的同时 LM 曲线右移，同样总产出水平可以保持稳定，但利率水平将会大幅度下降。

扩张性财政政策和紧缩性货币政策的配合模式一般在总体需求大体相适应，为解决投资过旺而消费不足时才采用，是许多国家在调整经济结构时普遍采用的一种模式。紧缩性货币政策有利于严格控制货币供给，有利于对付通货膨胀，为经济的正常发展创造一个良好的货币金融环境。在货币政策偏紧的同时，实行扩张性财政政策，有利于调整、优化产业结构，提高经济增长的质量。

　　紧缩性财政政策和扩张性货币政策是在总需求与总供给大体平衡，但消费偏旺而投资不足时的一种配合模式。这种配合模式也是一些国家为更多地积聚资金、优化资源配置、促进经济增长而采取的一种配合模式，它有利于促进经济的增长，提高资金的使用效率。

　　(3) 双紧政策

　　当实行紧缩性财政政策和紧缩性货币政策时，IS 曲线和 LM 曲线同时左移，总产出水平 Y 将急剧下降，而利率却因为两种政策对利率的作用相反而变化不大。双紧政策对付恶性通货膨胀有"立竿见影"之效，但所付出的经济萎缩的代价往往也是很大的。双紧政策搭配方式一般适用于社会总需求大于总供给，出现了严重的通货膨胀和经济过热，以致影响到经济稳定时。这种政策配合措施可以有力抑制社会总需求的过度增长，缓解通货膨胀，保持经济的稳定。但是，这种措施会抑制社会供给，影响社会生产，把握不当会导致整个经济的萧条。

本 章 小 结

　　货币政策工具的运用并不能对货币政策的最终目标的变量直接发生作用，有时这种影响还有相当长的一段距离。政策工具的实施首先作用于货币政策标的，通过货币政策标的最终影响货币政策目标。货币政策传导机制能否有效地贯彻中央银行的意图，实现货币政策的最终目标，取决于货币政策传导导机制自身的构成和规范程度，也取决于传导机制所处的外部环境。

　　早期的货币数量论以费雪的"现金交易数量论"和马歇尔、庇古的"现金余额数量论"为代表，二者都认为货币既不影响就业，也不影响产出，货币流通速度不变，货币只是使名义价格等幅同方向的变化，货币影响的仅仅是价格水平。

　　凯恩斯认为，利率与货币需求直接相关，配合"投资陷阱"和"灵活偏好陷阱"概念的提出，凯恩斯"认识"到，GDP 是由有效需求（投资需求、消费需求和政府支出）决定的，而不是由货币供应量（M）决定的，M 对 GNP 的影响只是间接的。

　　利率是一个能够控制货币保存或使用成本的指标，也是中央银行能够控制的一个指标。在战后初期到 20 世纪 60、70 年代末期，凯恩斯的政策主张占统治地位，利率是普遍使用的货币政策中介目标。到了 90 年代，利率作为货币政策中介目标则已经成为主流，货币政策目标也逐渐单一化——钉住低通货膨胀率作为"名义锚"。

　　利率作为货币政策中介目标是通过货币租金控制货币供给量，是一个不直接涉及其他非货币资产价格的政策行为。同时，随着金融创新、虚拟货币等现象的出现，以货币供给量作为中介目标的可操作性也受到了前所未有的挑战。

另外，持币者是否愿意将所持货币变作市场需求由价格变化趋势、利率变化趋势及商品租金变化趋势三重决定。在通货紧缩时期，货币流通速度处于下降状态，在费雪公式 $MV = PY$ 中，货币供给量 M 增加的实际意义也可能会被货币流通速度 V 的下降所抵消，价格水平未必会因为货币供给量 M 的增加而发生变化，若价格水平不发生变化，没有利率政策的参与实际货币利率也不会发生变化，那么通过公开市场业务虽然增加了货币供给，但需求未必发生变化。

关　键　词

时滞　法定利率　负名义货币利率　实物利率　存量　流量　内生货币　外生货币

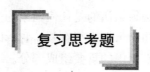

复习思考题

1. 简述货币政策与其他宏观经济政策的配合。
2. 简述货币流通速度波动性质争论。
3. 简述利率作为货币政策中介目标与其他非货币资产价格的关系。
4. 简述货币政策目标的试错演进形成过程。
5. 简述利率与商品价格的关系。
6. 简述贴现率决定与作为资本租金的市场利率决定。
7. 简述货币主义学派关于货币政策的传导方式与凯恩斯学派的区别。

第12章

金融监管概述

金融监管是中央银行履行其诸多职责中的重要一环，各国的金融管理体系存在一定差别，一些国家由中央银行包揽全部的金融监管职责，而一些国家则设立专门的监督管理机构进行监管。尽管体制不同，但是必须承认的是任何国家的监管体系都要以中央银行所主导的货币金融政策为出发点对金融机构和市场进行有效监管。因此，金融监管的问题无论从怎样的角度来理解都将成为中央银行理论中的重要组成部分。

在这一章中我们将对金融监管的主要问题加以概述，包括金融监管的一般理论、其存在的必要性，金融监管的目标与原则，金融监管的内容与方法及金融监管体制。

12.1 金融监管概述

金融在现代社会中所起到的作用已经远远超过其在以往的各个历史时期中所发挥的作用，随着经济的发展，市场中的所有个体甚至整个社会的每个个人和团体都将与金融体系发生密切关系，如居民存款这样的最基础的金融服务，其意义已经不仅在于金融体系自身，而涉及整个社会的稳定和经济的发展。如米什金在其《货币金融学》中所提到的，当今世界上几乎所有的国家都会对金融业实施最为严格的监管政策和措施，这就可以看出，金融业的规范、安全与稳定是怎样的重要，而金融监管这一话题领域也成为人们关注和反复讨论的焦点。众多学者也结合不同的实践经验提出了不同的金融监管理论并提出建议，以期能够帮助建立更加安全有效的国内和国际金融监管体系。

1. 金融监管的一般理论

金融监管是一个实务性很强的研究和实践领域，其需要理论指导但更加注重实践的效果。如果有了正确的理论但在实践中不能很有效地保护金融体系的安全和稳定、不能促进金融业和整体经济的发展，则这一理论将受到质疑。尽管如此，还是应当首先建立对于金融监管这一题目的一般理论，在理论体系的基础之上注重理论与实践的结合并找到最佳的实践路径。

金融监管的理论实际上要以更一般的政府管制理论为基础，同时考虑到金融这一行业区别于其他行业的自身特点，从而产生其自己的整套理论体系。这些理论依据主要包括如下几个方面。

（1）社会利益论

这一理论来自于 20 世纪 30 年代美国的大萧条时期。在对金融史的学习和了解中我们知道即使在金融业十分发达的国家，如美国，在其金融业发展的早期并不存在严格的监管，甚至并没有严格意义上的金融监管机构。而罗斯福实施新政中的重要步骤就是加强金融监管来保护投资者，特别是广大普通投资者和中小储户的利益。这当中的重要原因就在于政府意识到了金融体系的不规范和不稳定所带来的危害会波及整个社会，而非局限于行业自身。

在现代社会中，无论是西方发达国家还是众多的发展中国家都不存在所谓纯粹和完美的市场经济，因此市场的资源配置功能也不会充分发挥，从而导致市场的失灵和资源的浪费。社会利益理论假设市场是脆弱的，如果政府管制不够强将会必然导致市场的低效和不公，而政府管制是对这些失灵现象的零代价和有效率的反应。管制者被认为是理想化的，他们的目的就是要防止由自然垄断、外部性、不完全信息和公共产品所导致的市场失灵和扭曲，包括价格、产量和分配等方面，最终实现对居民投资者和整体社会福利的保护和最大化。

（2）金融风险论

这一理论强调的是实施金融监管的必要性，也就是当今世界各国都对金融业实施最严格监管的理论依据。金融业的风险整体上可以分为以下几个方面。首先，金融业作为一个行业其本身就具有高风险的特性。根据《巴塞尔协议》，商业银行应当拥有与其风险资产相匹配的资本金储备，一般而言这一比例为 8％，而这一比例在实体经济企业中来看是相当低的，或者说商业银行实行的是相当高的杠杆经营。这也就意味着以银行为主的金融机构的主要资金来源是外部负债，而非自有资金，特别是一些投资银行的资本金由于不受《巴塞尔协议》的限制，其比率将更低。在 2008 年的金融危机中，雷曼兄弟的倒闭就显示出这些只拥有相对于其负债资产很低比例的资本金的金融机构在风险面前是十分脆弱的。现代金融体系已日趋复杂，众多金融机构都将面临方方面面的风险，包括利率、汇率、信用、流动性和内部管理等。因此，从行业特性而言，金融业的监管是十分必要的。

其次，在前面已经提到过，金融业被实施严格监管不仅在于其自身，更在于其对整个社会的连锁效应。在现代市场经济条件下，各经济体内或经济体之间已经基本上被信用这条纽带连在了一起，甚至是最普通的居民和最大规模的企业都已经被捆绑在某种债权和债务关系之中。而作为枢纽的金融业一旦出现问题，整个社会都将受到影响，甚至是严重冲击。例如，发生在 2008 年的全球金融危机，从投资银行的资不抵债蔓延到了大型商业银行，如美国花旗银行的股票市值就严重缩水，同时也蔓延到了实体部门，如曾经的全球最大的企业——美国通用汽车公司被政府实施破产重组；更严重的是，从美国一些著名财经杂志的报道中可以看到，美国很多家庭已经严重缩减开支，其生活方式发生重大改变，从令人艳羡的过度消费转变为极度节俭。当然，现代信用制度的发展早已将世界各国锁在一起，因此如此大规模的经济危机带来的冲击远非针对美国和少数西方发达国家，而是几乎蔓延至世界的每一个角落。所以，从保护实体经济和维护整个社会的稳定来看，金融业的连锁效应风险的存在要求我们必须实施严格的金融监管。

（3）投资者利益保护论

根据有效市场假说的理论，市场可以分为弱有效、半强有效和强有效，其中在强有效的市场中，价格是可以反映包括历史信息、公开信息和非公开信息的一切信息的。而在现实中，这种强有效的市场并不存在，相对应的情况是信息不对称的情况是广泛存在。这种信息不对称的存在也就导致了交易过程当中的不公平现象，因为拥有更多信息或是内幕信息的市场交易者将会利用这一优势获取不公平利益。这种不公平交易长期来看将会损害金融市场的发展。

在当代市场经济条件下，即使是在市场制度和法律制度都相对成熟的美国，信息不对称及由信息不对称引起的损害投资者利益的情况也常有发生。例如，银行相对于其储户掌握更多的银行自身的经营状况，包括存款的利用和银行的风险控制等信息；而谋求贷款的企业则比银行掌握更多关于企业能否偿还贷款本息的信息。而由于信息不对称所导致的损害投资者利益的案例也广泛存在，如美国纳斯达克前主席麦道夫制造的"庞氏骗局"欺骗了大量的投资者资金，而这一骗局迟迟不能被揭露甚至难以调查的一个原因就是除麦道夫以外的其他外部人员无法及时准确地掌握其对冲基金的各类信息，从而导致了这一骗局在长期得逞，损害了数百亿美元的投资者利益。

2. 金融监管的必要性

在各国的金融系统实践中，人们都已经充分认识到对金融业实施严格的监管是十分必要的，或者说人们对于这一必要性已经不再质疑。尽管如此，我们仍需对这一不容置疑的必要性作理论化的理解，从而能够更加深刻地、更加全面地理解金融监管的概念。

金融监管之所以必要，主要有两方面的原因：

首先，金融业在现代国民经济和整个社会发展过程中都居于核心地位，其行业自身的问题将会产生极大的波及面。现代经济社会虽然分工程度极高，但整个社会又被信用体系紧紧地联系在一起，而信用体系的构建就是以银行为核心的金融业。生产如果要持续地进行，对于生产资料的需求就必不可少，主要的生产资料包括土地、资本和劳动力，其中对资本的需求却是源源不断的。在这样的条件下，一旦为生产和消费提供的资本和资金的供应出现了断裂，整个社会的运行将有可能陷于混乱，无法正常进行。正是出于这样的现代经济社会的特点和信用体系的不可或缺，金融业必须得到严格的监管以保证整个社会的稳定运行与健康发展。

另一方面，这一行业本身具有高风险的特性，特别是在信用货币和信息技术都在高速发展的当今世界，金融业的复杂程度已经令人难以想象，这也使得金融业比以往都更加脆弱，需要严格的监管保证其稳定和安全运行。在谈及金融风险时，我们经常可以列举出如信用风险、利率风险、汇率风险、市场风险、流动性风险、操作风险、法律风险及道德风险等多种风险，由此可见金融业的脆弱性。如此脆弱的系统如果任其自身的自由发展和运行，危机将会频繁出现，给整个社会带来巨大的灾难。

综上，从社会整体和金融行业自身两个方面分析就可以看出，金融监管在整体经济水平和金融业的发展水平进入到现代社会以后就有了其存在的必要性基础。这种必要性是由经济运行发展的自身特性所决定的，因此把握好金融监管的必要性就可以把握好金融业自身的特点及整体经济社会与金融业的关系。

3. 金融监管历程

金融监管的发展是与中央银行的出现和发展相伴随的，中央银行从其诞生起就天生具有了金融监管的责任、义务和职能，虽然发展到了后期金融监管在很多国家形成了分业监管的格局，原有的中央银行的监管职能被专门的监管机构所接替，但是从广义的角度而言，金融监管始终属于中央银行体系的重要组成部分。

金融监管的历程是由金融业自身发展的实践经验教训和不断发展的相关理论所驱动的，大体来讲，金融监管发展经历了一种螺旋式演进的历程。之所以将其称之为螺旋式演进就在于其发展是在一种松紧程度的选择中反复，但同时这种反复又不是一种简单的反复，而是在一定的时代背景下向前发展的。概括来说，最初的金融行业是一种松散的竞争行业，并不存在监管；但由于这一行业的发展使得其在社会生活中占居了越来越重要的地位，人们开始对其进行监管，并且在大萧条之后监管变得十分严格，而随着严格的监管对金融效率的影响越来越明显，人们又开始放松监管从而使得金融效率得以提高，金融创新得以发展；但是高速发展的金融业再一次把危机以更高的频率带到人们面前时，人们在全球化的背景下不得不再次寻求监管的改进，即促成和加强金融监管的国际化。

（1）金融监管的最初阶段

最初的金融监管概念并不明确，法规不健全，体系也不完善；这一阶段从 17 世纪英格兰银行的成立一直到 20 世纪 30 年代的大萧条时期，正是因为前述的金融监管特点，导致了大萧条中的金融体系崩溃不可避免地出现了。总体来讲，这一阶段既是金融业从萌芽到发展的阶段，也是金融监管摸索前进的阶段，包括金融监管的相关理论和立法实践等方面。

自从银行体系出现在欧洲之后，金融危机就开始有规律地不断出现，而其中人们最熟悉的莫过于出现在 18 世纪初的"南海泡沫事件"。在这一事件中，以南海公司为主的一批公司致力于由地理大发现带来的财富发掘事业，由于人们对于这一事业的美好前景坚信不疑，导致类似公司的股票和债券价格暴涨，投机气氛浓厚并蔓延至整个社会，甚至大科学家牛顿也参与了投资。而事实上，南海公司等殖民公司并没能取得预期的财富收益，从而使得其公司价值与相关证券价格严重不符，即出现严重的泡沫现象，并最终破裂，众多投资者损失惨重。在这个过程中，1720 年《反泡沫公司法》的出台也标志着英国政府开始介入金融业。虽然英国政府颁布法案是希望稳定局势，防止泡沫的膨胀，但结果是导致了泡沫的破裂。不过，从这时起，金融监管者对于通过防止恶意的商业行为来防止金融危机的出现的基本理念一直延续至今。这一重要理念也是与当时居于主导地位的古典经济学理论相适应的，也就是认为市场是完美的，市场不存在缺陷，金融领域的问题是道德问题，规范恶意和无耻的行为可以防止金融危机的发生。

另一方面，在英国出现了英格兰银行这样的特许经营的银行，并且在一段时期内，英格兰银行是英国唯一的特许银行，后来到 19 世纪一些法案的颁布开始逐渐限制了其特权并打破了原有的垄断局面。从这一点可以看出，作为金融监管的重要组成部分之一的市场准入管理从一开始就存在着，并对金融业的发展起到重要作用。而在美国，其建国之后的银行基本上都是以法令的形式设立的，特别是在各州，通过法令设立了大量的银行。在 1791 年，经华盛顿总统批准，一个类似于中央银行的美国银行成立。作为政府的银行，中央银行拥有发行货币的特权，使得其区别于一般的商业银行，也使得其承担起了金融监管的职责。

（2）大萧条后的严格监管

1929 年到 1933 年的大萧条时期成为金融监管发展历程中的重要分水岭，因为作为经济危机后重建的重要举措，美国的罗斯福总统实施了一系列的金融监管法案，开始了对金融业的严格监管。从 1933 年开始，美国通过了《银行法》、《证券法》、《证券交易法》等重要法案，成立了联邦存款保险公司和证监会等重要机构对美国金融业实施监管。其中，《银行法》规定商业银行与投资银行要实施严格的分离，即美国金融业进入了严格的分业经营时期，如美国著名的投资银行摩根斯坦利就是根据这一原则从摩根银行分离出来的。由此，美国的商业银行和投资银行之间被设立了一道"金融防火墙"，这一局面直到 20 世纪末才被打破。而到了"二战"之后，美国继续着其对金融业的严格监管原则，特别是银行业成为其重点监视范围，实行严格的准入管理，同时联邦储备系统的力量被不断加强。美联储可以方便地制定货币政策，并使用诸如股票贷款、存款利率、票据贴现、存款准备等货币政策工具对金融业进行监管。同时，在这一时期由于美国的综合国力在全世界范围内几乎无可匹敌，特别是在第二次世界大战之后更是成为资本主义世界的绝对领袖，拥有着这一范围内近四分之三的黄金储备，所以其金融体系也对其他资本主义国家和市场经济国家产生了重要影响，其他国家的金融体系和监管体系与其相适应。

从大萧条到 20 世纪六七十年代的这一金融严格监管阶段，相关的经济和金融理论对于金融体系和金融监管体系的形成和发展产生了不可忽视的影响。其中有着最重要影响的就是凯恩斯的宏观经济调控的思想，可以说从大萧条后的经济重建到"二战"后的世界经济发展，相当长的一段时间里这一思想都发挥了重要的作用，即指出了政府应当作为一个主体积极主动地参与到市场活动中来，发挥一定的作用。同时，其他重要的现代经济学的发展也为金融监管提供了理论支撑。现代经济学认为市场并不像古典经济学描述的那样完美，市场会失灵，而金融市场又具有负的外部性，其自身的危机不仅影响到其自身同时也对其他经济和社会领域产生负面影响，带来的连锁性负效应是极其巨大的，因此需要一个主体在市场中限制和控制这一负的外部性。同时，金融业的发展使其已经渗透到社会的各个角落，甚至可以说整个现代社会就是用信用体系联系在一起的。在这种背景下，金融行业具有公共产品的特性，而经营这一公共产品的却是私人部门，二者之间的矛盾使得公共部门的监管在维护这一市场的健康和稳定方面有存在的必要。特别是当这一行业发展到垄断阶段时，像其他垄断行业一样其必定存在效率降低和损害消费者利益方面的问题，这些都需要监管来加以抑制。而信息经济学的发展告诉我们，金融行业中存在着普遍的信息不对称，金融中介的存在就是要解决信息不对称的问题。而信息不对称的问题带来了道德风险和逆向选择的问题，这些都是制约着金融体系稳定和健康的关键点，严格的金融监管将可以降低这些问题的存在及其影响。

（3）金融创新时代的金融监管

由于 20 世纪 70 年代的严重"滞胀"现象，凯恩斯理论受到严重挑战，而与之相对的理论，如秉持自由主义的弗里德曼的货币主义理论，开始大行其道。伴随着理论界的变化，金融监管领域也开始了自由化发展。而此时的自由化并非一般意义上的随意自由发展，而主要指的是放松监管。产生这一趋势的时代背景在于原有的严格监管政策起到了稳定经济发展的作用，而整个西方世界因为有了稳定的金融环境及其他复兴政策在经济上得到了较大的发展，一方面原有的金融监管政策束缚了经济的发展，另一方面为了促进经济发展和规避监管而进行的金融创新也使得旧的金融监管逐渐力不从心，注重健康稳定的金融监管开始注重效率。

美国在这一时期仍然是最具代表性的国家，它开始通过一系列的方案来改变原有的金融监管体制，这些法案中比较重要的包括：《1980 年存款机构放松管制和货币控制法》、《1982 年存款机构法》、《1987 年银行业平等竞争法》和《1989 年金融机构改革、复兴和实施法》。原有体系中的诸多限制被打破，如存款利率控制被放松，银行业经营的地域限制被逐步废除，银行和非银行金融机构开始相互进入对方领域进行竞争，原有的金融机构之间的界限被打破。到了 1999 年的《金融服务现代化法》，1933 年开始的美国金融业分业经营体制被彻底拆除。与此同时，其他主要发达国家的金融自由化发展业进展迅速，包括英国、德国和日本等。他们的诸多举措大体上包括这样的内容：放松对利率和汇率的管制，实行利率和汇率的市场化；对于经营地域和业务开展的限制被取消，可自由开展业务；金融行业中的不同领域，主要是银行业和证券业之间的界限被打破；金融市场开放。因此说，这些国家的金融监管举措，特别是重要法律的重新确立，形成了金融自由化和全球化的格局。

以金融创新为主要内容的金融自由化的发展不但给金融行业自身，同时也给整个经济社会的发展带来了巨大的空间。不仅仅是发达国家，很多的新兴市场也在这一时期快速崛起。但是严格金融监管的背景理论分析并没有失效，放松了原有的严格监管必将导致一定问题的出现。从 20 世纪 80 年代开始，美国的银行倒闭数量大幅增加，甚至一度使联邦存款保险公司的保险基金陷于枯竭。而日本在那一时期的泡沫破裂导致了其后十余年的经济衰退，至今仍未走出阴影。发生在 1997 年的亚洲金融风暴更是使东南亚的新兴市场国家在很短的时间内将多年积累的外汇财富消耗殆尽。可以看到的是，20 世纪最后 10 年左右的时间里，金融危机频发，虽然诸如 IMF 和美联储等最具影响力的国际组织和国家机构出手干预，但大多收效甚微。到了 21 世纪，一场被人们认为堪比 1929 年大萧条的金融危机于 2008 年爆发，这场危机可以说是将几十年的金融创新快速发展进行总结，即金融创新导致美国等西方国家大量负债，金融体系日益复杂而脆弱，金融机构冒险经营，健康状况持续恶化，华尔街五大投资银行三家倒下，另外两家改制；传统意义上的独立投资银行中的五大巨头不复存在也说明了金融体系的重新洗牌，但下一步的金融体系如何重建还是个未知数。但是，在这次危机中人们普遍提到了金融危机前在任的美联储主席格林斯潘，认为他在任期间出于种种主客观原因实行的宽松的金融监管环境是金融危机爆发的因素之一，而格林斯潘对此也表示认同。

（4）国际合作趋势下的金融监管

虽然金融监管的放松成为 21 世纪初大规模金融危机的成因之一，但事实上世界各国金融监管当局已经开始着手通过国际合作来在新世纪里共建金融监管的国际平台，通过集体的力量和合作的力量来完善落后于行业发展的金融监管体系。事实上，金融监管的国际化并非各国监管当局的主观意愿，其中包含了这一趋势的客观必要性，这一必要性主要体现在金融全球化带来的金融体系复杂性和金融危机蔓延的广泛性要求原有的金融监管必须打破国家界限，开展与全球化的金融体系相对应的金融监管体系，只有这样才能保证金融监管体系继续发挥作用，保护这一全球市场健康稳定发展。

从实践的情况来看，金融监管的国际合作取得了一定的成效，首先，从 20 世纪最后十年开始推广的《巴塞尔协议》得到了全世界范围内的广泛认同并得到执行，虽然新的协议还没有得到十分广泛的实行，但是这一协议体系为金融监管的国际化奠定了基础。同时，众多的国际组织开始发挥作用，协调工作，包括巴塞尔委员会、国际证券委员会、国际保险监管者协会、支付与结算委员会等。从监管内容来看，原有的监管协议开始被监管权限协调所代替；而对信用风险的重视已经发展到了对于更多风险的监控，如汇率风险、利率风险、国家风险、操作风险、道德风险、流动性风险、法律风险及声誉风险等；旧有体制更多强调对于关键指标的监管，而发展了的新体系则重视金融机构特别是银行的内部控制。

但是，现有的金融监管国际格局仍然存在相当大的局限性，有待于人们的进一步改进。其中主要问题在于，金融创新发展的速度极快，而其衍生品的交易又具有速度快、交易量大、范围广等特点，金融监管面对这种局面显得捉襟见肘，难以应付。而现有的国际合作体系并不具有严格的法律意义，全面约束力不够，很多问题理论界还尚无定论，实践中更是无从下手。而对于复杂的金融体系采取较为简单的监管方案又显然是忽略了这一生态系统的群体和个体差异性。我们知道金融行业中的不同领域之间都有着很大的差异，而即使都是银行，又因为业务侧重点不动，所在地域不同等因素导致其在金融监管中应采取不同监管策略。这种差异尤其体现在国与国之间，现代社会的众多问题都会在面临主权问题和文化差异问题时变得十分棘手，金融监管也不例外。所以，在未来的金融监管体系建设中，还有诸多问题等待人们协商出富有智慧的解决方案来加以解决和完善。

12.2 金融监管的目标和原则

1. 金融监管的目标

确定金融监管的目标基本上决定了金融监管体系发展的方向，因此对于其的设定是金融监管理论中的重要环节。我们可以看到，不同的时期和时代背景决定了金融监管的目标也并非一成不变。在 20 世纪 30 年代以前，金融监管大多数时候还都是直接由中央银行兼管，其主要目标就是通过控制和稳定货币的发行来保证金融业平稳，防止挤兑现象的出现；但是到了 1929 年的大萧条时期，惨痛的教训使得人们对于金融稳定的重要性极为看重，从那时起到 20 世纪 70 年代的严格金融监管体制下的监管目标就是要保持金融业的安全和稳定，这也在另一方面压抑了金融效率的提高；随着 20 世纪六七十年代开始的金融创新的发展和伴随的金融监管理论和体系的变化，金融监管的目标开始向注重效率倾斜，原有诸多限制被打破，金融业也得到了快速发展；进入 21 世纪之后，由于金融危机的频发及其给经济和社会带来的越来越严重的影响，人们再一次将金融稳定作为金融监管的目标内容之一，开始追求金融稳定和金融效率之间的平衡。

概括来讲，金融监管目标主要有以下几方面内容。

（1）维护金融体系的安全与稳定

从最初的金融监管开始，保证金融体系的安全和稳定就是金融监管的最基本目标和主要任务。金融监管的出现在很大程度上就是由于缺乏监管的金融业的不稳定给社会和经济的发展带来了巨大的损失，危机的连锁效应十分严重，而随着社会的进步和发展，金融业已经在整个世界成为经济稳定前行的重要保证和推力。保持金融系统的安全稳定就是保证经济与社会的安全与稳定，因此这一点成为金融监管的首要目标。

（2）维护储户的合法权益

金融体系正常经营和运行的基础资源就是储户或者客户的存款，如果不能对这一资源有很好的保护，金融体系将失去其赖以生存的土壤。更为重要的是，在进入现代社会之后，几乎整个社会的财富都以存款等方式进入金融体系，因此从普通民众到整个社会的根本利益被捆绑在金融体系中，金融体系的危机和重大损失自然会带来整个社会的危机和损失。所以，金融体系的公共性越发明显，而作为公共品的主要维护者和管理者，政府需要以金融监管的方式来维护广大普通民众和社会整体的利益。特别是储户作为基础金融资源的提供者却往往由于信息不对称等原因在金融体系中是以弱势群体的地位存在，这也要求监管当局予以保护。

（3）维护公平竞争和提高金融效率

金融市场作为一种市场，公平、公正和公开等基本的市场原则是必须坚持的，这也是完善这一市场的基本途径之一。特别是随着近几十年金融业的市场化和创新的高速发展，市场竞争也日趋激烈，市场环境也逐渐恶化。因此，一个公平竞争的市场环境应当成为这一市场继续发展和壮大的根本保证。同时，只有在这一基础上，金融效率才有可能得到不断提高。而将提高金融效率作为金融监管目标的重要内容也是时代发展的必然，因为困难和危机后的那种对安全稳定的需求随着整个经济社会的复苏将不再强烈，而社会无止境的进步和发展必然成为人们追求的目标，所以在保证体系安全稳定的基础上，金融效率必须被考虑，能否为提高金融效率做支撑也成为考察一个金融监管体系的重要标准。

（4）维护中央银行的货币政策调控功能

在经济进入现代社会之后，同时也是市场经济由自由竞争进入到垄断阶段之后，复杂的经济体系要求政府作为参与市场的重要主体发挥相应的作用。而政府的宏观调控中最重要的就是财政政策和货币政策，其中货币政策一般由各国的中央银行来制定和执行。但是，在实践中，金融机构和金融市场是否认真的履行其职责、是否认真贯彻和执行货币政策是影响宏观调控的重要环节。金融监管作为连接政府和金融行业的重要纽带，需要监督和保证金融机构和市场有着规范的市场行为，符合宏观经济调控的方向，符合社会的总体发展利益。

2. 金融监管的原则

金融监管的目标确立后，与其相辅相成的还要明确相应的金融监管原则，这样才能更好地保证既有目标的实现。一般而言，金融监管遵循以下原则。

（1）依法监管的原则

为了达到保持金融体系的稳定发展的目标，金融监管首先要坚持依法监管的原则。只有做到依法监管，才能保证金融监管的严肃性、权威性、强制性和一贯性，坚决杜绝金融监管的随意性。金融监管无论是对于一个国家还是国际社会，其不仅仅是金融体系和政府体系的重要组成部分，同时也是法制建设的重要一环，应当将其放在大的法制环境中去研究和部署。脱离了法制基础的金融监管是没有办法开展的，其作为行业监管的专业性应当建立在遵循基本法律原则的基础之上，否则监管的依据不清，根基不牢。金融监管必须在市场准入、业务准入和日常经营活动监管等方面始终坚持严格执法，保持执法的连续性和一致性。

（2）公平公正的原则

金融行业中的领域差异和个体差异还是十分巨大的，有些行业处于自由竞争的状态而有些则是寡头竞争甚至垄断的格局，有些个体已是行业中的巨无霸且具有政府背景，而有些则是极小规模的私人企业。无论是对于什么样的金融行业和个体，金融监管都应当做到一视同仁，坚持公平、公开、公正的"三公原则"。在既有的金融监管相关法律法规的基础上，任何金融机构个体都应当被金融监管当局赋予同样的法律地位，还要做到金融监管的公开透明。金融监管中的重要内容就是要让金融机构的经营活动公开透明，以消除市场中存在的信息不对称问题，但如果金融监管环节不能首先做到公开透明，金融体系中的信息不对称问题将难以解决，市场行为也将难以得到规范。

（3）适度竞争原则

这一原则来源于提高金融效率的金融监管目标。可以说一个只能保证金融稳定但不能促进金融发展和经济发展的金融监管是无效率的，也是不符合时代发展潮流的。顺应时代进步的金融监管就是要寻求稳定与效率的平衡，偏向任何一方的监管都应被纠正。由于我们已经从金融自由化造成的后果看到，过分的竞争会给这一体系带来危险，因此适度竞争原则并没有摒弃安全稳定的基本原则，只是要在安全稳定的基础上不能忽视一定程度的竞争对于市场的作用。

（4）综合、高效监管的原则

金融业自身的发展是十分快速的，其发展不仅仅是自身的理论与实践的进步，同时也在运用现代社会中大量的先进科学技术和管理经验，吸取了整个人类社会发展进步的精华。面对这样的行业，金融监管的手段和思路如果落后将不可能完成金融监管目标。因此金融监管自身应当做到不断完善体系建设和监管手段方法的创新，要利用经济、行政和法律等各种工具进行监管，动用各种社会资源配合监管，在各个时间、空间的不同维度实施监管，做到科学化和系统化。努力提高监管效率，这也是不断庞大的金融体系为金融监管提出的重要话题；缺乏效率的监管将难以覆盖当今世界的金融业，而具有连锁效应和无孔不入的金融危机将导致低覆盖的监管形同虚设。

12.3　金融监管的内容与方法

1. 市场准入的监管

市场准入是金融监管的开始，金融监管当局应从这一源头出发按照其监管目标和原则对于进入市场的金融机构严格把关。所谓的市场准入，是指政府行政管理部门按照市场运行规则设立或准许某一行业及其所属机构进入市场的一种管制行为。金融监管中的机构市场准入就是指金融机构获得进入市场进行其经营活动的许可的过程。对金融机构市场准入实施监管的主要目的就是保证进入市场的主体行为规范、合规，直接表现是金融机构的申请审批和开业登记。对于已经正常经营的金融机构设立分支机构和申请开办新的业务也同样存在着市场准入。

对于不同的市场准入，各国一般都有着相应的准入条件。对于金融机构的市场准入一般需要考虑以下几方面条件：该机构要符合宏观经济发展的客观需要；符合金融业发展的政策和方向，符合金融机构合理布局、公平竞争原则；符合最低资本金及股权结构和股东资格要求；符合高级管理人员任职资格和金融从业人员比例要求；符合法人治理结构和内控制度的要求；符合经济核算的要求；符合办公和营业场所的安全要求。对于要新设分支机构的金融机构，也有着类似的要求和条件，并且不但要由监管者审查新设机构的相关条件和标准，同时也要审查母机构的经营状况，以决定其是否适合增设新的分支机构。而对于业务的准入，在宏观经济条件的考察方面与机构准入有着相似的要求，即要适合大的经济环境和市场环境，同时还要从个体的一些情况进行考察，包括：根据业务风险特征建立完善的风险控制系统；建立严格科学的业务操作规程和安全保障；符合对从业人员专业素质的要求；与监管当局的监管能力相适应。

2. 市场运作过程的监管

金融机构获准开业之后，在市场的运作过程中，将面临经济、金融环境的变化，存在着经营活动中客户的"逆向选择"、"道德风险"等各种各样的金融风险，因而中央银行或金融监管当局对金融机构的市场运作过程进行有效的监管。对金融机构市场营运监管的具体内容，在各国之间并不完全相同，但一般都将监督管理的重点放在金融机构的业务经营的合规性、资本充足性、资产质量、流动性、盈利能力、管理水平和内控机制等几个方面。

（1）资本充足性监管

合理的资本比率是金融机构正常营运的最基本条件。对于金融机构而言，除了要求其有符合规定的最低注册资本金水平之外，一般还要求金融机构的自有资本与资产总额、存款总额、负债总额及风险投资之间保持适当的比例，通过对金融机构实际资本比率、风险资本比率等资本比率的监管，可以达到以资本规模制约资产规模特别是风险资产的规模。通过对资本充足率的监管可以降低金融机构的经营风险，实现金融经济稳定运行和发展。在国际上，对于资本充足率的监管既被认为是最基本的监管指标，同时也是最主要和被广泛使用的监管指标。

（2）流动性监管

银行的流动性是银行信誉的保证，对银行经营十分重要，各国中央银行或金融监管当局对银行的流动性也很重视，包括本币和外币的流动性监管，通过考核银行资产负债的期限结构和利率结构搭配来对银行流动性进行系统性考察，将使中央银行或金融监管当局进行流动性监管的趋势观测。由于流动性危机在现代金融体系中比较容易出现且具有连锁效应，因此对于流动性的监管是各国金融监管机构和国际金融组织十分重视的一个内容，事实上很多不同规模的金融危机往往都由流动性危机引起或以之作为主要表现形式。

（3）业务范围的监管

为了确保金融机构的稳健经营，维护存款者的利益以及信用体系的安全稳定，各国一般都通过法律规定金融机构的业务范围，限制金融机构能够经营的业务、不能经营的业务。对金融机构业务范围的限制程度，不仅与一国的经济、金融的发展程度有关，而且与其金融监管水平、传统习惯等有关。对于金融机构业务范围的限制，各个国家并不完全相同，存在着一定的差异。在一些国家，商业银行的业务与投资银行的业务是分开的，商业银行不能认购股票，而有些国家限制银行对工商业的直接投资。有的国家禁止将银行业务与非银行业务混在一起，却允许通过银行控股公司、附属机构等方式，参与某些经营风险较大的非银行活动；有的国家允许银行经营非银行业务，但投资规模却有所限制。随着金融自由化、金融市场一体化的发展，金融创新层出不穷，银行业务的传统界限正在逐步被打破，金融机构的业务限制也日趋放松和取消，混业经营模式代替了分业经营模式而成为一种趋势，中央银行或金融监管当局对金融机构业务范围的监管更多的是从宏观金融决策的角度，以公平、竞争和稳定为原则，对不同性质的金融机构区别对待，以功能性监管代替约束性监管，各国金融监管体制也从金融分业监管转化为金融混业监管的模式。

（4）金融机构经营活动的监管

商业银行经营的直接目的是追求最大限度的利润，因而商业银行会尽可能地将惜售的资金集中投向盈利高的贷款与投资，盈利性提高的同时，经营的风险也相对增大。各国的中央银行或金融监管当局都对金融机构的经营活动进行监管，通过对资产负债比例管理、贷款风险管理、资本流动性管理等，限制银行贷款投向过度的集中，限制一家银行对单个借款者提供过多的贷款，降低金融风险，提高金融运行的内在稳定性。

（5）外汇风险的管理

随着经济全球化、金融国际化的发展，各国金融市场开放的程度不断增强、金融机构的国际金融业务不断扩大，在国际货币汇率不规则变动、国际货币市场波动加剧的情况下，金融机构面临的外汇风险也明显增大，关注金融机构的国际收支趋势，制定适当的外汇风险管理制度，控制预防金融机构的外汇风险，已经成为各国中央银行或金融监管当局的必然选择。由于世界各国金融领域的开放程度不同，金融机构的国际金融业务的发展状况不同，金融机构面临的外汇风险不同，在外汇管理的宽严程度、管理的内容、采取的管理措施和方法等方面，各自的国内外汇管理制度也存在着显著的差别。有的国家对银行的外汇及外汇业务实行严格的监管，有的国家对银行的外汇及外汇业务实行比较宽松的管理。如美国、法国和加拿大等国家对金融机构的外汇及外汇业务的监管比较宽松，而英国、日本、荷兰和瑞士等国家对金融机构的外汇及外汇业务实行比较严格的监管。英国的中央银行对所有在英国境内营业的银行的外汇头寸进行监管，要求任何币种的交易头寸净缺口额不得超过资本基础的10%，各币种的净空头数之和不得超过资本基础的15%；对于外国银行的分支机构，要求其总部及母国监管当局要对其外汇交易活动进行有效的控制。在日本，金融监管机构规定外汇银行在每个营业日结束时的外汇净头寸不得突破核准的限额。

（6）准备金管理

在现代市场经济中，中央银行合理规定和适时调整金融上缴的存款准备金，不仅是保证金融机构的偿付能力，防范金融风险，保障金融业安全稳健经营的需要，也是有效调节基础货币量，实现货币控制、稳定经济与金融的重要手段之一。一般来说，银行的资本充足性与中央银行存款准备金政策之间存在着一定的内在联系，中央银行或金融监管当局在对银行的资本进行监管时，必须考虑银行准备金计提问题，确保银行准备金是在充分考虑谨慎经营和真实评价业务质量的基础上的提取，避免准备金提取不足所掩盖的银行经营的潜在风险。在世界各国金融的相互开放和跨国金融机构的快速增长的情况下，各国中央银行准备金政策和准备金提取方法的统一，已成为增强国际金融体系稳定性的一个重要因素，随着各国之间的国际金融合作和协调的加强，各国中央银行、金融监管当局之间在准备金问题上的协商与合作将会进一步加强。就具体实践而言，西方一些国家如美国的存款准备金是得不到利息支付的，因此美联储调整存款准备金政策时对商业银行和整个金融体系是具有很大影响的，故这一政策适用频率较低；而在中国，由于对存款准备金支付利息，因此这一政策手段被认为是比较温和的，二者存在差别。

(7) 存款保险管理

在部分国家的金融体制中，为了保护存款者的利益和金融业的安全与稳健经营，通过设立专门负责存款保险的机构，要求本国的金融机构要按照吸收存款的一定比例向专门的保险机构缴纳保险金的方式，建立了存款保险制度。当本国金融机构由于经营不善或受外部环境变化等各种因素的影响而出现信用危机时，存款保险机构将向金融机构提供财务支援，或者由存款保险机构直接向存款者支付部分或全部存款，保护存款者的利益，维护正常的金融秩序。存款保险制度的建立，使存款者的利益和金融机构的经营直接受到了保护，对促进一国金融业的稳定发展具有一定的积极作用。这类存款保险机构有时不但负责危机后的"善后"工作，也会以监管者的身份参与日常的金融监督管理工作。同时，在另外一些国家还存在着隐性的存款保险制度，即政府以自身信用为银行提供最后担保，而非由明确的存款保险制度来执行。

(8) 其他监管

中央银行或金融监管当局还通过各种方式对金融机构的其他方面进行必要的监管。例如，在市场经济条件下，利率作为货币资金的价格反映着信用资金的供求状况，并随着市场供求的变动而变动，利率是市场化的经济杠杆。但是，为了防止金融机构之间的恶性竞争，保证金融体系的稳定与效率，中央银行或金融监管当局在遵循市场规律的基础上，对利率进行统一的监管就存在着一定的必要性。中央银行对利率的监管主要是依法确定基准利率和区间内灵活掌握利率的水平，与集中计划体制下的计划利率有着本质性的区别。

3. 对市场退出的监管

在金融机构出现问题时，如出现资不抵债或者严重的违规违法等行为，并且已经威胁到自身或系统的正常运行时，金融监管当局应当及时予以纠正和救助，如出现情况严重或纠正、救助的成本过高时，金融监管当局应该对危机金融机构采取市场退出的措施，以保证系统内的其他组成部分不受到影响并保持稳定。所谓的市场退出，就是在监管机构的监管下，金融机构停止办理金融业务，机构停止运行，其营业许可及相关资格被停止。

(1) 市场退出的方式

一般来讲，金融机构的市场退出主要包括两种方式，即自愿退出和强制退出。自愿退出的金融机构将根据其章程或召开股东大会进行讨论，通过法定的程序形成退出市场的决议后，经过监管部门的审批，自行停止办理金融业务，吊销营业执照。可以采用的形式主要有自行解散、吸收合并和分立等。

金融机构被强制退出市场是指经法院的宣判或依法裁定，或由金融监管机构发布行政命令，强制出现重大违法违规问题或资不抵债的金融机构破产，退出市场。撤销是监管当局以金融机构违法、不能支付到期债务等为由，强制吊销金融机构的经营金融业务资格，并通过行政程序对金融机构进行行政清算过程的总称。在一些情况下，兼并的方式在强制金融机构退出市场时是比较常见的方式，这也是一种行政手段和市场手段相结合的办法。在这种办法下，往往由政府或监管部门对问题金融机构提供流动性等财务支持，使原有的资不抵债的金融机构恢复运转，其中还包括稀释原有股东的权益和对高管团队进行必要调整；在此基础上，在选择具有实力的运行良好的金融机构来吸收兼并问题机构，原有机构的法人资格被注销，即退出市场。同时，监管当局也会在过程中为兼并方提供必要支持，以保证兼并的完成及兼并后的企业能够继续良好的运行。

（2）强制性市场退出的前提条件和基本程序

强制性金融机构退出往往会对金融机构的债权人和市场中存在的其他相关交易对手产生影响，使其承担损失，因此强制性退出的措施在运用时应当慎重考虑其必要性及事后的影响。一般来讲，只有在金融机构出现了严重问题，导致已基本无法处置以保证其生存或不退出将对市场产生更大影响时，才会采用强制性措施令金融机构从市场退出。具体而言，金融监管部门要考虑以下条件：金融机构是否已经严重违法或违规；金融机构的资产质量是否已经严重恶化，资不抵债程度是否已经无法靠其自身能力挽回；金融机构是否已经确认无法支付到期债务；已有救助措施是否已经失败。在全面考虑这些问题之后，监管当局应当对是否采取强制措施安排金融机构退出市场作出决定。

强制退出市场的金融机构一般遵循以下步骤。首先，要作出退出市场的决定并予以公告，破产的情况将由法院进行公告，撤销的情况由监管当局进行公告；公告中要对相关的原因、理由和法律问题作出明确解释说明。第二步，成立清算工作小组，对问题金融机构的活动进行全面控制。第三步，确认债权，清理和处置相关资产。第四步，支付个人储户存款本息，并制定清算方案。第五步，对于由监管部门作出撤销决定的情况，监管部门需要首先与债权人协商债务偿付的解决方案，如果不能就此达成一致，则要进入破产程序。在已经被法院认定破产的情况下，则直接进入破产程序，按照法律程序来处理债务偿还问题。最后，机构法人资格被注销，退出工作结束。

12.4　金融监管体制

金融监管机制从广义的角度来讲包含的内容很多，包括金融监管的目标、范围、理论基础框架和方法内容等，但从狭义角度讲，金融监管主要是为了达到一定的社会经济发展目标而对金融业实施监管的一整套机制和组织结构的总和。从功能的角度来看，金融监管机制的确定应该是以其目标和客观的时代背景为选择基础的，所以具体的体制形式也是不确定的，不同的国家在不同的历史时期，在不同的客观环境下可以选择不同的金融监管体制来实现其监管目标，以保证经济社会的发展。一般而言，金融监管体制主要分为混业经营条件下的集中监管体制和分业经营条件下的分业监管。

1. 集中监管体制

所谓集中监管体制，就是指一国的金融监管职能由统一设立的单一金融监管机构承担，其中又分为两种情况：一种是这一集中监管的职能由中央银行来完成，另一种就是设立中央银行以外的单独集中监管机构。但事实上，采用集中监管体制的国家和地区，承担监管职能的往往都是中央银行，这也和中央银行天生就具有一定的金融监管职能相对应。

采用集中监管的国家有很大一部分都是计划经济体制和政治上高度集权的国家，这样的条件下采用集中监管体制并由中央银行统一行使金融监管职能也是顺理成章的。因为这样的监管体制下法律法规统一，监管职能的贯彻执行有保证，对于那些市场经济体制和金融市场体制还不完善和不成熟的经济体有着很实际的利用价值。

但是，除了由于政治体制原因采用集中监管体制的之外，随着经济的发展，一些成熟发达的市场经济国家开始出于金融业混业经营的客观条件变化和自身金融监管职能的要求，也开始采用集中制金融监管，其中的代表就是英国。英国在"二战"后逐渐形成的是分业监管的体制，由英格兰银行和多家机构共同行使监管职能，监管机构达到九家。但是在 20 世纪 80 年代的金融创新高速发展的时代背景下，英国原有的金融监管体制显得落后了，已经无法跟得上快速发展的金融业的脚步，整个英国金融监管体系负担沉重，效率低下。在这种情况下，英国从 1997 年开始着手整合其金融监管体制，这一年原有的多家监管机构在分离了英格兰银行的监管职能后合并组成了英国金融服务监管局。到了 2000 年，《金融市场与服务法案》对其进行了法律意义上的确认。这一机构在英国享有对银行、投资基金、清算机构、保险公司、住房信贷合作社、证券公司、期货交易机构等的审批注册、规范、监管和处罚的权力，这就使得英国的金融监管机构拥有了最广的监管范围，也使英国成为集中金融监管体制的代表。

英国由分业到集中的金融监管体制变化反映了这样的事实：金融体系的全面发展对金融监管和金融监管机构提出了挑战。原有的金融市场和金融机构体系正在发生变化，形式和内容上的界限逐渐被打破、被模糊，如果金融监管机构不能及时做到适当的整合和信息资源共享，其监管效率将会相对降低，越来越不可能很好地完成其监管任务。英国金融监管体系的统一化发展正是应这种时代发展的需要而出现的，可以说给其他国家在这一方面的实践提供了良好的样板。对于那些金融业快速发展并融入到全球金融业混业经营大趋势中的国家而言，有必要根据国情和自身金融监管目标来考虑对原有体系作出改变。

2. 分业监管体制

分业监管体制是对应于分业经营的金融业格局而言的，这类金融体制一般都针对金融行业的不同设立不同的金融监管机构，主要包括对银行、证券和保险分别设立专门的监管机构实施监管。这样的金融监管体制的优势在于其监管的专业性很强，每个监管机构由于负责监管的范围相对狭窄，也就可以集中各方面资源完成好监管任务，提高监管水平，保证监管质量。同时，由于多家监管机构的存在，也就无形地促成了监管机构之间的竞争格局，从而迫使各机构在竞争中提高监管效率。但是，这一体制也存在着问题，主要在于分业监管由于存在多个监管机构，容易造成重复监管，形成监管资源的浪费，同时也会在监管过程中为了维护各自间领域的利益产生摩擦，提高监管成本。

从全世界范围看，分业监管体制主要分为以美国为代表的双线多头监管和以中国香港为代表的单线多头监管。

（1）双线多头监管

以美国为例，双线多头监管体制就是在针对不同的金融领域设立不同的专门的金融监管机构的同时，在联邦和州两级政府同时存在各自的一套监管体系。这样的体制主要和美国的联邦制的政治体制直接关联，同时由于美国的三权分立的思想，导致其实行像君主立宪制的英国那样的集中监管体制也是比较困难的，至少在短期是如此。

在联邦政府层面，美国有货币监理署、联邦储备体系、联邦存款保险公司、联邦金融机构监察委员会和证券交易委员会等机构实施金融监管职能。其中，货币监理署主要负责监管国民银行，包括国民银行的注册、审批分支机构的设置和合并申请、对银行业进行监管、宣布银行破产等。联邦储备体系作为美国的中央银行，也同样是以制定和执行货币政策为首要任务，同时它也对体系内的会员公司和银行持股公司拥有管理权。联邦储备体系包括联邦储备理事会、公开市场委员会、联邦储备银行和联邦咨询委员会。美国的联邦存款保险公司根据 1933 年的《银行法》成立，会员和非会员银行向其投保，其中会员银行为强制性投保，在投保银行对于储户的支付有困难时，由联邦存款保险公司出面救急。联邦金融机构监察委员会的任务是为金融的监察建立统一的原则和标准及报告形式。美国证监会的职责就是监督和管理证券业。

同时，在州政府层面，美国的各州都有各自的金融监管机构，主要负责本州的金融监管，包括对于在该州设立和取消金融机构或分支机构、开办金融业务等。保险业的监管基本上都是在州这一层面进行的，只有州监管未涉及的部分才由联邦监管机构管理。

（2）单线多头监管

单线多头监管体制就是指一国的金融监管职能统一集中在中央政府，但是设立不同的专门监管部门对不同的金融领域进行监管，这种形式的监管的主要特点在于金融监管的立法和执法由中央政府统一进行，适用于中央集权的国家体制。这也是世界上多数国家采取的一种监管体制。

3. 我国的金融监管体制

改革开放以来，中国原有的中国人民银行一家独大的金融体系格局逐渐被市场化的金融体系所取代，特别是建立了社会主义市场经济体制和融入经济、金融全球化之后，我国的金融格局快速发展、完善，而相对应的我国金融监管体制也随着金融业的整体发展而逐渐成熟和壮大。

（1）我国金融监管体制的形成和发展

从1984年开始，中国人民银行开始专门行使中央银行职能，其他职能和业务被逐渐分离。同时，中国人民银行也作为一个特殊的国家机关或政府职能部门，对各个金融领域实行全面的监管职能。而随着我国金融市场的快速发展，这种以人民银行为主并由其全权负责的监管格局被逐渐调整。

20世纪90年代初，我国的证券市场得到了发展，特别是沪深两地证券交易所的成立，使人们看到了发财致富的新路子，一时间人们纷纷把注意力和资金投向这一市场。但是正是由于人们的关注，这一市场的不完善和种种弊病很快得以暴露。为了保证证券市场的健康稳定发展，1992年我国成立了中国证券监督管理委员会。自此，中国人民银行对于证券业的监管职能开始分离，但到了1998年人民银行将证券业的监管权移交给证监会，中国也实现了银行业和证券业的分业监管。在此基础上，也由于保险业的快速发展并没有相应的严格监管，中国于1998年成立了中国保险监督管理委员会。2003年，银行业监督管理委员会的成立正式标志着我国形成了"一行三会"的金融监管格局。

（2）我国分业监管体制

① 中国人民银行的金融监管职能主要体现在负责国家的金融稳定，进行金融法律法规的制定，制定和执行货币政策，完善宏观调控，防范和化解金融危机；组织和监督全国的反洗钱活动；领导外汇管理局统一管理我国的外汇市场，完善这一市场的运行制度，协调外汇市场的发展。整体而言，中国人民银行现在并不是具体金融监管的主要机构，但是其行使的是宏观的调控监管和弥补"三会"未能涉及的领域。

② 中国银行业监督管理委员会的主要职责包括：负责制定有关银行业金融机构监管的规章制度和办法；草拟有关法律和行政法规，提出制定和修改建议；审批银行业金融机构及分支机构的设立、变更、终止及其业务范围，对银行业金融机构实施现场和非现场监管，依法对违法违规行为进行查处；审查银行业金融机构高级管理人员任职资格；负责统一编制全国银行数据、报表，并按照国家有关规定予以公布；会同有关部门提出存款类金融机构紧急风险处置的意见和建议；负责国有重点银行业金融机构监事会的日常管理工作；承办国务院交办的其他事项。

③ 中国证券监督管理委员会的主要职责包括：依法制定有关证券市场监督管理的规章、规则，并依法行使审批或者核准权；依法对证券的发行、上市、交易、登记、存管、结算进行监督管理；依法对证券发行人、上市公司、证券公司、证券投资基金管理公司、证券服务机构、证券交易所、证券登记结算机构的证券业务活动进行监督管理；依法制定从事证券业务人员的资格标准和行为准则，并监督实施；依法监督检查证券发行、上市和交易的信息公开情况；依法对证券业协会的活动进行指导和监督；依法对违反证券市场监督管理法律、行政法规的行为进行查处；法律、行政法规规定的其他职责。

④ 中国保险监督管理委员会的主要职责包括：拟定商业保险的政策法规和行业发展规

划；依法对保险经营活动进行监督管理和业务指导，依法查处违法违规行为，保护被保险人利益；培育和发展保险市场，促进保险企业公平竞争；建立保险业风险评价与预警系统，防范和化解保险业风险，促进保险企业健康发展。

本 章 小 结

金融监管的理论是在基础经济学理论发展的基础上发展起来的，其发展也直接影响了金融监管在实践中的变化。现代金融监管理论更加关注金融产品的公共性、投资者利益和金融风险及金融脆弱性，这些理论阐述了在现代经济条件下人们对于金融的理解及实施监管的理论根由。金融监管的必要性主要来自于金融业在现代社会中的重要地位和这一行业本身蕴藏的巨大风险，这两点综合在一起使得世界各国都对金融业施加了最为严格的监管，防止其出现危机并大范围地波及实体经济。

金融监管随着社会经济的发展经历了多个历史阶段，从最初的宽松监管的萌芽阶段并导致了大规模的经济和金融危机，到 1933 开始的严格金融监管，再到为了促进金融创新的发展而再次放开的有效金融监管，最后到新世纪的国际监管合作，金融监管呈螺旋式前进。

金融监管的主要目标包括：维护金融体系的安全与稳定；维护储户的合法权益；维护公平竞争和提高金融效率；维护中央银行的货币政策调控功能。金融监管的原则主要有：依法监管的原则；公平公正的原则；适度竞争原则；综合、高效监管的原则。

金融监管的主要内容包括对市场准入的监管、对市场运作过程的监管和对市场退出的监管。金融体制一般分为集中监管体制和分业监管体制，后者又分为双线多头监管和单线多头监管。我国的金融监管体制以 1998 年为界，之前以中国人民银行一家为主，之后其金融监管职能逐渐分离，最终与证监会、保监会和银监会形成了"一行三会"的中国金融监管格局。

关 键 词

金融监管　监管必要性　监管目标　监管原则　监管内容　监管体制　集中监管　分业监管

复习思考题

1. 简述金融监管的一般性理论。
2. 简述金融监管的必要性。
3. 简述金融监管的目标与原则。
4. 论述市场准入监管的内容。
5. 对比论述金融监管体制。
6. 论述我国金融监管的形成、发展和现有格局，并对其未来发展提出建议。

第13章

金融机构监管

13.1　商业银行监管

1. 对商业银行的市场准入监管

由于银行业在一国或一经济体内的重要作用和核心地位，所以世界各国对于商业银行的设立或已有商业银行的合并及增设新的分支机构都有着较为严格的市场准入监管。可以说，市场准入监管是对商业银行监管的首要环节，是掌控商业银行市场健康、稳定发展的第一关。从一般的经济学理论而言，一个市场中如果有新的市场主体加入将会降低该行业的平均盈利能力，并将会加剧这一市场的竞争局面；同时，如果新进入市场的主体的经营水平等各方面能力低于该市场的平均水平，则该市场将会被增加整体风险。因此，就商业银行业来讲，把握好市场准入的监管，将会为商业银行业整体稳定和良性发展奠定良好的基础。

（1）市场准入的一般概念

对于市场准入可以从两个层面来理解：首先，市场准入指的是通过组织设立新的市场主体和分支机构进入市场；其次，它还指通过扩大原有市场主体的经营范围和业务能力来进入某一市场。就商业银行市场准入而言，对其监管就包括对于新设立商业银行进入市场的监管；对于调整已存在商业银行的分支机构的业务能力的监管；对于商业银行经营牌照转让的监管。

就市场准入的审批方式而言，大致有四类原则：一是在早期的自由主义，即指商业银行的设立不需要监管机构的审查与批准，甚至可能并不存在相应的监管主体，可以随意设立商业银行；二是指特许主义，即设立一家新的商业银行必须要颁发新的特许经营许可证；三是准则主义，即指法律就商业银行的设立作出明确的规范，只要是符合法律法规规定的都可以登记注册经营商业银行；四是核准主义，这是指商业银行的设立首先符合法律的规定，然后才能够向监管当局提出申请并等待监管当局的批准后才能正式经营商业银行。

（2）我国对商业银行业设立的监管要求

根据我国《商业银行法》的规定，"设立商业银行，应当经国务院银行业监督管理机构审查批准。未经国务院银行业监督管理机构批准，任何单位和个人不得从事吸收公众存款等商业银行业务，任何单位不得在名称中使用'银行'字样"。这是我国对于商业银行设立的基本要求，由此可以看出商业银行由于其吸收公众存款的特性而区别于其他金融机构，成为整个金融体系的核心力量和组成部分。

同时，《商业银行法》还对具体的组织设立商业银行的相关条件作出了规定："有符合本法和《中华人民共和国公司法》规定的章程；有符合本法规定的注册资本最低限额；有具备任职专业知识和业务工作经验的董事、高级管理人员；有健全的组织机构和管理制度；有符合要求的营业场所、安全防范措施和与业务有关的其他设施。设立商业银行，还应当符合其他审慎性条件。"

（3）我国商业银行开业申请及经营范围

根据我国《商业银行法》的规定，成立新的商业银行，申请人应当向国务院银行业监督管理机构提交下列文件、资料：申请书，申请书应当载明拟设立的商业银行的名称、所在地、注册资本、业务范围等；可行性研究报告；国务院银行业监督管理机构规定提交的其他文件、资料。如果经审查符合规定，申请人应当填写正式申请表，并提交下列文件、资料：章程草案；拟任职的董事、高级管理人员的资格证明；法定验资机构出具的验资证明；股东名册及其出资额、股份；持有注册资本百分之五以上的股东的资信证明和有关资料；经营方针和计划；营业场所、安全防范措施和与业务有关的其他设施的资料；国务院银行业监督管理机构规定的其他文件、资料。

经批准设立的商业银行，由中国银监会办理《经营金融业务许可证》，如果银行业务中包括外汇业务，还要取得国家外汇管理局合法的《经营外汇业务许可证》，商业银行凭该许可证向工商行政管理部门办理登记，领取营业执照，自此商业银行即告成立并由银监会予以公告。同时，商业银行需在取得营业执照之日起的6个月内开始营业。

商业银行的经营范围由银行业监管当局严格管理和规范，从而保证商业银行的稳定经营。商业银行的公司章程中一般明确该行的经营业务范围，从世界范围看，以德国为代表的属于全能型银行，其经营范围十分宽泛，几乎可以涉及各类金融业务；而以英美为代表的分业经营体制则将商业银行的经营范围加以一定的限制。

我国目前实行的是分业经营的金融体制，因此商业银行从事的经营业务范围将会受到严格的限制和监管，并以此来保证其健康发展。根据《商业银行法》的规定，我国商业银行的经营范围包括：吸收公众存款；发放短期、中期和长期贷款；国内外结算；办理票据承兑与贴现；发行金融债券；代理发行、代理兑付、承销政府债券；买卖政府债券、金融债券；从事同业拆借；买卖、代理买卖外汇；从事银行卡业务；提供信用证服务及担保；代理收付款项及代理保险业务；提供保管箱服务；经国务院银行业监督管理机构批准的其他业务。

2. 商业银行日常经营的监管

市场准入的监管是加强金融监管的第一步，在商业银行进入市场之后，监管部门还应该对商业银行的日常经营进行持续监管，以保证商业银行按照金融监管法律法规合规经营，稳健操作，并合理地控制和化解市场个体及整体的金融风险。对于商业银行日常市场经营活动的监管主要包括以下几个方面。

（1）对商业银行经营范围的监管

商业银行的经营范围应由一国的金融监管当局确定，并在商业银行的公司章程中得以体现。在商业银行的日常经营中应当严格遵守已确定的经营范围来进行其经营活动，因为商业银行可进行的经营活动范围是与一国的整体金融体制和监管体系相适应的，如果不能严格遵守将有可能导致金融体系秩序出现问题。总体来讲，商业银行的经营应当始终被严格限制在法律法规允许的范围内，监管当局除了在商业银行设立之初对商业银行的经营范围加以明确外，还需要在商业银行的日常经营过程中时刻加以监督，避免出现商业银行违规经营及其带来的金融风险。

（2）对资本充足率的监管

商业银行的资本是指商业银行的自有资金。商业银行从事的主要业务就是吸储和放贷，所以其经营活动主要是负债经营，且负债杠杆率比较高。从现有的国际标准来看，对于国际商业银行的资本充足率的要求是8%，这一比率和一般的实体经济企业相比是相当低的，因此对于商业银行的自有资本进行监管从而保证其应对风险的能力就显得十分必要。

商业银行资本金问题的背后其实就是一种代理委托关系问题。作为商业银行经营的代理人，也就是商业银行的管理者，从稳定经营企业的角度出发，希望拥有更多的自由资金以应对经营过程中出现的问题和金融风险。这里面也包括金融监管当局的作用，即其希望商业银行拥有一定的资本金从而稳定经营，最终保护广大普通储户的利益。而另一方面，作为委托人，也就是商业银行的股东或拥有者，出于对更高的资本回报率的追求，希望在获得一定回报的同时能够更少地投入自有资本。因此，商业银行的委托人和代理人之间产生了矛盾。与此同时，20世纪80年代在西方发达国家人们已经从现实的教训中意识到提高和确定一个统一的资本充足率标准的重要性，这也促成了《巴塞尔协议》的产生，从而为商业银行的监管提供了一个国际统一的量化风险度量和监管标准。

根据《巴塞尔协议》的标准，商业银行的资本金将被分为两种：一级资本（核心资本）和二级资本（辅助资本）。按照五档风险权重确定的风险资本的充足率需要达到的要求是：核心资本充足率不低于4%，总资本充足率不低于8%，其中二级资本总额不能超过一级资本的100%。《巴塞尔协议》并非具有法律效应的标准，也不要求世界各国必须遵照此标准进行监管。但事实上，由于该标准是由主要的西方发达国家制定并被多数世界主要的国际商业银行所遵守，因此其也就成为了一项事实上的标准。如果某商业银行的资本充足率没有达到《巴塞尔协议》的标准，那么将会使其在国际金融领域中行动艰难。在这样的背景下，包括中国在内的世界许多国家都表示将采用《巴塞尔协议》的统一标准。现在已经有了新的《巴塞尔协议》，对原有的统一标准进行更加细致和合理的规范，但其实行还具有一定的难度，尚需时日。

（3）对于资产流动性的监管

2008年爆发的世界范围内的金融危机再一次为人们敲响警钟——商业银行的流动性问题是决定其生死的重要问题。关于流动性的问题不仅仅存在于商业银行的范畴，也存在于所有规范市场经济条件下的市场主体，特别是在现代经济体制中占绝对地位的公司制企业中，如果出现资不抵债的情况企业将破产，作为公司制企业的商业银行也不例外。因此缺少了对于银行流动性的关注和严格监管，将很有可能出现商业银行由于流动性不足而破产的情况，更严重的是这种情况如果不能得到及时妥善的处理将使社会对于金融体系丧失信心，大规模的挤兑将会对金融体系和实体经济带来毁灭性的打击。因此，监管当局对于商业银行的流动性指标的监管也成为保证金融体系健康稳定的重要环节。

（4）对于资产质量和盈利能力的监管

银行的资产主要是指银行将吸储得来的资金用于发放贷款后形成的资产。商业银行的资产质量是评价和衡量其经营状况的重要依据。对于商业银行资产质量的评估包括很多内容，主要有银行信贷政策、风险资产状况、逾期贷款、资产管理人员素质、贷款集中度、资产状况恶化可能性及呆坏账准备金的充足性等方面。从提高商业银行的资产质量出发，监管当局应当对商业银行的资产质量进行监督，特别是商业银行的贷款发放状况及其呆坏账情况，以及为呆坏账提取的准备金充足性。其中关于呆坏账准备金的问题，由于世界各国的具体情况差异比较大，没有形成统一的准备金提取标准，但各国已经认识到并努力争取在这一问题上通过国际合作达成国际统一的提取标准。

在确保提高商业银行资产质量的同时，金融监管当局应当促进银行不断提高其盈利能力，以保证其长期的健康稳定发展。关于盈利能力，商业银行和其他实体经济企业一样，是以其资本回报率为重要的衡量标准。但是作为金融监管当局，还不能单单依靠几项简单的指标来评价银行的盈利水平，还应当考察一家商业银行的盈利是否主要来自于其主营业务，主营业务的稳定健康发展才是商业银行不断壮大的保证。同时，还要引起注意的是商业银行的盈利行为应当与其资产的风险水平相匹配。

（5）对于金融风险控制的监管

由于全球化和信息技术的高速发展，金融体系的规模越来越庞大，同时其复杂程度也在不断加强，特别是其市场结构的变化、金融创新的发展及表外业务的扩大都使得整体金融体系变得更加脆弱。金融监管当局应当对商业银行的金融风险控制能力加强监管，避免出现大规模的金融危机或使更多健康的商业银行有能力化解危机。在当前世界金融体系快速发展的客观条件下，各国金融监管当局应当首先不断完善其对商业银行所面对的金融风险的认识和控制能力，同时还要提高其对商业银行具体金融风险的考察能力。即金融监管当局在监管过程中应当建立完整科学的风险考察和衡量体系，能够对于整体市场和金融机构个体所面临的风险有准确的评价，要打破以往对于单一风险的简单衡量而应当对风险整体考察，既要包括表内表外风险也要包括资产和负债的风险，要考虑到多种风险之间的相互作用并能够对于复杂的风险状况进行监控。

3. 对问题银行的处理

即使是再严格的监管，由于金融系统的复杂性和金融风险及金融危机的不可预见性，商业银行也会出现比较严重的问题甚至面临危机，因此金融监管当局甚至是政府部门需要对问题银行的出现有所准备，在真的出现问题时能够从容面对，妥善解决，化解危机，不应当让问题银行造成过大的社会危害甚至是向更广的范围蔓延。在现代社会，很多企业已经具有相当大的规模，达到了"太大以至于不能倒闭"（too big to fail）的程度，因为其倒闭将带来更高的社会成本，商业银行特别是大型的商业银行就具有这样的特征，因此政府往往会在商业银行出现问题时出手相救以防止扩大其外部性。但如果拯救的成本过高，政府也应当选择放弃救助，总而言之，对问题银行处理方式的选择也是一个成本衡量的问题。

对于问题银行的处理有以下几种主要的形式。

（1）贷款拯救

向出现严重问题的银行提供贷款可以说是拯救限于危机中的商业银行的最常见的方式。在 2008 年的全球性金融危机中，各国政府及监管当局都在金融危机爆发后准备了大量的资金用于补充问题金融机构的流动性，以帮助它们渡过难关。首先，商业银行出现问题主要指的是支付困难或资不抵债，特别是面临"挤兑"的情况，因此提供短期的贷款，帮助问题并不是非常严重的商业银行渡过难关是一种及时有效且成本较低的问题处理方式。在这当中，中央银行承担了重要的贷款职责，事实上中央银行本身就扮演着商业银行最后贷款人的角色，在商业银行出现支付困难的情况下实施短期救助。当然，在有些国家的某些时期，政府也会指派专门的机构或是有实力的大银行或银团组织资金提供救助。但整体而言，由于中央银行普遍扮演着最后贷款人的角色，特别是金融危机具有蔓延性，在金融危机时几乎只有中央银行有能力实施救助，因此这一方式主要指中央银行贷款。

（2）设立专门机构

当商业银行出现的问题具有普遍性时，可以通过设立专门的临时机构来处理问题银行的不良资产等影响其发展的问题，通过出售、剥离和重组等方式来处理不良资产，从而使得商业银行的经营活动恢复正常。在我国就曾经出现过类似的情况，如在 20 世纪 90 年代，由于我国改革开放过程中大量资金需求"拨改贷"，导致国有独资大型商业银行积存了大量的不良资产，严重影响了这些银行的发展，特别是股份制改造和国际化拓展，距离《巴塞尔协议》中的规定相去甚远。因此当时成立了多家资产管理公司专门负责处理这些国有大型商业银行的不良资产，并规定其存在时间为十年。当然，这些资产管理公司由于其从事这方面工作的丰富经验也有可能由临时设立转为永久企业，以继续处理商业银行的不良资产，从而适应经济发展的需要。

（3）政府担保

所谓政府担保，是指在出现问题银行甚至是金融危机的情况下，政府以其自身所承担的国家信誉为担保，增强普通民众和市场对于金融体系的信心，从而避免"挤兑"等恶劣局面的出现，使问题银行有喘息的机会解决其支付困难，并度过危机。但这种方式并非永远奏效，首先要求政府具有信誉，如果整体经济形势严重恶化从而导致政府自身财政能力和执政能力被严重质疑，政府担保未必能够帮助银行渡过难关；其次，政府也需要考虑被其提供担保的银行是否值得这种国家信誉的担保，对于那种没有信誉、没有能力改善经营的银行，政府不应当提供担保，并通过监管和法律途径使这种危害民众利益和市场稳定的商业银行离开市场。

（4）并购重组与接管

一般来讲，对于一些问题银行可以由政府出面组织其他有实力的大型商业银行进行并购重组，这些有实力、信誉好、经营稳定的大型商业银行将同时得到问题银行的控制权和负债。这种形式的危机处理方式也是有一定前提的，即出资重组的大型商业银行的规模应当足够大以至于其能够承担重组所带来的债务负担，同时市场化的并购重组还要求问题银行自身还具有一定的市场优势，如网点优势和人力资本优势等。但是有很多情况是出于政治因素考虑，政府为了稳定社会局面，避免出现银行业危机或者金融危机来出面组织并购重组。而接管则是指金融监管当局直接接管问题银行并对其进行全面整顿，力争使其恢复正常的经营活动，但是这种接管往往只是暂时的行为，如接管结束时问题银行仍处于危机之中，该银行将会被以其他方式拯救或直接关闭。

4. 存款保险制度

存款保险制度诞生于 20 世纪 30 年代的美国，由于当时的经济大萧条，大量的银行倒闭，众多储户的财富化为乌有，金融体系受到严重冲击。为了挽回社会对金融体系的信任，重振经济，美国于 1933 年通过立法设立了存款强制保险制度，成立了联邦存款保险公司。随后，众多西方发达国家效法美国引入存款保险制度，可以说这一制度在西方发达国家已经普遍建立。这是由于在市场化程度较高的国家中，由于存在比较激烈的市场竞争等因素，银行倒闭难以避免，但是如果因此而使得整个社会信用体系不断遭受重创则后果十分严重，因此存款保险制度可以在一定程度上发挥稳定信用体系的作用。

（1）西方发达国家的存款保险制度

在西方发达国家，一般都有专门的公司或者机构来履行存款保险的职责，如美国的联邦存款保险公司，英国、德国的存款保护委员会，法国的银行协会等。这些机构的作用就是通过存款保险的方式来稳固社会信用体系，保护普通储户的利益，并监督商业银行在保证安全的前提下进行经营活动。虽然西方各国的存款保险制度各有特点，但整体来看它们也具有一定的共性：不以营利为目的，同时具有一定的监督权。

各国的存款保险制度中对于承保对象的规定也不尽相同，如美国规定所有联邦储备体系成员的银行必须参加联邦存款保险公司的存款保险，其他则自愿；日本的《存款保险法》规定，其承保的银行为都市银行、地方银行等。就存款保险的范围而言，并不是所有的存款都可以得到保险，如一般都不包括金融机构存款、境外金融中心存款、外币存款等，而像美国的联邦存款保险公司只负责对所有活期存款账户、定期存款账户、储蓄存款账户提供存款保险。在理赔方面，西方国家的存款保险机构一般实行的是部分赔偿的方式，如美国的联邦存款保险公司在投保银行破产时，对于储户的存款最高赔偿额度为 10 万美元。

（2）我国的存款保险制度

中国至今并未建立西方国家所实行的存款保险制度，但却存在"隐性的存款保险制度"。这是与中国未完全市场化的金融体系相适应的，即虽然没有明确的存款保险制度，但是政府实际上是整个金融体系的担保人，为金融体系出现的问题"买单"。如我国政府为促进国有大型商业银行的股份制改革，多次采用了资产剥离和注入资本金等方式来处理商业银行出现的问题，保证其稳定经营。而事实上，由于政府的这种"隐性担保"存在，中国几乎没有发生过西方发达国家的"挤兑"现象。但是这种隐性的存款保险制度也会给政府带来沉重的负担，而且这一隐性制度也几乎覆盖了所有的存款，而不仅仅是普通的活期和定期存款。

从建立和完善市场化的金融体系来讲，我国需要建立一种适合中国国情的显性的存款保险制度，这样有利于商业银行的健康发展。这主要体现在：存款保险制度有利于对问题银行实施破产清算，否则政府出于保护储户利益出发一般不会让商业银行破产，这样就抑制了市场的"新陈代谢"功能，不能够淘汰那些"劣质的"不能够在竞争中求得生存的银行，因此显性的制度有利于市场功能的发挥；减小政府的担保成本，虽然政府对于金融体系的稳定健康发展总是有着最终担保人的职责，但是一个明确的存款担保制度可以大大减轻政府在金融救助方面的成本，让政府在问题并不是十分严重的情况下可以依靠明晰的制度来解决问题，而非所有问题都要政府出面全盘处理；有利于我国商业银行加强自身经营水平，提高风险管理能力，促进市场的公平竞争，由于存款保险制度一般要求商业银行缴纳保费，同时还要在一定程度上接受存款保险机构的监督，且市场化程度提高后，商业银行所面临的改善经营的压力大大增加，这样就可以促使商业银行稳定经营、合理创新、掌控风险，让商业银行通过积极应对激烈的市场竞争来使自身不断壮大，而非坐享政府的隐性担保。

综上，在我国未来商业银行的发展过程中，引入和建立明确的存款保险制度将是一项重要内容，这也是加强对商业银行监管的重要步骤。它可以进一步完善我国对于商业银行的全面监管，有利于促进银行业的健康稳定和保持整体金融体系的稳固。

13.2　对政策性银行的监管

1. 政策性银行概述

所谓政策性银行，是指那些由政府创立、参股或保证的，不以营利为目标的，专门为贯彻、配合政府社会经济政策或意图，在特定的业务领域内直接或间接地从事政策性融资活动，充当政府发展经济、促进社会进步、进行宏观经济管理工具的金融机构。相比较于商业银行，政策性银行具有以下特征：由政府创立、参股或担保，有政府力量作后盾，与政府有特殊关系；不以营利为目的，服务于政府的政策导向，以保本经营为主；具有确定的业务领域和对象，业务领域比较窄；遵循特殊的融资原则，不与商业银行冲突，主要提供长期融资服务；具有单独的法律依据，需要由法律法规单独明确其法律上的责任和义务，区别于普通商业银行。

政策性银行在第二次世界大战后广泛建立，主要原因是很多国家为了家园重建和经济复兴而选择这种方式进行融资。特别是随着世界经济的发展，很多快速发展的发展中国家为了促进经济的进一步发展和经济的独立，在发展商业银行体系的同时建立和发展了政策性银行，其业务主要集中在农业、进出口、住宅和中小企业。在这一过程中，政策性银行发挥的主要作用是：信用中介，政策性银行的业务规模和资产规模远远不如商业银行，但在某些特定的领域，特别是政策倾向较强的领域，其扮演了重要的角色，具有较强的信用创造功能；引导性，由于政策性银行与政府的特殊关系，其信贷政策将引导企业按照政策进行投资和生产；补充性，由于商业银行自身的追求利润和力保稳定的特性导致在一些领域中企业融资困难，政策性银行具有完善一国金融体系和融资的功能，将对这些融资缺乏的领域加以必要的补充。

中国的政策性银行建立于 1994 年，共有三家，分别为国家开发银行、中国农业发展银行和中国进出口银行。这三家银行是根据《国务院关于金融体制改革的决定》组建的，由于之前的政策性金融业务主要由商业银行代理，因此自专门的政策性银行成立以来，我国的商业性金融和政策性金融实现了分离。在这三家政策性银行中，国家开发银行重点向国家基础设施、基础产业和支柱产业的大中型基本建设和技术改造等政策性项目及其配套工程的建设发放政策性贷款；中国进出口银行重点向国有企业或国有控股企业办理出口信贷和出口信用保险及担保，支持机电产品和成套设备等资本性货物及高新技术产品等出口；中国农业发展银行主要办理由国务院确定、中国人民银行安排资金并由财政予以贴息的粮食、棉花、油料、猪肉、食糖等主要农副产品和国家转向储备贷款，为农业和农村经济发展服务。

2. 政策性银行的监管

首先，政策性银行与政府之间有着非常密切的关系，这与政策性银行的自身特性有关，世界各国都是如此。政府既是政策性银行的创办者和出资人，同时又要根据法律对政策性银行进行领导与监管。从世界各国的经验来看，虽然各国的政治、经济和金融的具体环境有所差异，但是政策性银行与政府的关系大致可以分为两种：一种是依附型，即由政府提供政策性银行的资本金，而其他所需资金来源也基本由政府提供，银行的盈利收入归政府所有，同时政府还要弥补亏损；另一种是相对独立型，即政府提供银行所需资本金，但营业资本由政策性银行自筹且盈利不需上缴，从而政策性银行拥有一定的自主权，政府也因此需要加大对其监管。中国的政策性银行基本上属于第一种类型，即其资本全部由国家提供，其业务活动是为了实现社会目标，营运资金来源包括财政资金并具有预算外特点，其运用性质具有公共性质。所以，在中国，政策性银行与政府保持着十分紧密的联系。

由于政策性银行与政府有着比较紧密的关系，甚至在一定程度上代表政府体现国家政策，因此金融监管当局对于政策性银行的监管也有别于普通商业银行，但对其必要的监督与指导是必不可少的，对于政策性较强的业务一般不直接监管，但是对于商业性较强的融资活动和业务行为将进行一定监管。

从监管的内容来看，金融监管当局对于政策性银行的监管主要包括市场准入、业务准入、高管人员准入、现场检查和非现场检查几个方面，同时还需要对政策性银行进行评价和处置。在我国，审批政策性银行业务的基本原则为：支持国家产业政策和地区经济的协调发展；完善政策性银行功能；属于政策性金融范畴；不与商业银行竞争。政策性银行基本业务的经营范围在国务院批准政策性银行成立时一并审批，申请开办新业务时，向中国银监会申请；对于批准的新业务，中国银监会发出批准文件。对于政策性银行的高管人员，中国银监会依据《金融机构高级管理人员任职资格管理办法》审核任职资格，采用核准制和备案制，其一般要求是：能正确贯彻执行国家的经济、金融方针政策，熟悉并严格遵守有关经济、金融法律法规；具有与担任职务相适应的学历与经历，具备与担任职务相称的专业知识、组织管理能力和业务能力，无违法违规的不良记录。针对三家政策性银行的风险特征，中国银监会分别设置了相应的非现场监管数据和指标：对于国家开发银行和中国进出口银行设有贷款投向指标、安全性指标、流动性指标、效益性指标和总量控制指标；对于中国农业发展银行设有资金封闭运行指标、安全性指标、效益性指标和总量控制指标，而对其进行的常规性全面现场检查应至少一年或一年半进行一次。现场检查包括：业务经营合规性检查、资产合规性检查、负债合规性检查及合算合规性检查。

13.3　对合作金融机构的监管

1. 合作金融的发展及其特征

合作制是经济和社会领域中的一种联合互助方式，产生的历史已经很久远。合作制可以包括生产合作、供销合作、消费合作、信用合作等多种形式，信用合作现在一般称之为合作金融。

合作金融的产生与发展是商品经济发展的客观要求。现代意义上的合作金融出现于19世纪中叶，首先在欧洲兴起，并形成了信用合作运动。100多年来，合作金融在世界范围内有了很大发展，已经形成了相对独立的体系。合作金融是按合作原则组建起来的一种金融组织形式。1995年国际合作联盟对合作制确定了7条原则：自愿和开放的原则；民主管理，一人一票的原则；社员入股，按交易量分配的原则；自主经营、自担风险的原则；教育、培训的原则；合作社间的合作原则；关心社区发展的原则。其本质特征可概括为：由社员入股，实行民主管理，主要为社员服务。

我国的农村信用合作社大部分诞生于 20 世纪 50 年代。自 1950 年 3 月第一次全国金融工作会议确定试办农村信用合作社以来，其间经历了 50 多年曲折的发展历程，它成为了农村地区金融服务的主要提供者。目前，农村信用合作社在为农村地区筹集资金和金融服务等方面呈现出一定程度的异化和背离倾向。我国的城市信用社于 20 世纪 70 年代末设立，到 1994 年，全国绝大多数城市和县区内都设立了城市信用社，城市信用社达 5 000 多家。从 1995 年开始，部分城市在城市信用社的基础上组建城市合作银行（1998 年以后更名为城市商业银行）。目前我国的合作信用机构有四种形式：农村信用社、农村信用社联合社、城市信用社和城市信用社联合社。

合作金融的一般特征可以概括如下。

① 参与动机和目的的互助性是典型的合作金融组织产生和发展的首要基本特征。如果某一合作金融组织不能够实现这一基本特征，其作为合作金融组织的基本属性将发生改变。

② 在接纳成员加入组织时的开放性和单个成员的规模弱小与分散性。

③ 合作金融组织的参与者（社员或成员）具有流动性或阶段性。合作金融主要服务于地区或行业中的弱势经济群体，其成员退出合作金融组织的原因一般为该成员希望寻求更大规模的资金来源，而合作金融组织的功能和规模已经不能满足其需要或者该成员的自身经营难以为继。

④ 由于合作金融的资金来源主要是内部成员的投资和存款，因此其服务的地域性较强，且业务范围和服务对象具有封闭性。

2. 合作金融的监管

(1) 合作金融的市场准入监管

合作金融市场具有较大的分散性，且组织规模普遍不大，同时世界各国或者一国的各地区之间的差异较大，因此对于合作金融的具体监管办法也不尽相同，但作为合作金融在一些方面又具有普遍性。就市场准入来讲，分为合作金融机构和合作金融业务两类。一般而言，对于合作金融机构的设立条件包括：具有符合法律法规规定的章程；符合城乡经济发展需要，机构布局合理，限制重复设立信用合作社；有最低法定社员人数的限制；有法定资本金的规定，包括设立单个信用合作机构必须筹措到开展业务所必需的最低资本和各类入股社员必须交纳的最低股金两个方面；有符合要求的从业人员结构。在符合以上条件后，还应当通过法定途径和程序获得金融监管当局的批准，在取得经营许可后开始正式的经营活动。

同时，各国合作金融也都包含一定的准入主导的业务范围。在美国，信用合作社被允许开展的业务主要集中在为社员提供各种便捷廉价的服务，这些服务是其他商业银行所不愿或无法提供的，如工资管理、资金转账管理、咨询服务、教育和培训、信用卡及自动提款机服务、旅行支票等。中国的农村信用合作社面向社会可开展存款、贷款等多方面的金融服务。近年来，我国合作金融组织除了开展传统存贷款业务以外，表外业务也广泛发展。

(2) 外国合作金融监管体制

对于合作金融的监管，世界很多国家都出台了相应的法律法规对其行为进行规范和界定，由于合作金融本身的历史比较长，有些相应的法律也有着较长的历史，如美国在 1934 年出台的联邦信用合作社法案就是美国最主要的合作金融监管法律。此外在 20 世纪 80 年代，美国多次出台关于农业的合作金融的法案及修正案，对其作出专门的规定。德国对于合作金融的监管法律包括在 1961 年的银行法和 1984 年的银行法修正案中。印度的 1974 年银行法修改后，印度储备银行获得对所有银行机构的监督管理权，也包括对合作金融机构的监管，形成了一元化的监管体制。

对于行使合作金融监管职能的具体机构和部门，世界各国有着不同实践做法：美国、英国等国通过设立专门的机构来独立行使对合作金融机构的监管；荷兰、葡萄牙和印度等国的合作银行监管由中央银行统一进行；德国、奥地利的这一职责则由财政部来行使。另外，对于合作金融的监管还分为一元化监管体制和多元化监管体制。所谓多元化的监管体制，是指对于合作金融的监管由一家以上的机构进行。

（3）中国的合作金融监管

我国对于合作金融的监管尚无专门的法律，但相关的规定可以散见于各种行业法律法规中。现在对合作金融机构行使监管职能的是中国银监会，其自 2003 年成立以来根据国务院的《深化农村信用合作社改革试点方案》文件精神，先后制定和发布了《农村商业银行管理暂行规定》、《关于农村信用合作社以县（市）为单位统一法人工作的指导意见》、《农村信用合作社省（自治区、直辖市）联合社管理暂行规定》等规章制度，成为我国现阶段农村合作金融改革建设的主要依据。

对于城乡信用合作社的业务监管包括以下几个方面：首先是负债业务监管，包括存款负债和同业拆借和再贷款；其次是资产业务监管，其中又包含对支农贷款的管理和对债券投资的管理；再次是对其他业务的监管，如结算账户管理和大额现金支付管理等，最后是资产负债比例的管理。对于城乡信用合作社的业务风险管理主要包括非现场监管和现场监管或称非现场检查和现场检查，同时在检查的基础上形成监管报告。监管机构应当对城乡信用合作社和联社的经营规模、资产质量、盈亏状况及资本充足率、资金备付率等情况进行全面的分析。同时还应该按照资本充足性、规模、盈利水平、备付金比例、不良贷款比重等状况标准划分一至五类社，对于较差的四或五类社，应当成为监管的重点关注对象。最后，对于不能继续正常进行经营活动的信用社应当实施市场退出措施。

13.4　对金融信托机构的监管

1. 信托业概述

1）信托的基本概念

信托是指委托人基于对受托人的信任，将其财产权委托给受托人，由受托人按委托人的意愿，以自己的名义，为受益人的利益或者其他特定目的进行管理或者处分的行为。本章所说的信托指的是金融信托业务，是指信托投资机构作为受托人，按照委托人的要求或者指明的特定目的，收受、经营或运用资金及其他资产的金融业务。信托实际上是"受人之托，代人理财"，它的主要职能包括：财务管理职能、融资职能、信用服务职能、社会投资职能。

2）信托业的发展

信托业的发展最早起源于英国，在其最初的发展过程中以个人信托为主，但是这种依靠个人关系进行信托业务会引起很多纠纷，于是英国政府开始颁布相应的法律对信托业进行规范。英国早期颁布的关于信托业的法律包括 1893 年的《受托人法》和 1896 年的《官设受托人法》，并在 1906 年成立了"官营受托局"，以法人身份和国家经费进行信托业务。而由法人办理的以营利为目的的营业性信托的真正开始是始于 1925 年《法人受托者》条例的颁布。目前英国信托业的 80％业务量为个人受托，由银行和保险公司专营的法人受托业务比例还比较小。

美国的信托业虽源自于英国信托业的发展，但却有着其自身的发展轨迹。美国的信托业不仅仅继承了英国的个人信托形式，即公民之间以信任为基础、以无偿为原则的信托，同时还以公司制的形式大规模地发展信托业，将信托业发展成为一项事业。1853 年，在美国信托业历史上具有里程碑意义的美国联邦信托公司在纽约成立，是美国历史上第一家专门的信托公司，其业务比专营的信托公司有了进一步的深化和扩展。第二次世界大战以后，伴随着美国经济的高速增长，其信托投资也快速发展，业务活动从现金、有价证券直到房地产，其业务范围和经营手段都有创新。

中国信托业的发展历程是比较曲折的，其最早可以追溯到 1921 年成立于上海的"通商信托公司"，但事实上直到解放前我国的信托业都没能够得到进一步的发展。新中国成立以后，由于我国逐渐过渡到社会主义计划经济体制，信托业失去了其存在与发展的客观条件，从而陆续停办。而随着改革开放的发展，在 20 世纪 80 年代初期，为了提供更加多样灵活的融资渠道以弥补当时金融结构的不完善，我国的信托业又开始复苏。在这一时期，我国很多的地方政府、银行及其他相关部门都纷纷创办信托投资公司，掌握了大量的金融资产，发挥了重要作用。但是，虽然有相关的管理办法对我国当时的信托业进行规范与制约，但由于刚刚从计划经济体制转型，加之法律法规并不完善，从而导致信托业的定位并不明确、业务的规范经营不强，最终对经济发展产生了一定的负面影响。我国 1996 年的《商业银行法》和 1999 年的《证券法》中明确规定，银行在中国境内不得从事信托投资业务，而信托投资公司也不得从事银行信贷业务。此外，分别于 2001 年和 2002 年颁布的《中华人民共和国信托法》和《信托投资公司管理办法》对加强信托投资公司的监督管理和规范信托投资公司的经营行为起到了重要作用，促进了信托业的健康发展。

2. 对信托业的监管

1）国外对信托业的监管

鉴于信托业务的公共性与特殊性，世界许多国家都明文规定，经营信托业务必须经过主管机关批准。如在日本，经营信托业就必须得到主管大臣的批准才能获得许可；在美国，经营信托业则要根据经营主体的不同需要得到货币监管局、州金融管理机关或联邦储备体系董事会的许可。此外，经营信托业还必须具备一定的条件，如日本规定经营信托业的机构需要有 100 万日元以上的资本，且其机构名称中应当包含"信托"字样；在美国，相应的规定包括：资本充实，有足够的人员经营信托业务，符合社会对信托业务的需求，具有经营管理能力并与所在州的法律不冲突。

设立信托经营机构首先要按照法定程序进行申请，当主管机构允许设立信托投资机构时，要首先设立公司，在按法律规定办理好登记注册手续后向主管机构申请核发营业许可执照，此时还需提供：公司登记证件、监管机构验资证明书、章程、股东名册及股东会议记录、常务董事名册及常务董事会会议记录、监察人名册及监察人会议记录。

在信托投资公司设立并经营信托业务时，世界各国对于信托业务也要进行严格监管，并对信托业务范围进行严格限定。在美国，银行是被允许进行信托业务经营的，但是其经营范围被严格限制，主要是防止银行通过这一业务形式进行大量的股票和债券投资。这其中的关键在于银行是否是代办为储户进行股票和债券的投资并只收取代办费用，如果银行只是将储户资金作为其投资的资金来源并未得到储户的委托则是违法行为。在日本的法律中，允许信托银行进行的信托业务主要包括：金钱信托；金钱以外信托；有价证券、金融债权的信托；动产的信托；土地及固定物的信托；地上权的信托；土地租借权的信托；包揽信托两件以上不同种类的财产，通过一次信托行为承受的信托。同时，各国还规定了信托业可涉及的财产类型，以及对于损失的赔偿金的规定。

对于信托业的监督与检查，按照美国的有关法律制度，商业银行信托部除了必须按月、季度上缴关于信托业务的统计报告、报表，详述信托资金的来源和运用之外，还必须接受每年至少一次的联邦金融管理机构对信托业务的现场检查，检查范围主要是看信托机构是否遵循立法规定，其业务是否符合大众的利益，检查的目的是提高和改善信托机构的服务质量。为了维护法律的严肃性，各国对信托投资机构在经营信托业务中存在的不按规定办事和不服从命令的行为，都应给予必要的处罚。

2）中国对信托业的监管

中国对于信托业的监管主要是根据《中华人民共和国信托法》和《信托投资公司管理办法》以下简称《办法》。根据《办法》规定，信托投资公司从事信托活动，应当遵守法律、行政法规的规定和信托文件的规定，不得损害国家利益、社会公共利益和他人的合法权益。监管部门依照法律、行政法规和本办法，对信托投资公司及其业务实施监督和管理。2003 年，中国成立了银监会，原来由人民银行执行的对信托业的监管职责转由银监会执行。

在中国设立信托投资机构大体上与国外的程序和规定相似，即采取公司制的形式，要向有关监管部门进行申请，在取得批准和营业许可后方可营业，同时该机构名称中必须要有"信托投资"的字样。根据《办法》的规定，在我国设立信托投资公司应当具备如下条件：有符合《中华人民共和国公司法》和监管部门规定的公司章程；有具备监管部门规定的入股资格的股东；有《办法》规定的最低限额的注册资本；有具备任职资格的高级管理人员和与其业务相适应的信托从业人员；有健全的组织机构、信托业务操作规则和风险控制制度；有符合要求的营业场所、安全防范措施和与业务有关的其他设施；监管部门规定的其他条件。

中国的信托投资公司可以经营下列部分或者全部本外币业务：受托经营资金信托业务；受托经营动产、不动产及其他财产的信托业务；受托经营法律法规允许从事的投资基金业务；经营企业资产的重组、并购及项目融资、公司理财、财务顾问等中介业务；受托经营国务院有关部门批准的国债、政策性银行债券、企业债券等债券的承销业务；代理财产的管理、运用和处分；代保管业务；信用签证、资信调查及经济咨询业务；以固有财产为他人提供担保；监管部门批准的其他业务。

此外，信托业还应当从加强信托业立法和强化信托机构内部管理等方面加强自身对于风险的管理和控制，加强对贷款的监视，重视逾期贷款的处置，完善资产负债管理，建立对信托投资公司的整体评估体系。

13.5　对外资金融机构的监管

中国自改革开放以来，与世界的融合日益紧密，特别是随着金融业发展的全球趋势逐渐加强，国外的金融机构特别是具有一定实力的国际金融机构逐渐进入中国，或期待未来合适的时机进入中国。这些外资金融机构的进入不仅是其自身对于拓展业务的需要，同时作为中国的改革开放也需要引进资金和先进的金融行业发展与管理方面的先进经验，另外在金融领域开放也是我国加入世界贸易组织（WTO）时的承诺之一。我们应当重视引入以外资银行为主的外资金融机构所带来的正面影响，同时也要加强监管，把可能出现的负面影响降到最低。

1. 外资金融机构的市场准入及业务范围

在中国设立的外资银行的分行、独资银行或合资银行应当首先具备我国相关法律法规对于各金融市场准入的基本条件。此外，为了降低国际金融风险对国内金融市场的影响并能够争取引入有实力、有信誉的大型国际金融机构，外资银行进入中国金融市场还应当具备以下条件：投资者应达到相应的最低资产规模；所在国家和地区具有完善的金融监督管理制度；所在国家或地区监管当局同意其申请；独资和合资银行的投资方必须是金融机构；对在中国设立的机构拨付不低于规定限额的实收资本和营运资金；已经设有营业机构而申请在中国增设分行的，其在中国已设机构经营情况良好业绩显著，最近设立的机构已经正式营业1年以上。

对于外资银行在中国经营的业务的监管分为外币业务和人民币业务。其被允许经营的外汇业务包括：外汇存款、外汇放款、外汇票据贴现、经批准的外汇投资、外汇汇款、外汇担保、进出口结算、自营和代客买卖外汇、代理外币及外汇票据兑换、代理外币信用卡付款、保管及保管箱业务、资信调查和咨询等。对于外资银行要求经营人民币业务的申请，需首先满足相关规定的条件：在中国经营 3 年以上；申请前一年，外国银行分行境内外汇贷款月末平均余额在 1.5 亿美元以上，合资银行、合资财务公司、独资银行和独资财务公司境内外汇贷款月末平均余额在 1 亿美元以上；境内外汇贷款余额占其外汇资产的 50% 以上；申请前两年连续盈利；申请前两年内无重大违规记录。对于符合申请条件的外资银行，允许经营包括存款、贷款、结算、担保、国债和金融债券投资等规定许可的人民币业务。

外资保险公司按照中国保监会核定的业务范围，可以全部或者部分依法经营下列种类的保险业务：财产保险业务，包括财产损失保险、责任保险、信用保险等保险业务；人身保险业务，包括人寿保险、健康保险、意外伤害保险等保险业务。

2. 对外资金融机构的监管

（1）非现场监管

由于被监管的外资金融结构的类型有所区别，因此监管时可以区别对待。对于那些单独的个体经营机构，在监管时可以设定可比性的选择条件，将业务规模相当、经营环境相同的银行划分为不同的组别，利用分析系统提供的同组趋势比较分析和相对排名变化分析，发现其管理和内部控制中存在的问题。另外，用系统提供的多位比较分析方法，选定几家银行的某几个指标进行比较，具体确定和量化其风险。

对外资银行的整体监测，主要通过分析外资银行业务发展的整体趋势和平均水平，判断外资银行存在的系统性风险及其变化趋势；发现和识别外资银行产生风险的区域和业务领域；分析一定时期内国际和地区性经济金融环境变化对在中国的外资银行业务的影响，以及所带来的主要风险；分析国内经济金融政策环境的变化对外资银行的影响，以及外资银行对这些政策的反应和效果；分析外资银行之间及其与中资银行的竞争程度和风险，分析外资银行开办新业务带来的风险；分析外资银行在国内存在的区域性风险及特征，如通过对所有外资银行大额贷款的统计和登记，分析是否对某个行业或某类客户的信用风险过度集中，是否对单一客户或企业集团过度授信等。

（2）现场检查

对于外资金融机构的现场检查主要分为以下几个方面。

首先是对资产质量的检查，这包括：贷款分类制度及其执行情况，检查外资银行是否建立了贷款分类标准；贷款质量，从逾期情况和分类结果来判断贷款质量；其他授信质量。

其次是盈利水平和经营能力，其中包括：外资银行分行上缴的管理费，有无连年亏损后的计提，有无高比例上缴及不当上缴等；法人机构利润分配，主要检查法人的纳税情况；准备金计提，主要检查准备金的计提是否符合规定，是否充足，能否弥补贷款损失。

第三是管理和内部控制，外国银行的分行要定期向总行报告，内容要客观、完整和真实；检查法人治理结构，看其股权结构是否合理，组织结构是否科学，内部控制的情况、审慎会计原则是否得到了运用。

第四是外国银行对在中国的分行的控制与支持，主要检查外国银行对其设在中国的分行是否能够有效的控制，其信息传递机构是否发挥作用，其总行是否能够及时准确把握分行的经营情况及资产负债情况；总行是否为其分行提供了足够多的资金以满足业务发展之需要。

此外，还需要检查贷款分布和集中程度，以及资本充足性和流动性。这些检查的要求与国内其他普通商业银行类似。

13.6　对其他金融机构的监管

1. 对证券公司的监管

证券公司就是由证券主管机关依法批准设立的在证券市场上经营证券业务的金融机构。其叫法在不同国家有所不同，在美国一般称为投资银行，在日本和我国也常会被称为券商。由于证券行业所特有的敏感性，各国对于证券公司的监管都是比较重视的，在设立方面一般采取的是注册制和特许制两种。

注册制要求证券公司提供全面、准确、真实的资料并符合法定设立要求，而不需要通过政府监管机构的专门审批。在注册制背后体现的仍是以诚实信用和自由竞争为理念的自由市场原则，对证券商数量的限制则依靠市场机制和证券交易所的席位限额来实现。

特许制要求提供全面、准确、真实的资料以外，证券公司的设立必须经证券监管机构的特许，并满足若干条件。与注册制相比，特许制带有明显的政府干预特征和更大的管制特征。政府以行政手段而非市场手段实现对证券商的质量和数量控制。

对证券公司的监管主要从以下几个方面开展。

① 顾客保护原则要求保护证券公司所掌握的客户投资的资金，防止证券公司的违规行为侵害顾客的利益。

② 净资本原则要求证券公司需要保持一定的资产负债比例，即其流动性指标应当保持在一定的水平以应对其经营中出现的问题和市场危机。

③ 最低资本额限制是要增强券商的稳定经营和抗风险能力。

④ 定期报告制度是通过定期掌握证券公司的经营与财务状况来保证其营业安全性并忠实履行其义务。

⑤ 行为规范制度是鉴于证券业的高度专业性和复杂性，必须要求证券公司规范自身的经营行为，保证忠实于客户的利益，完善其与客户之间的信托信任关系。

⑥ 证券信用与保证金管理制度是各国监管的重要环节，主要是为了防止证券公司的经营中出现过度借贷行为和过度投机行为，防止出现由此引发的市场动荡。

2. 对保险公司的监管

由于各国的国情不同，在对保险机构的设立审批上存在差异。有的国家实行严格审批制度，设立保险公司和保险公司分支机构、代表机构需经过保险监督有关部门的批准。有的国家审批管理相对宽松，如欧盟国家的保险公司只要在一个国家被批准设立，即可在欧盟其他国家设立分支机构经营保险业务。各国对保险公司设立的程序、申请文件、设立条件、最低资本金限额、保证金交付、业务范围界定等也有不同的规定。

保险公司设立的方式一般包括：发起设立保险公司，即公司发起人认足公司全部资本而设立的保险公司；募集设立保险公司，即发起人只认购公司资本的一部分，其余向社会公开募集而设立的保险公司。保险公司设立的条件一般包括：要有符合规定的发起人；要有公司章程草案；资本金和资本公积金；公司名称和注册地；业务范围与产品设计；市场调查与再保险安排；合格的董事和高级管理人员。

对保险公司经营活动的监管主要从以下几个方面展开。首先是保险业务监管，其中包括对保险条款的监管。由于保险业是一个专业程度很高的行业，没有经过专业训练的人员对保险业务很难有细致和明确的了解，保险公司和客户之间存在着信息不对称，因此世界各国对于保险条款的监管也都是比较严格的。对于保险条款的监管主要针对的是保险标的、保险责任与责任免除、保险价值与保险金额、保险费及缴费方式、违约责任和争议处理等几个方面。保险公司要就其进行的保险业务向监管部门审批并备案。保险费率是特定保险险种中每个危险单位的保险价格，是单位保险金额收取的保险费。对其监管有以下几个目标：不致使保险费率过低或过高；相同危险不得有差别费率；不得具有非法费率折扣行为。保险合同的签订采用自愿原则，对其监管包括合同形式、合同当事人、关系人，以及对合同的全过程监管。

其次是对保险资金运用监管。各国政府对保险资金运用的监管内容包括两个方面：一是规定资金运用的方式；二是规定资金运用的限额。

第三是对保险机构偿付能力的监管，这也是各国保险监管的主要内容。主要包括三方面内容：一是偿付能力计算方法，包括保险公司资产和负债的谨慎评估标准、风险资本评估标准和法定最低偿付能力标准等；二是真实水平检查方法，包括财务报告和精算报告制度、监管部门的现场检查及非现场监管制度等；三是偿付能力不足的处理，包括监管部门根据公司偿付能力的实际水平整顿、接管、清算等监管措施。

3. 对金融租赁公司的监管

金融租赁公司是以经营融资租赁业务为主的非银行金融机构。根据《金融租赁公司管理办法》的规定，设立金融租赁公司所需的最低注册资本金为人民币 5 亿元；经营外汇业务的金融租赁公司，应另有不低于 5 000 万美元（或等值可兑换货币）的外汇资本金；其他条件还包括高级管理人员符合任职资格，金融租赁从业人员熟悉业务，有健全的组织机构、内部管理制度和风险控制制度，有相适应的营业场所、安全防范措施和其他设施。

申请筹建金融租赁公司，须向中国银监会提交下列文件：筹建申请书、可行性研究报告、拟设立金融租赁公司的章程、筹建负责人名单，以及监管当局要求提交的其他文件。中国银监会对金融租赁公司筹建申请的答复期为 3 个月。如果批准，筹建期限为 6 个月，筹建期内不得从事经营活动。筹建工作完成后，筹建者应向中国银监会提出开业申请，并获取许可证。

金融租赁公司可以开展的本币业务包括：直接租赁、回租、转租赁、委托租赁等融资性租赁业务；经营性租赁业务；接受法人或机构委托租赁资金；接受有关租赁当事人的租赁保证金；向承租人提供租赁项下的流动资金贷款；有价证券投资、金融机构股权投资；经批准发行金融债券；向金融机构借款；外汇借款；同业拆借业务；租赁物品残值变卖及处理业务；经济咨询和担保，以及中国银监会批准的其他业务。

金融租赁公司必须按规定向中国银监会报送资产负债表、损益表及以余额为比例考核报表和书面报告。公司应建立对各项业务的稽核、检查制度，并设立独立于经营管理层的专职稽核部门，加强内控制度建设。

4. 对财务公司的监管

在我国，集团财务公司以加强集团内资金管理使用效率为目的，为集团企业成员单位提供财务管理服务，受到中国银监会的监督管理。财务公司的设立首先要求其母公司要满足相关规定，之后才能申请设立财务公司。设立财务公司的最低资本金不得低于 1 亿元人民币，如经营外汇业务，则其资本金中应包括不低于 500 万美元或等值可兑换货币。如设立财务公司的分支机构也应当经过中国银监会的审查批准。

财务公司被允许的经营范围包括：对成员单位办理财务和融资顾问、信用鉴证及相关的咨询、代理业务；协助成员单位实现交易款项的收付；经批准的保险代理业务；对成员单位提供担保；办理成员单位之间的委托贷款及委托投资；对成员单位办理票据承兑与贴现；办理成员单位之间的内部转账结算及相应的结算、清算方案设计；吸收成员单位的存款；对成员单位办理贷款及融资租赁；从事同业拆借及中国银监会批准的其他业务。

根据中国银监会的监管要求，财务公司经营业务，应当遵守下列资产负债比例要求：资本充足率不得低于 10%；投入资金余额不得高于资本总额；担保余额不得高于资本总额；短期证券投资与资本总额的比例不得高于 40%；长期投资与资本总额的比例不得高于 30%；自由固定资产与资本总额的比例不得高于 20%。对于在经营中出现问题和困难的财务公司，将被进行整顿；整顿无效的将被解散或撤销。

本 章 小 结

本章介绍了对金融机构的监管。由于银行业在一国或一经济体内的重要作用和核心地位，所以世界各国对于商业银行的设立或已有商业银行的合并及增设新的分支机构都有着较为严格的市场准入监管。可以说，市场准入监管是对商业银行监管的首要环节，是掌控商业银行市场健康、稳定发展的第一关。对商业银行的监管包括对商业银行设立与开业的监管、对商业银行日常经营的监管和对危机银行的处理与存款保险制度。

由于政策性银行与政府有着比较紧密的关系，甚至在一定程度上代表政府体现国家政策，因此金融监管当局对于政策性银行的监管也有别于普通商业银行，但对其必要的监督与指导是必不可少的，对于政策性较强的业务一般不直接监管，但是对于商业性较强的融资活动和业务行为将进行一定监管。

合作金融市场具有较大的分散性，且组织规模普遍不大，同时世界各国或者一国的各地区之间的差异较大，因此对于合作金融的具体监管办法也不尽相同。我国对于合作金融的监管尚无专门的法律，但相关的规定可以散见于各种行业法律法规当中。

在信托投资公司设立并经营信托业务时，世界各国对于信托业务也要进行严格监管，并要对信托业务范围进行严格限定。

对外资金融机构的监管包括对外资金融机构设立的监管、对外资金融机构业务的监管和对外资金融机构的风险监管。此外，对其他金融机构的监管包括对保险公司、对证券公司的监管，对租赁业的监管和对财务公司的监管。

关　键　词

金融机构　商业银行监管　危机银行处置　存款保险制度　合作金融　信托业监管　保险公司监管　证券公司监管　租赁公司监管　财务公司监管

复习思考题

1. 简述对危机银行的处置及存款保险制度。
2. 论述我国建立存款保险制度的必要性和可行的具体方法。
3. 简述合作金融的概念和特点。
4. 简述我国对信托投资业的监管。
5. 论述外资金融机构对我国金融业发展的作用。
6. 简述我国对保险公司的监管。
7. 简述我国对证券公司的监管。

第14章

金融市场监管

14.1　金融市场监管概述

  相对于对金融机构的监管，对于金融市场的监管属于偏宏观层面的监管，即这种监管既包括对机构的监管，但同时也十分强调对整体市场运行状况的把握及对宏观货币政策的执行状况的监测。对于金融机构的严格监管是做好金融市场整体监管的基础，但是金融监管的重要目标之一就是要达到整个金融市场的稳定与健康发展，从而实现其对于实体经济和整个社会的服务与促进作用。而金融市场整体环境的完善和稳健，将会促进其中的个体的健康发展，因此可以说对于金融机构的监管是对于金融市场监管的基础，而对于金融市场的监管也可以反过来促进金融机构的监管，二者形成了相辅相成、不可分割的有机监管体系。

1. 中央银行与金融市场的关系

  金融市场是指资金供应者和资金需求者双方通过金融工具进行交易而融通资金的市场，广而言之，是实现货币借贷和资金融通、办理各种票据和有价证券交易活动的市场。金融市场是一个典型的虚拟经济市场，这一点是相对于实体经济市场而言的，尤其是在世界各国广泛使用信用货币代替原有的金属本位货币之后，金融市场的"虚拟味"更浓，但同时其向社会各个角度渗透的程度也更深。

  金融市场的分类有很多种方式，了解其分类将有助于我们更加直接地了解这一市场。我们通常使用最多的分类方式就是按照其融资的交易期限来分类，可以将金融市场分为长期的资本市场和短期的货币市场；其中资本市场中提供一年以上直至无限期的是长期资金，如长期债券和股票市场，而一年以下的资金主要由货币市场提供，如同业拆借市场、票据贴现市场等。当然，除了这一分类方式以外，还包括按照地理范围金融市场可以被分为国际金融市场和国内金融市场；按照经营场所可以分为有形金融市场和无形金融市场；按照交易性质可以分为发行市场（一级市场）和流通市场（二级市场）；按照交割期限可以分为金融现货市场和金融期货市场。

在了解了金融市场的基本概念后，可以从以下两个方面来理解中央银行和金融市场之间的关系。

一方面，金融市场是中央银行执行其制定的货币政策的场所。从这一点来讲，中央银行和金融市场的关系十分紧密，因为制定和执行货币政策是中央银行最重要和最核心的职能之一，而金融市场，特别是其中的货币市场是对货币政策最敏感的区域和货币政策效果直接体现的区域。我们知道，中央银行货币政策的重要目标就是要保证币值的稳定并以此来促进经济的发展。而币值同样作为一种商品的价值，在市场经济条件下其形成应当由供需起决定性作用，而供给和需求又是在市场中得以体现和变化的。虽然整个社会每天都在大量频繁地使用货币进行交易和储存财富等活动，但是在现代经济社会中真正的货币供求是在金融市场，或者更具体而言是在金融市场中的货币市场直接体现的。中央银行如果要执行宽松的货币政策，将会向货币市场直接投放大量货币，以此使银行等金融机构拥有大量的信贷资源和放贷动力，从而实现刺激经济发展的目的；而当中央银行要收紧银根时，则可以直接在货币市场收回资金，这样主要金融机构缺少资源和动力来向社会提供信用工具，从而过快的经济发展速度可以得到遏制。而除了货币市场外，资本市场虽然没有受到货币政策最直接的影响，但是可以从货币市场很快地传导过来并对整个经济产生大范围影响。这主要是因为资本市场的起落虽然有其所代表的实体经济背景，但作为金融体系的一部分，其毕竟还要受资金流动的影响。无论是中央银行放开还是收紧银根，资金流动的变化都可以直接影响到货币市场的交易状况从而引起涨跌变化，实体经济也会根据这一变化调整其经营活动，最终实现货币政策对实体经济的影响。因此，金融市场是中央银行执行货币政策并进而影响实体经济发展的重要和主要平台。

另一方面，从保持一国金融和经济稳定的责任来讲，虽然各国中央银行的具体监管职能不同，但是作为银行的银行和政府的银行，中央银行有必要对金融市场进行密切的关注和监测。即使部分国家的中央银行已不具备直接监管的职能和职责，但是从宏观层面而言，中央银行不能放弃对于金融市场的监管，特别是其中对于货币市场的监管在世界各地都是中央银行直接负责的领域。同时，不仅仅是简单的监管，对于金融市场的宏观监测也是保证其货币政策顺利执行和调整、形成新的政策的必要信息来源。另外，就金融风险而言，对于金融机构的监管还不足以防范系统性风险，所以中央银行有必要使其监管职能超出一般性的对机构的监管，而在整体上把握市场变化并关注系统性风险出现的可能性，并在危急时刻带领金融系统予以应对。所以，金融市场不仅是中央银行施加政策的场所，也是中央银行完善其职能和实现其自身目标的信息平台。

从以上的分析可以看出，中央银行与金融市场的关系是有机的整体关系，二者是捆绑在一起不可分割的。中央银行既要将其制定的货币政策作用于金融市场，并通过金融市场的信用传导作用将货币政策的影响进一步扩展到实体经济，同时还要通过对金融市场的监测和关注，了解其货币政策的运行情况及金融系统的健康状况，并根据这些信息来制定进一步的货币政策，以保证币值稳定、促进经济发展。

2. 中央银行监管金融市场的重要性

中央银行监管金融市场的重要性首先在于前面提到的金融监管本身的重要性：金融在现代市场经济体系中的核心地位和日益发展和复杂的金融体系的脆弱性。这两点同样适用于中央银行对于金融市场的监管，也就是金融市场在整个市场经济体系中是所有市场中最重要和居于中心位置的市场之一，其覆盖的范围和产生的连锁效应极大，因此需要货币政策执行者即中央银行履行一定的监管职能，保证其稳定运行；另一方面，金融市场体系是脆弱的，依靠其自身将很难保证其正常运行，况且这一市场的公共属性在当代社会中已经远远大于以往任何时期，因此作为政府部门之一的中央银行应当代表民众对这一体系实施必要的监管职能，这也是其作为公职部门的自然职能。

此外，作为金融市场，由于其与中央银行具有上述十分紧密的关系，中央银行对其实行监管还有较为具体的体现，这也是从二者之间的关系引申而来的：由于金融市场是中央银行执行货币政策的平台，也是其将货币政策传导至实体经济的中间媒介，因此中央银行必须首先时刻保证其所依赖的这一平台是健康的，是能够正常运行的。一个出了问题的不能正常反映金融资源供求状况的金融市场，一个不能将货币政策顺利传导至实体经济以完成宏观调控任务的平台是无效的。所以，中央银行要通过其自身或专门的监管机构对金融市场进行监管，保证这一体系正常地发挥作用，也就是保证一种渠道的畅通。另一方面，前面提到金融市场反映出来的信息将成为中央银行制定和执行货币政策并判断目标完成状况的重要依据，而如果其反映的信息不能够真实、准确地反映问题，将会影响中央银行对金融系统状态和实体经济形势的判断，进而影响到货币政策的制定和部署，从而可能造成金融秩序或者整体经济秩序的混乱。而健康有序的市场将会自然而然地反映出市场的真实情况，成为进一步创造有序前进的经济整体的先决条件之一。所以，中央银行还要通过其监管行为确保其从金融市场获得的信息是真实可靠的，是可以用于制定和执行货币政策的，是可以反映货币政策执行情况的。

上述分析告诉我们，金融市场对于中央银行而言有着重要意义，因此中央银行和金融监管机构需要针对其要完成的制定和执行货币政策以促进经济发展为最终目的对金融市场实施有效监管。

14.2　中央银行对货币市场的监管

货币市场是短期资金市场，是指融资期限在一年以下的金融市场，是金融市场的重要组成部分。由于该市场所容纳的金融工具主要是政府、银行及工商企业发行的短期信用工具，具有期限短、流动性强和风险小的特点，在货币供应量层次划分上被置于现金货币和存款货币之后，称之为"准货币"，所以将该市场称为"货币市场"。一个有效率的货币市场应该是一个具有广度、深度和弹性的市场，其市场容量大，信息流动迅速，交易成本低，交易活跃且持续，能吸引众多的投资者和投机者参与。货币市场产生和发展的初始动力是为了保持资金的流动性，它借助于各种短期资金融通工具将资金需求者和资金供应者联系起来，既满足了资金需求者的短期资金需要，又为资金有余者的暂时闲置资金提供了获取盈利的机会。但这只是货币市场的表面功用，将货币市场置于金融市场以至市场经济的大环境中可以发现，货币市场的功能远不止这些。货币市场既从微观上为银行、企业提供灵活的管理手段，使它们在对资金的安全性、流动性、盈利性相统一的管理上更方便灵活，又为中央银行实施货币政策以调控宏观经济提供手段，为保证金融市场的发展发挥巨大作用。本节将就商业票据市场、同业拆借市场和国债市场，结合我国的国情，介绍中央银行及相关金融监管机构对其实行的监管。

1. 对商业票据市场的监管

1）商业票据市场概述

商业票据市场是货币市场中历史最悠久的短期金融市场，它是指买卖业绩卓著而极有信誉的工商企业所发出的期票的市场。商业票据市场上交易的对象是具有高信用等级的大企业发行的短期、无担保期票，期限一般为 3～270 天不等。由于商业票据偿还很短，而且大多数票据发行人在面临投资者流动性压力时，常常在偿还期以前就买回商业票据，故商业票据没有专门的流通市场，基本上是一种初级市场。

商业票据的发行者主要有工商业大公司、公共事业公司、银行持股公司及金融公司。金融公司包括从事商业、储蓄及抵押等金融业务的公司，从事租赁、代理及其他商业放款的公司，以及从事保险和其他投资活动的公司。发行者从商业票据市场筹措资金，一般是为解决临时性的资金需要。当预计在近期内可以用一些即将收到的资金来偿还时，他们不必向银行以较高的利率借款，而通过商业票据市场筹措资金。因为商业票据的成本费用一般低于银行的短期借款，而且大公司发行商业票据可以筹措到大笔资金而不需要登记注册。当商业票据到期时，公司亦可以发行新票据来偿还，以保证连续地大量借款。

商业票据的发行方式通常有两种：一种是发行公司直接发行，卖给购买者，这样可节省付给中间商的费用，但手续较烦琐；另一种是委托交易商代售。非金融公司发行商业票据大都通过交易商，金融公司出售商业票据则采用上述两种方法。

商业票据的主要买主有商业银行、非金融公司、保险公司、私人年金基金、投资公司和其他单位。商业票据的流动性不如银行承兑票据，其安全性不如国库券，但利率较高。而且，发行商业票据的大公司为了保证正常的资金来源和商业信誉，很少到期拒付本利，因而投资者愿意购买或持有商业票据。

2) 国际商业票据市场监管

从国际实践来看，商业票据市场最初出现在美国，时间是在 20 世纪 80 年代，随着这一市场的发展，也逐步建立起了一定的监管框架。在西方发达国家中，就其金融体系而言，大体上分为市场主导型和银行主导型。市场主导型的典型代表就是美国和英国，在这类国家中，证券市场提供的融资服务所占比例比较高，证券市场也十分活跃，而商业票据在这些国家中也是作为证券被监管，监管主体也就是证券市场的监管机构。而银行主导型的国家，如德国和日本，大型的全能型银行发挥了十分重要的作用，因此在这些国家中商业票据也就自然被放在银行体系中运行并接受监管，监管主体以中央银行为主。同时，从发行主体上看，在市场主导型的国家中，商业票据发行的管制相对宽松，符合要求的即可发行，而且银行和非银行企业都可以发行。而在银行主导型国家里，对于商业票据的发行则管理得较为严格，约束性条件也比较多，且银行多数不能发行商业票据。在较为成熟的市场环境中，商业票据的发行还要求有信用评级以帮助公众了解商业票据的风险和发行人的自身经营和财务状况等，但由于商业票据往往期限较短，评级机构更多的是关注票据的流动性和第三方担保等情况。同时，发行票据的企业，特别是其中一些为上市企业，都被要求进行及时的信息披露，以保证投资者了解风险状况。当然，不仅仅是对发行一方面进行监管，对于投资行为也有监管。例如，在美国，机构投资者投资商业票据时，投资不能过于集中，即投资某一发行人的票据超过一定比例或者投资评级级别较低的票据超过一定比例等。

随着市场的前进和经济的发展，国际上的一些监管体制也在发生变化，这些变化主要是由于一些违约事件的出现开始冲击这一市场。因为商业票据很多情况下都是由具有良好信用的企业发行且不带有担保和抵押的，而违约的增多将会对这一市场带来信用危机。而一些国家也就从风险入手，在一些方面作出了改变。首先是对信用评级的改进，原有的短期信用评级开始与长期信用评级进行有效的结合，更加强调分析企业的流动资产和流动负债的关系，以真实地了解企业的短期资产负债状况，从而揭示风险。再比如，标准普尔提出了"信用观察"的理念，即当发行企业出现了一些重要事件，如资产结构调整、股东大会、董事会、高层变动等情况，评级机构将关注这些事件对于评级所产生的影响，但不一定意味着评级发生变化。其次，银行的风险控制加强，原有的银行为企业提供担保的行为得到遏制。由于新《巴塞尔协议》对于风险资产的要求扩大，特别是表外业务被考虑进来，因此银行不能像原来一样比较多地为商业企业提供担保以提高其评级，控制了银行的风险。此外，很多国家都更加严格地要求机构投资者控制好投资票据市场的比例配制，规避风险。而在信息披露方面的加强，也增加了商业票据市场的透明度，便于投资者和社会公众了解投资行为背后隐藏的风险。

正是这些在监管方面的积极变化，使得国际上的很多商业票据市场也出现了积极的发展趋势。这主要体现在：良好的监管带来了市场规模的扩大，市场交易回暖；优质的票据数量增加，整体的风险在下降。另外，商业票据的货币政策指示器功能也由于市场的稳定运行开始得以恢复，被用于经济预测等用途。

3）我国商业票据市场监管

我国的商业票据市场发展比较滞后，还没有能够像国外的一些商业票据市场那样为企业提供良好的短期流动资金融通功能。我国对于票据的管理主要有《中华人民共和国票据法》和《票据管理实施办法》，而这两部法律法规的颁布时间较早，且对于商业票据管理比较严格，基本上是限制了商业票据的发展。到 2005 年颁布《短期融资券管理办法》时，才开始建立一个规范的类似于美国的商业票据市场的企业短期融资市场。

这部法律主要是为进一步发展货币市场，拓宽企业直接融资渠道，规范短期融资券的发行和交易，保护短期融资券当事人的合法权益而制定的。其适用范围是中华人民共和国境内具有法人资格的非金融企业（以下简称企业）。在境内发行的短期融资券是指企业依照法律规定的条件和程序在银行间债券市场发行和交易并约定在一定期限内还本付息的有价证券。依法对融资券的发行、交易、登记、托管、结算、兑付进行监督管理的机构是中国人民银行。发行的对象是对银行间债券市场的机构投资人，只在银行间债券市场交易，不对社会公众发行。发行和交易的基本原则是遵循公开、公平、公正、诚信、自律的原则，企业应当按规定真实、准确、完整、及时地进行信息披露，投资风险由投资人自行承担。

以上是对于这一市场的总体要求和原则，而具体来讲发行融资券的企业首先要面临市场准入的问题，即在申请发行融资券时应当符合下列条件：

① 是在中华人民共和国境内依法设立的企业法人；

② 具有稳定的偿债资金来源，最近一个会计年度盈利；

③ 流动性良好，具有较强的到期偿债能力；

④ 发行融资券募集的资金用于本企业生产经营；

⑤ 近三年没有违法和重大违规行为；

⑥ 近三年发行的融资券没有延迟支付本息的情形；

⑦ 具有健全的内部管理体系和募集资金的使用偿付管理制度；

⑧ 中国人民银行规定的其他条件。

在信用评级管理方面，企业均应在中国境内工商注册且经过具备债券评级能力的评级机构的信用评级，并将评级结果向银行间债券市场公示。近三年内进行过信用评级并有跟踪评级安排的上市公司可以豁免信用评级。对企业发行融资券实行余额管理，待偿还融资券余额不超过企业净资产的 40%，对于将要申请发行的融资券的期限最长不超过 365 天，发行融资券的企业可在上述最长期限内自主确定每期融资券的期限，而融资券发行利率或发行价格由企业和承销机构协商确定。

符合基本条件的企业申请发行融资券之前还应当通过主承销商向中国人民银行提交下列备案材料：

① 发行融资券的备案报告；

② 董事会同意发行融资券的决议或具有相同法律效力的文件；

③ 主承销商推荐函（附尽职调查报告）；

④ 融资券募集说明书（附发行方案）；

⑤ 信用评级报告全文及跟踪评级安排的说明；

⑥ 经注册会计师审计的企业近三个会计年度的资产负债表、损益表、现金流量表及审计意见全文；

⑦ 律师出具的法律意见书（附律师工作报告）；

⑧ 偿债计划及保障措施的专项报告；

⑨ 关于支付融资券本息的现金流分析报告；

⑩ 承销协议及承销团协议；

⑪《企业法人营业执照》（副本）复印件；

⑫ 中国人民银行要求提供的其他文件。

中国人民银行自受理符合要求的备案材料之日起 20 个工作日内，根据规定的条件和程序向企业下达备案通知书，并核定该企业发行融资券的最高余额。

企业在发行前的准备工作主要包括选择承销商，融资券发行应由符合条件的金融机构承销，企业自主选择主承销商，企业变更主承销商需报中国人民银行备案；需要组织承销团的，由主承销商组织承销团；企业不得自行销售融资券；承销方式及相关费用由企业和承销机构协商确定。此后，企业应在每期融资券发行日前 5 个工作日，将当期融资券的相关发行材料报中国人民银行备案。在融资券发行日前的 3 个工作日，通过指定的渠道公布当期融资券的募集说明书。募集说明书必须由律师出具法律意见书，募集说明书的内容应当具体明确，详细约定融资券当事人的权利和义务。

在登记托管方面，融资券采用实名记账方式在中央国债登记结算有限责任公司（以下简称中央结算公司）登记托管，中央结算公司负责提供有关服务。融资券发行结束后，发行融资券的企业（以下简称发行人）应在完成债权债务登记日的次一工作日，通过指定渠道向市场公告当期融资券的实际发行规模、实际发行利率、期限等发行情况。中央结算公司应定期汇总发行公告，并向中国人民银行报告融资券的发行情况。主承销商应当在每期融资券发行工作结束后 10 个工作日内，将融资券发行情况书面报告中国人民银行。

融资券在债权债务登记日的次一工作日就可以在全国银行间债券市场机构投资人之间流通转让。融资券的结算应通过中央结算公司或中国人民银行认可的机构进行。发行人应当按期兑付融资券本息，不得违反合同约定变更兑付日期。发行人应当在融资券本息兑付日 5 个工作日前，通过中国货币网和中国债券信息网公布本金兑付和付息事项。发行人应当按照规定的程序和期限，将兑付资金及时足额地划入代理兑付机构指定的资金账户，代理兑付机构应及时足额地向融资券投资人划付资金。如果发行人未按期向指定的资金账户足额划付兑付资金，代理兑付机构应在融资券本息兑付日，通过中国货币网和中国债券信息网及时向投资人公告发行人的违约事实。主承销商应当在融资券兑付工作结束后 10 个工作日内，将融资券兑付情况书面报告中国人民银行。

在信息披露方面，我国也有着一定的要求，即发行人应按有关规定向银行间债券市场披露信息，发行人的董事或法定代表人应当保证所披露的信息真实、准确、完整，在融资券存续期间按要求定期披露财务信息。同业拆借中心应将发行人披露的信息电子版妥善保存，并向融资券投资人提供信息查询服务。在融资券存续期内，发行人发生可能影响融资券投资人实现其债权的重大事项时，发行人应当及时向市场公开披露，下列情况被视为重大事项：

① 发行人经营方针和经营范围的重大变化；

② 发行人发生未能清偿到期债务的违约情况；

③ 发行人发生超过净资产百分之十以上的重大损失；

④ 发行人作出减资、合并、分立、解散及申请破产的决定；

⑤ 涉及发行人的重大诉讼；

⑥ 法律、行政法规规定的其他事项。

对于未能按要求进行融资券的登记、发行及交易结算的，根据相关规定进行处罚。这包括：发行人未按照有关规定披露信息或者所披露信息有虚假记载、误导性陈述或重大遗漏的，中国人民银行有权停止该企业继续发行融资券；对发行人披露虚假信息负有直接责任的董事、高级管理人员和其他直接责任人员，按照相关规定处罚。主承销商未履行督促协助企业披露信息义务的，暂停其承销业务。承销机构未按规定履行义务的，停止该承销机构从事融资券业务。为融资券的发行、交易提供专业化服务的承销机构、信用评级机构、注册会计师、律师等专业机构和人员所出具的文件含有虚假记载、误导性陈述或重大遗漏的，其将不能再为融资券的发行和交易提供专业化服务；给他人造成损失的，应当就其负有责任的部分依法承担民事责任。

2. 对同业拆借市场的监管

同业拆借市场是指金融机构之间以货币借贷方式进行短期资金融通活动的市场。同业拆借的资金主要用于弥补银行短期资金的不足、票据清算的差额及解决临时性资金短缺需要。同业拆借市场具有以下特点：融通资金的期限一般比较短；参与拆借的机构基本上是在中央银行开立存款账户，交易资金主要是该账户上的多余资金；同业拆借资金主要用于短期、临时性需要；同业拆借基本上是信用拆借。同业拆借可以使商业银行在不用保持大量超额准备金的前提下，就能满足存款支付的需要。

1996 年 1 月 3 日，我国建立了全国统一的同业拆借市场并开始试运行，2007 年我国颁布了《同业拆借管理办法》规范管理这一市场。这一市场的监管机构是中国人民银行。我们所说的同业拆借，是指经中国人民银行批准进入全国银行间同业拆借市场（以下简称同业拆借市场）的金融机构之间，通过全国统一的同业拆借网络进行的无担保资金融通行为。全国统一的同业拆借网络包括：全国银行间同业拆借中心的电子交易系统、中国人民银行分支机构的拆借备案系统、中国人民银行认可的其他交易系统。

1）市场准入

进入我国同业拆借市场的金融机构由法规规定，包括：政策性银行、中资商业银行、外商独资银行、中外合资银行、城市信用合作社、农村信用合作社县级联社、企业集团财务公司、信托公司、金融资产管理公司、金融租赁公司、汽车金融公司、证券公司、保险公司、保险资产管理公司、中资商业银行（不包括城市商业银行、农村商业银行和农村合作银行）授权的一级分支机构、外国银行分行、中国人民银行确定的其他机构。

申请进入同业拆借市场的金融机构应当具备以下条件：

① 在中华人民共和国境内依法设立；

② 有健全的同业拆借交易组织机构、风险管理制度和内部控制制度；

③ 有专门从事同业拆借交易的人员；

④ 主要监管指标符合中国人民银行和有关监管部门的规定；

⑤ 最近两年未因违法、违规行为受到中国人民银行和有关监管部门处罚；

⑥ 最近两年未出现资不抵债情况；

⑦ 中国人民银行规定的其他条件。

下列金融机构申请进入同业拆借市场，除具备上述条件外，还应具备以下条件：

① 外商独资银行、中外合资银行、外国银行分行经国务院银行业监督管理机构批准获得经营人民币业务资格；

② 企业集团财务公司、信托公司、金融资产管理公司、金融租赁公司、汽车金融公司、保险资产管理公司在申请进入同业拆借市场前最近两个年度连续盈利；

③ 证券公司应在申请进入同业拆借市场前最近两个年度连续盈利，同期未出现净资本低于2亿元的情况；

④ 保险公司应在申请进入同业拆借市场前最近四个季度的连续偿付能力充足率在120％以上。

2）交易和清算

同业拆借交易必须在全国统一的同业拆借网络中进行。政策性银行、企业集团财务公司、信托公司、金融资产管理公司、金融租赁公司、汽车金融公司、证券公司、保险公司、保险资产管理公司以法人为单位，通过全国银行间同业拆借中心的电子交易系统进行同业拆借交易。同业拆借交易以询价方式进行，自主谈判、逐笔成交，同业拆借利率由交易双方自行商定。金融机构进行同业拆借交易，应逐笔订立交易合同，交易合同的内容应当具体明确，详细约定同业拆借双方的权利和义务。合同应包括以下内容：同业拆借交易双方的名称、住所及法定代表人的姓名；同业拆借成交日期；同业拆借交易金额；同业拆借交易期限；同业拆借利率、利率计算规则和利息支付规则；违约责任；中国人民银行要求载明的其他事项。

交易合同可采用全国银行间同业拆借中心电子交易系统生成的成交单，或者采取合同书、信件和数据电文等书面形式。同业拆借的资金清算涉及不同银行的，应直接或委托开户银行通过中国人民银行大额实时支付系统办理。同业拆借的资金清算可以在同一银行完成的，应以转账方式进行。任何同业拆借清算均不得使用现金支付。

3）风险控制

金融机构应当将同业拆借风险管理纳入本机构风险管理的总体框架之中，并根据同业拆借业务的特点，建立健全同业拆借风险管理制度，设立专门的同业拆借风险管理机构，制定同业拆借风险管理内部操作规程和控制措施。金融机构应当依法妥善保存其同业拆借交易的所有交易记录和与交易记录有关的文件、账目、原始凭证、报表、电话录音等资料。

商业银行同业拆借的拆入资金用途应符合《中华人民共和国商业银行法》的有关规定。

对金融机构同业拆借实行限额管理，拆借限额由中国人民银行及其分支机构按照以下原则核定。

① 政策性银行的最高拆入限额和最高拆出限额均不超过该机构上年末待偿还金融债券余额的 8%。

② 中资商业银行、城市信用合作社、农村信用合作社县级联合社的最高拆入限额和最高拆出限额均不超过该机构各项存款余额的 8%。

③ 外商独资银行、中外合资银行的最高拆入限额和最高拆出限额均不超过该机构实收资本的 2 倍。

④ 外国银行分行的最高拆入限额和最高拆出限额均不超过该机构人民币营运资金的 2 倍。

⑤ 企业集团财务公司、金融资产管理公司、金融租赁公司、汽车金融公司、保险公司的最高拆入限额和最高拆出限额均不超过该机构实收资本的 100%。

⑥ 信托公司、保险资产管理公司的最高拆入限额和最高拆出限额均不超过该机构净资产的 20%。

⑦ 证券公司的最高拆入限额和最高拆出限额均不超过该机构净资本的 80%。

⑧ 中资商业银行（不包括城市商业银行、农村商业银行和农村合作银行）授权的一级分支机构的最高拆入限额和最高拆出限额由该机构的总行授权确定，纳入总行法人统一考核。

3. 对国债市场的监管

1）国债概述

国债，又称国家公债，是国家以其信用为基础，按照债的一般原则，通过向社会筹集资金所形成的债权债务关系。

国债是由国家发行的债券，是中央政府为筹集财政资金而发行的一种政府债券，是中央政府向投资者出具的、承诺在一定时期支付利息和到期偿还本金的债权债务凭证。由于国债的发行主体是国家，所以它具有最高的信用度，被公认为是最安全的投资工具。国债是国家信用的主要形式。中央政府发行国债的目的往往是弥补国家财政赤字或者为一些耗资巨大的建设项目及某些特殊经济政策乃至为战争筹措资金。由于国债以中央政府的税收作为还本付息的保证，因此风险小，流动性强，利率也较其他债券低。我国的国债专指财政部代表中央政府发行的国家公债，由国家财政信誉作担保，信誉度非常高，历来有"金边债券"之称，稳健型投资者喜欢投资国债。其种类有凭证式国债、实物式国债和记账式国债三种。

国债是债的一种特殊形式，同一般债权债务关系相比具有以下特点。

① 从法律关系主体来看，国债的债权人既可以是国内外的公民、法人或其他组织，也可以是某一国家的政府及国际金融组织，而债务人一般只能是国家。

② 从法律关系的性质来看，国债法律关系的发生、变更和消灭较多地体现了国家单方面的意志，尽管与其他财政法律关系相比，国债法律关系属平等型法律关系，但与一般债权债务关系相比，则其体现出一定的隶属性，这在国家内债法律关系中表现得更加明显。

③ 从法律关系实现来看，国债属信用等级最高、安全性最好的债权债务关系。

发行国债大致有以下几种目的。

① 在战争时期为筹措军费而发行战争国债。在战争时期军费支出额巨大，在没有其他筹资办法的情况下，可以通过发行战争国债筹集资金。发行战争国债是各国政府在战时通用的方式，也是国债的最先起源。

② 为平衡国家财政收支、弥补财政赤字而发行赤字国债。一般来讲，平衡财政收支可以采用增加税收、增发通货或发行国债的办法。增加税收是取之于民用之于民的做法，固然是一种好办法但是增加税收有一定的限度，如果税赋过重，超过了企业和个人的承受能力，将不利于生产的发展，而且会影响今后的税收。增发通货是最方便的做法，但是此种办法是最不可取的，因为用增发通货的办法弥补财政赤字，会导致严重的通货膨胀，其对经济的影响最为剧烈。在增税有困难又不能增发通货的情况下，采用发行国债的办法弥补财政赤字，还是一项可行的措施。政府通过发行债券可以吸收单位和个人的闲置资金，帮助国家度过财政困难时期。但是赤字国债的发行量一定要适度，否则也会造成严重的通货膨胀。

③ 国家为筹集建设资金而发行建设国债。国家要进行基础设施和公共设施建设，为此需要大量的中长期资金，通过发行中长期国债，可以将一部分短期资金转化为中长期资金，用于建设国家的大型项目，以促进经济的发展。

④ 为偿还到期国债而发行借换国债。在偿债的高峰期，为了解决偿债的资金来源问题，国家通过发行借换国债，用以偿还到期的旧债，这样可以减轻和分散国家的还债负担。

2）国债法

国债法，是指由国家制定的调整国债在发行、流通、转让、使用、偿还和管理等过程中所发生的社会关系的法律规范的总称。它主要规范国家（政府）、国债中介机构和国债投资者涉及国债时的行为，调整国债主体在国债行为过程中所发生的各种国债关系。

与民法中的债法不同，国债法调整的是以国家为一方主体所发生的债权债务关系，这与财政法主体的一方始终是国家这一特征是一致的，而且国债是国家取得财政收入的重要途径，其目的是满足社会需要，实现国家职能。因此，国债法是财政法的重要部门法。但是，国债法调整的社会关系的核心是国债主体之间的债权债务关系，即国家作为债务人与其他债权人之间的权利义务关系。因此，国债法与民法特别是与民法中的债法有密切的联系，民法中有关债的理论及其具体规定常常也可适用于国债法。

国债法虽属于财政法的重要部门法，但与税法等其他财政法的部门法也有比较明显的区别。例如国债法主体的平等性明显区别于其他部门法，尽管国债法的一方主体必须是国家，但在国债法律关系中，国家是作为债务人与其他权利主体发生权利义务关系的，其他权利主体是否与国家发生债权债务关系，一般都由自己的意志决定，在国债法律关系中，他们与国家处于平等的地位，但在其他财政法律关系中，主体间的隶属性则明显区别于国债法。另外，国家取得国债收入的权利与其还本付息的义务是紧密联系在一起的，而其他权利人要享有取得本息的权利，也必须履行支付购买国债资金的义务。因此从一定意义上讲，国债法是具有公法性质的私法。

新中国成立后，于 1950 年、1954—1958 年、1980 年至今发行过国内公债。各期国债发行以前，由国务院制定国债条例，具体规定国债的发行、转让、利率、还本付息及其他有关管理事项。国债条例是规范我国国债管理活动、调整国债主体之间关系的法律依据。1968 年国家偿付了全部内外债本息，1968—1981 年，我国是一个既无内债、又无外债的国家。1981 年 1 月，国务院通过《中华人民共和国国库券条例》（以下简称《国库券条例》），决定发行国库券来弥补财政赤字，以后又发行了国家重点建设债券、财政债券、重点企业债券、保值公债、特种公债等。到 1992 年止，我国每年都颁布一个国库券条例，对发行对象与方式、发行数额及利率、还本付息的期限、国库券及其他债券的贴现、抵押和转让、国债法律责任、国债管理机构等内容予以规定。1989—1991 年每年还颁布了一个特种国债条例，对特种国债的发行对象、发行数额、发行期限、利率及偿还期等内容予以规定。现行的国债法是 1992 年 3 月 18 日由国务院颁布的《国库券条例》，但是该条例作为国债法已不能适应社会主义市场经济发展的需要。这主要是因为：它的适用范围仅限于国库券而不能对所有的国债予以规范；它主要规定的是国库券发行方面的有关事项，对国债流通、国债的使用等未作规定；没有规范有关发行的审批程序等。因此，有关部门正在积极起草《国债法》，以期对国债行为和国债关系予以明确规范。

14.3　资本市场监管

资本市场中所提供的主要是长期的资金，即以长期金融产品为资金需求者提供资金，并为投资者提供投资机会。资本市场包括证券市场和银行间转贷市场等，但其中发挥最重要作用和占据绝对主导地位的是证券市场。本节主要以证券市场为例介绍对于资本市场的监管。

1. 对证券发行市场的监管

证券发行监管的基本原则是投资者能够充分、及时、准确地获取关于其投资决策的相关财务及其他信息，各证券发行实体的所有证券持有者将被赋予同等的地位和待遇，会计和审计应达到国际通用水准，以利于金融市场的国际化。

在证券发行市场监管方面主要有两种制度：一种是注册制，另一种核准制。所谓注册制，就是指符合准入条件的发行主体需要保证其重要信息做到及时、准确的披露，即可向监管机构进行注册并发行证券。而监管机构主要是要在事后进行核实，保证其披露信息不存在重大问题，该制度以美国和日本为代表。核准制是指符合市场准入的发行主体要向监管机构提出申请并受监管机构的实质性条件的监管。只有在监管机构审核通过的情况下，申请企业才能获准注册，这一制度在欧洲国家常见。

上市的申请主要有几个方面的基准。

① 规模基准。通常使用证券发行量、公司资本额和拟上市证券市场价值三项规模指标。上市条件中的公司资本一般指实有资本或有形净资本。世界各证券交易所都对发行企业的相关规模有指标规定。

② 证券持有分布基准。这一基准涉及两个方面：一是上市公司的股权分散状况，另一是少数特定持股情况。这一要求主要是要求上市证券持有要分散，以保证足够的流动性和交易规模。

③ 经营基础基准。可以细分为上市公司的开业年限、盈利能力、资本结构、偿债能力等若干方面。

④ 其他基准。包括公司在所属行业中的相对地位及行业发展前景，要求年限中的财务报表中没有虚假记录、经注册会计师审计公认、制作的证券符合法定要求等。

2. 证券交易监管

规范和确立对证券交易活动的监管是证券监管机构的主要任务，这是由于证券交易是证券市场上最频繁、最活跃和风险最集中的行为。这也是由于证券交易过程中集中了大量的市场失灵问题：信息失灵和信息欺诈、内幕交易；操纵市场和垄断问题；多头投机和市场不稳定行为；市场风险带来的负的外部性问题。

对证券市场交易行为的监管主要包括以下几个方面。

首先是对不正当证券交易行为的监管。一般而言，证券市场中的操纵行为是指某一或若干利益主体，背离自由供求关系而有意地抬高、压低或稳定证券价格，影响其他交易者交易证券的行为。操纵者的目的主要是通过其垄断地位和操纵行为来获取利益或规避损失。其行为制造了证券市场的某些假象，影响了其他市场参与者的判断和决策，对市场形成了有意识的干扰。这类行为是一种证券市场上的垄断行为，损害了市场的公平原则，这也是其对证券市场造成的重大负面影响。另一方面的影响在于制造了巨大的风险，损害了其他投资者的投资利益。内幕交易是指内幕人员利用内幕信息买卖证券或根据该信息建议他人买卖证券，内幕人员向他人泄露内幕信息，使他人利用内幕信息进行内幕交易；非内幕人员通过不正当手段或其他途径获得内幕信息，并根据该信息买卖证券或建议他人买卖证券及其他内幕交易行为。对于内幕信息交易的监管主要在于事前监管，即对于掌握内幕信息的群体进行严格监管，监控其行为，并鼓励企业内部建立有效的信息隔断机制，防止具有实质作用和影响的内幕信息外漏。

其次是对过度投机和市场稳定性的监管控制。除了有不良目的的不正当证券交易外，证券市场中的投资者还会因为种种自身或市场环境变化的原因进行过度投机，从而造成较大损失或者引起市场波动的后果。金融监管部门需要对这一情况进行控制和监管，将投资者可能出现的投机行为控制在一定的程度之内，并在必要时刻采取措施稳定市场。这类监管主要包括以下内容。

① 信用交易制度使得投资者可以向证券商和相关机构进行融资或者融券参与市场交易。这种制度使市场参与者可以进行杠杆操作，即动用超过自身拥有的资金进行交易以获取更大的利益。如果对此严格监管，客户无法从券商处获取信用进行交易，则市场会相对稳定，反之市场比较活跃且容易波动。

② 交易停止制度是对正常交易过程的一种中断。这主要是在某一证券或者整个市场出现了重大的已经预计或未能预计的事件时，为了保证证券或证券市场的稳定并保护投资者的利益采取的一种手段，也是对不正当交易行为的一种防范。

③ 价格限额制度为某些证券在特定时期的涨跌幅等方面进行限制，从而稳定市场局面。这一制度也是对普通投资者利益的一种保护，因为没有涨跌幅限制的证券市场可以使证券在相关信息的影响下直接达到其应有的价格水平，而普通投资者往往不能捕捉到这样的机会，设置了价格限额则可以使普通投资者有机会在证券达到合理前买进或卖出证券，同时也防止了操纵者对市场的肆意操纵。

④ 卖空限制就是要对先卖出证券再用低价回购从而实现收益的行为实行禁止或限制性管制。对于卖空机制而言，支持的一方认为其可以活跃市场，放大交易量，并可以起到市场价格稳定器的作用，但是反对的一方认为卖空并非一般性的投资行为，属于短期的投机行为，在遇到市场和宏观经济环境发生重大变化的情况下这一投机行为很有可能造成巨大损失，并扩大市场的波动。正是基于这样的分歧，某些国家不允许卖空机制，而某些国家则对其实行较为严格的监管，即实行较多的限制。对卖空机制的限制主要包括对可卖空的证券种类、对象类别、卖空程度、卖空时间和条件等进行监管。

⑤ 政府应当在必要和适当的时候以一定的形式入市，并干预市场中某些不理性或不正当的行为。政府入市一般有两种形式：一种是隐性的，一种是公开的。公开的形式主要指政府可以直接向市场注入或撤出资金，或者公布对市场会产生实质性影响的宏观财政和货币政策来调节市场中企业的实际经营和财务状况；而隐性的行为主要指政府通过其控制和监管下的金融机构，如券商，采取行动影响市场，或以窗口指导等行为向市场传达政府对于市场的看法，从而影响市场中存在的预期。

3. 对信息披露的监管

证券市场的诸多问题都可以归结为信息的不对称问题，这个问题也普遍存在于整个金融市场。由于证券市场是一个向公众开放的市场，因此对于信息披露的监管是一个保护公众知情权和普通投资者利益的重要环节，同时良好的监管也可以解决信息失灵的问题。保持一种持续性信息披露的监管制度的意义主要在于：降低广大普通投资者获取信息的成本，保证更多的投资者和资金进入市场，促进市场活跃度；维护投资者信心，保护投资者对市场的信任态度；约束证券发行主体的相关行为，防止发生道德风险问题；从长期促进市场中的企业完善经营管理，形成良性进步；增强市场的资源优化配置功能。此外，信息披露要做到充分披露、准确披露和及时披露。

但与此同时，在对信息披露问题实施监管的过程中，也存在一些问题值得监管机构注意并加以完善。首先是要确定哪些信息属于重要信息，从而要求相关主体必须予以披露，一般要考察信息对于证券价格等方面的影响，但具体而言各国监管部门都有自身的评判标准，且标准也往往随形势变化。其次是如何界定和使用预测性信息，监管部门应当对于预测性信息给予规范并赋予法律地位，在提供准确的企业未来发展信息的同时不能够让信息对投资者的决策产生实质性误导。第三就是考虑到市场参与者的个体差异较大，监管者应规范信息的可接受性，防止出现大量投资者无法解读信息的情况发生。

就信息披露监管的形式而言，以股票市场为例，包括：招股说明书、上市公告书、定期报告、临时报告。而对于信息披露的内容而言，各国证券法规和交易所规章一般均列举相关必须予以公告的信息，如重大收购事项、股份回购、关联交易、公司治理结构中的持股及变动状况。

4. 我国证券市场监管概况

我国证券市场的快速发展在改革开放后的整个金融业发展中属于较早的，在专门的监管机构中，证监会也是成立较早的，同时我国早已颁布和多次修改《证券法》对我国的证券市场进行规范。可以说，经过近 20 年时间的建设，我国的证券市场逐渐完善，市场交易日趋活跃，为实体经济提供的支持也越来越强，但同时也存在着一些问题制约着我国证券市场的发展。

我国证券市场的问题主要在于：我国的社会主义市场经济体制还在形成阶段，市场建设不够成熟，因此政府因素在整个证券市场的干预和主导作用仍然是主流。例如我国对于企业首次上市公开发行实行核准制，即符合申请条件的企业能否上市都是由政府和监管机构根据诸多因素考虑决定的，企业自身情况在其中并不占据主导地位，这也影响了市场对企业的定位和定价。同时，由于行政力量较强，窗口指导被经常用来干预市场变化，不利于形成长期稳定的市场格局。另一方面的问题在于：我国处于快速发展阶段，在金融创新发展和保持稳定的平衡博弈过程中，监管部门的监管能力受到巨大考验，由于分配体制等原因，大量人才集中于企业和金融机构而非监管部门，这就导致金融监管部门存在是否有足够的能力对被监管对象实施有效监管。因此，改善分配体制，吸引人才进入监管部门，合理建设监管队伍，成为不断加强有效金融监管的必然选择。

14.4　外汇市场监管

1. 外汇市场概述

外汇市场是指经营外币和以外币计价的票据等有价证券买卖的市场，是金融市场的主要组成部分。国际上因贸易、投资、旅游等经济往来，总不免产生货币收支关系。但各国货币制度不同，要想在国外支付，必须先以本国货币购买外币；另一方面，从国外收到外币支付凭证也必须兑换成本国货币才能在国内流通，这样就发生了本国货币与外国货币的兑换问题。两国货币的比价称为汇价或汇率。西方国家中央银行为执行外汇政策，影响外汇汇率，经常买卖外汇。所有买卖外汇的商业银行、专营外汇业务的银行、外汇经纪人、进出口商，以及其他外汇供求者都经营各种现汇交易及期汇交易，这一切外汇业务组成一国的外汇市场。外汇交易市场是一个现金银行间市场或交易商间市场，它并非传统印象中的实体市场，没有实体的场所供交易进行，交易是透过电话及经由计算机终端机在世界各地进行。直接的银行间市场是以具有外汇清算交易资格的交易商为主，他们的交易构成总体外汇交易中的大额交易，这些交易创造了外汇市场的交易巨额，也使外汇市场成为最具流通性的市场。外汇市场是全球最大的金融市场，单日交易额高达 1.5 兆美元。传统印象，认为外汇交易仅适合银行、财团及财务经理人所应用，但是经过这些年，外汇市场持续成长，并已联结了全球的外汇交易人，包括银行、中央银行、经纪商及公司组织，如进出口业者及个别投资人，许多机构组织包括美国联邦银行都通过外汇赚取丰厚的利润。现今，外汇市场不仅为银行及财团提供了获利的机会，也为个别投资者带来了获利的契机。

按外汇市场的外部形态进行分类，外汇市场可以分为无形外汇市场和有形外汇市场；按外汇所受管制程度进行分类，外汇市场可以分为自由外汇市场、外汇黑市和官方市场；按外汇买卖的范围进行分类，外汇市场可以分为外汇批发市场和外汇零售市场。

外汇市场的特点如下。

① 24 小时交易。由于全球金融中心的地理位置不同，全球各大外汇市场因时间差的关系，成为昼夜不停，全天 24 小时连续运作的巨大市场。

② 成交量巨大。外汇市场是世界上最大的金融交易市场，每天成交额超过 1.2 万亿美元，高峰期甚至能超过 30 000 亿美元。其规模已远远超过股票、期货等其他金融商品市场，财富转移的规模越来越大，速度也越来越快。

③ 有市无场。外汇买卖是通过没有统一操作市场的网络进行的，现代化通信设备和电子计算机大量应用于这个由信息流和资金流组成的无形市场。

④ 零和游戏。在外汇市场上，汇价波动表示两种货币价值量的变化，也就是一种货币价值的减少与另一种货币价值的增加，因此有人形容外汇市场是"零和游戏"，更确切地说是财富的转移。

⑤ 交易成本低。外汇交易不收取佣金或手续费，而只设定点差作为交易的成本，相对而言，成本较为低廉。

⑥ 成交方便。能利用杠杆进行保证金交易是外汇市场相对股票交易市场的主要优势。外汇市场每天的交易量超过 1.2 万亿美元，是美国股票市场日交易量的 30 倍。巨大的交易量使市场保持高度流通，因此也保证了价格的稳定。高交易量、高流通性、高价格稳定性，这三个因素是支持高杠杆率的理由。

2. 我国外汇市场监管

由于外汇市场的国别差异比较大，比如西方很多国家的货币流动都是比较自由的，而我国则是实行比较严格的资本项下资金流动的管制，所以下面主要介绍我国外汇市场监管的相关情况。

1）我国外汇监管概况

我国外汇监管的主要目标是为了加强外汇管理，促进国际收支平衡，促进国民经济健康发展。具体实施监管的部门是国务院外汇管理部门及其分支机构，通常是国家外汇管理局。而通常所说的外汇，是指下列以外币表示的可以用做国际清偿的支付手段和资产：外币现钞，包括纸币、铸币；外币支付凭证或者支付工具，包括票据、银行存款凭证、银行卡等；外币有价证券，包括债券、股票等；特别提款权；其他外汇资产。我国外汇监管的主要经营活动包括境内机构、境内个人的外汇收支或者外汇经营活动，以及境外机构、境外个人在境内的外汇收支或者外汇经营活动。

在我国经营外汇业务的金融机构应当按照国务院外汇管理部门的规定为客户开立外汇账户，并通过外汇账户办理外汇业务。经营外汇业务的金融机构应当依法向外汇管理机关报送客户的外汇收支及账户变动情况。

我国境内禁止外币流通，并不得以外币计价结算，但国家另有规定的除外。我国现在对经常账户项下的收支结算不予限制，但资本项下的情况则不同。

2）经常项目和资本项目外汇管理

经常项目外汇收支应当具有真实、合法的交易基础。经营结汇、售汇业务的金融机构应当按照国务院外汇管理部门的规定，对交易单证的真实性及其与外汇收支的一致性进行合理审查。外汇管理机关有权进行监督检查。经常项目外汇收入，可以按照国家有关规定保留或者卖给经营结汇、售汇业务的金融机构。对应地，经常项目外汇支出，应当按照国务院外汇管理部门关于付汇与购汇的管理规定，凭有效单证以自有外汇支付或者向经营结汇、售汇业务的金融机构购汇支付。携带、申报外币现钞出入境的限额，由国务院外汇管理部门规定。

在资本项目方面，境外机构、境外个人在境内直接投资，经有关主管部门批准后，应当到外汇管理机关办理登记，从事有价证券或者衍生产品发行、交易的，应当遵守国家关于市场准入的规定，并按照国务院外汇管理部门的规定办理登记。境内机构、境内个人向境外直接投资或者从事境外有价证券、衍生产品发行、交易，应当按照国务院外汇管理部门的规定办理登记。国家规定需要事先经有关主管部门批准或者备案的，应当在外汇登记前办理批准或者备案手续。

国家对外债实行规模管理。借用外债应当按照国家有关规定办理，并到外汇管理机关办理外债登记。提供对外担保，应当向外汇管理机关提出申请，由外汇管理机关根据申请人的资产负债等情况作出批准或者不批准的决定；国家规定其经营范围需经有关主管部门批准的，应当在向外汇管理机关提出申请前办理批准手续。申请人签订对外担保合同后，应当到外汇管理机关办理对外担保登记。

资本项目外汇收入保留或者卖给经营结汇、售汇业务的金融机构，应当经外汇管理机关批准，但国家规定无须批准的除外。资本项目外汇支出，应当按照国务院外汇管理部门关于付汇与购汇的管理规定，凭有效单证以自有外汇支付或者向经营结汇、售汇业务的金融机构购汇支付。依法终止的外商投资企业，按照国家有关规定进行清算、纳税后，属于外方投资者所有的人民币，可以向经营结汇、售汇业务的金融机构购汇汇出。资本项目外汇及结汇资金，应当按照有关主管部门及外汇管理机关批准的用途使用。外汇管理机关有权对资本项目外汇及结汇资金使用和账户变动情况进行监督检查。

3）金融机构外汇业务及外汇市场管理

金融机构经营或者终止经营结汇、售汇业务，应当经外汇管理机关批准；经营或者终止经营其他外汇业务，应当按照职责分工经外汇管理机关或者金融业监督管理机构批准。外汇管理机关对金融机构外汇业务实行综合头寸管理，金融机构的资本金、利润及因本外币资产不匹配需要进行人民币与外币间转换的，应当经外汇管理机关批准。

人民币汇率实行以市场供求为基础的、有管理的浮动汇率制度。经营结汇、售汇业务的金融机构和符合国务院外汇管理部门规定条件的其他机构，可以按照国务院外汇管理部门的规定在银行间外汇市场进行外汇交易。外汇市场交易应当遵循公开、公平、公正和诚实信用的原则。国务院外汇管理部门依法监督管理全国的外汇市场。国务院外汇管理部门可以根据外汇市场的变化和货币政策的要求，依法对外汇市场进行调节。

本 章 小 结

中央银行与金融市场有着十分密切的关系，这主要体现在：一方面，金融市场是中央银行执行其制定的货币政策的场所；另一方面，作为银行的银行和政府的银行，中央银行有必要对金融市场进行密切的关注和监测。正是由于这样密切的相互关系，中央银行和金融监管当局应当对金融市场实行严格监管。

货币市场既从微观上为银行、企业提供灵活的管理手段，使它们在对资金的安全性、流动性、盈利性相统一的管理上更方便灵活，又为中央银行实施货币政策以调控宏观经济提供手段，为保证金融市场的发展发挥巨大作用。对货币市场的监管主要包括对商业票据市场的监管、对同业拆借市场的监管和对国债市场的监管。

资本市场中所提供的主要是长期的资金，即以长期金融产品为资金需求者提供资金，并为投资者提供投资机会。对这一市场的监管的重要性主要体现在保证其稳定性与有利于促进经济的长期稳定发展和增加投资者的长期回报，使投资和资金流动形成一种长期稳定的良性循环。这一监管主要包括对发行市场的监管、交易市场的监管和信息披露的监管。

我国外汇监管的主要目标是为了加强外汇管理，促进国际收支平衡，促进国民经济健康发展。在我国目前的法律法规条件下，经常项目下的资金流动是不受限制的，相对应的是资本项下的资金流动受到较为严格的管制。外汇交易主要在银行间外汇市场，监管也主要在这一场合发生。

关　键　词

金融市场　货币政策　货币市场　商业票据　同业拆借　资本市场　证券发行市场　证券交易市场　信息披露　外汇监管

复习思考题

1. 论述中央银行与金融市场的关系。
2. 简述中央银行和监管机构监管金融市场的重要性。
3. 简述货币市场的基本概念和特点。
4. 简述我国短期融资券的监管，并对其发展提出自己的看法。
5. 简述证券市场监管的体系及信息披露的重要性。
6. 对我国未来开放资本项下资金流动提出监管建议。

第15章

中央银行的其他业务

15.1 中央银行代理国库业务

1. 国库

国库,是国家金库的简称,是中央政府财富的仓库。国库是负责办理国家财政预算收支的机关,担负着国家预算资金的收纳和库款的支拨、代理政府债券的发行和兑付、反映国家预算执行情况的重任。在现代经济中,政府代表国家向社会提供公共服务和举办公益事业,维持社会的正常运转。提供公共服务和举办公益事业都需要费用,该费用由社会承担。税收、公共养老保险金、政府企业收入、金融资产发行和投资的收入等,构成国家预算收入;公共养老保险费的支付、公共投资、债券利息的支付、转移支付等,构成国家预算支出。国库的职能是为国家办理预算资金的收入和支付、政府债券的发行和兑付,以及保管政府持有的黄金和外汇资产。国家预算是国家的基本财政计划,是国家筹集和分配财政资金的重要工具和调节控制管理社会经济的重要杠杆。国家全部预算收入由国库收纳入库,预算支出由国库拨付。国库业务关系到国家预算的执行是否顺利,它是国家预算执行工作的重要组成部分和基础。

2. 国库制度

国库制度是指国家预算资金的保管、出纳及相关事项的组织管理与业务程序安排。一般而言,国家根据其财政预算管理体制和金融体制,确立和实施相应的国库制度。

对国库的经营和管理一般采取两种形式:独立国库制和代理国库制。独立国库制,就是国家设立专门机构,办理国家财政预算收支的保管和出纳工作。目前世界上仅有少数国家采用独立国库制。代理国库制，就是国家不设立独立的机构专门经管国家财政预算收支，而是委托银行（一般是中央银行）代理国库业务。接受委托的银行根据国家的法规条款，负责国库的组织建制、业务操作和管理监督。世界上绝大多数国家都采取代理国库制。

3. 中央银行代理国库的重要意义

实行代理国库制国家的国家管理体制，政府大多是将国库委托给本国中央银行。由中央银行代理国库，有助于利用其政府银行的特殊身份及便利条件，而且对提高国库管理效率及宏观经济政策的制定和实施也有重要意义。

国库资金是国家行使各项权利及管理职能的物质保障，国库工作效率事关国家预算执行、财政收支平衡、国民经济发展及社会稳定的大局，政府需要代表国家贯彻财政金融政策、代为管理国家财政收支。中央银行代理国库可充分利用银行与社会各部门、企业、个人之间密切的账户往来及金融服务关系，实现国家预算收入的及时入库和预算支出的按时拨付。财政部通过银行的联行往来系统，加速税款收缴和库款调拨，方便、灵活地运用国家预算资金，提高财政预算资金的集中和分配效率，保障经济和社会发展的资金需求。

财政、金融是国民经济核心地位的宏观调控部门，财政政策和货币政策的协调配合对促进经济增长和社会发展具有重要意义。财政与银行之间的货币资金联系错综复杂，任何变化都可能引起国民经济各项活动和各个微观主体的变化，进一步引起财政收支和信贷收支的变化。宏观经济政策的制定必须符合国民经济的整体运行状况，注重财政和金融的综合平衡。由中央银行代理国库有利于财政部门和金融部门的相互衔接、相互制约和相互监督，在政府资金和银行资金之间形成协调机制，有利于财政政策和货币政策的协调。通过代理国库，中央银行可以及时掌握国家财政的现状和发展动态，更好地把握社会资金的流动趋向，为制定和实施货币政策提供依据，并可及时地向政府提供库款缴拨和预算执行情况，便于财政部门掌握金融信息，有利于财政政策的制定及其与货币政策的协调。

拨付之前，国库收缴的预算收入款和财政盈余款构成在中央银行的财政存款，成为中央银行的长期资金来源。因此，中央银行代理国库有助于扩大其信贷资金来源，对其控制货币供应量和信贷规模、加强金融宏观调控力度具有直接影响。

4. 代理国库的职能和职责

1）国库的职能

① 为政府保管资金，负责办理国家预算资金的收纳和库款的支拨。国家的全部预算收入须由国库收纳入库，一切预算支出须由国库拨付。预算资金收入国库之后，就成为政府在中央银行的存款，预算资金的支付则是存款提取。一般来说，中央银行是不对存款支付利息的。因此，维持政府存款的一定水平是节约资金成本和国库业务的重要内容。在资金收入集中时期，偿还欠款；在支拨集中时期，通过发行短期债券筹措支拨资金。

② 代理政府债券的发行和兑付工作。债券发售之前，协助确定债券收益率、预测市场需求；发售时，负责公布发行条件、接受投标和认购，在报价人之间分配和发送证券，收取款项；到期时，负责支付利息和兑付。

③ 代理政府进行黄金和外汇买卖。

2）国库的职责

① 准确及时地收纳国家各项预算收入。国库须依照国家财政管理体制、税务部门及国库制度规定的缴纳办法，准确、及时地办理税款的缴款及各级库款的划分，保证各级财政预算资金的运用。

② 按照国家财政制度规定和银行开户管理办法，为各级财政机关开设账户，审查并办理同级财政库款的支拨。

③ 对各级财政库款和预算收入进行会计账务核算，正确反映财政收支执行情况。各级国库按期向上级国库和同级财政、征收机构报送日报、旬报、月报及年报，并定期与上述部门对账，确保数字准确一致。

④ 协助财政收支征收机构组织预算收入及时缴库，对拖欠预算收入不缴的单位，除根据征收机构填发的凭证核收滞纳金外，还有义务协助财税机构扣收其应缴预算收入。预算收入属于国家所有，由国家统一支配。

⑤ 组织、管理和指导下级国库和国库经收处的工作。各级国库应经常开展对下级国库和经收处的定期、不定期检查及工作指导，督促其履行规定职责，及时解决工作中的问题。

⑥ 办理国家交办的与国库有关的其他工作，如代理国家进行国库券发行和兑付等。

5. 主要国库制度的比较

（1）美国国库制度

美国是实行委托国库制的国家，18 世纪末期美国的一些大银行便开始代理政府行使贷款、管理金库、调拨资金等重要事项。1913 年颁布的《联邦储备法》以法律形式授权美国联邦储备体系代理财政筹集、保存和转移支付国库资金，为政府保管资金并代理财政收支。美联储是联邦政府资金的主要保管者，绝大部分政府支出通过美联储付诸实施。作为财政代理人，美联储承担了联邦政府债券的发行、清偿及其相关工作。

（2）英国国库制度

英国也是实行委托国库制的国家。作为世界上最早从事中央银行业务的银行，代理国库是英格兰银行的重要职责之一。其代理的职能范围包括：代理政府财政收支，英格兰银行为政府开设并管理专门的国库账户，所有经政府授权的收入和支出均通过国库账户，国库存款表现为英格兰银行负债；代理发行政府债券，英格兰银行不仅对国债的发行与兑付负有全责，并且将其与公开市场业务操作联系起来，作为货币政策实施的重要途径之一；管理外汇账户，英国的外汇账户包括官方黄金、外汇储备及在国际货币基金组织的特别提款权，该账户受财政部控制，由英格兰银行代为管理，用以维持英镑汇率的稳定。

（3）我国国库制度

1995 年颁布的《中国人民银行法》以立法形式明确了"经理国库"是中国人民银行的职责之一，从而确立了我国的代理国库制度。中国人民银行通过代理国库，保证了预算执行的顺利进行，对国库资金的及时收付、准确核算及安全维护发挥了重要作用。

15.2 中央银行会计业务

中央银行会计是针对中央银行的职能和业务范围，按照会计的基本原理，制定核算形式和核算方法。中央银行的会计业务就是体现和反映中央银行履行职能，监督、管理和核算财务相关工作。

中央银行会计的对象是中央银行行使职能、办理各项业务、进行金融宏观调控等活动引起资金变化与运动的过程和结果。

中央银行虽然也是银行，但是与一般的商业银行不同，其银行职能更多体现在是银行的银行、政府的银行、承担代理国库的职能等。因此，中央银行会计与一般银行会计和其他行业会计不同，呈现自身的特点。中央银行作为国家货币当局，不仅负有制定和执行货币政策的职责，还有向政府和金融机构提供各种服务的职责，由此产生的资金变化和财务活动不同于一般商业银行，要有适应中央银行职能和业务特征的会计形式和核算方法。中央银行职能引起的货币发行与回笼、存贷款的增减变化及其他资金变动，都必须通过会计核算加以完成。中央银行会计从核算内容、核算方法到会计科目、会计报表及会计凭证的设置，均不同于一般商业银行会计。中央银行除承担自身会计核算职责以外，还有管理、监督商业银行及其他金融机构会计核算的职责。

中央银行的会计工作是其行使中央银行职能的重要手段和工具，既具有核算作用，又有管理职能，具体包括：根据国家的经济方针、政策、法规及银行的规章制度和办法，正确组织会计核算，高质量、高效率地处理各项银行业务，准确、及时、真实、完整地记载和核算银行业务及财务收支活动；通过办理资金收付、货币结算，掌握金融机构的经营状况和资金变化，督促其认真执行财经纪律，严格遵守会计制度和会计原则，改善经营管理；正确核算成本，管理银行内部资金和财务收支，努力增收节支，提高效益；开展会计检查和分析，运用会计资料和数据，分析金融业务变化情况，为金融决策提供信息；强化会计的内部控制和制度建设，防范中央银行自身会计风险，指导和督促金融机构健全会计风险防范机制。

中央银行会计的职能，概括地说，就是在中央银行行使职能的活动过程中，会计如何发挥作用。根据中央银行履行职能的特点，建立中央银行会计核算体系，管理中央银行系统内的会计工作。同时，根据国家有关法律，制定金融企业会计准则，以规范金融企业会计工作。中央银行行使职能的活动最终都表现为货币资金的收付，而货币收付又必须通过会计核算过程才能实现。通过会计核算、会计分析和会计检查，监督中央银行系统内部的财务收支和预算执行情况及内控机制，监督金融机构的经营和资金活动。通过对自身和金融机构的财务收支进行综合分析，掌握全社会的资金运动状况和变化趋势，为履行中央银行职能服务。会计核算方法是对会计对象及时、连续、系统地进行反映、核算和监督所应用的方法，是完成会计任务的重要手段。中央银行会计核算方法主要包括：会计科目、记账方法、会计凭证、账务组织和会计报表等。

15.3　中央银行调查统计业务

中央银行的调查统计体系是其获取经济金融信息的基本渠道，在中央银行的职能行使及业务活动中发挥着不可或缺的功能，是国民经济统计核算体系的重要组成部分。中央银行所进行的金融、经济统计，是国家宏观经济管理的重要工具，是中央银行制定货币政策的重要依据和及时反馈货币政策效果的重要途经。

在中央银行的统计信息体系中，主要包括金融统计和经济调查统计，其中金融统计处于核心位置，是中央银行调查统计活动的最主要内容。根据《中华人民共和国中国人民银行法》的规定，中国人民银行"负责金融业的统计、调查、分析和预测"。

1. 金融统计的对象和内容

金融统计是按照规定的统计制度，根据统计的一般原理，运用科学的统计方法，对金融活动的数量信息进行收集、整理、分析，从而为经济和金融决策提供依据及政策建议的过程。富有成效的金融管理，是发挥金融对经济发展及社会进步促进作用的关键所在。信息的采集、汇总、分析极为关键。金融统计是对金融活动及相关现象的系统记录与整理，包括各级金融机构根据统一规则定期进行的金融统计；各级金融机构就金融活动的某一领域进行的专项调查；各级金融机构逐级上报的有关金融运行中的突出事件及动态反映等。通过金融统计，对复杂、零散的原始信息进行科学处理，揭示金融运行的规律、特征、存在的问题，以及整个社会资金流动总量及结构变动，为经济金融决策、金融监管、金融机构的经营管理提供科学依据，为中央银行实现稳定货币、稳定金融的宏观金融管理目标提供信息保障。

我国金融统计的主要内容如下。

（1）货币统计

金融统计的首要任务是提供关于货币供应量的基本数据。国际货币基金组织为完善和规范成员国的货币统计，制定了《货币与金融统计手册》，规范了货币统计方法。我国的货币统计采取两种并行的方式：其一，单独编制货币供应量统计表和基础货币统计表等；其二，根据国际货币基金组织的《货币与金融统计手册》的相关要求并结合我国实际情况，编制货币概览和银行概览。目前，我国货币供应量分为三个层次：M_0，流通中现金；M_1，M_0＋活期存款；M_2，M_1＋定期存款＋储蓄存款＋其他存款。

我国的基础货币由金融机构库存现金、流通中货币、金融机构特种存款、金融机构缴存准备金和邮政储蓄转存款构成。

（2）信贷收支统计

信贷收支统计是对金融机构以信用方式集中和调剂的资金进行数量描述与分析的专门统计，它综合反映金融机构的全部资产和负债状况。信贷收支统计全面、综合地反映了宏观经济运行中金融机构信贷资金的来源、性质、规模、分布、投向，是中央银行和商业性金融机构了解金融信息的主要渠道，对货币政策分析及金融宏观调控具有重要价值。

至 2004 年底，我国信贷收支统计中的金融机构包括中国人民银行、中国工商银行、中国农业银行、中国银行、中国建设银行、国家开发银行、中国进出口银行、中国农业发展银行、交通银行、中信实业银行、光大银行、华夏银行、广东发展银行、深圳发展银行、招商银行、浦东发展银行、福建兴业银行、民生银行、烟台住房储蓄银行、城市商业银行、城市信用社、农村信用社、农村商业银行、外资银行、财务公司、信托投资公司、金融租赁公司、邮政储汇局。

（3）金融市场统计

金融市场统计一般以金融市场类型划分统计范围，重点反映各金融市场中的交易主体、交易对象、交易工具、交易方式、交易价格及交易规模的情况。目前我国金融市场统计包括以下几种。

① 货币市场统计。对市场主体、金融工具交易及品种结构、交易规模、资金流向、利率水平等信息进行收集、整理、分析，包括同业拆借市场统计、票据市场统计、银行间债券市场统计、可转让大额定期存单市场统计等。

② 资本市场统计。对股票、债券等有价证券的发行和交易规模及相关市场活动进行数据统计，用以分析长期投资的规模和结构变动、利息和收益率水平及资金的供求状况等，包括股票市场统计和债券市场统计两部分。

③ 外汇市场统计。对外汇市场的交易主体、交易规模及交易价格（汇率）的相关信息进行统计处理。目前，我国外汇市场统计主要包括外汇交易额统计（外汇交易统计表）和汇率统计（汇率报表）。

（4）国际收支统计

国际收支统计反映了国际间居民与非居民之间发生的各项经济交易，包括货物与服务交易、各种转移及金融交易等。国际收支统计采用复式记账及权责发生制原则，按照交易发生、变化、转换、转移和消失时的实际交易价格，在交易双方同时计价。我国于 1982 年开始公布国际收支平衡表。从 1994 起，按照国际货币基金组织的国际收支账户结构和平衡表分类标准，我国进一步改进了国际收支统计体系和统计方法。

（5）资金流量统计

资金流量统计是从收入和分配社会资金运动的角度描绘国民经济的各类交易活动、各部门资金来源和运用，以及各部门间资金流量、流向变动的一种统计核算方法，是国民经济核算体系的重要组成部分。资金流量表是资金流量统计的数据描述，反映国民经济各部门之间，以及国内与国外之间所发生的一切金融交易的流量。划分部门是编制资金流量表的前提。根据国际统一标准，部门通常划分为 5 类：住户部门、非金融企业部门、政府部门、金融部门、国外部门。资金流量核算包括两个层次：一是反映与实物经济相对应的资金活动，通常称为资金流量核算（实物部分）；二是反映与金融交易相对应的资金活动，通常称为资金流量核算（金融交易部分）。

随着我国社会主义市场经济体制的逐步建立，我国的国民经济核算体系发生了根本性变化——由物质平衡表体系转变为国民经济核算体系（System of National Accounts，SNA）。我国于 1992 年开始试编资金流量表，1998 年初正式对外公布了 1995 年和 1996 年的资金流量统计数据。我国的资金流量核算将国民经济所有机构分为：住户部门，由城镇住户和农村住户组成，其中含个体经营户，该部门主要从事最终消费活动及以自我使用为目的的生产活动，也从事以营利为目的的生产活动；非金融企业部门，由所有从事非金融生产活动，并以营利为目的的常住独立核算的法人企业单位组成；政府部门，由中央政府、各级地方政府和社会保险基金组成，该部门为公共和个人消费提供非营利性产出，并承担对国民收入和财富进行再分配的职责；金融部门，由中央银行、商业银行及其他金融机构组成，该部门提供含保险在内的金融服务；国外部门，与国内机构单位发生金融交易的所有非常驻机构单位。

2. 金融统计的基本原则

金融统计工作遵循如下原则。

① 客观性原则。统计数据资料的真实、正确是统计价值的根本所在。金融统计部门必须尊重客观事实，不存偏见，不受外力影响，如实准确地反映实际情况；坚持实事求是，既要反映业绩状况，也要如实反映问题与矛盾，以便于统计资料的使用者全面、准确地掌握实际情况，从而为金融及经济决策提供客观依据。

② 科学性原则。金融统计是对金融活动的反映与揭示，金融统计数据应对金融现象作出客观解释，是制定政策、考核业绩、揭示矛盾的重要依据。统计数据的准确、完整、系统是确保金融统计质量的关键所在。根据统计对象的活动特点，科学地设置统计报表、统计指标含义及计算方法，以便更有效率地实现统计目的。同时要严格遵守统计业务操作程序，对各种金融信息按照既定的统计目的和统计方式进行技术处理，确保统计资料准确、及时、全面、系统地反映经济与金融现象。

③ 统一性原则。为保证金融统计的准确性与权威性，必须坚持统一性原则。按照统计的一般原理及统计对象的特性，建立统一的统计制度，各级金融统计部门须按照统一的统计指标、统计方法、统计口径及统计时间实施统计程序。

④ 及时性原则。金融统计具有很强的实效性，过期、滞后的统计资料将失去信息价值。

⑤ 保密性原则。金融统计数据涉及宏观经济的重要信息及商业金融机构的商业机密，统计部门及统计工作人员须依照法规，遵守保密制度。

3. 金融统计的程序

（1）统计设计

统计设计是根据金融统计对象的性质与研究目的，对统计过程的通盘考虑和全面安排。

主要包括：确定统计目的和任务；设计统计指标及体系、调查表式、调查方法、统计资料整理程序、数据处理及分析软件；确定各阶段、各环节的工作进度等。核心是指标体系的正确设计。根据不同的统计对象、目的及阶段要求，统计设计可分为：整体设计和专项设计、全阶段设计和单阶段设计等。

（2）统计调查

统计调查是根据金融统计对象、研究目的及统计设计的要求，有组织、有计划地收集各类金融活动数据资料的业务过程。准确、及时、完整地收集统计资料，是科学地整理、分析与研究统计资料的先决条件。金融活动的数据资料包括会计报表、原始业务凭证等资料，其中会计报表具有重要价值，因为会计核算是金融统计的重要基础之一，金融统计报表数据主要源于会计报表。所以中央银行和其他金融机构的会计核算，与金融统计调查具有密切的相关性。

（3）统计整理

统计整理是根据金融统计调研的目的及需要，将统计调查所获得的大量原始资料进行科学分类、汇总，对已经加工的综合资料进行再加工，制成统计分析服务的条理化、系统化综合资料，即统计报表。统计整理是从金融个体现象观察到对总体经济金融现象认识的连接点，在金融统计中具有承上启下的重要功能。

（4）统计分析

统计分析是对经统计整理而成的统计报表数据进行研究、分析的过程，是实现统计目的的重要环节。金融统计分析应根据统计研究的需要，运用适当的统计分析方法，对统计报表所显示的数据进行实事求是的定性、定量分析，剖析各种指标间的相互联系，从而揭示经济、金融运行的总体特征、相关性及动态趋势并作出实事求是的结论和推断，提出有助于决策、规划、管理的政策建议。

15.4　中央银行征信管理业务

市场经济是信用经济，其正常运行依赖于各种规范的信用关系。社会信用水平的提高离不开征信体系的建立。有无健全的征信体系，是市场经济能否稳健运行和走向成熟的标志。

1. 征信

征信是适应现代市场经济的需要而发展起来的。经济越发展，征信对社会和个人的影响越大。因此，各国都非常重视征信活动的开展及征信体系的建设。

1）征信及其构成要素

现代意义的征信是指为了满足从事放贷等信用活动的机构在信用交易中对客户信用信息的需要，由专业化的、独立的第三方机构（即征信机构）为企业或个人建立信用档案，依法采集、记录、保存、整理其信用信息，并依法对外提供其信用报告的一种活动。征信本质上是一种信用信息服务，其最主要的产品就是信用报告。信用报告是征信机构提供的关于个人或企业信用记录的书面文件，一般分为信用信息登记机构提供的信用报告和信用调查机构提供的信用调查报告两种。信用报告的信息产生于企业或个人的借贷等信用活动。

在现实生活中，诚信和信用是与征信相近的两个概念，但三者存在着较大的差别。诚信是人们诚实守信的品质与人格特征，说的是一个人恪守信用的主观意愿。它属于道德范畴，是一种社会公德，是一种为人处事的基本准则。一个人诚信与否，是一个人主观上故意的行为，因此可以进行道德意义上的评判。信用，简单地说就是"借钱还钱"，是指在交易一方承诺未来偿还的前提下，另一方向其提供资金、商品或服务的行为，像贷款买房、先消费后付款之类就是日常生活中典型的信用活动。在信用活动中，可能会发生借钱一方"说话不算数"的情况，无论是什么原因，没有履行合同约定的义务是事实。对这样的事实，由于原因很复杂，很难进行道德上的评判，但可以根据经验、规律及一个人过去的行为记录，再利用一些数学和统计上的方法，来预测某个人未来"说话不算数"、不能按时履约的可能性有多大。征信，本身既不是诚信，也不是信用，而是客观记录人们过去的信用信息并帮助预测未来是否履约的一种服务。征信所记录的是个人的"信用"信息，即个人是否履行了合同约定的义务，而不是"诚信"信息，因为一个人诚信与否是个人的主观意愿，是道德范畴的事。

从参与的主体看，征信活动一般包括如下几个构成要素：被征信人，指其信用信息被征信机构采集、整理、加工和使用的自然人、法人和其他组织；信用信息提供人，指向征信机构提供信用信息的自然人和法人；信用信息使用人，指征信机构为其提供信用信息咨询、调查和信用评估等产品的服务对象；征信机构，指专门从事征信活动的主体，一般是独立于信用交易双方之外的第三方征信机构，一般拥有一定规模的数据库，其业务内容包括：采集信用信息，保管和存储信用信息，加工、整理、分析信用信息，提供信用评估报告或其他信用咨询服务。

2）征信的分类

根据不同的标准可以将征信划分为不同的类别，常见的分类有三种。

① 以征集信用信息的广度为标准，征信可以分为联合征信和同业征信。所谓联合征信（以下简称征信），是指征信机构通过与银行及有关部门和单位的约定，对分散在各银行和社会有关方面的法人和自然人的信用信息进行采集、加工、储存，形成信用信息数据库，并以此为基础向其客户提供法人和自然人的信用报告和信用评估服务的活动。同业征信与联合征信相对应，采集信息仅限于某一个具体行业，如仅从银行采集被征信者的信息就是银行业内的同业征信。

② 按照投资经营主体的不同，可以将征信划分为公共征信和私营征信。公共征信是由政府财政投资建立数据库系统，实行非营利运作，由政府指定部门（主要为中央银行）进行经营管理，信用信息主要来源于金融机构，服务对象也一般仅限于金融机构，以规避金融风险为主要任务；私营征信是由民间投资组成，独立于政府机构，信息来源相对广泛，服务于法律允许范围内的所有市场主体。

③ 按照征信的对象不同，可以将征信划分为企业征信和个人征信。企业征信是由征信机构在对企业进行全面了解、考察、调研和分析的基础上，对企业的信用状况作出评价，并

以简单的记号或简单的文字形式给予明显的等级结论的过程。个人征信是以征信机构为主体所进行的对个人信用信息的收集、加工、提供、维护和管理的活动。

2. 征信体系

征信体系是指与征信活动相关的法律规章、组织机构、市场管理、文化建设、宣传教育等共同构成的一个体系。作为现代金融体系运行的基石，征信体系是防范金融风险、保持金融稳定、促进金融发展和推动经济社会和谐发展的基础。

1）征信体系的构成

尽管不同国家的征信体系，在运作模式、管理方式、法律法规等方面存在诸多差异，但其基本的构成要素总是一致的。

① 征信机构。征信机构是指依法设立的独立于信用交易双方、专门从事征信业务，即信用信息服务的专业化第三方机构。

② 征信法律法规体系。征信法律法规体系是规范征信活动主体权利义务关系的相关法律法规的总称，是由若干与征信相关的法律法规组成的整体。

③ 征信监管体系。征信的管理和监管是征信体系的重要组成部分，是征信体系健康、持续发展的重要保证。包括四个方面：征信机构的市场进入、对征信机构经营合规性的监管、对征信信息安全性的监管、对由于征信信息真实性问题而引起的纠纷。

2）征信体系的模式

征信起源于英国，距今已有170多年的历史。早在1832年，世界上第一家征信公司就在英国伦敦成立。据统计，目前全球已有80多个国家和地区建立了自己的征信体系。这些征信体系根据征信机构性质和经营目的的不同，其运作模式大致可分为两种类型。

（1）私营征信模式

私营征信模式的典型代表是美国。美国的征信体系采取的是私营、独立的第三方征信机构的市场化运作模式，即由私营的工商企业、征信专业公司和授信机构共同发挥作用，以独立且市场化运作的征信服务企业为征信主体，开展征信业务的运作模式。早期，美国曾经拥有2 000多家独立的私营征信机构。随着第二次世界大战以后大型计算机系统的不断成熟和信贷业务的飞速发展，原来那些小型的区域性征信机构被逐渐兼并，形成了若干征信数据和服务覆盖全国的大型营利性商业个人征信机构。其中，企业征信主要由邓白氏、穆迪、标准普尔、惠誉等世界著名的私营征信公司主导；而在个人征信方面，占主导地位的则是艾奎法克斯（Equifax）、环联（Trans Unions）和益百利（Experian）三大信用局（Credit Bureau），美国习惯上称为个人征信局，实际是个人私营征信公司。

（2）公共征信模式

公共征信模式主要以欧洲大陆一些国家，如德国、法国、比利时等国为典型代表。在这种模式下，多数公共征信机构由中央银行或银行监管机构设立，作为中央银行的一个部门，而没有私营机构参加。征信机构的运作不采取市场化的运作方式，不以营利为目的，对提供的服务不收费或少量收费。中央银行建立中央信贷登记系统，主要是由政府出资，建立全国数据库的网络系统，处于中央银行监管之下的所有金融机构必须强制性地参加公共征信系统，征信加工的信息主要供银行内部使用，服务于商业银行防范贷款风险和央行金融监管及货币政策决策。管理公共征信系统的规则是通过法规确定并严格被执行的，而不是像私营征信那样，由参与者之间通过合同和协商的方式来确定。

3. 中国的征信体系建设

1）中国征信体系发展的历史沿革

中国征信体系发展大致可分为两个时期。

（1）旧中国时期

20 世纪初期，征信服务在欧美和日本等国已经相当普及，但直到清政府被推翻后，当时的中国政府才在财政部颁发的《银行公会章程》一条中规定银行公会应该办理征信机构。1932 年 3 月，由浙江实业银行副经理章乃器倡议并会同中国银行、浙江兴业银行、上海商业储蓄银行和新华信托商业储蓄银行的负责人共同发起，创立了中国征信所，成为中国第一家由华资开设的信用调查机构。到 1936 年 7 月，中国征信所开业 4 年一共发出调查报告 3 万份，这段时间是中国征信所最为兴旺的时期。

（2）新中国时期

从新中国成立一直到改革开放初期，由于我国实行的是传统的单一公有制的计划经济体制，企业的生产和交易主要依靠国家信用，银行的信贷都按国家的计划进行，因此征信需求消失，征信业也随之消失。改革开放以来，中国征信业的发展大体经历了三个阶段。

第一个阶段是 20 世纪 80 年代后期到 1993 年 6 月宏观调控之前。在一些大中城市及多数省份，经中国人民银行批准并颁发许可证，成立了一批资信评估公司，它们大多以银行为发起人，同时还出现了以一些其他单位为发起人，从事企业债券、"内部股票"和借款企业的资信评估工作。特别是在 20 世纪 90 年代初经济过热时期，资信评估业扩张较快。

第二个阶段是 1993 年下半年到亚洲金融危机爆发之前。这个时期加强宏观调控，对征信市场的某些混乱情况进行了整顿。同时，由于各商业银行内部评级业务的发展，市场对信用信息服务的需求下降。这个时期很少有新的中介机构进入征信服务业。

第三个阶段是自亚洲金融危机爆发以后至今。亚洲金融危机的影响是深远的，从金融领域看，它使信用链条因信心问题而变得脆弱。这个时期，中国经济一方面面临加强金融监管、降低银行不良资产率、化解信用风险的压力，另一方面又面临改善金融服务、增加贷款、扩大内需、缓解通货紧缩的挑战。为了有效解决银行增加贷款与防范信用风险的矛盾，中国政府积极探索征信业发展对防范信用风险和促进经济发展的积极作用。中国政府提出把健全社会信用体系作为关系经济发展全局的一件大事来抓，征信体系建设进入一个快速发展阶段。

2）中国征信体系建设的现状

征信业在中国是一项新兴的事业，中国现代征信体系的建设基本上是沿着私营征信和公共征信两条路来走的，目前呈现出如下特征。

（1）各种征信机构陆续成立并迅速发展

目前，我国已形成一个由国家有关部门推动建立的企业及个人征信机构、民间中资征信机构和外资征信机构并存、相互竞争、相互促进的征信机构体系，征信机构数量已达 100 多家，业务基本涵盖了信用征集、信用调查、信用评价、信用咨询、信用风险管理和国际保理等方面。

（2）征信法律法规建设相对滞后

征信活动涉及企业、个人信息的采集、提供、披露，直接影响企业、个人切身利益，必须由法律加以规范。我国在信用制度建设方面的立法工作开展得较晚，虽然如《反不正当竞争法》、《涉外社会调查活动管理暂行办法》、《合同法》、《担保法》、《贷款通则》、《证券法》、《商业银行法》、《中国人民银行法》等法律中涉及有关征信的一些规定，但迄今尚没有一部全国性的有关征信的专门法律。法律法规建设相对滞后，主要表现在两大方面：一是缺乏有关征信数据开放的法律，征信数据是征信的核心，信用信息开放是征信业发展的基本条件；二是缺乏关于隐私权保护的法律。隐私权保护历来是征信中信息披露环节最值得关注的问题，如处理不当，不仅难以对征信进行支持，更有可能造成社会生活的连锁不良反应。

（3）征信监管体系日趋完善

2002 年，国务院成立了以中国人民银行为牵头单位，共有国务院 17 个部、委、办和 5 家国有商业银行参与的企业和个人征信体系专题工作小组。2003 年，国务院赋予中国人民银行"管理信贷征信业，推动建立社会信用体系"的职责，并批准在中国人民银行成立征信管理局，在分行和省会城市中心支行也相应成立了征信管理处，在地市一级的中心支行也有专岗专人从事征信管理工作。至此，中国人民银行对全国企业和个人征信市场的垂直监管体制已经形成。

（4）征信系统日益现代化

在企业征信系统方面，中国人民银行于 1997 年开始筹建银行信贷登记咨询系统，2002 年建成了地市、省市及总行三级数据库体系，实现以地市级数据库为基础的省市内的数据共享。2004 年上半年，中国人民银行开始对该系统进行升级和改造，升级以后的新数据库成为全国集中式数据库，在 2006 年上半年实现了全国联网运行。在个人征信系统方面，2004 年 12 月中旬实现了 15 家全国性商业银行及 8 家城市商业银行在全国 7 个城市的成功联网试运行。2005 年 8 月底完成了和全国所有商业银行及部分有条件的农村信用社的联网运行。在经过了一年的试运行后，2006 年 1 月正式运行。截至 2007 年 8 月，企业数据库里面采集了 1 200 万户借款企业信息，在全国范围内只要某个企业在银行贷过款，那么这个企业的信息和有关资料就被全国集中统一采集和共享；个人数据库里面采集了超过 6 亿人的自然人信息。

15.5　中央银行反洗钱业务

1. 洗钱

洗钱（money laundering）是一种犯罪行为，是指把违法获取的资金通过各种渠道转变为貌似合法资金或者资产，从而逃避法律侦查与制裁的一种违法过程或者行为。

洗钱包含三个要素：洗钱主体，即参与洗钱的犯罪者；洗钱客体，即犯罪者通过其犯罪所获得的款项；洗钱过程，即把"黑钱"或者赃款转变为合法款项的各种手段及其过程。

洗钱的最终目的是为了把犯罪获得的款项变为貌似合法的资金。洗钱是一种现代现象，最近 20 年来变得尤为严重。根据美国国家审计署报告，现在全球每年被洗资金在 5 000 亿美元至 1 万亿美元之间，这个数字接近全球产出的 2%～3%。发达的金融体系尤其是最近20 年以来经济金融全球化，为洗钱活动提供了极大的便利性。几乎所有的洗钱活动都要经历现代金融体系这一环节，脱离了金融体系，洗钱将寸步难行。在洗钱活动中，银行体系是犯罪分子洗钱活动的主要环节，银行机构是洗钱活动的重要场所。

2. 洗钱的方式和过程

洗钱的方式主要有以下 6 种。

① 利用合法的金融体系洗钱。这表明洗钱的通道合法，但是资金或者资产交易的主体与客体非法。

② 利用地下钱庄进行洗钱，不法分子通过地下钱庄将赃款转移出境。

③ 利用因特网进行洗钱。因特网的一个最大特点就是虚拟性，犯罪分子利用因特网洗钱，可以不需要交易双方面对面，从而使其犯罪行为变得更为隐秘，更难以被侦查发现。

④ 通过现金的走私进行洗钱。现金永远是最便捷的交易媒介，因而也为洗钱者所青睐。

⑤ 通过投资进行洗钱。犯罪者把非法获得款项投资于各种金融工具或者实物资产，从而隐瞒资金真实来源。

⑥ 利用进出口贸易进行洗钱。通过虚报进出口价格或伪造有关的贸易单据等方式跨境转移赃款。

3. 国外反洗钱体制

洗钱犯罪是一项复杂的犯罪行为，因而单靠一个国家机构难以有效完成打击任务。所以，大部分国家都以一个国家机构，主要是中央银行或者其他金融监管当局为主，然后联合其他部门，如司法等部门，共同负责反洗钱工作。综观各国反洗钱体制，有三个特点。第一，建立一部门主导、其他政府部门协同参与的反洗钱组织体系。这些部门包括中央银行、其他金融监管当局、税务部门、海关、司法部门、国防及金融机构。第二，完善的反洗钱法律体系。反洗钱法律体系为反洗钱机构打击惩处洗钱犯罪提供了强有力的法律武器，对于遏制不断上升的洗钱活动具有重要的意义。第三，完善的反洗钱信息共享体系。由于洗钱犯罪手法越来越隐秘与复杂，所以建立充分的反洗钱信息网络就成为遏制洗钱犯罪的决定性条件。

由于中央银行的特性，中央银行在收集金融信息方面比任何政府机构都要有优势。所以，世界上许多国家反洗钱的联络总部与指挥中心都设立在中央银行。另外，中央银行维护金融稳定的职能也决定了它必须在反洗钱体制中发挥重要作用。

4. 反洗钱的国际合作

为了维护金融体系尤其是银行体系与金融机构的安全，1989 年七国集团巴黎峰会上，七国集团政府首脑、欧洲委员会主席联合倡议成立了国际反洗钱金融工作组（Financial Action Task Force on Money Laundering，FATF）。1990 年，FATF 制定了其成立以来的第一个极为重要的标准，即《40 条建议》（the Forty Recommendations）。这个标准现在已经为全球 170 多个国家、国际货币基金组织、世界银行、联合国安理会等认可。无论是 FATF 的《40 条建议》还是其他反洗钱国际组织的原则条款，都对下面一些原则作了明确规定。下面这些原则基本上都已为各国反洗钱当局所认可，并融入其国内反洗钱立法与实践之中。

① 客户身份识别。要求金融机构等部门对其客户身份进行识别，确保其不被洗钱犯罪者所利用。

② 持续对账户与交易进行监督。洗钱者无论其手段怎样变化，都离不开交易记录与账户。

③ 建立可疑交易记录保持与报告制度。

④ 实行内控与审计制度。

⑤ 诚信守则。

⑥ 国内金融当局与其他政府职能部门及国内外的合作。

5. 我国的反洗钱工作

正式建立我国反洗钱的政府部门协调机制是在 2002 年，公安部被国务院指定为总协调人。2002 年 5 月，国务院批准成立了由公安部部长为召集人，最高人民法院、最高人民检察院等有关部委 16 个单位参加的反洗钱工作部际联席会议。

2003 年 5 月，国务院批准改由中国人民银行行长为反洗钱部际联席会议的召集人。

2004 年 6 月，中国人民银行根据反洗钱工作发展的需要及国务院有关部门工作职能的变化情况，提出将反洗钱工作部际联席会议成员单位扩大到 23 个部门的建议，得到了国务院的批准。这些部门包括中国人民银行、最高人民法院、最高人民检察院、国务院办公厅、外交部、公安部、安全部、监察部、司法部、财政部、建设部、商务部、海关总署、税务总局、工商总局、广电总局、法制办、银监会、证监会、保监会、邮政局、外汇局、解放军总参谋部。

根据《中国人民银行法》及《反洗钱法》，中国人民银行是我国反洗钱的总协调人及金融领域反洗钱的主管机关。2004 年，经国务院批准，中国人民银行设立了中国反洗钱监测分析中心，负责接收、分析、保存、移送大额和可疑交易报告。中国人民银行负责反洗钱的资金监测，制定或者会同国务院有关金融监督管理机构制定金融机构反洗钱规章，监督、检查金融机构履行反洗钱义务的情况，在职责范围内调查可疑交易活动，履行法律和国务院规定的有关反洗钱的其他职责。金融领域反洗钱调查由中国人民银行负责，总行设立反洗钱局，其省级分支行建立了反洗钱处。

2004 年初，公安部、中国人民银行、国家外汇管理局联合下发了《关于联合开展打击地下钱庄违法犯罪活动的通知》，部署各地公安机关、人民银行分支行和外汇管理部门联合开展打击地下钱庄违法犯罪专项行动。该专项行动破获了一批地下钱庄案件。据统计，2004 年 4—12 月间，各地共组织专项打击行动 479 次，打掉地下钱庄及非法买卖外汇交易窝点 155 个，涉案金额 125 亿元人民币，冻结存折及银行账户 460 个，冻结资金 4 200 万元人民币，抓获违法犯罪嫌疑人 2 274 名，罚款金额 1 943 万元人民币。2006 年 4 月，上海市公安局经侦总队成功破获的一起涉案金额达 50 亿元人民币的洗钱案件，这是新中国成立以来上海破获的涉案金额最高的一起洗钱案件。

本 章 小 结

　　实行代理国库制的国家，政府多是将国库委托给本国中央银行。由中央银行代理国库，有助于利用其政府银行的特殊身份及便利条件，对提高国库管理效率及宏观经济政策的制定和实施也有重要意义。

　　中央银行会计是针对中央银行的职能和业务范围，按照会计的基本原理，制定核算形式和核算方法。中央银行的会计业务就是体现和反映中央银行履行职能，监督、管理和核算财务相关工作。

　　中央银行的调查统计体系是其获取经济金融信息的基本渠道，在中央银行的职能行使及业务活动中发挥着不可或缺的功能，是国民经济统计核算体系的重要组成部分。中央银行所进行的金融、经济统计，是国家宏观经济管理的重要工具，是中央银行制定货币政策的重要依据和及时反馈货币政策效果的重要途径。

　　现代意义的征信是指为了满足从事放贷等信用活动的机构在信用交易中对客户信用信息的需要，由专业化的、独立的第三方机构（即征信机构）为企业或个人建立信用档案，依法采集、客观记录、保存、整理其信用信息，并依法对外提供其信用报告的一种活动。征信本质上是一种信用信息服务，其最主要的产品就是信用报告。信用报告是征信机构提供的关于个人或企业信用记录的书面文件，一般分为信用信息登记机构提供的信用报告和信用调查机构提供的信用调查报告两种。信用报告的信息产生于企业或个人的借贷等信用活动。

关 键 词

洗钱　征信体系　信贷收支统计　中央银行会计　国库

复习思考题

1. 简述洗钱的方式和过程。
2. 简述征信体系的构成。
3. 简述金融统计的程序。
4. 简述主要国库制度的比较。
5. 简述中央银行代理国库的重要意义。

第16章

外汇管理与国际货币关系

16.1 外汇管理

1. 外汇管理的内容

1）对贸易外汇的监管

贸易收支是国际收支的主要项目，贸易外汇收支的状况对国际收支的状况具有非常重要的影响。外汇资金短缺或有贸易逆差的国家，都希望通过对贸易外汇的管理达到鼓励出口、限制进口集中贸易外汇收入的目的。

贸易外汇的管理包括对进口付汇的管理和对出口收汇的管理两个方面。

（1）付汇管理

在对贸易外汇实行管制的国家，一般都实行进口许可证制度，进口商只有获得进口许可证才能购买进口所需外汇。为保护本国经济，各国一般都限制与其国内生产竞争的商品进口，并禁止某些奢侈品和非必需品的进口。目前，在进口管制方面，除少数亚洲和南美国家外，一般发展中国家都进行进口管制，除实行进口许可证制度外，还采取以下措施。

① 对进口总量或某项商品进口实行限制。马来西亚规定，作为保护国内工业的临时性措施，对某些进口商品实行限制，并规定进口机动车辆须有特别许可证，并受到数量限制。土耳其则将进口分为两类，其中一类为公布总配额的进口，商业部按配额项目确定的数量限度分配外汇。

② 征收进口税和进口附加税。印度规定除进口税外，对进口商品还要征收5%、15%或20%的附加税。利比亚规定进口商品须缴纳关税和海关附加税，后者合计为应缴关税

的15％。

③ 对进口预存保证金。菲律宾规定，一般情况下指定银行要求厂商在开信用证时预付20％或50％的保证金。摩洛哥规定，在指定银行登记进口交易时，应存入相当于进口所花费外汇总额25％的不计利息的预付进口保证金。

④ 实行国家对某些进口产品的专营。印度尼西亚规定，属于国家基本储备的某些物资的进口由国有公司经营，称为"保留进口项目"。

⑤ 对进口实行国家统一控制，即所有进口统一由国家指定的进口单位办理。缅甸所有进口由缅甸进出口公司或以该公司名义办理。

（2）收汇管理

各国一般对出口采取鼓励政策，扩大出口、增加外汇收入，主要措施包括信贷支持、出口补贴和出口退税等。为保证出口，实行外汇管理的国家对出口收汇都有严格规定。一般规定，出口商应将所得外汇的部分或全部按规定汇率出售给指定部门，如指定的外汇银行。出口商必须向外汇主管机关申报出口商品的价格、金额、结算方式、支付货币和期限等内容，以便外汇管理机关对收汇情况进行监督检查。出口商收到外汇后，必须及时向外汇主管部门申报和缴售。为了保证出口外汇能够按照规定出售给指定部门，大都采取出口许可证制度。为鼓励出口，有些国家实行外汇留成制，允许出口商获得外汇后，将其中一部分留下自己使用或以较高价格卖出。实行严格外汇管理的发展中国家多数都采取上述办法对出口外汇进行管理。

2）对非贸易外汇的监管

非贸易外汇收支又称无形外汇收支，指贸易收支和资本流动以外的各项外汇收支，包括运输费、保险费、港口使用费、国际邮电费、佣金、利息、股息、利润、专利费、稿费、驻外机构经费、旅游费及赡养汇款等。对于其中的外贸从属费用，如运费、保险费、佣金等，基本上按照贸易外汇管制条例处理。对非贸易外汇管理的目的在于集中外汇收入，限制外汇支出。因此，对非贸易外汇的管理也分为非贸易外汇收入管理和非贸易外汇支出管理两个方面。

（1）非贸易外汇收入管理

在实行非贸易外汇管理的国家，一般都要求将所有非贸易外汇收入缴纳给指定机构。目前世界上除一些发达国家、南美洲国家、东南亚国家和中东、北非的几个国家之外，几乎都采取了这类管理措施。

（2）非贸易外汇支出管理

一般规定对汇出款项和出国旅游费用支出，需经外汇管理部门批准后才能汇出。很多国家对个人所需外汇，如出国旅行费用、留学费用、赡养费用等还规定了一定限额，在限额内可由指定银行直接供给外汇。泰国规定，非贸易支付须经批准，除国外旅行、国外赡养、国外学习费用外，指定银行可批准每笔不超过140美元等值的外汇，同时还对个人出国旅游、商业旅行和赡养汇款规定了不同限额。此外，有些国家还对旅行者出入国境携带本币和外币都规定了限额，如哥伦比亚则禁止出入境旅客携带现钞。

3）资本输入管理

发达国家在第二次世界大战前和第二次世界大战后初期，对资本输入一般不加限制，当时许多国家如英国、法国、联邦德国等都不得不从美国输入资本。20 世纪 60 年代后，随着各资本主义国家经济实力的增强及欧洲共同市场的成立，各国开始对美国资本的输入、相互投资采取限制性措施。特别是那些国际收支长期顺差，本币面临升值压力的发达国家为防止资本大量流入造成输入性通货膨胀，对资本的输入采取了更严格的限制措施。这些限制性措施包括以下几种。

① 严格控制本国企业和跨国公司向外借款。如瑞士规定，本国企业向国外借款需经批准。

② 规定本国银行吸收非居民存款要缴纳较高比例的存款准备金。如德国规定，银行吸收的国外存款要缴纳 90% 或 100% 的准备金。

③ 有些国家规定对非居民活期存款不付利息，甚至在一定时期内还对超过规定的存款余额向存户加收一定比例的利息。如瑞士曾规定对非居民超出 10 万瑞士法郎的存款不但不付利息，而且还要每季倒收 10% 的利息。

④ 限制非居民购买本国的股票、债券及向本国贷款或投资，规定非居民持有本国股票和债券所得收入要缴纳较高比例的所得税。发展中国家的情况完全不同。由于普遍面临生产技术水平落后、资金短缺与迅速发展本国经济的矛盾，发展中国家一般都采取措施鼓励外国资本在本国投资，以优惠政策吸引外资流入，如降低税率、允许投资利润自由汇回等。如泰国规定，外国在泰投资可享受优惠待遇，包括保证本年度净收入汇出国外和资本汇出国外。

4）资本输出管理

发达国家由于自身资金实力雄厚，需要寻找更为有利的投资场所，进一步占领国际市场，一般都允许资本自由输出。发展中国家为了发展民族经济，在积极引进外资的同时，也采取措施限制本国资金外流，如禁止携带有价证券出境，限制向国外投资，禁止购买外国股票、债券，限制资本转移等。如阿尔及利亚规定，一般不允许居民在外国购买资本资产。埃及规定限制资本向国外转移，并规定了移居国外的埃及人转移资本的限额。

5）对非居民存款账户监管

国际上广泛实行非现金结算制度，国际结算大多是通过转账来进行的。银行存款账户上的资金转移，在一定程度上也影响账户所在国的国际收支。所以，一些国家也将非居民存款账户列入外汇管制范围。多数发达国家和一些南美、中东和东南亚国家对非居民账户没有特殊限制，其他国家对此都有不同程度的限制，一般做法是根据银行账户存款所属的国别和产生原因给予不同程度的管制。如芬兰对非居民账户的管理规定，非居民账户分为可兑换账户、限制性账户和资本账户三类，可兑换账户是为从外国银行直接收到的芬兰货币、携入的芬兰货币、来自其他可兑换账户拨款及被批准可以汇往国外的芬兰马克款项设立的账户，可兑换账户可自由借记并可将余额汇往任何国家。限制性账户由与芬兰签订双边支付协定的国家的居民持有，可自由贷记，余额可汇往有关双边国家。资本账户由其他非居民账户组成，主要用于资本性质支付，除少数例外情况，必须经芬兰银行的许可才能将此账户的资金拨给另一非居民或汇往国外。澳大利亚规定，所有贷记非居民账户上的款项需经批准。有些国家还把非居民账户分为境外账户与限制性账户、冻结账户或移民账户，前者可以自由转移，后者支取款项须经批准。

6）对黄金输出入监管

实行外汇管理的国家对黄金输出入的管理重点放在限制其输出上，一般禁止私人输出黄金。携带黄金出境，须提供外汇管理部门的证明或入境时的海关申报单。当黄金被用于国家的国际收支时，由中央银行或指定银行办理其输出入。有些国家对携带黄金饰品出境有一定的数量限制，限额以内可自由携带出境，超过限额则要经主管部门批准。对于黄金输入，多数国家不加限制，只要向海关申报即可携带入境；但也有个别国家禁止私人输入黄金，如法国。主要工业国家对黄金买卖、持有和输出入都无管制。1980 年以来，各国在黄金管制方面发生了一些变化，有些国家放松了管制。如斐济将买、卖、借入和借出黄金合法化；马来西亚取消了对所有商业性进出口黄金的限制。也有些国家对黄金交易加强了管制，如印度只允许增值税在 15% 或 15% 以上的金饰品出口。还有些国家对黄金征税，德国曾规定对出售外国法偿金币要征收增值税；墨西哥对出售黄金的超额利润征税 40%。

7）汇率的调整

20 世纪 70 年代初，随着布雷顿森林制度的解体，许多国家开始实行浮动汇率制度，汇率经常调整，调整方式包括以下几种。

① 盯住某一国家的货币调整汇率。一般在当天的汇率超过前一天汇率上下 1% 时就要调整。目前在国际货币基金组织成员中出现了逐渐放弃这一做法的趋势。

② 盯住特别提款权调整汇率。特别提款权是国际货币基金组织创设的一种记账单位，实行浮动汇率后，用"一篮子货币"定值。目前缅甸、几内亚、伊朗等 14 个国家使用此方法。

③ 按"一篮子货币"计算汇率。这种方法是选择若干种与本国对外贸易有关的货币，并根据这些国家的双边贸易值占其对外贸易总值的比例作为权数，随着市场汇率的变动加权计算，算出本国货币的汇率。越来越多的国家采用这种方法。

④ 实行灵活浮动。其中包括：没有限制的单独浮动，如美国、英国、日本、加拿大等；按照一套指数的计算方法不加限制地调整汇率，如巴西、智利、葡萄牙等；有管理的浮动，即政府进行干预使市场利率向对本国有利的方向浮动，如阿根廷、西班牙、土耳其。

8）汇率的管理

汇率是宏观经济管理中的一项重要政策工具。为了稳定汇率和促进国际收支平衡，各国都对汇率进行管理和控制。虽然各国情况不同，采取的措施也不一样，但大体可分为直接管理和间接管理两类。直接管理是指规定各项外汇收支分别按不同的汇率结汇，实行复汇率制度。复汇率制度有以下三种形式：差别汇率、外汇结汇证制度、官方汇率与市场汇率混合使用。这些措施的目的在于奖出限入及调整进口商品的结构。国际货币基金组织规定，不允许成员在贸易上采取多种汇率，但允许资本项目和贸易收支使用不同汇率。不过国际货币基金组织并不强制其成员取消多种汇率。间接管理中，其中最重要的方式是在中央银行建立外汇平准基金，以此进行外汇买卖，对汇率的波动起缓冲和稳定作用。

2. 中国外汇管理体制的改革

我国外汇管理的基本任务是：建立独立自主的外汇管理制度，制定国家的外汇法规和政策，保持国际收支的基本平衡和汇率的基本稳定，促进国民经济的持续稳定发展。

（1）外汇管理体制的改革（1979—1993 年）

1979 年后，为了适应对外开放和经济体制改革的要求，我国对外汇管理制度进行了改革。外汇管理由高度的计划控制逐步转变为更多地依靠间接的市场调控手段。

① 设立专门的外汇管理机构。1979 年 3 月，国务院批准设立国家外汇管理总局，赋予其管理全国外汇的职能。1982 年 8 月，改称国家外汇管理局，划归中国人民银行领导。1990 年 1 月，国务院又决定将国家外汇管理局改为国务院领导下的国家局，由中国人民银行归口管理，以便进一步加强外汇管理工作。

② 公布外汇管理条例和各项实施细则。如 1980 年颁布的《中华人民共和国外汇管理暂行条例》，此后陆续公布了 30 多个细则。

③ 改革外汇分配制度。1979 年 8 月，国务院颁发了《关于大力发展对外贸易增加外汇收入若干问题的规定》，恢复外汇留成制。外汇留成是外汇额度留成，而非外汇现汇留成。留成外汇是计划分配外汇的补充，对奖励出口、弥补出口亏损、调动各方面创汇的积极性及发展生产都起到积极作用。

④ 建立外汇调剂市场。1979 年实行外汇留成办法后，客观上产生了调剂外汇余额的需要。1980 年国家外汇管理局、中国银行制定了《调剂外汇暂行办法》，1986 年国家外汇管理局颁布了《办理留成外汇调剂的几项规定》，1988 年国家外汇管理局制定了《关于外汇调剂的规定》，在各省、自治区、直辖市建立外汇调剂市场。

⑤ 引进外资银行，建立多种形式的金融体系。1982 年开始，我国首先在深圳特区引进外资银行。1985 年国务院颁布《经济特区外资银行、中外合资银行管理条例》后，在经济特区及上海等沿海城市批准了一批经营外汇业务的外资银行及中外合资银行，与此同时还设立了一批全国性和区域性的综合银行，逐步形成一个以外汇专业银行为主、多种金融机构并存的外汇金融体系。

⑥ 加强外债管理。从 1979 年起我国实行积极利用外资政策，并建立了严格的外债管理制度，这对引进外国先进技术、解决国内资金不足、加速国民经济发展起了一定的作用。

⑦ 放宽对国内居民的外汇管理。1979 年起实行对居民收入的外汇按规定比例留存的办

法。从1988年起开办了居民外汇存款，外国和我国港澳地区汇给我国内地居民的汇款和居民持有的外币现钞都允许存入银行，并允许在规定范围和用途内提取外汇、外钞，或进行外汇买卖和出境使用。

（2）并轨后外汇管理体制发展阶段（1994年至今）

1993年12月28日，中国人民银行总行公布了我国外汇管理体制的新方案，并于1994年1月1日起实行，这次改革有以下几方面。

① 实现人民币官方汇率和调剂价格并轨，实行以市场供求为基础的、单一的、有管理的浮动汇率制度。

② 实行银行结售汇制度，取消外汇留成和上缴制。采取结售汇制度，取消了经常账户正常对外支付用汇的计划审批制度。

③ 建立银行间外汇交易市场，改进汇率形成机制。银行间外汇市场设在上海，于1994年4月开始运行，其功能主要是为各外汇银行提供相互调剂余缺和清算服务。

④ 取消外汇收支的指令性计划。

以上的改革使我国外汇管理体制以管理浮动汇率制取代了官方汇率与调剂价并存的双重汇率制，以结售汇制取代了留成制，以银行间外汇市场取代了外汇调剂市场，以单一货币取代了多种货币流通和计价。

3. 中国外汇管理制度

我国经常项目外汇管理制度有以下特点。

（1）实现人民币经常项目可兑换

按照《结汇、售汇及付汇管理规定》，以下支付和收入的兑换可直接到外汇指定银行办理，体现了经常项目下可兑换。

① 境内机构经常项目下的外汇收入，除国家规定准许保留的外汇可以在外汇指定银行开立外汇账户外，都须及时调回境内，按市场汇率卖给外汇指定银行。

② 个人所有的外汇，可以自行持有，也可以存入银行或卖给外汇指定银行。

③ 外国驻华外交机构、领事机构收取的以人民币支付的签证费、认证费等，需要汇出境外的，可以持有关证明材料向外汇指定银行兑付。其他驻华机构的合法人民币收入，需要汇出境外的，应当持有关证明材料向外汇管理机关申请兑付。

④ 应聘在境内机构工作的外籍专家的工资及其他合法收入，是外汇的，依法纳税后，可以直接汇出或者携带出境；是人民币的，依法纳税后，可以持外汇管理局规定的有效凭证向外汇指定银行购汇汇出或携带出境。

⑤ 驻华机构或来华人员由境外汇入或携带入境的外汇，可以自行保存，可以存入银行或者卖给外汇指定银行，也可以持有效凭证汇出或者携带出境。

（2）实行进出口收付汇核销管理

按照国家外汇管理局有关核销管理的规定，境内机构的出口收汇和进口付汇应当根据核销管理办法办理核销手续。目前进出口收付汇核销由各级外汇部门办理，境内进出口单位凭核销单、海关报关单和其他有效凭证办理付汇收汇。

（3）实行暂收待付外汇和专项外汇的账户管理

按照《结汇、售汇及付汇管理规定》、《外汇账户管理暂行办法》和《外商投资企业境内外汇账户管理暂行办法》，对暂不结汇和无须结汇的经常项目外汇收入，可以开立外汇账户，实行账户管理，以达到对不结汇外汇收入的监督。

（4）实行国际收支统计申报制度

经国务院批准，1996 年 1 月 1 日起正式实施国际收支统计申报制度。

（5）禁止在境内以外币计价、结算和流通

按照《中华人民共和国外汇管理条例》规定，在中华人民共和国境内，禁止外币流通，并不得以外币计价结算。

16.2　外债管理

1. 外债的含义

1984 年 3 月，在世界银行、国际货币基金组织、经济合作与发展组织和国际清算银行等国际金融组织组成的关于外债统计的国际审计员工作会议上，与会者对外债的定义达成了一项共识：外债，是在任何给定的时刻，一国居民所欠非居民的以外国货币或本国货币为核算单位的具有契约性偿还义务的全部债务。这一定义包含两方面的内容：第一，外债是以"居民和非居民"为标准，是居民对非居民的债务，这里"居民"和"非居民"都包括自然人和法人；第二，外债以偿还义务为根据，且这种偿还义务必须具有契约性，通过具有法律效力的文书明确偿还责任、偿还条件、偿还期限等。

我国在 2003 年公布的《外债管理暂行办法》中界定"外债"是指境内机构对非居民承担的以外币表示的债务，其中"境内机构"是指在中国境内依法设立的常设机构，包括但不限于政府机关、金融境内机构、企业、事业单位和社会团体，"非居民"是指中国境外的机构、自然人及其在中国境内依法设立的非常设机构。

2. 外债的种类

按照不同的标准，可以对外债进行不同的种类划分。

① 按债务期限划分，可分为短期债务和中长期债务。短期和中长期的标准以 1 年为限。

② 按债务形式划分，可分为国际商业贷款、外币债券、国际金融租赁、贸易融资、政府和国际金融组织贷款、对外私人存款。

③ 按债务人划分，可分为政府机构借款、金融机构借款、企业单位借款、其他机构借款。

④ 按债权人划分，可分为国际金融组织贷款、外国政府贷款、外国银行和金融机构贷

款、外国企业或个人贷款。

⑤ 按优惠情况划分，可分为硬贷款和软贷款。

⑥ 按贷款的利率划分，可分为无息贷款、低息贷款和市场利率贷款。

按照我国 2003 年公布的《外债管理暂行办法》第 5 条的规定，按照债务类型可将外债分为外国政府贷款、国际金融组织贷款和国际商业贷款。

(1) 外国政府贷款

外国政府贷款是指一国（债权国）政府利用本国资金向另一国（债务国）政府提供的贷款。

政府贷款是一般具有双边经济援助性质的优惠贷款。按照国际惯例，优惠性贷款一定要含有 25％ 以上的赠与成分。所谓赠与成分，就是指根据贷款的利率、偿还期限、宽限期和综合贴现率等数据，计算出衡量贷款优惠程度的综合性指标。政府贷款一般具有金额大、利率低、期限长、附加费用较小、附加条件较多等特点；其主要形式是混合贷款，即外国政府提供低息优惠贷款或赠款和出口信贷结合使用。

(2) 国际金融组织贷款

国际金融组织贷款，是指政府向世界银行、亚洲开发银行、联合国农业发展基金会和其他国际性、地区性金融机构举借的非商业性信贷。这种贷款的资金来源主要是其成员交纳的份额和以金融机构名义的借款。贷款对象是符合规定要求的成员，大多是发展中国家。国际金融组织贷款的条件比较优惠，以中长期贷款为主，每笔贷款的金额较大、期限较长、平均利率较低，是发展中国家的主要筹资渠道之一。

(3) 国际商业贷款

国际商业贷款是借款人为了满足某一建设项目和其他用途资金的需要，在国际金融市场上向外国金融机构、企业或商人筹借的借款。这种贷款的借款手续简便，在资金使用上限制条件较少，但借款成本较高，风险比国际金融组织贷款和外国政府贷款要大。所以，借款人资信的好坏是决定国际商业贷款筹资成本的关键。

3. 外债管理的内容

外债管理主要包括借入外债和使用外债两个方面。对于"借"，关键是将规模控制在本国经济的承受能力范围之内，保持外债结构的合理；对于"用"，关键是保证借入外债投向的合理和避免外债使用过程中的风险。

(1) 外债规模管理

外债规模管理是确定一国的中长期和年度合理负债水平。负债过多会超过本国的承受能力和消化吸收能力，造成不必要的风险和浪费；而借款过少又难以满足国内建设的资金需求，造成国民经济发展的迟滞。外债规模主要受三个因素影响：一是经济建设对外债的需求量；二是国际资本市场的可供量；三是本国对外债的承受能力。

(2) 外债结构管理

外债结构管理是在确定的总规模范围内，通过对国际资本市场的预测、分析，结合国内建设对资金需求的特点，对构成总量的各个债务要素，如利率、期限、币种和融资形式等进行最优组合，以降低成本，减少风险，保证偿债能力，使外债发挥最大效益。具体内容如下。

① 融资结构管理。国际融资有多种形式，如官方和国际金融机构的贷款、出口信贷、发行债券、国际租赁、补偿贸易等。各种形式具有不同的优势和特点。

② 期限结构管理。期限结构是指 1 年期以上的中长期外债和 1 年及 1 年期以下的短期债务的分布状况。对外债的期限结构的管理，要对外债年限进行合理分布，按照国际惯例，使短期外债占外债总额的比例控制在 25％以下。要避免借入大量年限相同的外债，防止还债过于集中。

③ 利率结构管理。国际资本市场上存在着固定利率和浮动利率，浮动利率随市场资金的供求而变动。

④ 币种结构管理。对外债的币种结构进行管理，源于对汇率风险的认识。任何一种货币都难以长期保持坚挺的地位。

⑤ 市场与国别结构管理。由于不同市场有不同的资金来源和筹资工具，不同国家对资本流动的管理法律不尽一致，政治态度不时变化，因此要使外债来源稳定，需广泛地涉足各个市场和国家。

（3）外债投向管理

外债的投向决定了外债的回收和偿还，关系到能否支持国民经济长期、稳定、协调发展，因此外债的投向要与国民经济发展战略和产业政策相一致。对外债的投向管理主要包括如下内容。

① 要求政府贷款和国际金融组织的贷款主要投向国家重点项目和基础产业。

② 商业贷款主要投向创汇能力强、回收期短的项目，以增强出口创汇能力，增加偿还能力。

③ 短期借款只能用于流动资金和临时周转，不能用于长期投资，防止债务短期化。

④ 创汇项目、非创汇项目和社会效益项目要保持适度比例。

（4）外债风险管理

在外债的管理和经营过程中，债务偿还受多种因素变动的影响。国内政策的调整，国际经济形势的变化，可以在不同程度上延缓项目效益的发挥，使回收期延长，增大偿还的风险。风险管理在于增强应变能力，适应国际金融市场的变化和国民经济政策与结构的调整。

4. 中国的外债管理

新中国借用外债的历史，始于新中国成立初期向前苏联借的 74 亿卢布的资金，这笔外债已于 1965 年提前还清。随后，虽向西方国家借过债，但规模很小。大量地举债，是实行改革开放以后的事，到 1998 年年底，全国外债余额已达 1 300 亿美元，到 2004 年年底，外债余额更是增至 2 285 亿美元。为了在降低外债成本和提高外债使用效益的同时，保持国际收支平衡和偿债能力，加强对外债的管理很有必要。我国的外债管理主要是通过建立并实行外债管理机制和外债偿还管理制度进行的。

我国现行的外债管理机制，包括统一计划、归口管理、债务登记几个相互联系、相互制约的内容，这是由我国社会主义市场经济和前述债务管理的内容所决定的。

① 统一计划。国家统一制定中长期和年度利用国外贷款的总规模和使用方向，并编制指令性和指导性指标计划，对计划进行综合平衡后，纳入国民经济和社会发展中长期计划和年度计划。

② 归口管理。中国人民银行负责建立和健全全国统一的国外贷款信贷、结算制度，加强国外贷款的信贷和结算监督。财政部负责建立和健全全国统一的国外贷款借、用、还的财务、会计核算制度，加强外债的财务管理、会计核算和财政监督。商务部和海关总署负责建立和健全全国统一的借用国外贷款的进出口货物监管、关税优惠政策和管理办法，加强借用国外贷款进出口物资的监督。国家审计署负责建立和健全全国统一的国外贷款借、用、还的审计制度，加强外债的审计监督。国家税务总局负责建立和健全全国统一的国外贷款借、用、还的税收政策和制度，加强外债的税收管理和监督。

③ 债务登记。办理登记手续需持对外借款有关批件及外债借款合同。

我国现行的外债偿还管理制度主要包括以下内容。第一，三种偿债方式的划分。为了减轻中央的负担，增强地方和部门使用贷款的责任感，提高使用单位的负债经营意识，国家从财政角度确立了谁借谁偿还的总原则。具体划分为统借统还、统借自还、自借自还 3 种方式。统借统还，是指对外由国家统一借入，统一偿还，项目与资金须经国家发改委和财政部审查确认，报国务院批准，外汇列入国家外汇收支计划，人民币列入中央财政收支预算，统一安排。统借自还，是指对外由国家统一借入，对内由用款单位负责偿还贷款本息。自借自还，是指借、用、还均由借款单位或其主管部门负责，分别列入同级外汇或财务收支计划。第二，偿债监督。借款单位到期如不履行偿还责任，有关部门可经国家外汇管理局批准后，通知银行从偿还单位或其主管部门或担保单位的外汇和人民币账户中直接扣付，以确保对外信誉。第三，建立偿债基金。为应付国际资本市场的变化，使我国外债偿还有备无患和解决一些偿债单位的具体困难，国家和地方宜建立偿债基金，以增加投资者的信心，保证资金的不断流入。

16.3　货币同盟与国家集团货币

1. 汇率自由化条件下，保持小国货币币值稳定的困难

1997 年 7 月，一场始于泰国后迅速扩散到整个东南亚并且波及世界的东南亚金融危机爆发了。1997 年 7 月至 1998 年 1 月，东南亚绝大多数国家和地区的货币贬值幅度高达 30%～50%，印尼盾贬值最高，达 70% 以上，同期这些国家和地区的股市跌幅达 30%～

60%。这次金融危机使得这些国家和地区出现了严重的经济衰退。

原因是多方面的。一方面的观点是，巨额国际游资大量抛出泰铢、买入美元是东南亚金融危机的元凶。主要理由是：在东南亚金融危机发生之前，东南亚国家中的新加坡、马来西亚及印度尼西亚等，近年来的经济都有优越的表现，各方面的基础也稳固，使不负责任的投机商冲击了东南亚货币。另一方面的观点是，东南亚金融危机的始发地泰国政府坚持固定不变的汇兑率时间太久，同时又忽视金融部门的彻底改革，这种危机终将发生，只是时间早晚问题。

国内市场经济正常运行的基本要求是价格的市场决定，健康的国际贸易的基本要求则是汇率的市场决定，那么国际市场上就必然存在货币的买卖。在越来越庞大的国际游资面前，任何一个国家的货币都是被买卖或炒作的对象。小国货币会因为盘子小、拉抬或打压容易而注定会成为被炒作的对象。在股票市场和期货市场上，某一支股票或某一种期货价格的波动基本不涉及普通大众的生活。当参与国际分工较多时，汇率的剧烈波动则会导致社会的动荡，如当新加坡的粮食供应主要靠进口时，新加坡货币因为炒作而导致的贬值将直接影响普通大众的生活质量。如果希望汇率变化给普通大众生活带来的影响降到最低，在汇率自由化的条件下，小国货币终将被淘汰。

2. 不同的国家集团货币有不同的适应范围

一个国家取消本国货币，与其他国家一起使用同一种货币，同时与其他国家实现资本、商品、就业的自由流动，则相关国家的福利会增加，如欧元区。原因是更大的共同市场扩大了分工范围，而分工可以带来报酬递增。进一步的问题是，货币一体化的进程会走到哪一步？全世界会实现货币一体化吗？

目前对国家集团货币的分析方式主要是对实行货币同盟之后相关国家的成本和收益比较，以及共同市场对相关国家要素市场、产品市场冲击的非对称性角度考虑的。本书的一个推论是，在由自然经济向商品经济的演进过程中，分工经济参与率的不同应该有不同的货币相对应，这些货币的不同之处就是有差异的通货膨胀率目标。一个成长中的经济体和一个成熟的经济体应该有不同的"经济体温"。如果"欧元"是富人俱乐部的入场券，"欧元"的目标是追求偏低的通货膨胀率，那么"欧元"注定不适合经济比较落后的一些非洲国家。如果小国货币终将被淘汰，并且迟早会被货币同盟所取代，在当今世界上至少应该有三种以上的货币供准备参与货币同盟的国家进行选择：在适度的范围内，通货膨胀率目标为偏高、偏中、偏低的三种或以上的货币。

本 章 小 结

贸易收支是国际收支的主要项目，贸易外汇收支的状况对国际收支的状况具有非常重要的影响。外汇资金短缺或有贸易逆差的国家，都希望通过对贸易外汇的管理达到鼓励出口、限制进口集中贸易外汇收入的目的。

非贸易外汇收支又称无形外汇收支，指贸易收支和资本流动以外的各项外汇收支，包括运输费、保险费、港口使用费、国际邮电费、佣金、利息、股息、利润、专利费、稿费、驻外机构经费、旅游费及赡养汇款等。

外债管理主要包括借入外债和使用外债两个方面。对于"借"，关键是将规模控制在本国经济的承受能力范围之内，保持外债结构的合理；对于"用"，关键是保证借入外债投向的合理和避免外债使用过程中的风险。

国内市场经济正常运行的基本要求是价格的市场决定，健康的国际贸易的基本要求则是汇率的市场决定，那么国际市场上就必然存在货币的买卖。在越来越庞大的国际游资面前，任何一个国家的货币都是被买卖或炒作的对象。小国货币会因为盘子小、拉抬或打压容易而注定会成为被炒作的对象。在股票市场和期货市场上，某一支股票或某一种期货价格的波动基本不涉及普通大众的生活。当参与国际分工较多时，汇率的剧烈波动则会导致社会的动荡。如果希望汇率变化给普通大众生活带来的影响降到最低，在汇率自由化的条件下，小国货币终将被淘汰。

关 键 词

货币一体化　人民币的国际化　外债规模　外债结构

复习思考题

1. 简述集团货币的发展趋势。
2. 简述中国外债管理的特点。
3. 简述中国外汇管理制度的特点。
4. 简述外汇管理的内容。

附录A

中华人民共和国中国人民银行法

《全国人民代表大会常务委员会关于修改〈中华人民共和国中国人民银行法〉的决定》已由中华人民共和国第十届全国人民代表大会常务委员会第六次会议于 2003 年 12 月 27 日通过，2003 年 12 月 27 日中华人民共和国主席令第十二号　公布，自 2004 年 2 月 1 日起施行。

第一章　总　　则

第一条　为了确立中国人民银行的地位，明确其职责，保证国家货币政策的正确制定和执行，建立和完善中央银行宏观调控体系，维护金融稳定，制定本法。

第二条　中国人民银行是中华人民共和国的中央银行。

中国人民银行在国务院领导下，制定和执行货币政策，防范和化解金融风险，维护金融稳定。

第三条　货币政策目标是保持货币币值的稳定，并以此促进经济增长。

第四条　中国人民银行履行下列职责：

（一）发布与履行其职责有关的命令和规章；

（二）依法制定和执行货币政策；

（三）发行人民币，管理人民币流通；

（四）监督管理银行间同业拆借市场和银行间债券市场；

（五）实施外汇管理，监督管理银行间外汇市场；

（六）监督管理黄金市场；

（七）持有、管理、经营国家外汇储备、黄金储备；

（八）经理国库；

（九）维护支付、清算系统的正常运行；

（十）指导、部署金融业反洗钱工作，负责反洗钱的资金监测；

（十一）负责金融业的统计、调查、分析和预测；

（十二）作为国家的中央银行，从事有关的国际金融活动；

（十三）国务院规定的其他职责。

中国人民银行为执行货币政策，可以依照本法第四章的有关规定从事金融业务活动。

第五条　中国人民银行就年度货币供应量、利率、汇率和国务院规定的其他重要事项作出的决定，报国务院批准后执行。

中国人民银行就前款规定以外的其他有关货币政策事项作出决定后，即予执行，并报国务院备案。

第六条　中国人民银行应当向全国人民代表大会常务委员会提出有关货币政策情况和金融业运行情况的工作报告。

第七条　中国人民银行在国务院领导下依法独立执行货币政策，履行职责，开展业务，不受地方政府、各级政府部门、社会团体 和个人的干涉。

第八条　中国人民银行的全部资本由国家出资，属于国家所有。

第九条　国务院建立金融监督管理协调机制，具体办法由国务院规定。

第二章　组织机构

第十条　中国人民银行设行长一人，副行长若干人。

中国人民银行行长的人选，根据国务院总理的提名，由全国人民代表大会决定；全国人民代表大会闭会期间，由全国人民代表大会常务委员会决定，由中华人民共和国主席任免。中国人民银行副行长由国务院总理任免。

第十一条　中国人民银行实行行长负责制。行长领导中国人民银行的工作，副行长协助行长工作。

第十二条　中国人民银行设立货币政策委员会。货币政策委员会的职责、组成和工作程序，由国务院规定，报全国人民代表大会常务委员会备案。

中国人民银行货币政策委员会应当在国家宏观调控、货币政策制定和调整中，发挥重要作用。

第十三条　中国人民银行根据履行职责的需要设立分支机构，作为中国人民银行的派出机构。中国人民银行对分支机构实行统一领导和管理。

中国人民银行的分支机构根据中国人民银行的授权，维护本辖区的金融稳定，承办有关业务。

第十四条　中国人民银行的行长、副行长及其他工作人员应当恪尽职守，不得滥用职权、徇私舞弊，不得在任何金融机构、企业、基金会兼职。

第十五条　中国人民银行的行长、副行长及其他工作人员，应当依法保守国家秘密，并有责任为与履行其职责有关的金融机构及当事人保守秘密。

第三章　人　民　币

第十六条　中华人民共和国的法定货币是人民币。以人民币支付中华人民共和国境内的一切公共的和私人的债务，任何单位和个人不得拒收。

第十七条　人民币的单位为元，人民币辅币单位为角、分。

第十八条　人民币由中国人民银行统一印制、发行。

中国人民银行发行新版人民币，应当将发行时间、面额、图案、式样、规格予以公告。

第十九条　禁止伪造、变造人民币。禁止出售、购买伪造、变造的人民币。禁止运输、持有、使用伪造、变造的人民币。禁止故意毁损人民币。禁止在宣传品、出版物或者其他商品上非法使用人民币图样。

第二十条　任何单位和个人不得印制、发售代币票券，以代替人民币在市场上流通。

第二十一条　残缺、污损的人民币，按照中国人民银行的规定兑换，并由中国人民银行负责收回、销毁。

第二十二条　中国人民银行设立人民币发行库，在其分支机构设立分支库。分支库调拨人民币发行基金，应当按照上级库的调拨命令办理。任何单位和个人不得违反规定，动用发行基金。

第四章　业　　务

第二十三条　中国人民银行为执行货币政策，可以运用下列货币政策工具：

（一）要求银行业金融机构按照规定的比例交存存款准备金；

（二）确定中央银行基准利率；

（三）为在中国人民银行开立账户的银行业金融机构办理再贴现；

（四）向商业银行提供贷款；

（五）在公开市场上买卖国债、其他政府债券和金融债券及外汇；

（六）国务院确定的其他货币政策工具。

中国人民银行为执行货币政策，运用前款所列货币政策工具时，可以规定具体的条件和程序。

第二十四条　中国人民银行依照法律、行政法规的规定经理国库。

第二十五条　中国人民银行可以代理国务院财政部门向各金融机构组织发行、兑付国债和其他政府债券。

第二十六条　中国人民银行可以根据需要，为银行业金融机构开立账户，但不得对银行业金融机构的账户透支。

第二十七条　中国人民银行应当组织或者协助组织银行业金融机构相互之间的清算系统，协调银行业金融机构相互之间的清算事项，提供清算服务。具体办法由中国人民银行制定。

中国人民银行会同国务院银行业监督管理机构制定支付结算规则。

第二十八条 中国人民银行根据执行货币政策的需要，可以决定对商业银行贷款的数额、期限、利率和方式，但贷款的期限不得超过一年。

第二十九条 中国人民银行不得对政府财政透支，不得直接认购、包销国债和其他政府债券。

第三十条 中国人民银行不得向地方政府、各级政府部门提供贷款，不得向非银行金融机构以及其他单位和个人提供贷款，但国务院决定中国人民银行可以向特定的非银行金融机构提供贷款的除外。

中国人民银行不得向任何单位和个人提供担保。

第五章 金融监督管理

第三十一条 中国人民银行依法监测金融市场的运行情况，对金融市场实施宏观调控，促进其协调发展。

第三十二条 中国人民银行有权对金融机构以及其他单位和个人的下列行为进行检查监督：

（一）执行有关存款准备金管理规定的行为；

（二）与中国人民银行特种贷款有关的行为；

（三）执行有关人民币管理规定的行为；

（四）执行有关银行间同业拆借市场、银行间债券市场管理规定的行为；

（五）执行有关外汇管理规定的行为；

（六）执行有关黄金管理规定的行为；

（七）代理中国人民银行经理国库的行为；

（八）执行有关清算管理规定的行为；

（九）执行有关反洗钱规定的行为。

前款所称中国人民银行特种贷款，是指国务院决定的由中国人民银行向金融机构发放的用于特定目的的贷款。

第三十三条 中国人民银行根据执行货币政策和维护金融稳定的需要，可以建议国务院银行业监督管理机构对银行业金融机构进行检查监督。国务院银行业监督管理机构应当自收到建议之日起三十日内予以回复。

第三十四条 当银行业金融机构出现支付困难，可能引发金融风险时，为了维护金融稳定，中国人民银行经国务院批准，有权对银行业金融机构进行检查监督。

第三十五条 中国人民银行根据履行职责的需要，有权要求银行业金融机构报送必要的资产负债表、利润表以及其他财务会计、统计报表和资料。

中国人民银行应当和国务院银行业监督管理机构、国务院其他金融监督管理机构建立监督管理信息共享机制。

第三十六条 中国人民银行负责统一编制全国金融统计数据、报表，并按照国家有关规定予以公布。

第三十七条 中国人民银行应当建立、健全本系统的稽核、检查制度，加强内部的监督管理。

第六章 财 务 会 计

第三十八条 中国人民银行实行独立的财务预算管理制度。

中国人民银行的预算经国务院财政部门审核后，纳入中央预算，接受国务院财政部门的预算执行监督。

第三十九条 中国人民银行每一会计年度的收入减除该年度支出，并按照国务院财政部门核定的比例提取总准备金后的净利润，全部上缴中央财政。

中国人民银行的亏损由中央财政拨款弥补。

第四十条 中国人民银行的财务收支和会计事务，应当执行法律、行政法规和国家统一的财务、会计制度，接受国务院审计机关和财政部门依法分别进行的审计和监督。

第四十一条 中国人民银行应当于每一会计年度结束后的三个月内，编制资产负债表、损益表和相关的财务会计报表，并编制年度报告，按照国家有关规定予以公布。

中国人民银行的会计年度自公历 1 月 1 日起至 12 月 31 日止。

第七章 法 律 责 任

第四十二条 伪造、变造人民币，出售伪造、变造的人民币，或者明知是伪造、变造的人民币而运输，构成犯罪的，依法追究刑事责任；尚不构成犯罪的，由公安机关处十五日以下拘留、一万元以下罚款。

第四十三条 购买伪造、变造的人民币或者明知是伪造、变造的人民币而持有、使用，构成犯罪的，依法追究刑事责任；尚不构成犯罪的，由公安机关处十五日以下拘留、一万元以下罚款。

第四十四条 在宣传品、出版物或者其他商品上非法使用人民币图样的，中国人民银行应当责令改正，并销毁非法使用的人民币图样，没收违法所得，并处五万元以下罚款。

第四十五条 印制、发售代币票券，以代替人民币在市场上流通的，中国人民银行应当责令停止违法行为，并处二十万元以下罚款。

第四十六条 本法第三十二条所列行为违反有关规定，有关法律、行政法规有处罚规定的，依照其规定给予处罚；有关法律、行政法规未作处罚规定的，由中国人民银行区别不同情形给予警告，没收违法所得，违法所得五十万元以上的，并处违法所得一倍以上五倍以下罚款；没有违法所得或者违法所得不足五十万元的，处五十万元以上二百万元以下罚款；对负有直接责任的董事、高级管理人员和其他直接责任人员给予警告，处五万元以上五十万元以下罚款；构成犯罪的，依法追究刑事责任。

第四十七条　当事人对行政处罚不服的，可以依照《中华人民共和国行政诉讼法》的规定提起行政诉讼。

第四十八条　中国人民银行有下列行为之一的，对负有直接责任的主管人员和其他直接责任人员，依法给予行政处分；构成犯罪的，依法追究刑事责任：

（一）违反本法第三十条第一款的规定提供贷款的；

（二）对单位和个人提供担保的；

（三）擅自动用发行基金的。

有前款所列行为之一，造成损失的，负有直接责任的主管人员和其他直接责任人员应当承担部分或者全部赔偿责任。

第四十九条　地方政府、各级政府部门、社会团体和个人强令中国人民银行及其工作人员违反本法第三十条的规定提供贷款或者担保的，对负有直接责任的主管人员和其他直接责任人员，依法给予行政处分；构成犯罪的，依法追究刑事责任；造成损失的，应当承担部分或者全部赔偿责任。

第五十条　中国人民银行的工作人员泄露国家秘密或者所知悉的商业秘密，构成犯罪的，依法追究刑事责任；尚不构成犯罪的，依法给予行政处分。

第五十一条　中国人民银行的工作人员贪污受贿、徇私舞弊、滥用职权、玩忽职守，构成犯罪的，依法追究刑事责任；尚不构成犯罪的，依法给予行政处分。

第八章　附　　则

第五十二条　本法所称银行业金融机构，是指在中华人民共和国境内设立的商业银行、城市信用合作社、农村信用合作社等吸收公众存款的金融机构以及政策性银行。

在中华人民共和国境内设立的金融资产管理公司、信托投资公司、财务公司、金融租赁公司以及经国务院银行业监督管理机构批准设立的其他金融机构，适用本法对银行业金融机构的规定。

第五十三条　本法自公布之日起施行。

附录B

中华人民共和国外汇管理条例

（1996年1月29日中华人民共和国国务院令第193号发布　根据1997年1月14日《国务院关于修改〈中华人民共和国外汇管理条例〉的决定》修订　2008年8月1日国务院第20次常务会议修订通过）

第一章　总　　则

第一条　为了加强外汇管理，促进国际收支平衡，促进国民经济健康发展，制定本条例。

第二条　国务院外汇管理部门及其分支机构（以下统称外汇管理机关）依法履行外汇管理职责，负责本条例的实施。

第三条　本条例所称外汇，是指下列以外币表示的可以用作国际清偿的支付手段和资产：

（一）外币现钞，包括纸币、铸币；

（二）外币支付凭证或者支付工具，包括票据、银行存款凭证、银行卡等；

（三）外币有价证券，包括债券、股票等；

（四）特别提款权；

（五）其他外汇资产。

第四条　境内机构、境内个人的外汇收支或者外汇经营活动，以及境外机构、境外个人在境内的外汇收支或者外汇经营活动，适用本条例。

第五条　国家对经常性国际支付和转移不予限制。

第六条　国家实行国际收支统计申报制度。

国务院外汇管理部门应当对国际收支进行统计、监测，定期公布国际收支状况。

第七条　经营外汇业务的金融机构应当按照国务院外汇管理部门的规定为客户开立外汇

账户，并通过外汇账户办理外汇业务。

经营外汇业务的金融机构应当依法向外汇管理机关报送客户的外汇收支及账户变动情况。

第八条　中华人民共和国境内禁止外币流通，并不得以外币计价结算，但国家另有规定的除外。

第九条　境内机构、境内个人的外汇收入可以调回境内或者存放境外；调回境内或者存放境外的条件、期限等，由国务院外汇管理部门根据国际收支状况和外汇管理的需要作出规定。

第十条　国务院外汇管理部门依法持有、管理、经营国家外汇储备，遵循安全、流动、增值的原则。

第十一条　国际收支出现或者可能出现严重失衡，以及国民经济出现或者可能出现严重危机时，国家可以对国际收支采取必要的保障、控制等措施。

第二章　经常项目外汇管理

第十二条　经常项目外汇收支应当具有真实、合法的交易基础。经营结汇、售汇业务的金融机构应当按照国务院外汇管理部门的规定，对交易单证的真实性及其与外汇收支的一致性进行合理审查。

外汇管理机关有权对前款规定事项进行监督检查。

第十三条　经常项目外汇收入，可以按照国家有关规定保留或者卖给经营结汇、售汇业务的金融机构。

第十四条　经常项目外汇支出，应当按照国务院外汇管理部门关于付汇与购汇的管理规定，凭有效单证以自有外汇支付或者向经营结汇、售汇业务的金融机构购汇支付。

第十五条　携带、申报外币现钞出入境的限额，由国务院外汇管理部门规定。

第三章　资本项目外汇管理

第十六条　境外机构、境外个人在境内直接投资，经有关主管部门批准后，应当到外汇管理机关办理登记。

境外机构、境外个人在境内从事有价证券或者衍生产品发行、交易，应当遵守国家关于市场准入的规定，并按照国务院外汇管理部门的规定办理登记。

第十七条　境内机构、境内个人向境外直接投资或者从事境外有价证券、衍生产品发行、交易，应当按照国务院外汇管理部门的规定办理登记。国家规定需要事先经有关主管部门批准或者备案的，应当在外汇登记前办理批准或者备案手续。

第十八条　国家对外债实行规模管理。借用外债应当按照国家有关规定办理，并到外汇管理机关办理外债登记。

国务院外汇管理部门负责全国的外债统计与监测，并定期公布外债情况。

第十九条　提供对外担保，应当向外汇管理机关提出申请，由外汇管理机关根据申请人的资产负债等情况作出批准或者不批准的决定；国家规定其经营范围需经有关主管部门批准的，应当在向外汇管理机关提出申请前办理批准手续。申请人签订对外担保合同后，应当到外汇管理机关办理对外担保登记。

经国务院批准为使用外国政府或者国际金融组织贷款进行转贷提供对外担保的，不适用前款规定。

第二十条 银行业金融机构在经批准的经营范围内可以直接向境外提供商业贷款。其他境内机构向境外提供商业贷款，应当向外汇管理机关提出申请，外汇管理机关根据申请人的资产负债等情况作出批准或者不批准的决定；国家规定其经营范围需经有关主管部门批准的，应当在向外汇管理机关提出申请前办理批准手续。

向境外提供商业贷款，应当按照国务院外汇管理部门的规定办理登记。

第二十一条 资本项目外汇收入保留或者卖给经营结汇、售汇业务的金融机构，应当经外汇管理机关批准，但国家规定无须批准的除外。

第二十二条 资本项目外汇支出，应当按照国务院外汇管理部门关于付汇与购汇的管理规定，凭有效单证以自有外汇支付或者向经营结汇、售汇业务的金融机构购汇支付。国家规定应当经外汇管理机关批准的，应当在外汇支付前办理批准手续。

依法终止的外商投资企业，按照国家有关规定进行清算、纳税后，属于外方投资者所有的人民币，可以向经营结汇、售汇业务的金融机构购汇汇出。

第二十三条 资本项目外汇及结汇资金，应当按照有关主管部门及外汇管理机关批准的用途使用。外汇管理机关有权对资本项目外汇及结汇资金使用和账户变动情况进行监督检查。

第四章 金融机构外汇业务管理

第二十四条 金融机构经营或者终止经营结汇、售汇业务，应当经外汇管理机关批准；经营或者终止经营其他外汇业务，应当按照职责分工经外汇管理机关或者金融业监督管理机构批准。

第二十五条 外汇管理机关对金融机构外汇业务实行综合头寸管理，具体办法由国务院外汇管理部门制定。

第二十六条 金融机构的资本金、利润以及因本外币资产不匹配需要进行人民币与外币间转换的，应当经外汇管理机关批准。

第五章 人民币汇率和外汇市场管理

第二十七条 人民币汇率实行以市场供求为基础的、有管理的浮动汇率制度。

第二十八条 经营结汇、售汇业务的金融机构和符合国务院外汇管理部门规定条件的其他机构，可以按照国务院外汇管理部门的规定在银行间外汇市场进行外汇交易。

第二十九条 外汇市场交易应当遵循公开、公平、公正和诚实信用的原则。

第三十条 外汇市场交易的币种和形式由国务院外汇管理部门规定。

第三十一条　国务院外汇管理部门依法监督管理全国的外汇市场。

第三十二条　国务院外汇管理部门可以根据外汇市场的变化和货币政策的要求，依法对外汇市场进行调节。

第六章　监督管理

第三十三条　外汇管理机关依法履行职责，有权采取下列措施：

（一）对经营外汇业务的金融机构进行现场检查；

（二）进入涉嫌外汇违法行为发生场所调查取证；

（三）询问有外汇收支或者外汇经营活动的机构和个人，要求其对与被调查外汇违法事件直接有关的事项作出说明；

（四）查阅、复制与被调查外汇违法事件直接有关的交易单证等资料；

（五）查阅、复制被调查外汇违法事件的当事人和直接有关的单位、个人的财务会计资料及相关文件，对可能被转移、隐匿或者毁损的文件和资料，可以予以封存；

（六）经国务院外汇管理部门或者省级外汇管理机关负责人批准，查询被调查外汇违法事件的当事人和直接有关的单位、个人的账户，但个人储蓄存款账户除外；

（七）对有证据证明已经或者可能转移、隐匿违法资金等涉案财产或者隐匿、伪造、毁损重要证据的，可以申请人民法院冻结或者查封。

有关单位和个人应当配合外汇管理机关的监督检查，如实说明有关情况并提供有关文件、资料，不得拒绝、阻碍和隐瞒。

第三十四条　外汇管理机关依法进行监督检查或者调查，监督检查或者调查的人员不得少于2人，并应当出示证件。监督检查、调查的人员少于2人或者未出示证件的，被监督检查、调查的单位和个人有权拒绝。

第三十五条　有外汇经营活动的境内机构，应当按照国务院外汇管理部门的规定报送财务会计报告、统计报表等资料。

第三十六条　经营外汇业务的金融机构发现客户有外汇违法行为的，应当及时向外汇管理机关报告。

第三十七条　国务院外汇管理部门为履行外汇管理职责，可以从国务院有关部门、机构获取所必需的信息，国务院有关部门、机构应当提供。

国务院外汇管理部门应当向国务院有关部门、机构通报外汇管理工作情况。

第三十八条　任何单位和个人都有权举报外汇违法行为。

外汇管理机关应当为举报人保密，并按照规定对举报人或者协助查处外汇违法行为有功的单位和个人给予奖励。

第七章　法律责任

第三十九条　有违反规定将境内外汇转移境外，或者以欺骗手段将境内资本转移境外等逃汇行为的，由外汇管理机关责令限期调回外汇，处逃汇金额 30％以下的罚款；情节严重的，处逃汇金额 30％以上等值以下的罚款；构成犯罪的，依法追究刑事责任。

第四十条　有违反规定以外汇收付应当以人民币收付的款项，或者以虚假、无效的交易单证等向经营结汇、售汇业务的金融机构骗购外汇等非法套汇行为的，由外汇管理机关责令对非法套汇资金予以回兑，处非法套汇金额 30％以下的罚款；情节严重的，处非法套汇金额 30％以上等值以下的罚款；构成犯罪的，依法追究刑事责任。

第四十一条　违反规定将外汇汇入境内的，由外汇管理机关责令改正，处违法金额 30％以下的罚款；情节严重的，处违法金额 30％以上等值以下的罚款。

非法结汇的，由外汇管理机关责令对非法结汇资金予以回兑，处违法金额 30％以下的罚款。

第四十二条　违反规定携带外汇出入境的，由外汇管理机关给予警告，可以处违法金额 20％以下的罚款。法律、行政法规规定由海关予以处罚的，从其规定。

第四十三条　有擅自对外借款、在境外发行债券或者提供对外担保等违反外债管理行为的，由外汇管理机关给予警告，处违法金额 30％以下的罚款。

第四十四条　违反规定，擅自改变外汇或者结汇资金用途的，由外汇管理机关责令改正，没收违法所得，处违法金额 30％以下的罚款；情节严重的，处违法金额 30％以上等值以下的罚款。

有违反规定以外币在境内计价结算或者划转外汇等非法使用外汇行为的，由外汇管理机关责令改正，给予警告，可以处违法金额 30％以下的罚款。

第四十五条　私自买卖外汇、变相买卖外汇、倒买倒卖外汇或者非法介绍买卖外汇数额较大的，由外汇管理机关给予警告，没收违法所得，处违法金额 30％以下的罚款；情节严重的，处违法金额 30％以上等值以下的罚款；构成犯罪的，依法追究刑事责任。

第四十六条　未经批准擅自经营结汇、售汇业务的，由外汇管理机关责令改正，有违法所得的，没收违法所得，违法所得 50 万元以上的，并处违法所得 1 倍以上 5 倍以下的罚款；没有违法所得或者违法所得不足 50 万元的，处 50 万元以上 200 万元以下的罚款；情节严重的，由有关主管部门责令停业整顿或者吊销业务许可证；构成犯罪的，依法追究刑事责任。

未经批准经营结汇、售汇业务以外的其他外汇业务的，由外汇管理机关或者金融业监督管理机构依照前款规定予以处罚。

第四十七条　金融机构有下列情形之一的，由外汇管理机关责令限期改正，没收违法所得，并处 20 万元以上 100 万元以下的罚款；情节严重或者逾期不改正的，由外汇管理机关责令停止经营相关业务：

（一）办理经常项目资金收付，未对交易单证的真实性及其与外汇收支的一致性进行合理审查的；

（二）违反规定办理资本项目资金收付的；

（三）违反规定办理结汇、售汇业务的；

（四）违反外汇业务综合头寸管理的；

（五）违反外汇市场交易管理的。

第四十八条 有下列情形之一的，由外汇管理机关责令改正，给予警告，对机构可以处30万元以下的罚款，对个人可以处5万元以下的罚款：

（一）未按照规定进行国际收支统计申报的；

（二）未按照规定报送财务会计报告、统计报表等资料的；

（三）未按照规定提交有效单证或者提交的单证不真实的；

（四）违反外汇账户管理规定的；

（五）违反外汇登记管理规定的；

（六）拒绝、阻碍外汇管理机关依法进行监督检查或者调查的。

第四十九条 境内机构违反外汇管理规定的，除依照本条例给予处罚外，对直接负责的主管人员和其他直接责任人员，应当给予处分；对金融机构负有直接责任的董事、监事、高级管理人员和其他直接责任人员给予警告，处5万元以上50万元以下的罚款；构成犯罪的，依法追究刑事责任。

第五十条 外汇管理机关工作人员徇私舞弊、滥用职权、玩忽职守，构成犯罪的，依法追究刑事责任；尚不构成犯罪的，依法给予处分。

第五十一条 当事人对外汇管理机关作出的具体行政行为不服的，可以依法申请行政复议；对行政复议决定仍不服的，可以依法向人民法院提起行政诉讼。

第八章 附 则

第五十二条 本条例下列用语的含义：

（一）境内机构，是指中华人民共和国境内的国家机关、企业、事业单位、社会团体、部队等，外国驻华外交领事机构和国际组织驻华代表机构除外。

（二）境内个人，是指中国公民和在中华人民共和国境内连续居住满1年的外国人，外国驻华外交人员和国际组织驻华代表除外。

（三）经常项目，是指国际收支中涉及货物、服务、收益及经常转移的交易项目等。

（四）资本项目，是指国际收支中引起对外资产和负债水平发生变化的交易项目，包括资本转移、直接投资、证券投资、衍生产品及贷款等。

第五十三条 非金融机构经营结汇、售汇业务，应当由国务院外汇管理部门批准，具体管理办法由国务院外汇管理部门另行制定。

第五十四条 本条例自公布之日起施行。

参 考 文 献

[1] 刘锡良，曾志耕，陈斌. 中央银行学. 北京：中国金融出版社，1997.

[2] 赵何敏. 中央银行学. 武汉：武汉大学出版社，1998.

[3] 刘瑞波，沈丽，宿淑玲. 中央银行学. 北京：经济科学出版社，2006.

[4] 崔建军. 中央银行学. 北京：科学出版社，2005.

[5] 戎生灵. 金融风险与金融监管. 北京：中国金融出版社，2007.

[6] 尹洪霞，刘振海. 中央银行与金融监管. 北京：中国金融出版社，2005.

[7] 李成. 金融监管学. 北京：高等教育出版社，2007.

[8] 祁敬宇. 金融监管学. 西安：西安交通大学出版社，2007.

[9] 王广谦. 中央银行学. 北京：高等教育出版社，1999.

[10] 谢平. 金融业经营模式及监管体制研究. 北京：中国金融出版社，2000.

[11] 黄金老. 金融自由化与金融脆弱性. 北京：中国城市出版社，2001.

[12] 谢伏瞻. 金融监管与金融改革. 北京：中国发展出版社，2002.

[13] 张荔. 金融自由化效应分析. 北京：中国金融出版社，2003.

[14] 杨春林. 商业银行有效监管轮. 北京：人民法院出版社，2005.

[15] 尚金峰. 开放条件下的金融监管. 北京：中国商业出版社，2006.

[16] 卫新江. 金融监管学. 北京：中国金融出版社，2005.

[17] 陈燕. 中央银行理论与实务. 北京：北京大学出版社，2005.

[18] 孔祥毅. 中央银行通论. 北京：中国金融出版社，2009.

[19] 毛泽盛，卞志村. 中央银行学. 北京：人民出版社，2009.